Nikon Z50

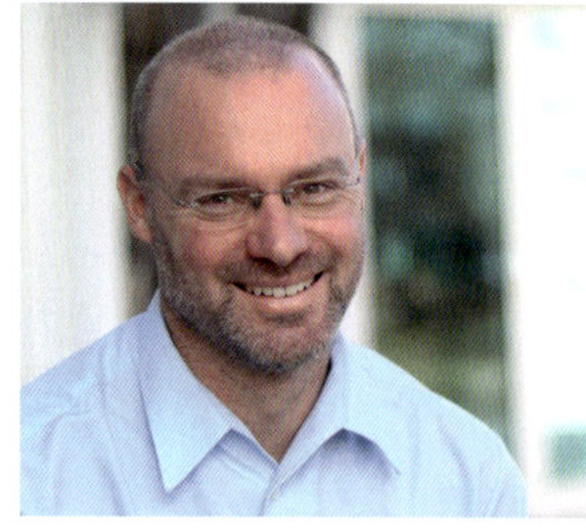

Thorsten Naeser arbeitet als Pressereferent und Fotograf an der Ludwig-Maximilians-Universität München und dem Max-Planck-Institut für Quantenoptik in Garching. Neben seiner professionell betriebenen, wissenschaftlichen Fotografie gilt seine Leidenschaft der Natur- und Lost-Places-Fotografie.

Nikon-Kameras begleiten ihn seit seinem 13. Lebensjahr. Angefangen hat er mit einer Nikon F3, die er heute noch in Ehren hält. Mit Nikons Einführung des Z-Systems begann auch für ihn ein neues Kapitel in der Fotografie. Für dieses Buch hat ihn die Z50 über drei Monate fast jeden Tag begleitet.

Thorsten Naeser bietet an der Volkshochschule Garching im Norden des Landkreises München regelmäßig Fotoworkshops und Exkursionen an. Weitere Informationen zu seinen VHS-Kursen und aktuellen fotografischen Arbeiten finden Sie unter *https://thorsten-naeser.jimdofree.com/*.

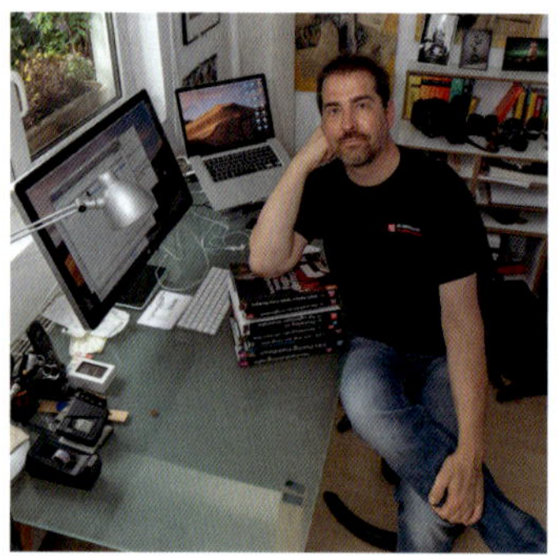

Boris Karnikowski arbeitet als Lektor für dpunkts Fotoprogramm eigentlich hinter den Kulissen, konnte dann aber Thorsten Naesers Angebot nicht widerstehen, bei diesem Buch als Co-Autor einzusteigen.

Er fotografiert seit Mitte der 80er vor allem mit Nikon, meistens digital, aber auch immer wieder analog, in Kleinbild- und Mittelformat, mit Schwerpunkt Landschaft- und Reisefotografie. Seine Bilder finden Sie unter *https://500px.com/boriskarnikowski*.

Thorsten Naeser · Boris Karnikowski

Nikon Z 50

Das Handbuch zur Kamera

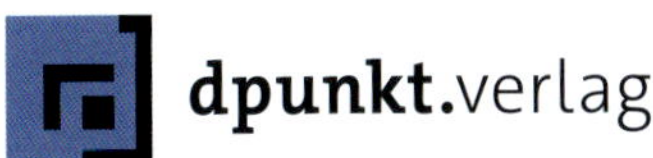

Thorsten Naeser, *thorsten.naeser@mpq.mpg.de*

Boris Karnikowski, *boris.karnikowski@gmail.com*

Lektorat: Boris Karnikowski
Copy-Editing: Friederike Daenecke, Zülpich
Satz & Layout: Birgit Bäuerlein
Herstellung: Stefanie Weidner
Umschlaggestaltung: Helmut Kraus, *www.exclam.de*
Druck und Bindung: Firmengruppe APPL, aprinta Druck, Wemding

Bibliografische Information der Deutschen Nationalbibliothek
Die Deutsche Nationalbibliothek verzeichnet diese Publikation in der Deutschen Nationalbibliografie; detaillierte bibliografische Daten sind im Internet über *http://dnb.d-nb.de* abrufbar.

ISBN:
Print 978-3-86490-746-3
PDF 978-3-96088-966-3
ePub 978-3-96088-967-0
mobi 978-3-96088-968-7

1. Auflage 2020

Wieblinger Weg 17
69123 Heidelberg

Hinweis:
Der Umwelt zuliebe verzichten wir auf die Einschweißfolie.

Schreiben Sie uns:
Falls Sie Anregungen, Wünsche und Kommentare haben,
lassen Sie es uns wissen: *hallo@dpunkt.de*

5 4 3 2 1 0

Vorwort

Fotografie ist eine hohe Kunst, die ohne Technik nicht auskommt. Kameras dienen uns als Hilfsmittel, um unsere Sicht der Welt festzuhalten und sie mit anderen zu teilen. Irgendwann sind einem die eigenen Fotoapparate sehr vertraut, fast hat man sie liebgewonnen. So ergeht es mir mit einigen Modellen, die mich über die Jahrzehnte meines fotografischen Schaffens begleitet haben. Ich habe in meinen Teenager-Tagen eher zufällig Nikon-Kameras in die Hand bekommen, und seitdem fotografiere ich mit ihnen. Angefangen hat die Liaison mit den analogen Kameras Nikon F90 und einer Nikon F3, die ich noch immer in meinem Besitz habe. Bis heute bin ich Nikon-Fotograf. Derzeit bin ich aufgrund meiner Arbeit als Wissenschaftsfotograf und PR-Referent an der Ludwig-Maximilians-Universität München bei den Profi-Spiegelreflex-Modellen des japanischen Herstellers angekommen.

Für mich beginnt mit dem Z-System eine neue Ära im Einsatz von Nikon-Kameras. Die Handhabung und Menüführung der neuen Modelle ist eng verwandt mit denen von Spiegelreflexkameras. Da beweist Nikon Kontinuität. In diesem Buch soll es nun um die Z50 gehen. Ich habe die Kamera über einige Monate auf den unterschiedlichsten Foto-Touren getestet und teile in diesem Buch gerne meine Erfahrungen. So viel schon mal vorab: Die Nikon Z50 ist ein solides Einsteigermodell. Sie bietet Ihnen zahlreiche Möglichkeiten, Ihrer fotografischen Kreativität freien Lauf zu lassen.

Ich betrachte dieses Buch über die Z50 als Ergänzung zu den beiden Nikon-Handbüchern (das kleinere der beiden liegt Ihrer Kamera bei, das andere, ausführlichere steht – auf Englisch – im Web, dazu später mehr). In diesem Buch werden Sie also keine komplette zweite Betriebsanleitung vorfinden, sondern ein hoffentlich kurzweilig zu lesendes Handbuch mit fotografischen Grundlagen, wichtigen Tipps und vielen Anregungen. Ich möchte Ihnen die Leidenschaft und das Wissen vermitteln, wie Sie mit der Z50 zu Bildern gelangen, die nicht so schnell in den Tiefen des Computers verschwinden, sondern an denen Sie sich noch lange erfreuen. Ich hoffe, dass die Z50 in Kombination mit diesem Buch Ihren fotografischen Schaffensdrang noch stärker entfacht und Ihnen viele schöne Erinnerungen beschert.

Ich wünsche Ihnen allzeit gutes Licht und kreative Ideen!

Thorsten Naeser

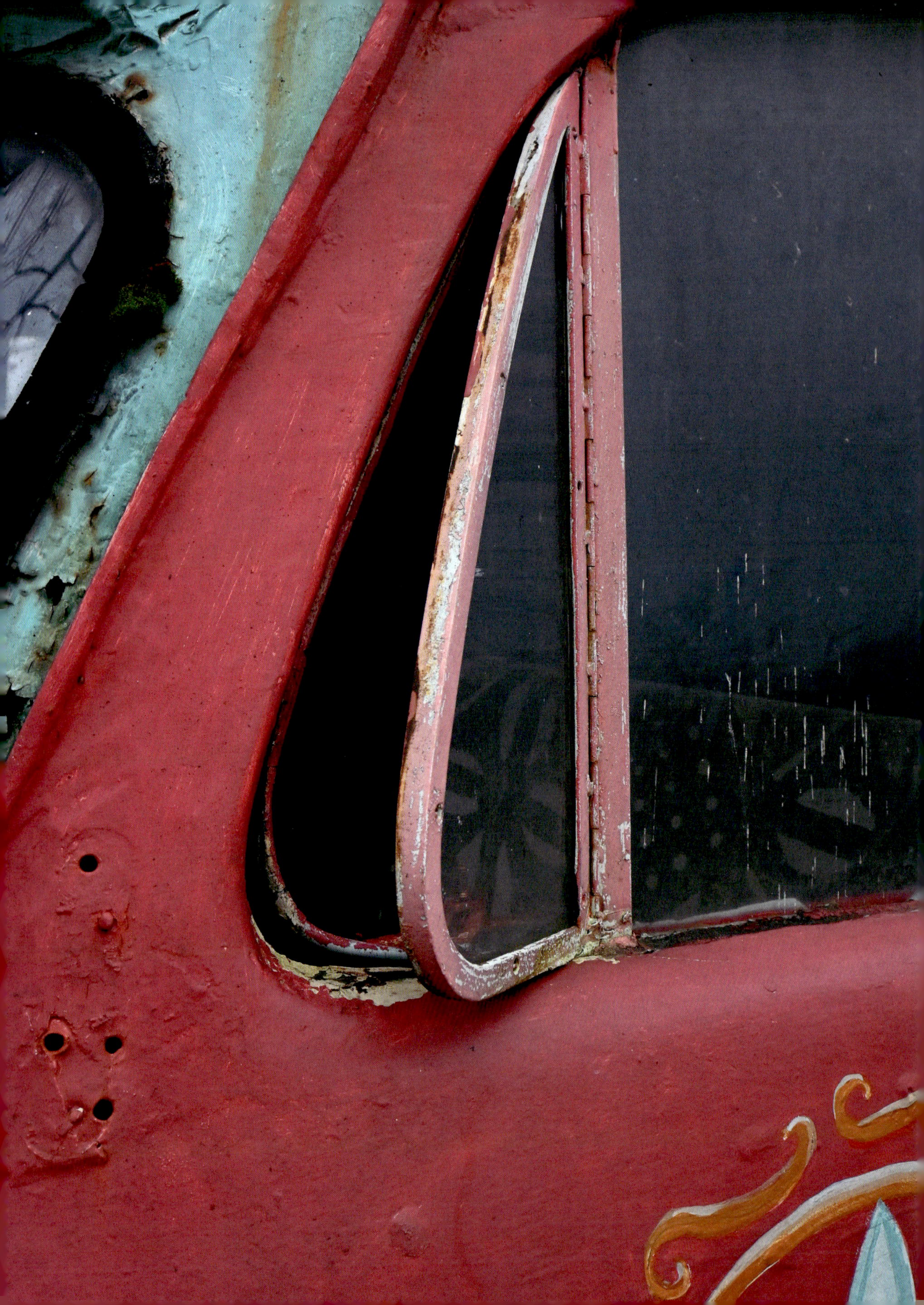

Inhaltsverzeichnis

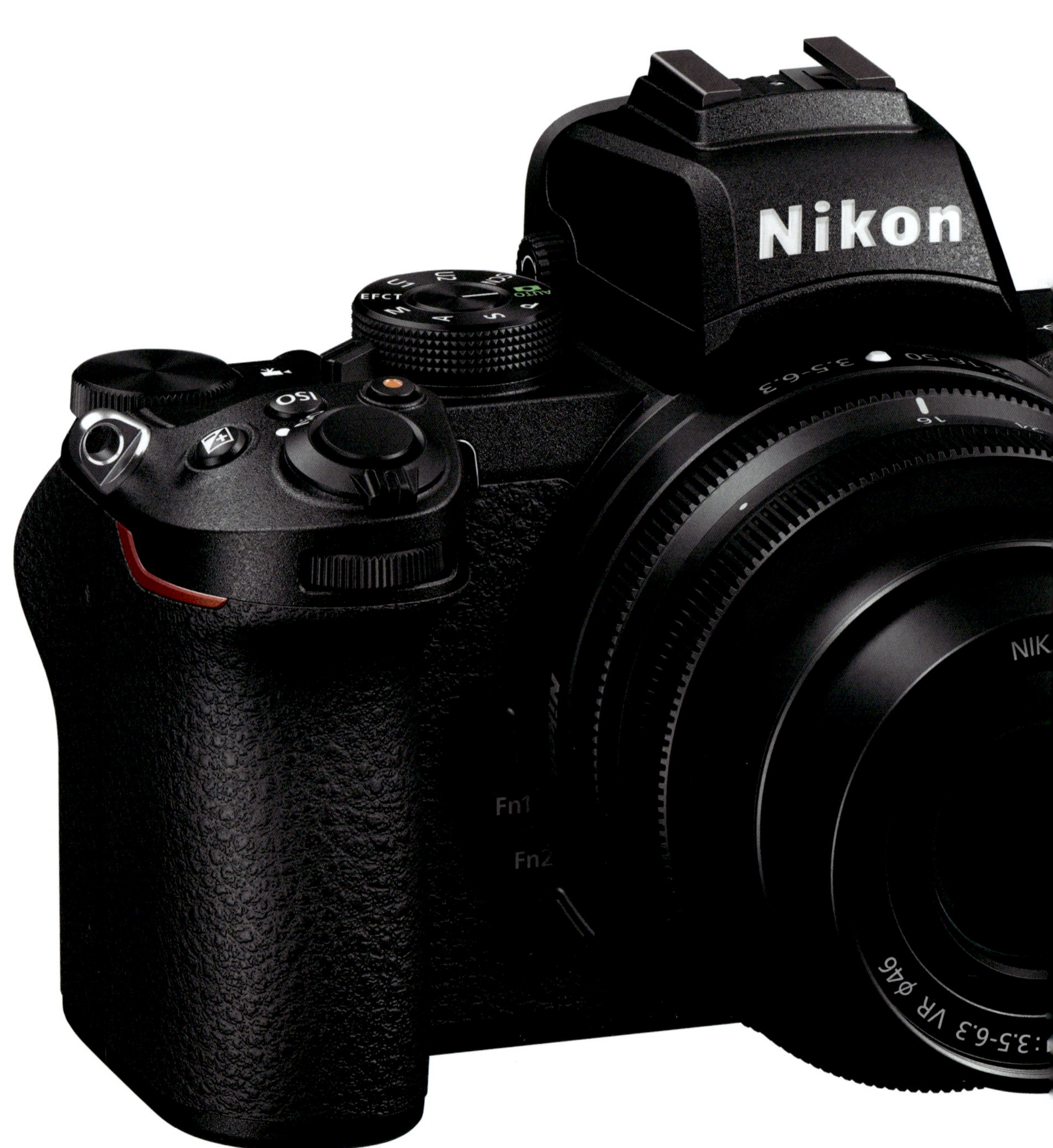
Nikon
ISO
Fn1
Fn2

1

Die Z50, Ihre neue Kamera

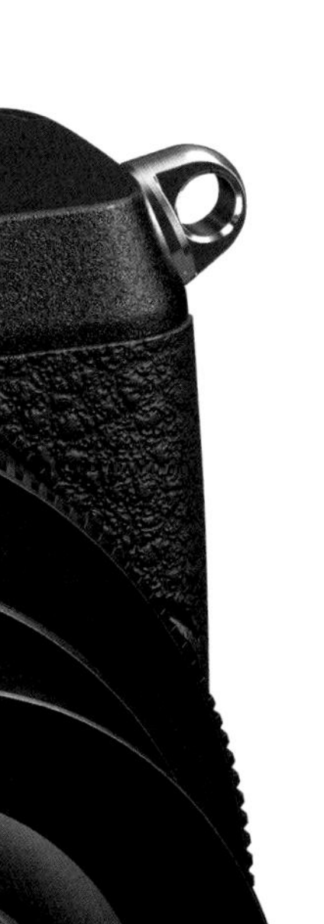

Abb. 1.1 Klein und handlich ist die Z50. Sie wird Ihnen helfen, tolle Bilder zu machen und viele kreative Stunden zu verbringen. (Foto: Nikon)

Glückwunsch zu Ihrer neuen Kamera! Vielleicht beginnt Ihre fotografische Reise gerade erst mit dieser Kamera, vielleicht sind Sie schon länger unterwegs und haben sich ein Upgrade auf Nikons erfolgreiche Z-Serie gegönnt. In jedem Fall werden Sie an der Z50 und den Bildern mit ihr viel Freude haben.

Die Nikon Z50 ist eine abgespeckte Version ihrer beiden vollformatigen Schwestern, der Z6 und der Z7, den ersten Mitgliedern von Nikons spiegelloser Kamerafamilie. Sie ist ein guter Einstieg in das spiegellose System von Nikon und auch für Einsteiger in die Fotografie eine solide Option. Front- und Oberseite ihres Gehäuses sind aus Magnesium, sie bringt also die notwendige Stabilität mit und ist zudem spritzwassergeschützt. Die Z50 verfügt über einen 20,9-Megapixel-APS-C-Sensor, der auf dem der Nikon D500-Spiegelreflexkamera basiert. Sie schafft in Serie 11 Bilder pro Sekunde und kann Videos in 4K-Qualität aufnehmen. Auch für Selfies ist die Kamera gewappnet: Das LCD-Display kann um 180 Grad heruntergeklappt werden, sodass man sich beim Fotografieren selbst sieht. Es gibt einen Slot für eine SD-Speicherkarte, einen HDMI-, einen USB- und einen Mikrofonausgang. Die Kamera ist in jeweils einem Kit mit den ebenfalls neuen Zoomobjektiven DX 16–55 mm f/3.5–6.3 VR und DX 50–250 mm 1:4.5–6.3 VR erhältlich. Beide Linsen wurden speziell für die Z50 und ihren APS-C-Sensor entwickelt, der kleiner ist als die Vollformatsensoren der Z6 und Z7 (dazu später mehr).

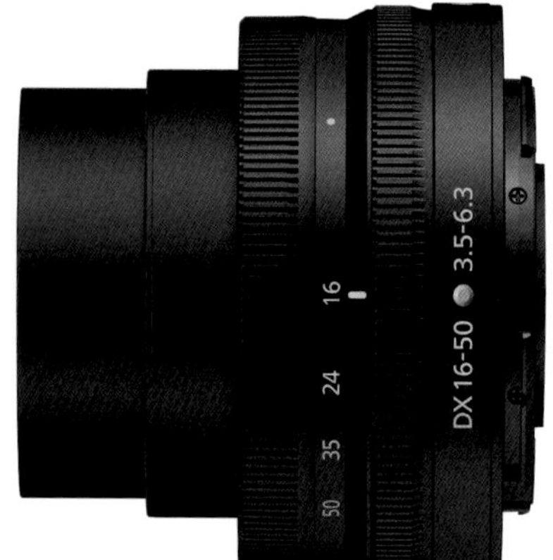

Abb. 1.2 Das DX 16–50 mm/1:3.5–6.3 im auf 50 mm ausgefahrenen Zustand. Ganz eingefahren ist es flacher als andere Zooms dieser Brennweite, weshalb man diese Bauweise auch als »Pancake«-Objektive bezeichnet. Mit diesem Objektiv sind die meisten Aufnahmen in diesem Buch entstanden. (Foto: Nikon)

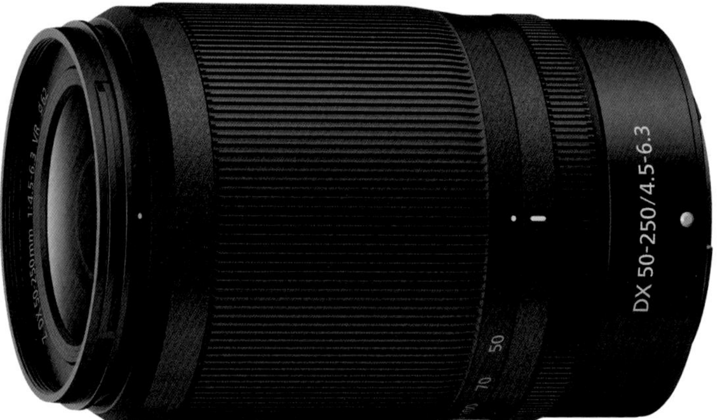

Abb. 1.3 Das DX-50–250 mm-Zoom mit einer Lichtstärke von 1:4.5–6.3. (Foto: Nikon)

Lichtstärke und Brennweite

In den Bildunterschriften zu den Abbildungen der beiden Objektive sehen Sie einen Wert: »1:x« (manchmal auch geschrieben als »f x«). Dieser Wert bezeichnet die Lichtstärke – also die Fähigkeit der Objektive, Licht einzufangen. Das Licht in einer gegebenen Situation ist stets »1«, also vermag ein Objektiv wie das DX16–50 mit seinen 1:3.5–6.3 nur ca. ein Drittel bis zu einem Sechstel des vorhandenen Lichts einzufangen und auf den Sensor zu projizieren (es gibt auch – wenige und teure – Objektive, die Licht »verstärken«, wie etwa das imposante Z58mm mit einer Lichtstärke von 1:0.95).

Warum variiert die Lichtstärke der beiden Objektive von 1:3.5 bzw. 1:4.5 bis 1:6.3? Weil Lichtstärke sich errechnet aus der Brennweite geteilt durch die tatsächliche, maximale Öffnung eines Objektivs. Und da beide Objektive Zooms sind, also einen variablen Brennweitenbereich haben, nimmt die Lichtstärke beim Einzoomen ab (längere Brennweite geteilt durch maximale Öffnung) und beim Auszoomen wieder zu (kürzere Brennweite geteilt durch maximale Öffnung).

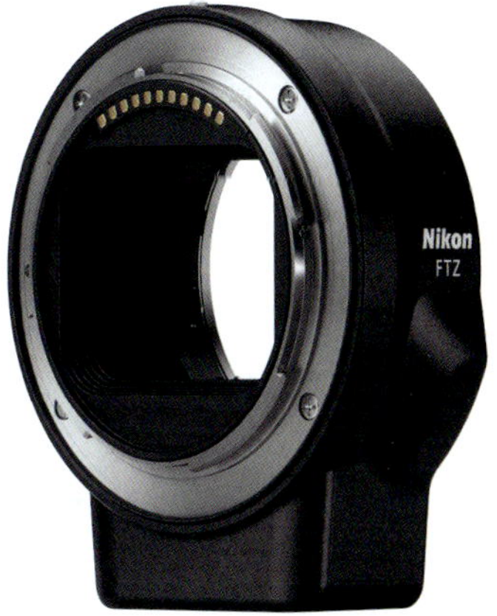

Abb. 1.4 Der FTZ-Adapter sorgt für Kompatibilität zwischen den Z-Modellen und den Objektiven mit F-Bajonett, wie sie Nikon bis zum Start der Z-Serie baute. Der Adapter funktioniert tadellos mit Nikon-G-Objektiven, bei älteren Modellen sowie bei Objektiven von Drittherstellern sind aber oft nicht alle Funktionen verfügbar (etwa der Autofokus – Sie müssen dann von Hand scharfstellen). (Foto: Nikon)

Zusätzlich gibt es die Z50 auch noch im Kit mit dem FTZ-Adapter, mit dem Nikon-Objektive mit F-Bajonett (wie sie von Nikon bislang gebaut wurden) auf Kameras der Z-Serie montiert werden können (mehr dazu im Abschnitt 11.2 »Der FTZ-Adapter« ab Seite 171).

Ein Bildstabilisator, der vor Verwacklungen schützt, befindet sich nicht in der Kamera, dafür aber in den beiden oben genannten Objektiven. Das ist wohl dem Preis der Kamera von deutlich unter 1.000 Euro geschuldet.

Wenn Sie schon eine Nikon-Kamera besitzen, egal ob DSLR oder Kompakte, werden Sie sich schnell zurechtfinden. Denn Nikon hat sich in der Konfiguration der Bedienelemente und in der Menüführung an seinen bisherigen Modellen orientiert.

Gerade mit dem leichten und schmal gebauten Weitwinkel-Zoomobjektiv DX 16–50 mm eignet sich die Z50 gut, um unbeschwert auf Fotoausflüge und auf Reisen zu gehen. Und auch für Social-Media-Aktivitäten ist diese Kamera aufgrund ihrer ausgeprägten Kompaktheit und ausgezeichneten Vernetztheit ein adäquates Werkzeug.

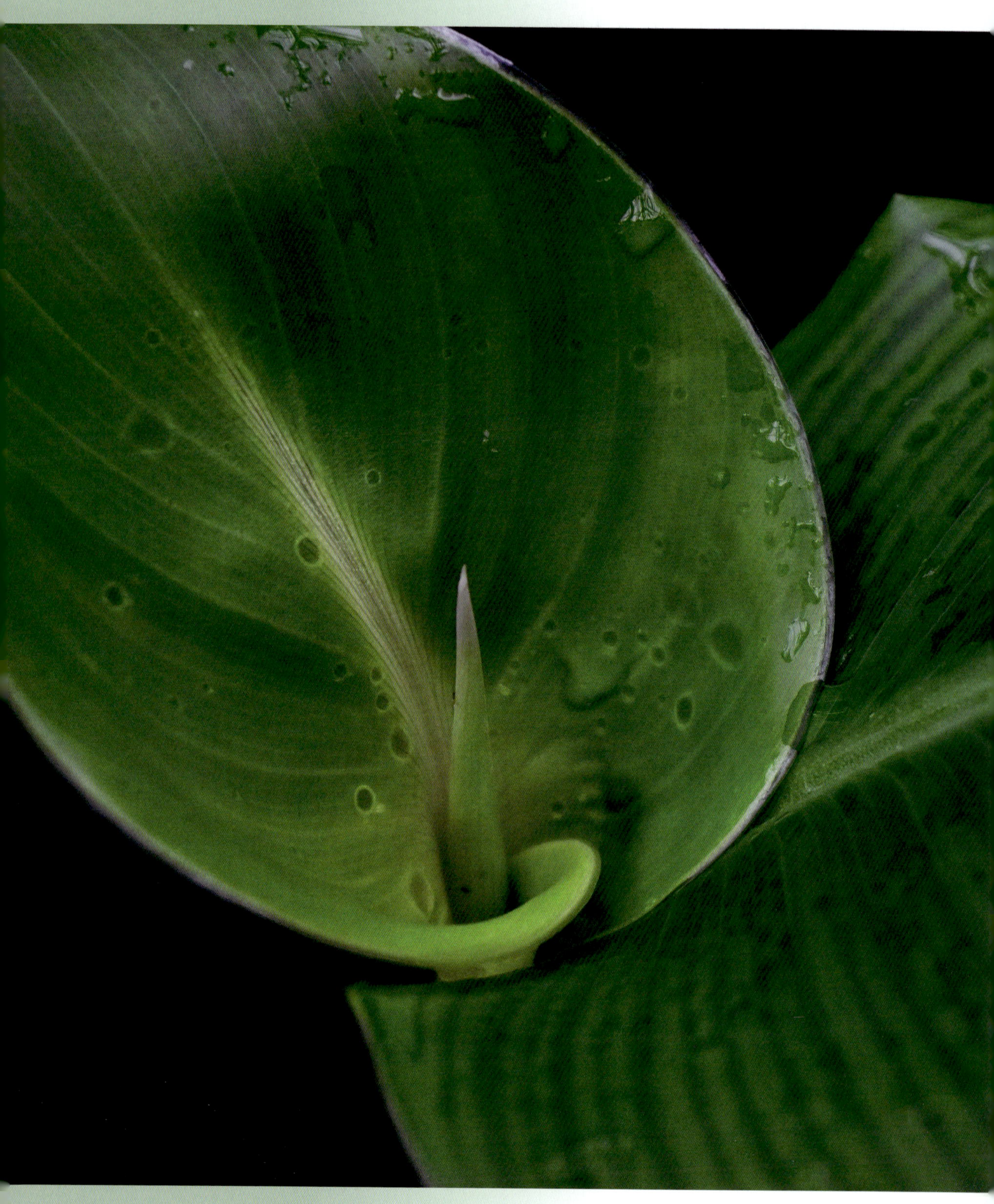

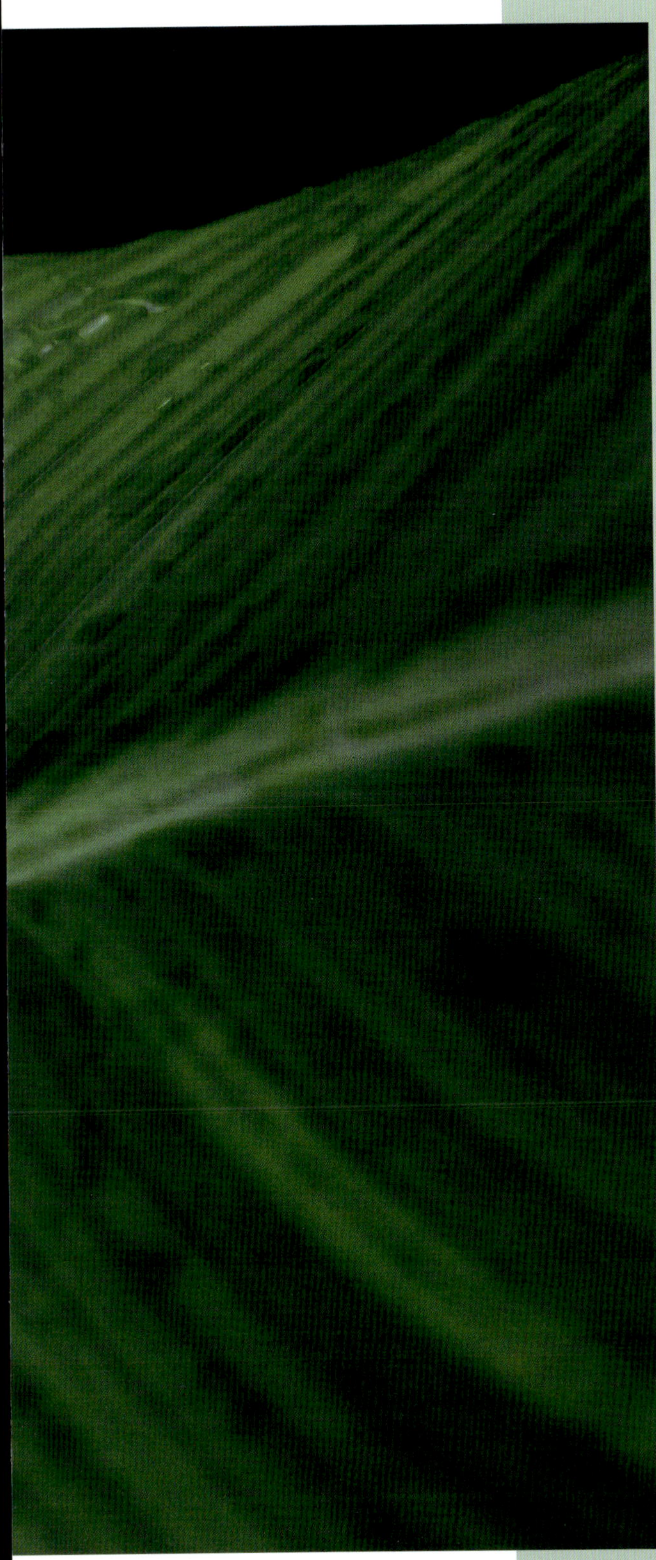

2

Die ersten Schritte zur Inbetriebnahme

Abb. 2.1 Im Botanischen Garten | DX 16–50 | 30 mm | 1/125 s | f/6.3 | ISO 1000

2.1 Die Speicherkarte

Nach dem Auspacken Ihrer Z50 müssen Sie sich nur noch eine SD-Speicherkarte besorgen – die ist nämlich nicht im Lieferumfang enthalten. Der Slot für die SD-Karte befindet sich neben dem Akku-Einschub auf der Unterseite der Kamera. SD-Karten haben heute eine große Speicherkapazität. Verwenden Sie für Ihre Z50 SD-Karten mit mindestens 32 GB Speicherplatz. Wenn Sie eine bereits in einer anderen Kamera verwendete Karte nutzen, formatieren Sie diese zuerst in der Z50 (dazu mehr auf Seite 78).

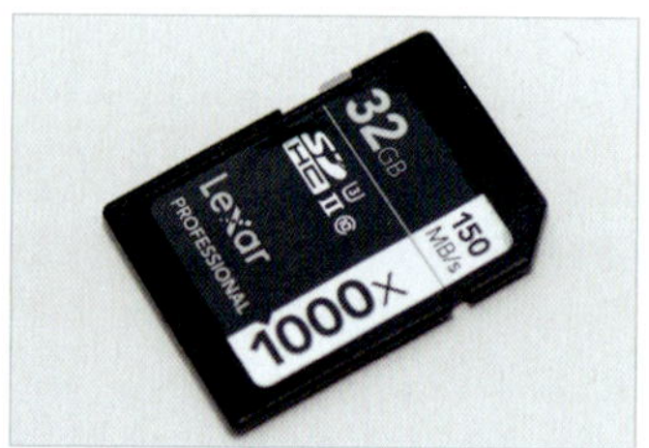

Abb. 2.2 SD-Karte mit 32 GB Fassungsvermögen und hoher Schreibgeschwindigkeit (150 MB/s).

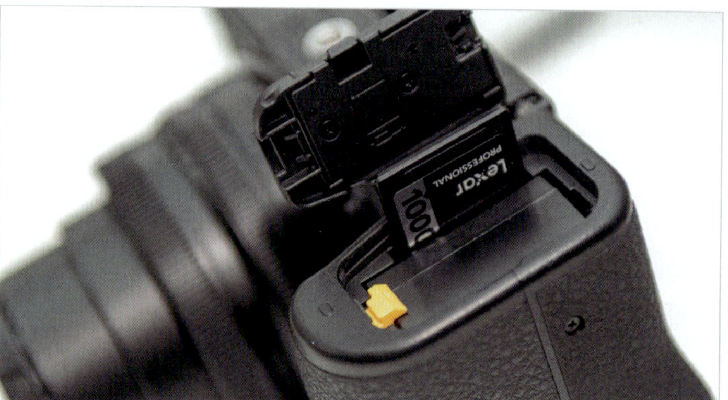

Abb. 2.3 Der SD-Slot liegt unter der Klappe des Akkufachs. Schieben Sie die SD-Karte mit der abgeschrägten Kante nach links unten bzw. mit dem Etikett zum Akku hin in das Fach, bis sie einrastet. Zum Herausnehmen drücken Sie die Karte leicht in das Fach, damit sich die Arretierung löst und Sie die Karte herausziehen können.

SD-Karten fallen leider manchmal – wenn auch selten – aus. Dann kann es passieren, dass Ihre Fotos unwiederbringlich verloren sind. Bei billigen No-Name-Karten ist das Risiko eines solchen Defekts deutlich höher. Ich selber verwende Karten von SanDisk, die sehr zuverlässig sind. Aber auch andere Marken wie Lexar bieten gute Qualität. Die *Schreibgeschwindigkeit* – also die Geschwindigkeit, mit der die Karte Bilddaten abspeichern kann – reicht in der Regel aus. Wenn Sie jedoch in 4K filmen oder Serienaufnahmen im Raw-Format erstellen wollen, dann sollten Sie eine SD-Karte verwenden, die mindestens 30 MB/s abspeichert (Speed Class: UHS-3/V30). Eine 32-GB-Speicherkarte ermöglicht es Ihnen, rund 730 Raw-Bilder oder 55 Minuten Video aufzuzeichnen.

2.2 Das Objektiv

Nun setzen Sie das Objektiv auf. Vielleicht haben Sie wie ich das Zoomobjektiv DX 16–50mm im Kit erworben. Dieses Objektiv ist extra für die Z50 entwickelt worden und eignet sich ausgezeichnet für die meisten Aufnahmesituationen.

Obacht beim Aufsetzen und Wechseln der Objektive

Ihre Objektive sollten Sie nach Möglichkeit nur dort wechseln, wo es nicht staubt oder zieht. Draußen sollten Sie mit Ihrem Körper und Ihrer Kleidung einen Windschatten bilden.

Nehmen Sie nun durch eine Drehung im Uhrzeigersinn den Rückdeckel des Objektivs ab, ebenso den Schutzdeckel der Kamera.

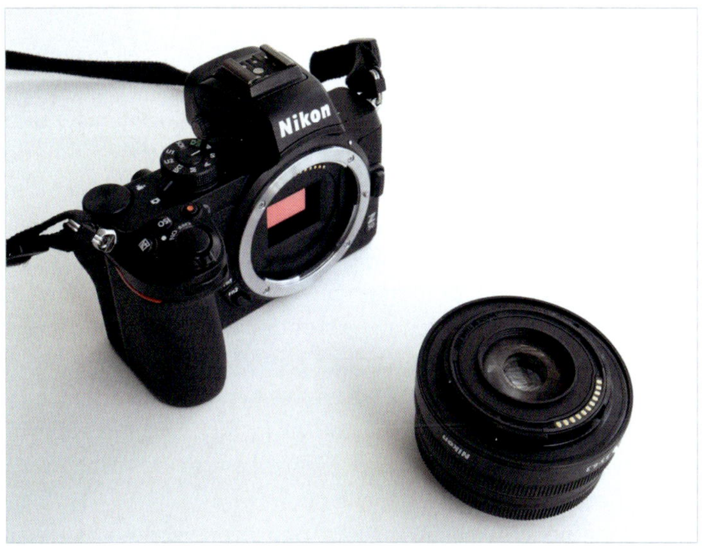

Abb. 2.4 Nehmen Sie die Deckel von Kamera und Objektiv ab. Im Kamerainneren erkennen Sie hinter dem Bajonettring den Sensor. Da dieser und die rückwärtige Linse des Objektivs empfindlich auf Staub reagieren, sollten Sie beim Objektivwechsel zügig, aber ohne Hektik vorgehen.

Dann bringen Sie den weißen Punkt auf dem Objektiv mit dem kleinen weißen Punkt an der linken Kameravorderseite auf gleiche Höhe und setzen das Objektiv so ein, dass es glatt auf dem Bajonett aufliegt. Nun drehen Sie das Objektiv *gegen den Uhrzeigersinn*, bis es einrastet. Die Bewegung ist etwas schwergängig, aber wenden Sie niemals rohe Kraft an!

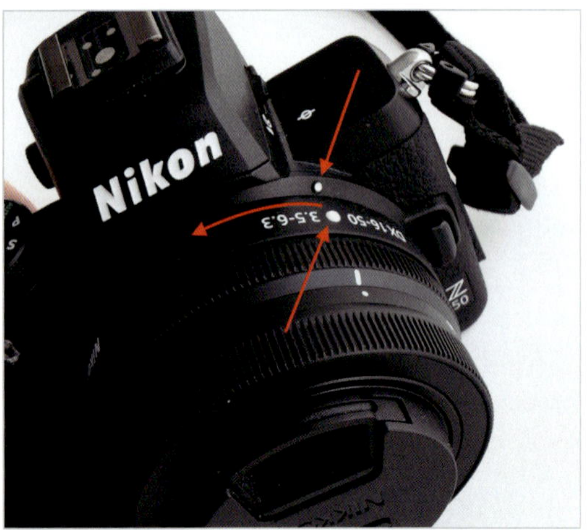

Abb. 2.5 Setzen Sie das Objektiv so an die Kamera, dass das Objektiv glatt auf dem Bajonett aufliegt und die weißen Punkte von Objektiv und Kamera-Objektivring einander gegenüberliegen. Dann drehen Sie das Objektiv gegen den Uhrzeigersinn (von der Frontseite aus gesehen), bis es einrastet.

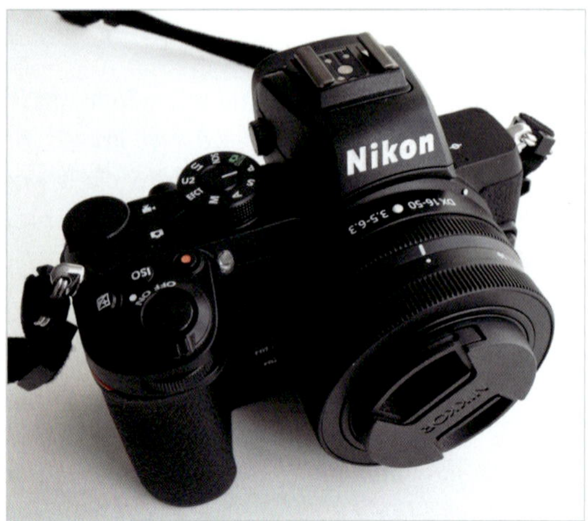

Abb. 2.6 Zum Fotografieren bereit ist alles, wenn der weiße Punkt auf der Oberseite des Objektivs mittig unter dem Nikon-Schriftzug (»auf zwölf Uhr«) eingerastet ist. Achten Sie darauf, dass Sie Ihre Kamera und Objektive immer mit einem Deckel schützen, wenn Sie nicht fotografieren.

Das 16–50mm-Objektiv ist sehr kompakt gebaut – ein sogenanntes »Pancake«. Im Ruhezustand ist es eingefahren und muss zum Fotografieren erst entriegelt werden (wenn Sie die Kamera schon eingeschaltet haben, ist Ihnen vielleicht die entsprechende Meldung auf dem Kameradisplay aufgefallen). Dazu drehen Sie den äußeren Objektivring in Richtung der »16«. Zu Beginn bemerken Sie einen kleinen Widerstand, wenn Sie die »16« erreichen, rastet der Ring leicht ein (siehe Abb. 2.7 und 2.8). Damit ist das Objektiv betriebsbereit und mit 16mm Brennweite auf den weitesten Bildwinkel eingestellt. Wenn Sie den Ring weiter in Richtung der 50mm Brennweite drehen, wird der Bildwinkel enger, das Motiv wird vergrößert dargestellt.

Wenn Sie die Kamera nicht benutzen, sollten Sie das Objektiv wieder verriegeln, indem Sie den Objektivring entsprechend zurückdrehen (siehe Abb. 2.9).

Wenn Sie das Objektiv wieder abnehmen wollen, müssen Sie erst den Entriegelungsknopf (rechts unten neben dem Objektiv) drücken und dann das Objektiv *im Uhrzeigersinn drehen* (siehe Abb. 2.10). Setzen Sie entweder sofort ein neues Objektiv auf oder verschließen Sie das Bajonett ebenso wie das abgenommene Objektiv mit den entsprechenden Schutzkappen.

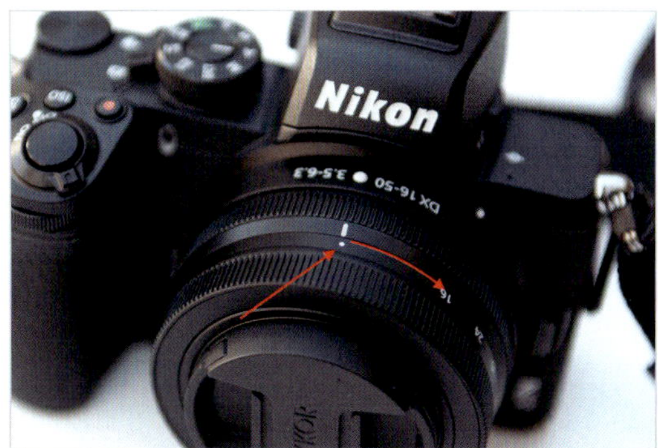

Abb. 2.7 Das Objektiv ist verschlossen. Drehen Sie es in Pfeilrichtung auf die »16«. Zu Beginn überwinden Sie einen leichten Widerstand, …

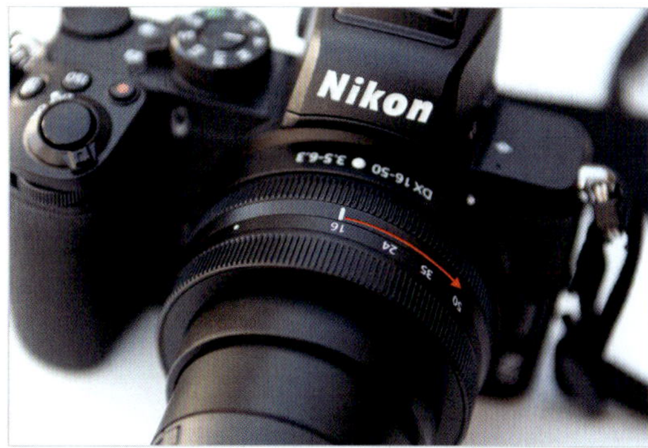

Abb. 2.8 … auf der »16« rastet das Objektiv dann ein und ist aufnahmebereit. Durch Drehen in Pfeilrichtung fahren Sie den Brennweitenbereich ab, vom Weitwinkel zum leichten Tele …

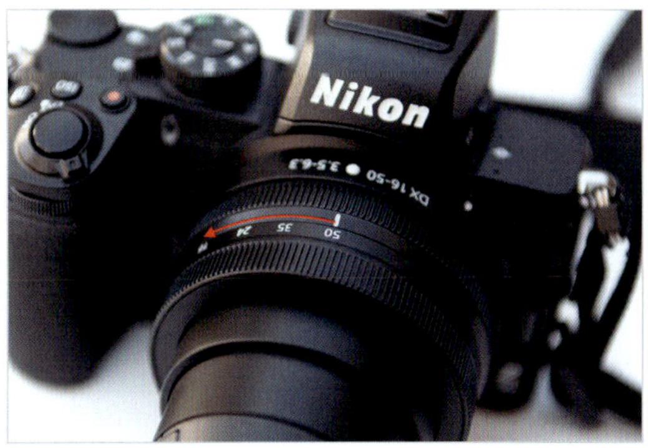

Abb. 2.9 … und zurück. Wenn Sie den Ring über die »16« hinaus bewegen bis zum weißen Punkt, verriegeln Sie das Objektiv wieder.

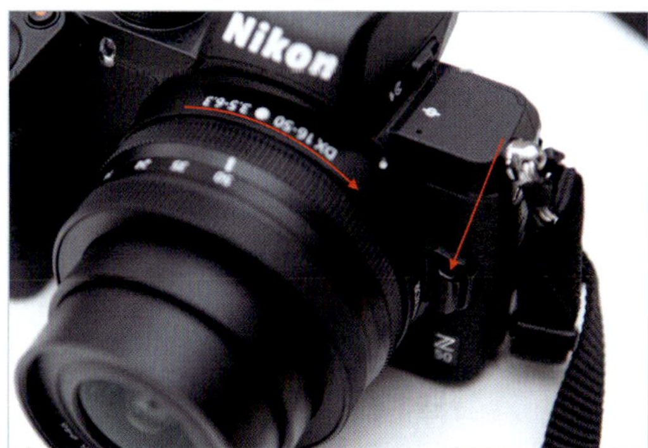

Abb. 2.10 Drücken Sie erst die Bajonettverriegelung und drehen dann das Objektiv im Uhrzeigersinn, um es abnehmen zu können.

Wie Sie zusätzlich Staubbefall von Sensor und Objektiv verhindern

Die Schutzkappen für das Bajonett von Kamera und Objektiv sollten Sie nicht offen herumliegen lassen. Der Staub, der sich unweigerlich darin sammelt, fällt beim nächsten Aufsetzen auf Kamera und Objektiv direkt auf den Sensor bzw. die Linse. Verschrauben Sie sie einfach ineinander – so kann kaum Staub eindringen und Sie schützen Sensor und Objektiv vor Verschmutzungen.

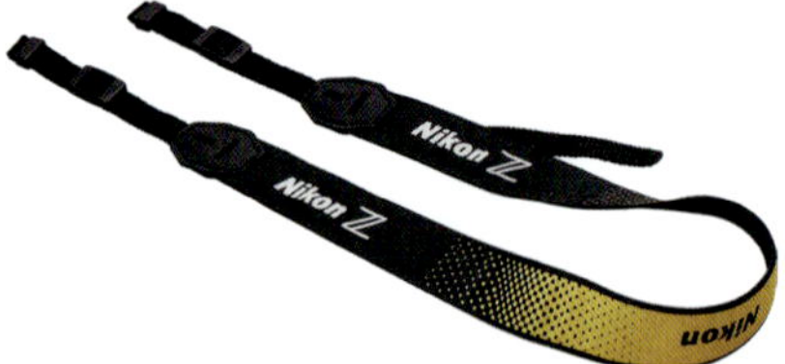

Abb. 2.11 Nikon liefert einen Trageriemen mit, den Sie durch die Haltebügel am Kameragehäuse schlaufen.

2.3 Der Trageriemen

Zuletzt sollten Sie auch den mitgelieferten Trageriemen an Ihrer Kamera befestigen. Er hat mich schon manches Mal davor bewahrt, die Kamera auf den Boden fallen zu lassen.

2.4 Der Akku

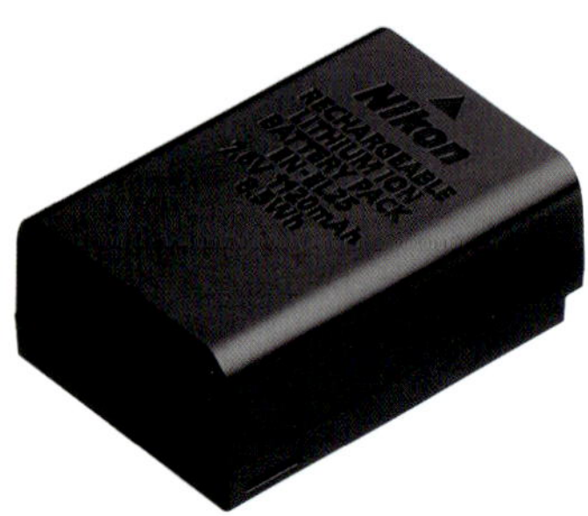

Abb. 2.12 Der Akku der Z50 – äußerst kompakt (Foto: Nikon)

Der Akku EN EL 25 der Z50 ist eine Neuentwicklung und leider zu keiner anderen Nikon-Kamera kompatibel. Diese Tatsache ist wohl der Kompaktheit der Kamera geschuldet, die einen besonders kleinen Akku nötig machte. Laden Sie den Akku vor der ersten Verwendung auf jeden Fall komplett auf (das dauert in etwa zwei Stunden – das Ende des Ladevorgangs erkennen Sie daran, dass die LED im Ladegerät nicht mehr blinkt).

Leider können Sie den Akku nur im Ladegerät aufladen und nicht in der Kamera. Wieviel Bilder Sie mit einer Akkuladung aufnehmen können, hängt sehr davon ab, wie oft Sie das Display in Anspruch nehmen. Rechnen Sie im Durchschnitt mit etwa 340 Aufnahmen pro Akkuladung. Behalten Sie die Batterieanzeige links unten im Kameradisplay im Auge.

Das Durchhaltevermögen des Akkus hängt auch von der Außentemperatur ab. Wenn es sehr kalt wird, sinkt es erheblich. Sollten Sie also lange bei Kälte fotografieren, empfiehlt es sich, einen zweiten Akku dabei zu haben, den Sie nah am Körper tragen sollten. Wenn Sie gern auf Reisen gehen, ausgiebig fotografieren oder filmen wollen, ist ein zweiter Akku ohnehin unerlässlich. Sparen Sie auch nicht, wenn Sie sich einen zweiten Akku zulegen: Das Original ist immer noch die beste Wahl.

Akkus verlieren übrigens einen Teil ihrer Ladung, wenn Sie sie nicht benutzen. Kontrollieren Sie also unbedingt den Ladezustand, bevor Sie auf Tour gehen, falls Sie die Kamera längere Zeit nicht eingesetzt haben. So vermeiden Sie unangenehme Überraschungen.

2.5 Der schnelle Einstieg

Bevor Sie das erste Mal mit Ihrer Z50 fotografieren, müssen Sie noch ein paar Einstellungen an der Kamera vornehmen.

Datum und Uhrzeit einstellen

Beim ersten Einschalten fragt die Kamera ein paar Dinge ab, etwa Datum und Uhrzeit. Beides richtig einzustellen ist sehr wichtig, weil Sie ihre Bilder meist chronologisch sortieren werden – ob in der Dateiverwaltung oder in einer Bildbearbeitung. Datum und Uhrzeit stellen Sie über den Multifunktionswähler auf der Kamerarückseite ein (die runde Wipptaste – Ihre Auswahl bestätigen Sie dann durch Drücken der »OK«-Taste in der Mitte). Das Display zeigt Ihnen per Pfeil, ob Sie den Wähler nach oben oder unten drücken oder seitwärts drücken sollen.

Denken Sie daran, die Zeit Ihrer Kamera umzustellen

Denken Sie bei Umstellung auf Sommer-/Winterzeit oder auf Reisen in andere Zeitzonen immer daran, dass Datum und Uhrzeit wertvolle Informationen für die spätere Verwaltung Ihrer Bilder sind.

Dioptrienausgleich im Sucher

Sollten Sie eine Brille tragen und diese beim Blick durch den Sucher abnehmen, sollten Sie das über das Dioptrien-Rad rechts vom Sucher kompensieren(+3 bis -3 Dioptrien). Fotografieren Sie mit Brille, belassen Sie es bei der Grundeinstellung. Machen Sie sich anfangs auf jeden Fall kurz die Mühe, durch den Sucher zu schauen und das Dioptrien-Rad so weit zu drehen, bis das Sucherbild Ihnen am schärfsten erscheint.

Erste Bilder im Automatikmodus

Jetzt ist es aber so weit: Den ersten Fotos steht nichts mehr im Wege. Achten Sie darauf, dass der Foto-/Film-Wähler auf der rechten Oberseite der Kamera auf den Fotomodus eingestellt ist. Dann drehen Sie das Funktionswählrad auf die Auto-Einstellung (mit dem grünen Kamerasymbol). Nun können Sie einfach fotografieren, den Rest übernimmt vorerst einmal die Kamera.

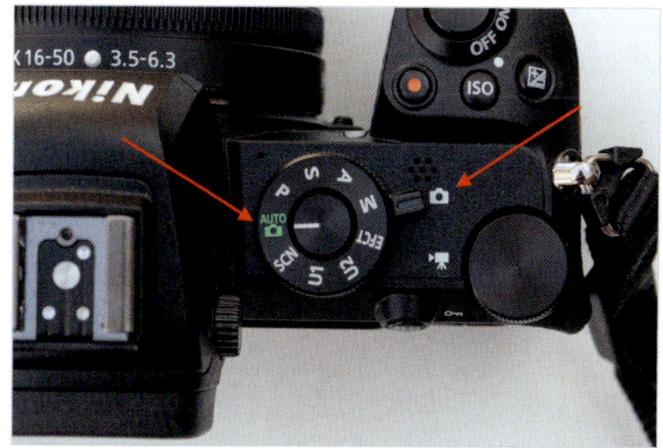

Abb. 2.13 Funktionswählrad auf »AUTO«, Foto-/Film-Wähler auf Foto-Modus – mit diesen Einstellungen können Sie loslegen.

Scharfstellen und Auslösen

Wenn Sie den Auslöser betätigen, spüren Sie zwei Druckpunkte: beim ersten stellt die Z50 stellt automatisch auf das scharf, was ihr wichtig erscheint. Wo das ist, erkennen sie an den Rechtecken, die die Kamera auf dem Motiv platziert (im Sucher oder auf dem Display auf der Kamerarückseite). Wenn das Rechteck von Rot auf Grün wechselt und ein kurzer Doppelton erklingt, hat die Kamera scharfgestellt. Nun betätigen Sie den Auslöser bis zum zweiten Druckpunkt, um Ihr Bild zu machen.

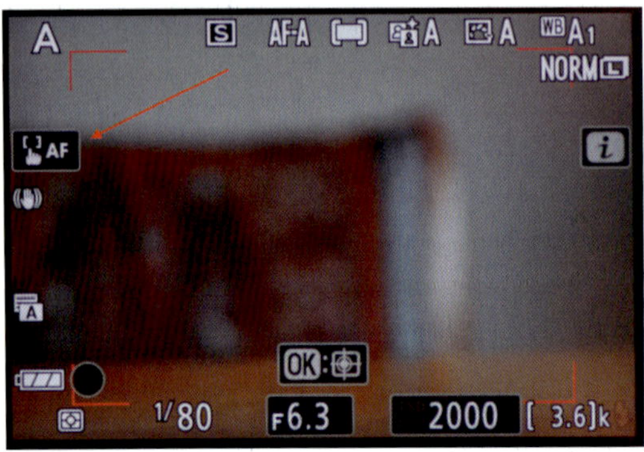

Alternativ können Sie auf dem Kameradisplay auch auf die Stelle des Bildes tippen, auf die Sie scharfstellen wollen. Hier gibt es allerdings nur einen Druckpunkt und die Kamera löst standardmäßig sofort aus. Wenn Sie dieses Verhalten ändern möchten, tippen Sie auf das Kästchen mit dem Handysmbol links oben im Display.

Drei Optionen sind möglich:

- **Motivauswahl und Auslöser/AF**
  Ein – per Fingertipp scharfstellen und auslösen (Standard, wie im Bild zu sehen)
- **Motivauswahl**
  Ein – per Fingertipp nur scharfstellen
- **Motivauswahl und Auslöser/AF**
  Aus – nichts, also weder scharfstellen noch auslösen

Bilder auf Kameradisplay betrachten

Anschließend können Sie Ihr Bild auf dem Kameradisplay betrachten. Dazu müssen Sie nur die Wiedergabe-Taste auf der Rückseite der Kamera rechts unten drücken. Durch mehrere Bilder blättern Sie, indem Sie den Multifunktionswähler (die runde Wipptaste rechts vom Kameradisplay) rechts oder links andrücken. Sie löschen einzelne Bilder, indem Sie, während Sie das jeweilige Bild auf dem Monitor haben, zweimal kurz nacheinander die Papierkorb-Taste drücken. Sie finden die Papierkorb-Taste gleich neben der Wiedergabe-Taste. Aber löschen Sie erstmal nicht zu viel – es passen schon genug

Bilder auf Ihre SD-Karte (genauer gesagt: 730, wenn Sie im Raw-Format fotografieren, wobei jede Datei zwischen 25 und 30 MB groß ist).

Zugegeben, das alles ist noch eine sehr rudimentäre Art des Fotografierens, und bei komplizierten Motiven oder kritischen Lichtsituationen stößt die Vollautomatik der Kamera schnell an ihre Grenzen. Aber Sie stehen ja auch noch am Anfang. Ein erstes Gefühl für die Kamera haben Sie jetzt bekommen, und die Z50 bietet weitaus mehr, als Sie bis hierhin gesehen haben. Sobald Sie die Kamera etwas besser kennengelernt haben, werden Sie anspruchsvoller und kreativer fotografieren.

Das Handbuch zur Kamera

Dieses Buch soll Ihnen einen kurzweiligen Einstieg in das Fotografieren mit der Z50 geben. Ich stelle Ihnen die in meinen Augen wichtigsten Techniken und Funktionen der Kamera vor. Mir geht es nicht darum, jedes Detail jeder Funktion ausführlich zu erörtern, denn schließlich wollen Sie schnell anfangen zu fotografieren. Wenn Sie jedoch in die Tiefen der Z50 hinabsteigen möchten, sollten Sie sich das ausführlichere Referenzhandbuch herunterladen unter

https://downloadcenter.nikonimglib.com/de/products/526/Z_50.html

Unter diesem Link finden Sie die durchsuchbare Webversion:

https://onlinemanual.nikonimglib.com/z50/en/

Das Referenzhandbuch hat Nikon nicht ins Deutsche übersetzt.

Unter

https://downloadcenter.nikonimglib.com/de/products/526/Z_50.html

finden Sie auch die PDF-Version des kleinen Handbuchs, das Ihrer Kamera beiliegt.

Sie können beide Handbücher auch über Ihr Smartphone lesen. Dazu bietet Nikon die *App Manual Viewer2*. Mit ihr laden Sie einfach die Anleitungen herunter und können sie dann jederzeit auch offline lesen.

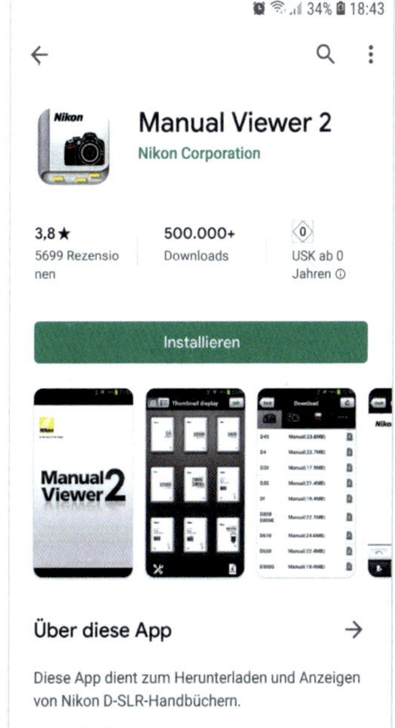

Abb. 2.14 Mit der App »Manual Viewer2« können Sie die Handbücher von Nikon-Kameras und anderen Nikon-Produkten kostenlos herunterladen und bequem auf Ihrem Smartphone oder Tablet lesen.

Tour 1: Botanische Gärten

Wenn Sie jetzt Lust verspüren, einfach schon mal loszulegen, empfehle ich Ihnen, einen Nachmittag auf Tour zu gehen, etwa in einen botanischen Garten. Dort herrschen tagsüber in der Regel gute Lichtverhältnisse. Fotografieren Sie Blumen, Kakteen und Strukturen in Blättern, z. B. in Farnen oder Palmen. All das sind Motive, die stillhalten, farbenfroh und damit unproblematisch zu fotografieren sind. In manchen botanischen Gärten gibt es auch Tiere, wie etwa Schildkröten oder Schmetterlinge. Wagen Sie sich ruhig auch einmal an diese Motive. Wenn es nicht auf Anhieb klappt, haben Sie umso mehr einen Grund, dieses Buch weiter zu studieren und mehr Zeit mit Ihrer Kamera zu verbringen.

Mit der Kamera von der Kälte in die Wärme (und zurück)

In Gewächshäusern herrscht oft feucht-tropische Hitze. Vor allem wenn Sie in der kalten Jahreszeit zuvor draußen fotografiert haben und Ihre Kamera entsprechend ausgekühlt ist, wird sie beim Betreten des Gewächshauses kräftig beschlagen. Samt Objektiv – Sie können also erstmal nicht fotografieren. (In meinem Fall beschlug sogar das Fenster des Suchers, wodurch die Kamera glaubte, ich würde hindurchschauen, und – folgerichtig – das Kameradisplay abschaltete.) Dann ist es das Beste, abzuwarten, die Kamera nur leicht abzutupfen und die Frontlinse des Objektivs gegen Ende mit einem optischen Putztuch (etwa Mikrofaser) vorsichtig, d. h. nur unter ganz leichtem Druck, abzuwischen. Wenn die Kamera wieder trocken und Objektiv und Sucher wieder klar sind, können Sie weiterfotografieren.

Der gleiche Effekt– nur nicht so stark – tritt auf, wenn Sie vom Warmen ins Kalte kommen. Am besten ist es in beiden Fällen, die Kamera erstmal in einer verschlossenen Tasche zu lassen, damit sie sich langsam akklimatisieren kann.

Unsere Buch-Empfehlungen für Sie

Fotografie

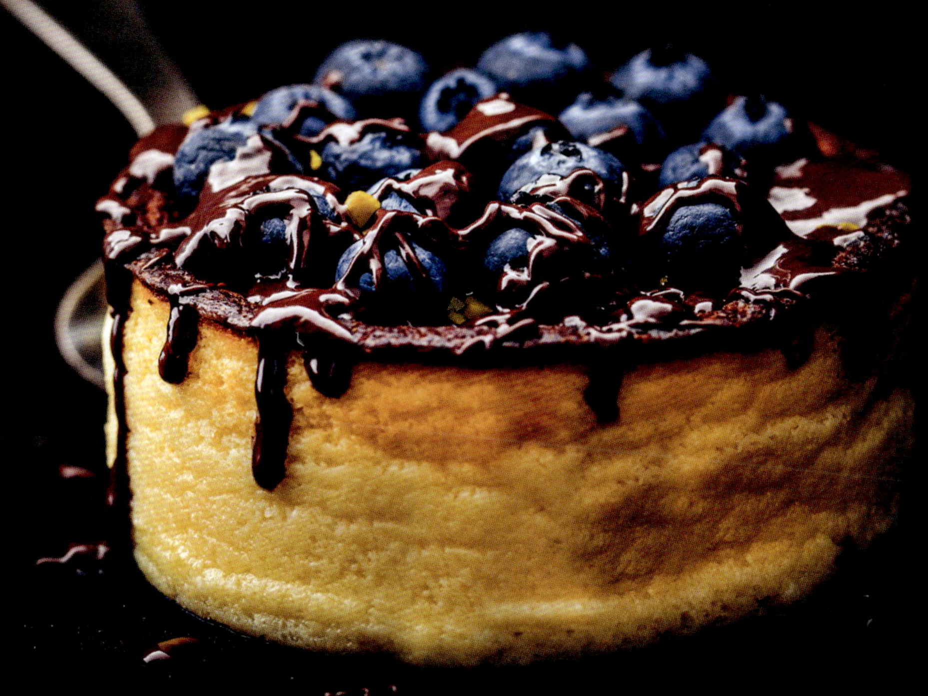

dpunkt.verlag

In diesem Buch geht es um alles, was Fotografie so reizvoll macht: Atmosphäre, Originalität, Aussagekraft. All das wird mit einer guten Bildgestaltung erreicht. Das Ziel dieses umfassenden Handbuches ist, zu klar gestalteten Bildern zu kommen und die persönliche fotografische Handschrift zu stärken.

2019, 318 Seiten, Festeinband
€ 34,90 (D)
ISBN 978-3-86490-502-5

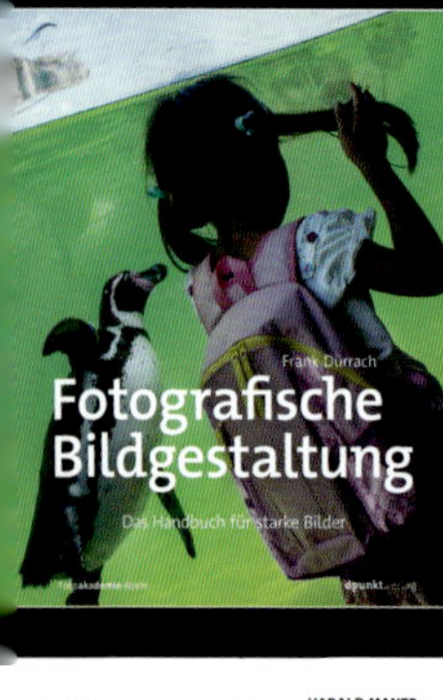

Kontemplative Fotografie ist Alltagskunst, Aufmerksamkeit und Freude am fotografischen Gestalten inmitten vertrauter Umgebung. Sehen Sie die Welt, wie sie sich darstellt, nicht wie sie sein soll. Dieses Buch wird Ihre Sehgewohnheiten verändern und Ihrer Fotografie neue Impulse geben.

2019, 216 Seiten, Festeinband
€ 29,90 (D)
ISBN 978-3-86490-559-9

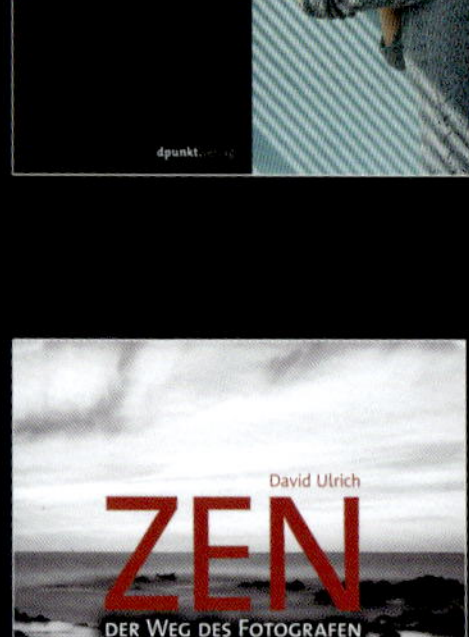

In der Fotografie ist das Farbsehen, also die bewusste oder intuitive Analyse der Farbkomposition, mitentscheidend für die Qualität eines Bildes. Dieses Buch ist für FotografInnen geschrieben, die ihr Farbsehen sensibilisieren und vertiefen möchten, um so noch gezielter die Ausbeute guter Bilder zu steigern.

2019, 192 Seiten, Festeinband
€ 32,90 (D)
ISBN 978-3-86490-581-0

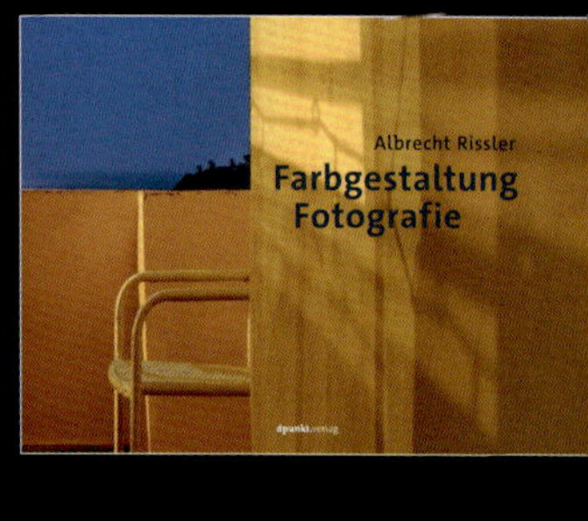

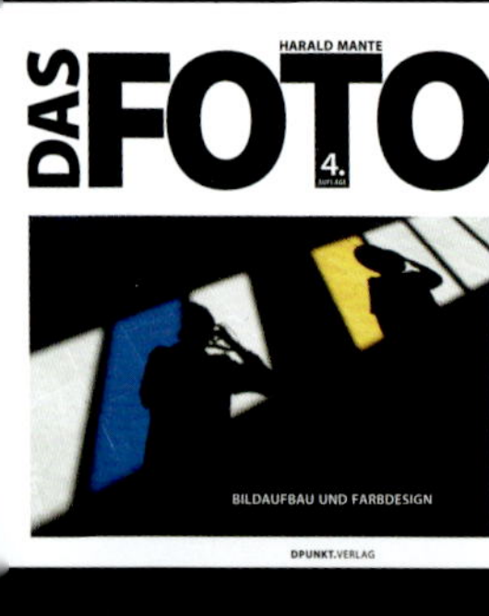

Der Klassiker der Fotoliteratur in der 4. Auflage in völlig neuer Aufmachung und mit wunderbaren neuen Fotografien. Das Buch soll anregen, mehr und intensiver zu sehen – mehr als vorher, mehr als Andere. Denn fotografisches Gestalten bedeutet in erster Linie fotografisches Sehen.

4. Auflage
2018, 168 Seiten, Festeinband
€ 34,90 (D)
ISBN 978-3-86490-473-8

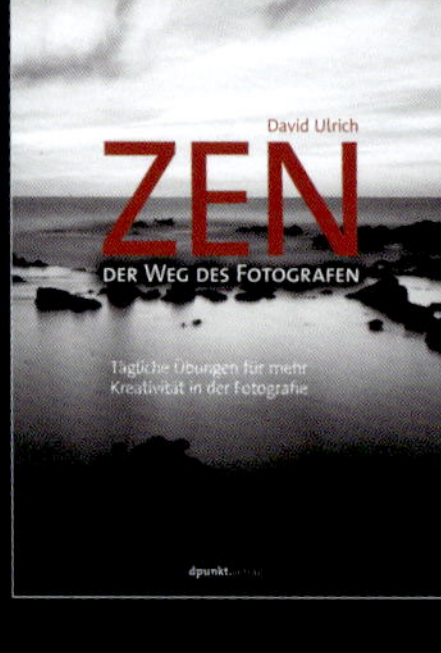

Dieses Buch hilft Ihnen, Ihren persönlichen Ausdruck zu finden und in Bilder umzusetzen. Mit der Kamera in der Hand gehen Sie der Frage nach der eigenen Kreativität nach – in sechs Stationen, mit täglichen Übungen zu Konzentration, Achtsamkeit und Beobachtungsgabe, die sich eng an die Lehre des Zen anlehnen.

2019, 222 Seiten, Festeinband
€ 34,90 (D)
ISBN 978-3-86490-613-8

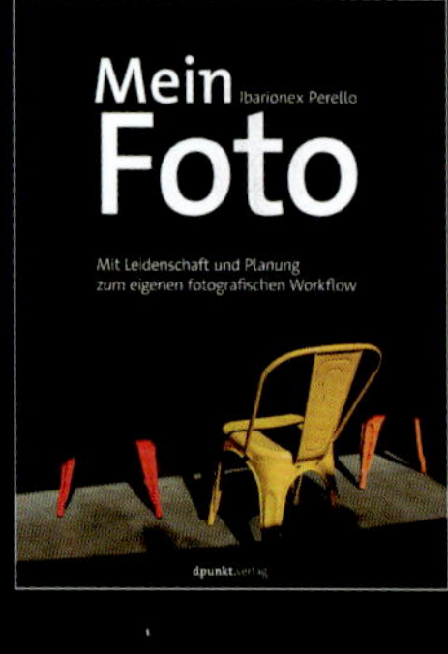

Ein Buch für alle Fotografen, die spüren, dass ihre guten Bilder häufig dem Zufall geschuldet sind und die Qualität nicht konstant erreicht wird. Keine Patentrezepte, sondern eine Handreichung für planvolle, bewusste Fotografie mit Leidenschaft und Methode.

2019, 324 Seiten, Festeinband
€ 34,90 (D)
ISBN 978-3-86490-645-

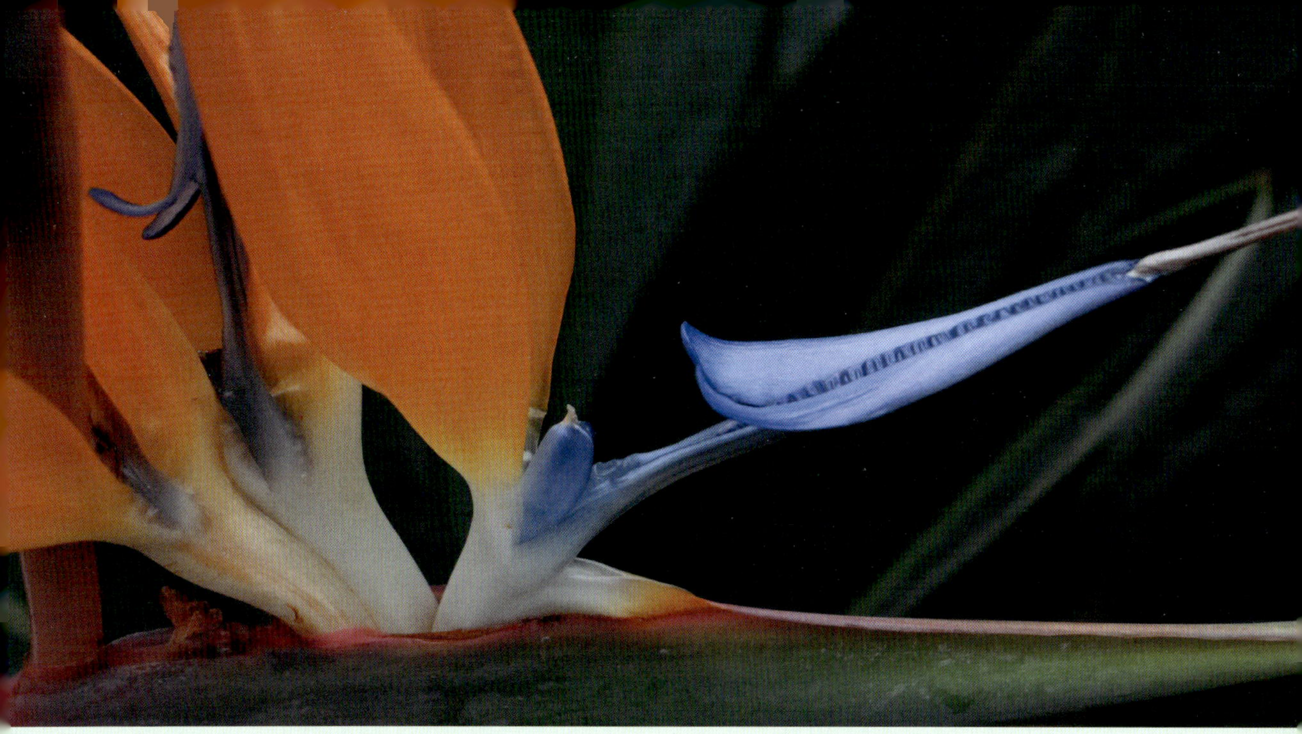

| DX 16–50 | 31,5 mm | 1/125 s | f/5.6 | ISO 1000

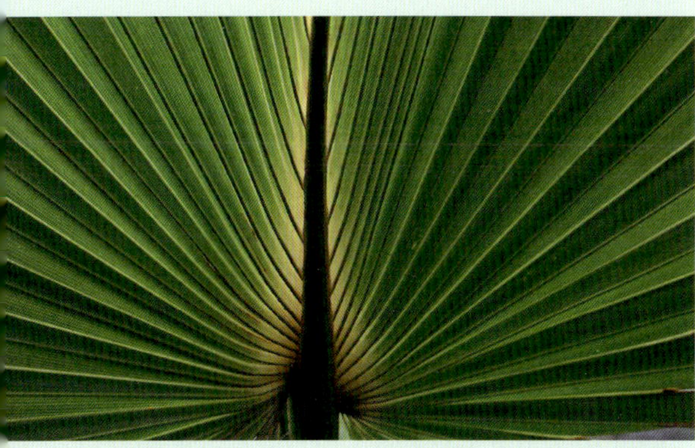

| DX 16–50 | 22,5 mm | 1/100 s | f/5 | ISO 1000

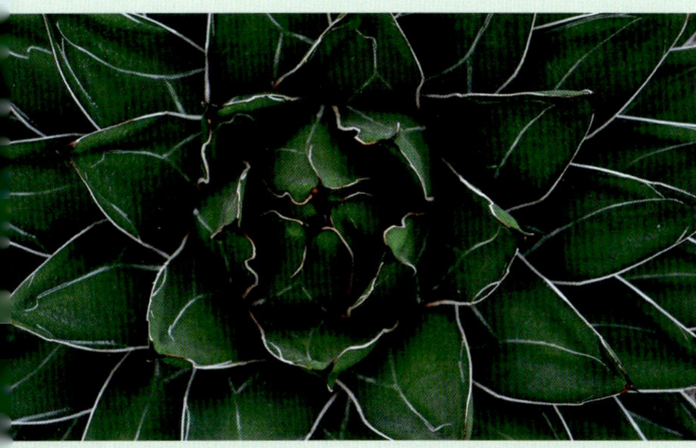

| DX 16–50 | 45 mm | 1/125 s | f/6 | ISO 1000

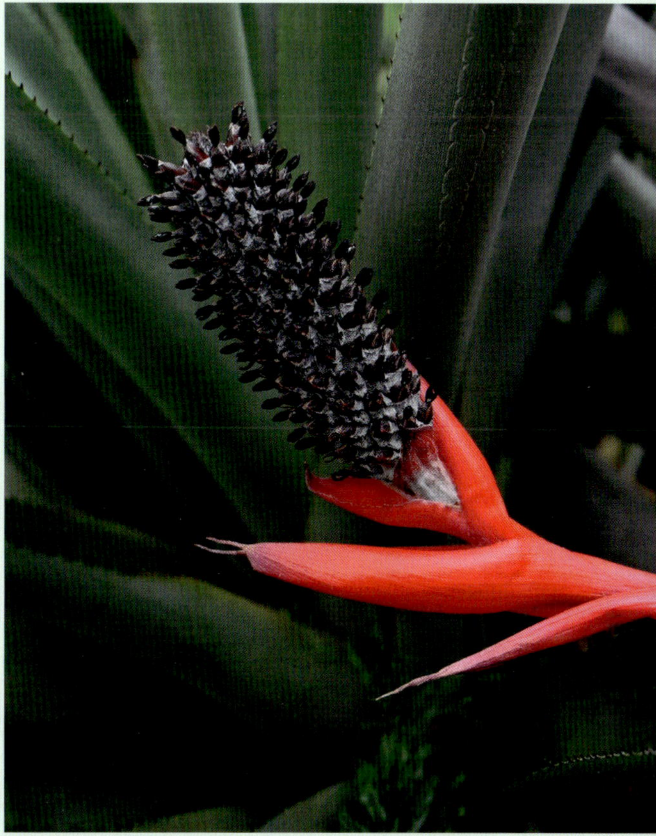

| DX 16–50 | 23 mm | 1/80 s | f/4.5 | ISO 1000

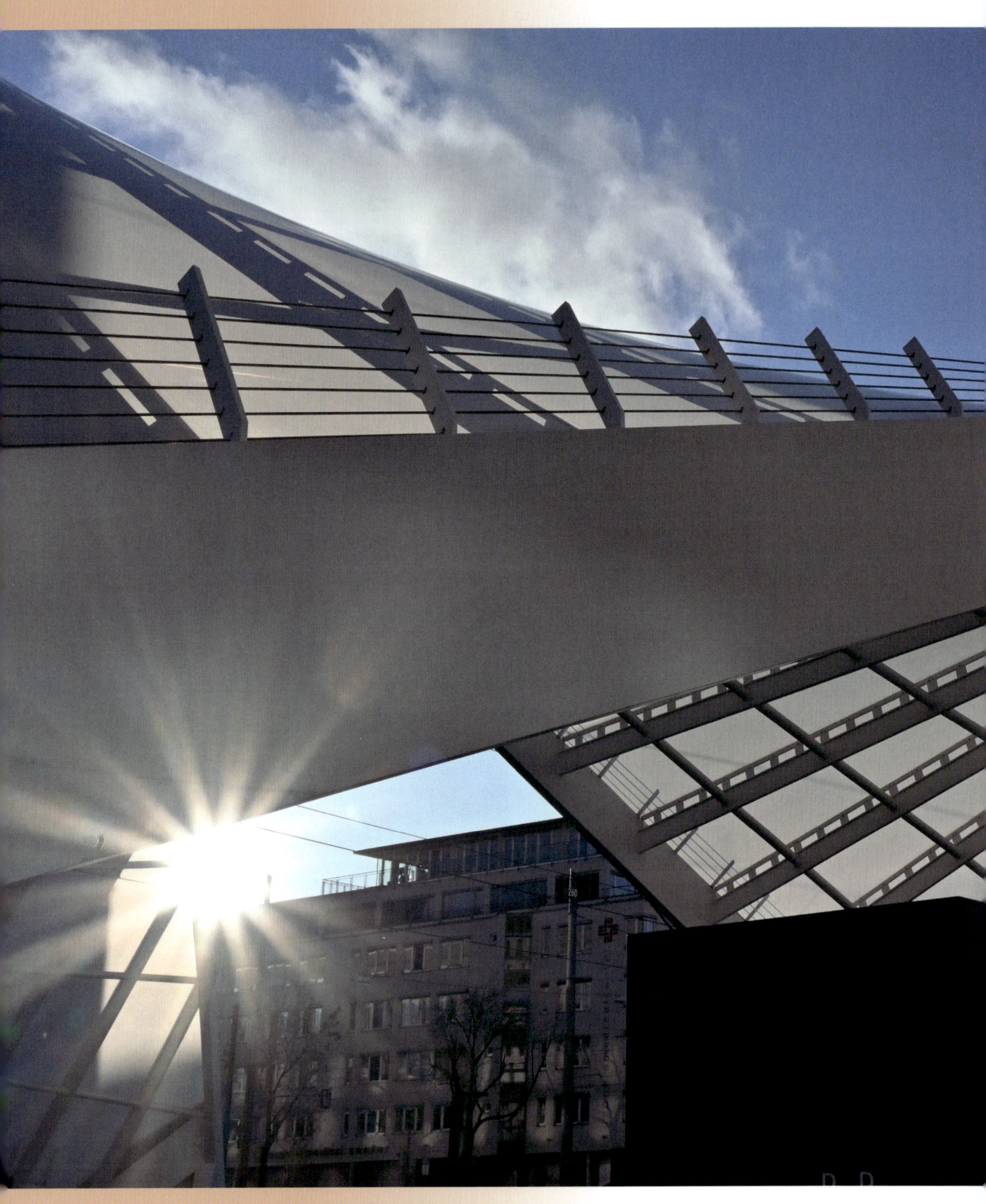

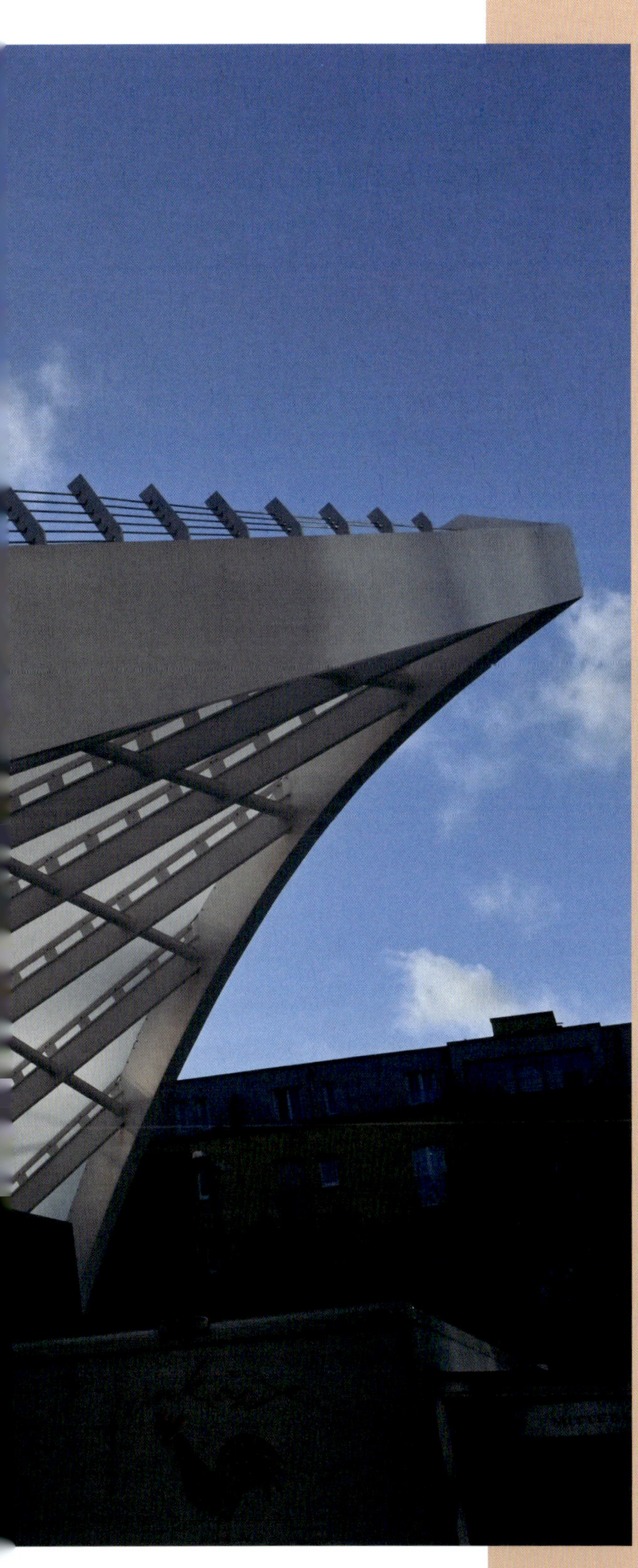

3

Die Bedienung der Z50

Abb. 3.1 Haltestellen-Architektur | DX 16–50 | 31 mm | 1/1000 s | f/18 | ISO 640

Fotografie ist eine technikaffine Kunstform. 1826 entstand das erste, noch reichlich verschwommene Foto eines Hauses im französischen Ort Le Gras, aufgenommen von Joseph Nicéphore Niépce. Acht Stunden betrug damals die Belichtungszeit für den »Film«, eine Schicht aus lichtempfindlichem Asphalt, die mit Lavendelöl fixiert wurde. Die Kamera bestand aus nicht viel mehr als aus einem Kasten mit einem Loch und einer Linse darin. Seitdem hat die Fotografie eine rasante technologische Entwicklung durchgemacht. Heute sind wir bei höchst leistungsfähigen Kamerasensoren wie dem Ihrer Z50 angekommen. Wie dieser und andere in der Z50 eingesetzte Technologien funktionieren, erfahren Sie in diesem Kapitel.

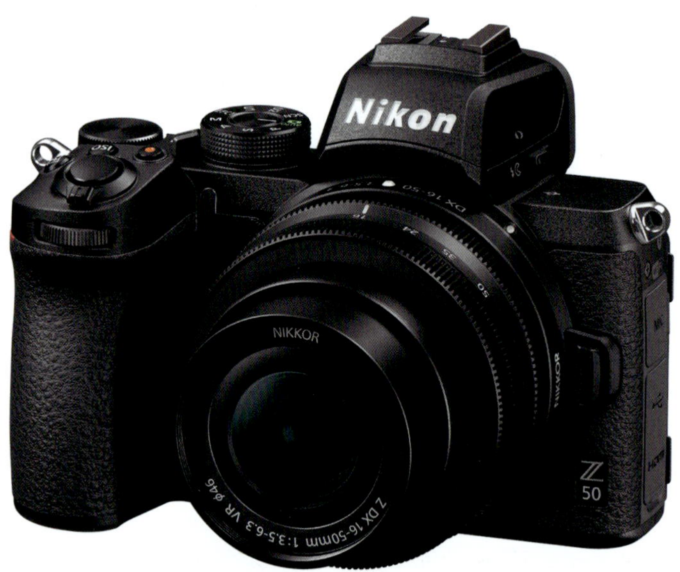

Abb. 3.2 Klein und handlich ist die Nikon Z50. Das ist eine ihrer Stärken. Besonders wenn Sie auf Reisen gehen, müssen Sie kein großes Gewicht mitschleppen. Doch trotz ihrer Kompaktheit ist sie vollgepackt mit Technik, die Ihnen das Fotografieren erleichtert. (Foto: Nikon)

3.1 Das spiegellose Z-System

Es war immer eine komfortable Konstante, dass Nikon-Spiegelreflexkameras ein gemeinsames Kamerabajonett hatten – das sogenannte »F-Bajonett«. Das Versprechen dahinter: jedes »Nikkor« (so heißen die Nikon-Objektive) würde auf jede Nikon-Kamera passen. Doch unter dem Druck der zunehmenden, ausgesprochen guten Konkurrenz wie etwa Fuji und Sony, brach Nikon mit dieser Tradition und rief eine neue Bauweise ins Leben: das Z-System. Den Anfang machten die (semi-)professionellen spiegellosen Kameras Z6 und Z7. Sie etablierten das Z-Bajonett, mit dem auch ihre kleine Schwester, die Z50 ausgestattet ist. Nun befindet sich zwischen Objektiv und Sucher kein wegklappbarer Spiegel mehr, der das Bild in den Sucher leitet (im Sucher steckt stattdessen ein hochauflösender Monitor). Der Abstand zwischen Sensor und Bajonett ist damit kleiner, was einen größeren Bajonettdurchmesser erforderte. Das Z-Bajonett ist also nicht mehr zum F-Bajonett kompatibel, entsprechend legte Nikon mit dem Start des Z-Systems eine ganz neue Objektpalette auf (es gibt allerdings den sogenannten »FTZ-Adapter«, mit dem die übrigen Nikkore auf den Z-Kameras nutzbar werden – mehr dazu später).

Dass ich die Z50 als »kleine Schwester« der Z6 und der Z7 bezeichne, meint vor allem die Größe des Sensors. Der Sensor der Z50 ist ein sogenannter »APS-C-Sensor« und mit 23,7 × 15,6 mm etwa halb so groß wie der Sensor der Z6 oder Z7, die sogenannte »Vollformatsensoren« mit einer Größe von 24 × 36 mm sind (so groß wie die Negative oder Dias der analogen Kleinbildfilme).

3.2 Der APS-C-Sensor

Moderne Kameras stecken voller Technik, mit der man beim Fotografieren in der Regel kaum in Kontakt kommt. Das absolute Herzstück einer Kamera ist ihr Sensor – er ist das, was in der Analogfotografie der Film war. Der Sensor verarbeitet das Licht, das bei einer Aufnahme durch das Objektiv einfällt. Die Helligkeitsunterschiede werden in elektrische Spannung umgesetzt und als Pixel in einem Foto gespeichert. Die wichtigsten Eigenschaften eines Sensors sind:

- Pixelanzahl
  Etwa 20 Megapixel, über 20 Mio. Pixel bei der Z50 – je mehr Pixel, desto größer die Ausdrucke, aber auch desto größer die Bilderdateien. 20 Megapixel sind selbst für Posterausdrucke völlig ausreichend.
- Dynamikumfang
  Die Fähigkeit des Sensors, zwischen absolutem Schwarz und Weiß möglichst viele Helligkeitsabstufungen einzufangen – wichtig bei kontrastreichen Motiven. Die Z50 hat einen hohen Dynamikumfang.

- **Rauschverhalten**
  Bei Erhöhung der Sensorempfindlichkeit nimmt es zu und ab einem bestimmten Punkt wirkt es störend – es kann in der Nachbearbeitung nur begrenzt beseitigt werden. Die Z50 hat ein sehr gutes Rauschverhalten.
- **Größe**
  Größere Sensoren erlauben weniger Schärfentiefe als kleine, was Ihnen beim Fotografieren mehr kreative Spielräume erlaubt (aber am Anfang nicht so wichtig ist), zudem haben sie ein günstigeres Rauschverhalten.

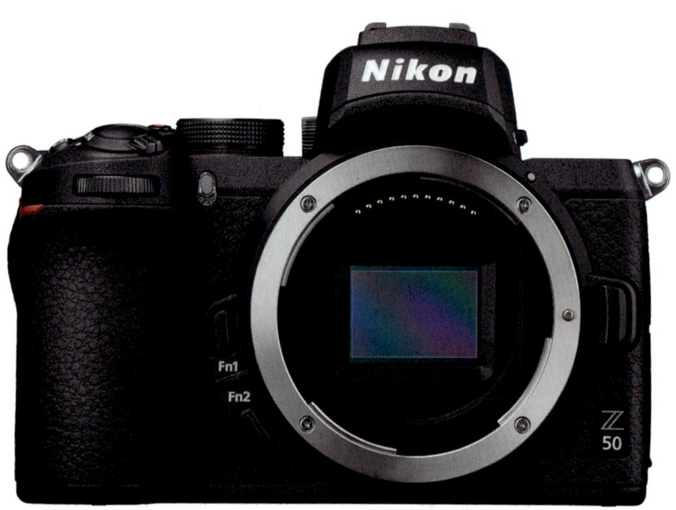

Abb. 3.3 Ohne Objektiv bzw. Bajonettdeckel auf der Z50 liegt der farbig schimmernde Sensor offen. Mit seinen 20,9 Megapixeln (MP) und seinem hohen ISO-Spielraum ist er für alle Aufgaben gut gerüstet. (Foto: Nikon)

Bei der Produktion von Sensoren stecken die Kamerahersteller in einem Dilemma: Zum einen muss der Sensor groß genug sein, um möglichst viel Pixel zu beherbergen, trotzdem rauscharm arbeiten und dem Fotografen die bestmögliche Kreativität erlauben (Stichwort »Schärfentiefe«, mehr dazu später). Zum anderen darf er aber nicht zu teuer in der Herstellung sein. Er muss kompakt sein, damit sich handliche Kameras wie die Z50 mit ihm ausrüsten lassen.

APS-C-Sensoren waren gegenüber den größeren Vollformatsensoren lange in punkto Pixelanzahl und Rauschverhalten unterlegen. Doch seit Jahren nimmt die Pixeldichte bei den APS-C-Sensoren drastisch zu und das Rauschverhalten verbessert sich ebenfalls deutlich. Es sieht so aus, als würden die APS-C-Sensoren vor allem im Einsteigersegment den Vollformatkameras den Rang ablaufen. Auf Vollformatkameras setzen vor allem noch Profifotografen, die bei der Bildqualität, die gerade bei großen Druckerzeugnissen zum Tragen kommt, keine Kompromisse eingehen wollen.

Mit dem 20,9-Megapixel-Sensor der Z50 hat sich Nikon zum Glück nicht am Rennen um die meisten Megapixel beteiligt. Die Bilder sind ausreichend groß, um auch noch im Format DIN A1 ausgedruckt werden zu können. Und die Bilddateien sind klein genug, um sich auch auf älteren PCs angemessen zügig verarbeiten zu lassen.

Schützen Sie Ihren Sensor

Jedes Mal, wenn Sie das Objektiv abnehmen, kann Staub in den Innenraum der Kamera und damit auf den Sensor gelangen. Er macht sich dann als kleine dunkle »Sensorflecken« auf Ihren Bildern bemerkbar, die Sie in der Nachbearbeitung mühsam entfernen müssen. Es gibt spezielle Reinigungsutensilien, mit denen Sie Ihren Sensor reinigen können. Allerdings ist er so empfindlich, dass ich Ihnen eher empfehlen würde, die Kamera im Handel oder bei Nikon zur Sensorreinigung abzugeben. Um das Eindringen von Staub zu minimieren, sollten Sie die Kamera beim Objektivwechsel eher nach unten geneigt halten, sich beim Objektivwechsel beeilen und die Öffnung nicht in Windrichtung halten, wenn Sie draußen unterwegs sind.

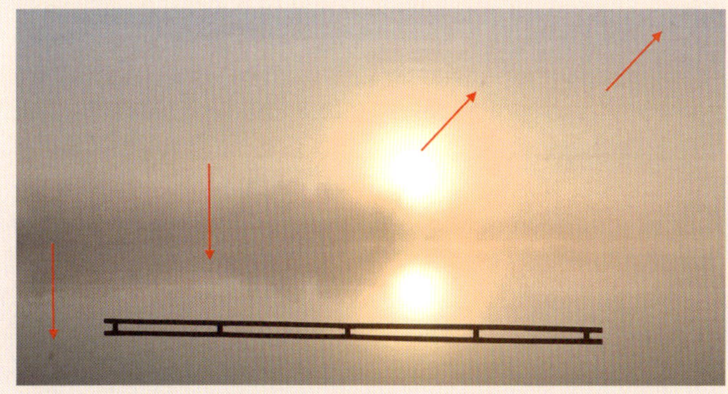

Abb. 3.4 Durch Staub auf dem Sensor verursachte Sensorflecken. Einmal vorhanden, tauchen sie auf jedem Bild auf. Da hilft nur der Gang zum Reinigungsservice von Fachhändler oder Hersteller.

Der Brennweiten-Verlängerungsfaktor

Vollformatsensoren – also Sensoren im Format 24 × 36 mm, wie Kleinbildnegative oder -Dias – sind die Bezugsgröße bei Brennweitenangaben. Die Fläche eines solchen Sensors gilt es auszuleuchten – und ein Objektiv, das auf Vollformatsensoren gerechnet wurde, tut genau das. Es projiziert einen Bildkreis, der die rechteckige Sensorfläche komplett umfasst.

Ein kleinerer Sensor braucht keinen so großen Bildkreis – folglich gibt es auch auf APS-C-Sensoren gerechnete Objektive. Und weil der technische und materielle Aufwand zu ihrer Herstellung kleiner ist, sind sie meist preiswerter als Vollformatobjektive.

Sie können ein Vollformatobjektiv auf einer Kamera mit einem APS-C-Sensor einsetzen – der Sensor ist ja deutlich kleiner, als es der Vollformat-Bildkreis erfordert. Aber Sie können ein auf APS-C gerechnetes Objektiv nicht auf einer Vollformatkamera einsetzen – sein Bildkreis ist zu klein für den Sensor. Auf dem Bild würde sich das durch eine deutliche Vignette (kreisförmige Randverdunkelung um das Motiv) zeigen.

Stellen Sie sich nun Folgendes vor:

1. Ein Vollformatobjektiv projiziert ein Bild auf einen Vollformatsensor. Der Bildkreis des Objektivs umschließt den Sensor genau. Im projizierten Bild hat – auf dem Sensor gemessen – ein Element eine Länge von 1 cm (vielleicht der 100 m hohe Mast einer Windkraftanlage in einer Landschaftsaufnahme). Das resultierende Foto wird nun auf 10 × 15 cm ausgedruckt. Das ist eine knapp vierfache Vergrößerung des Sensorbildes – der Mast dürfte auf dem fertigen Bild also etwas länger als 4 cm sein.

2. Das gleiche Vollformatobjektiv erzeugt nun das gleiche Bild, aber auf einer Kamera mit einem APS-C-Sensor, der ja nur halb so groß wie der Vollformat-Sensor ist. Der Bildkreis und damit das projizierte Bild sind größer als der Sensor. Der Mast hat, gemessen im Bildkreis auf dem Sensor, immer noch eine Länge von 1 cm (nehmen wir an, der Mast sitzt mittig im Motiv, passt also gerade noch drauf). Das resultierende Bild wird wieder im Format 10 × 15 ausgedruckt. Was passiert? Es ist zwar das gleiche Motiv wie beim ersten Bild, aber bedingt durch die geringere Sensorgröße ist der aufgenommene Ausschnitt kleiner. Wenn man beide Bilder gleich groß ausdruckt, entsteht also beim mit dem APS-C-Sensor gemachten Bild der Eindruck einer Vergrößerung. Als hätten sie dieses Bild mit einem Teleobjektiv mit längerer Brennweite fotografiert, die für eine entsprechende Vergrößerung sorgt. Daher spricht man hier vom »Verlängerungsfaktor« – ein auf Vollformat gerechnetes Objektiv verhält sich an einem APS-C-Sensor, als hätte es eine längere Brennweite – und zwar um den Faktor 1,5 länger.

Wenn Sie also ein Vollformatobjektiv – etwa aus der wachsenden Palette von Z-Objektiven für die Vollformatkameras Z6 und Z7 (siehe Abb. 3.7) – an Ihrer Z50 anschließen, nutzen Sie ein Vollformat-Objektiv auf einem APS-C-Sensor und müssen die Brennweite dieses Objektivs mit dem Faktor 1,5 multiplizieren. Eine Telebrennweite von 200 mm ist dann auf einmal über 300 mm »lang«, was wegen der höheren Vergrößerung sehr praktisch sein kann. Aber ein starker Weitwinkel von 16 mm hat dann nur noch moderate 24 mm – und das ist bei Weitwinkeln kein Vorteil.

Zum Zeitpunkt der Drucklegung dieses Buches gibt es, wie schon erwähnt, zwei auf Ihre Z50 gerechnete Objektive: das DX 16–50 mm und das DX 50–250 mm (ein weiteres ist angekündigt: ein Reisezoom mit 18–140 mm Brennweite). Um diese APS-C-Objektive besser von den übrigen Vollformat-Objektiven unterscheiden zu können, bezeichnet Nikon sie mit »DX« (für Vollformat verwendet Nikon das Kürzel »FX«).

Begrifflichkeiten

Man spricht hier auch von »physikalischer Brennweite« (die auf dem Objektiv steht) und der »effektiven Brennweite« (bedingt durch den Verlängerungsfaktor).

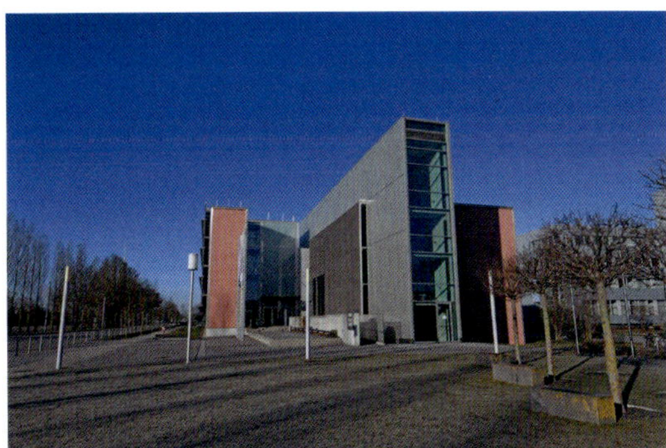

Abb. 3.5 Das Leibniz-Rechenzentrum auf dem Forschungscampus Garching, aufgenommen mit einem 16-mm-Weitwinkel auf einem Vollformatsensor.

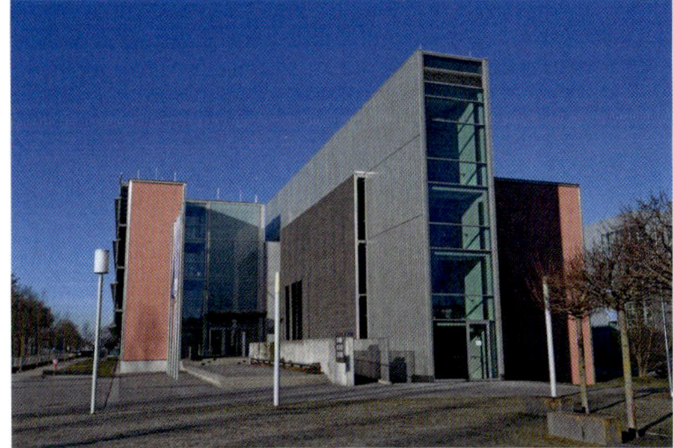

Abb. 3.6 Das gleiche Motiv und das gleiche Objektiv mit der Z50. Der kleinere APS-C-Sensor zeigt einen kleineren Ausschnitt aus dem vollformatigen Bildkreis des Objektivs. Auf die gleiche Bildgröße gebracht, wirkt das Motiv vergrößert, dabei ist es streng genommen nur ein Ausschnitt. Aufgrund des Verlängerungsfaktors wurde aus der physikalischen Brennweite von 16 mm eine effektive Brennweite von 24 mm. Allerdings ist nun der eigentlich attraktive Eindruck des starken Weitwinkels dahin.

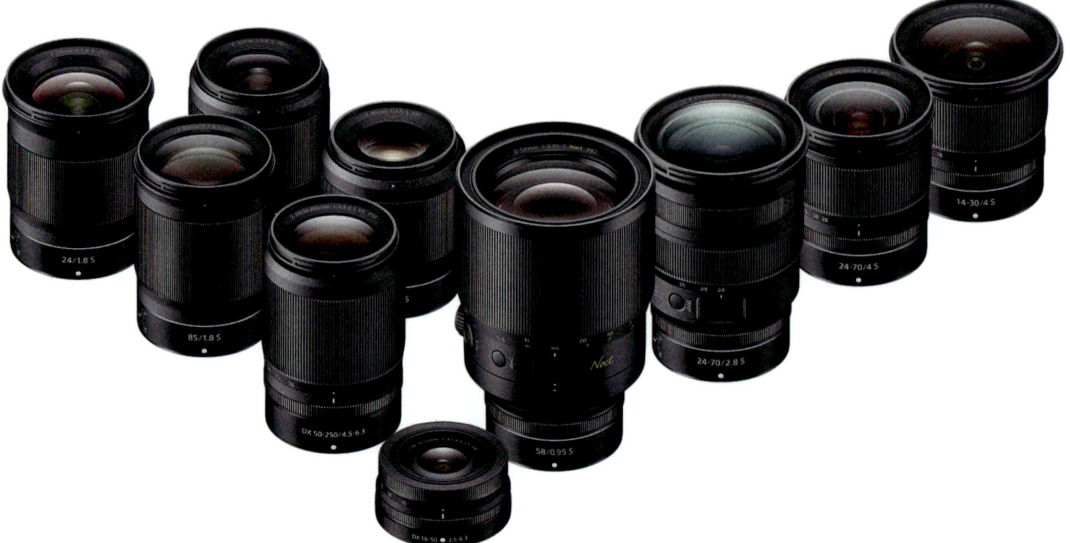

Abb. 3.7 Nikons Objektiv-Palette für das Z-System. Ganz vorne sehen Sie das DX-16–50mm-Pancake und links davon das DX-50–250mm-Telezoom für den APS-C-Sensor der Z50. Die übrigen Objektive sind auf die Vollformat-Sensoren der Z6 und der Z7 gerechnet, also FX-Objektive, aber auch auf der Z50 einsetzbar (rechnen Sie dann immer den Verlängerungsfaktor × 1,5 ein). Zum Zeitpunkt der Drucklegung dieses Buches waren noch nicht alle gezeigten Objektive verfügbar. (Foto: Nikon)

3.3 Der Autofokus

Der Autofokus ist eine Stärke der Z50, vor allem dann, wenn er mit den speziell für diese Kamera entwickelten Objektiven zum Einsatz kommt. Seine 209 Messfelder decken 90% des Bildfeldes im Sucher ab. Er ist ein sogenannter »Hybrid-Autofokus«, der sowohl mit Phasen- als auch mit Kontrasterkennung arbeitet. Bei der Phasenerkennung werden die durch die Optik einfallenden Lichtstrahlen von je zwei Autofokussensoren miteinander verglichen. Aus dem Versatz dieser Strahlen wird ermittelt, in welche Richtung und vor allem wie stark die Fokussiereinheit des Objektivs arbeiten muss. Zur Feinjustierung kommt dann die Kontrasterkennung mit ins Spiel – sobald der höchstmögliche Kontrast am anfokussierten Punkt erreicht ist, ist dieser scharf gestellt. Sie hören den doppelten Piepton, und die roten Rechtecke im Sucher oder auf dem Kameradisplay wechseln von Rot auf Grün – das anvisierte Motiv ist scharf.

Der Hybrid-Autofokus hat durchaus Profiqualität – er liegt sowohl bei Fotos als auch bei Video auf dem Niveau der großen Schwestern Z6 und Z7. Die Z50 bietet zudem sowohl Gesichts- als auch Augenerkennung und fokussiert auch bei schwachem Licht noch erstaunlich zuverlässig.

3.4 Manuelles Fokussieren

Natürlich können Sie mit der Z50 Ihre Bilder auch von Hand scharfstellen. Dazu müssen Sie die Z50 auf manuelle Fokussierung umstellen – entweder über das Menü (siehe Abb. 3.8–3.9) oder – schneller über den »i«-Menü-Knopf auf der Kamerarückseite (siehe Abb. 3.10–3.11).

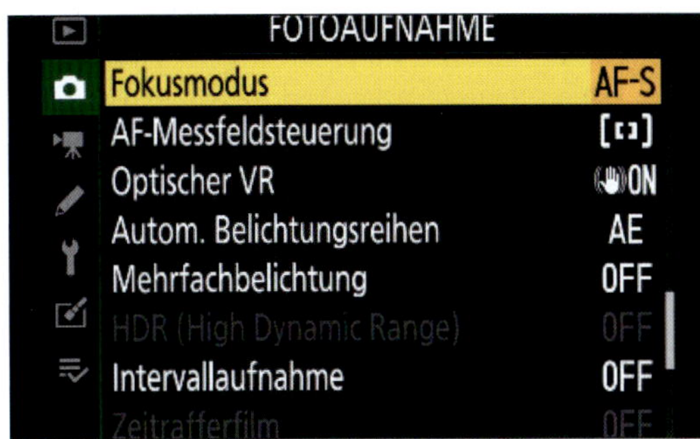

Abb. 3.8 1. Umstellen über das Menü: Nach dem Drücken des »Menü«-Knopfes auf der Kamerarückseite gehen Sie im »FOTOAUFNAHME«-Menü auf den Unterpunkt »Fokusmodus«. Klicken Sie mit dem Multifunktionswähler rechts, …

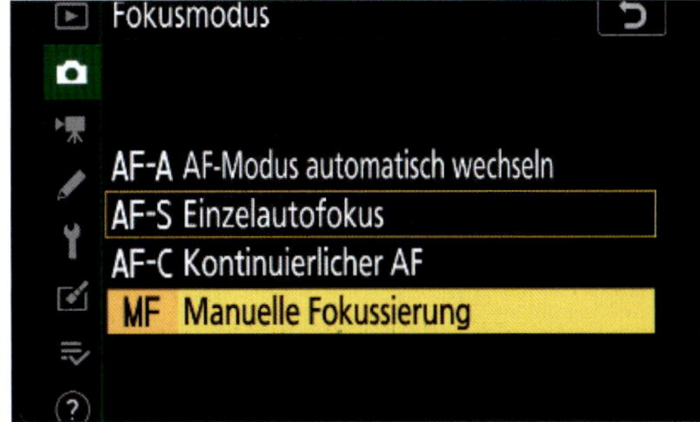

Abb. 3.9 … und wählen Sie dann den Unterpunkt »MF Manuelle Fokussierung«.

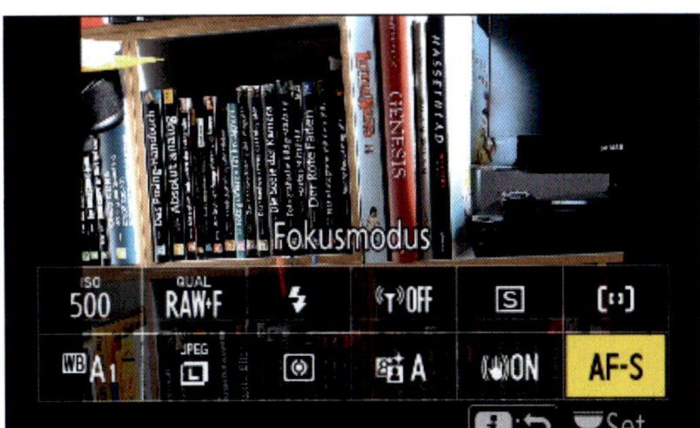

Abb. 3.10 2. Umstellen über das »i«-Menü: Drücken Sie die »i«-Taste auf der Kamerarückseite. Tippen Sie dazu auf die Box rechts unten, in der der aktuelle Fokus (hier »AF-S« angezeigt wird, …

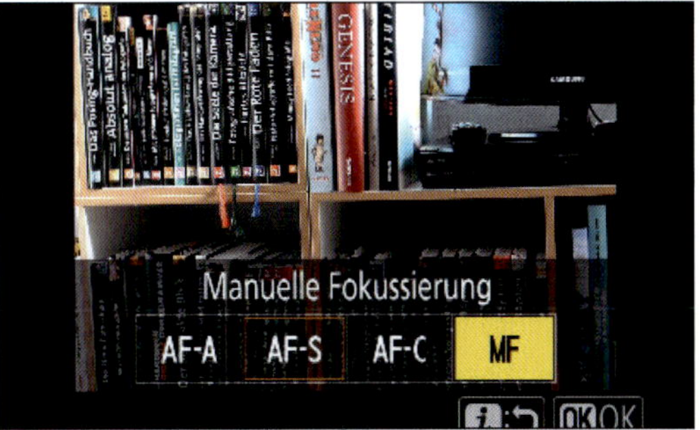

Abb. 3.11 … und tippen Sie in der dann angezeigten Auswahl auf »MF«.

Nun ist der Autofokus deaktiviert und Sie können die Schärfe am Fokusring des Objektivs (das ist der zweite geriffelte Ring) per Drehung steuern. Kontrollieren können Sie die Schärfe auf dem Display oder durch den Sucher.

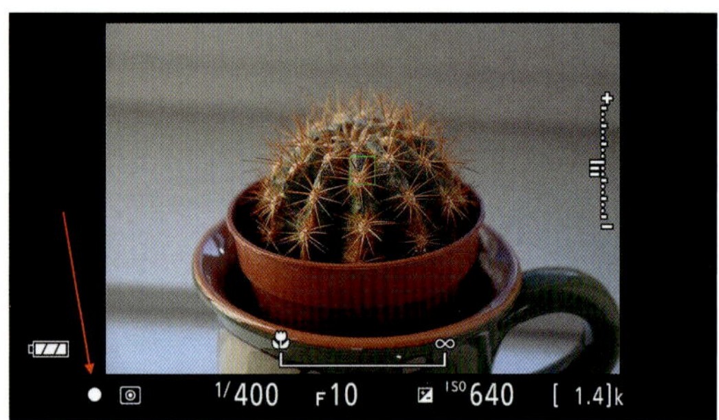

Abb. 3.12 Haben Sie manuell korrekt scharfgestellt, können Sie das auf dem Monitor links unten sehen: Dann erscheint ein kleiner weißer Punkt. Ist nicht korrekt fokussiert, dann sehen Sie einen weißen Pfeil, der Ihnen anzeigt, in welche Richtung Sie den Fokusring drehen müssen.

Hinweis

Wenn Sie manuell fokussieren, müssen Sie darauf achten, dass das Dioptrien-Einstellrad (rechts oben am Sucher) auf Ihre Sehstärke eingerichtet ist. Zum Einstellen schauen Sie am besten durch das Okular und dort auf die Anzeigen im Sucher. Drehen Sie nun so lange am Dioptrien-Rad, bis Sie alles scharf sehen.

Manuelle Fokussierung ist immer dann nötig, wenn die Autofokus-Messtechnik der Kamera an ihre Grenzen kommt – meist bei kontrastarmen oder auch sehr detailreichen Motiven oder wenn Sie durch Gitterstäbe oder durch Fensterscheiben hindurch fokussieren. Aber allzu oft wird Ihnen das nicht passieren.

3.5 Die Bildstabilisierung

Verwackelte Fotos sind meist unbrauchbar. Verwacklungen entstehen, wenn die Kamera beim Auslösen bewegt wird – etwa durch die Auslösebewegung oder durch unruhige Hände. Oft kann man im Display der Kamera nicht genau erkennen, ob ein Foto verwackelt ist oder nicht und erlebt dann später am Computer eine böse Überraschung. Das hatten auch die Ingenieure im Hinterkopf, als sie sich eine der in meinen Augen gewinnbringendsten Erfindungen in der Kameratechnik einfallen ließen: die *Bildstabilisierung*. Diese Technologie gleicht leichte Verwacklungen anhand von Gegenbewegungen entweder eines optischen Elements im Strahlengang des Objektivs (bei Nikon die klassische »Vibration Reduction«, »VR«) oder des Sensors in der Kamera (die sogenannte »In-Body-Image-Stabilization«, »IBIS«) aus. Das verschafft Ihnen nicht nur mehr Sicherheit beim freihändigen Fotografieren. Sie können problemlos zwei- bis dreimal längere Belichtungszeiten nutzen als ohne Stabilisierung – und das ist etwa in der Dämmerung oder in Räumen mit wenig Licht ein enormer Vorteil.

Nikon hat leider die In-Body-Image-Stabilization der Z6 und Z7 nicht für die Z50 übernommen. Das heißt: An der Z50 kommen Sie nur in den Genuss einer Bildstabilisierung, wenn Sie Objektive mit eingebauter Vibration Reduction einsetzen. Dazu gehören derzeit die beiden oben erwähnten DX-Objektive 16–50mm und 50–250mm, die gemeinsam mit der Z50 im Oktober 2019 vorgestellt wurden (und vermutlich auch alle kommenden Objektive für die Z50). Alle anderen Vollformatobjektive der Z-Serie haben keine Vibration Reduction, da die Z6 und die Z7 ja über In-Body-Image-Stabilization verfügen. Viele vor der Z-Serie erschienene Nikkor-Objektive mit F-Bajonett verfügen allerdings über Vibration Reduction und können per FTZ-Adapter angeschlossen werden.

Verwacklung und Bewegungsunschärfen

Bildstabilisierung kann nur dann für scharfe Bilder sorgen, wenn *Sie* der Grund für die Verwacklungen sind. Unschärfe kann aber auch entstehen, wenn die Bewegung des Motivs zu schnell für Ihre Belichtungszeit ist – dagegen ist Bildstabilisierung grundsätzlich machtlos.

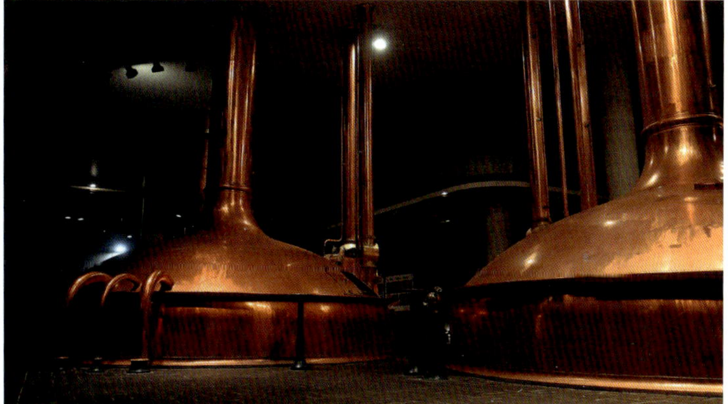

Abb. 3.13 Münchner Bierbraukunst bei Nacht, gesehen durch ein Schaufenster der Brauerei. Mit der Bildstabilisierung der Z50 ist es ohne Probleme möglich, eine solche Aufnahme aus der Hand zu machen. | DX 16–50| 28mm | 1/30 s | f/4 | ISO 1250

3.6 Der Sucher

Eines der markantesten Merkmale der spiegellosen Kameras ist zweifelsohne ihr elektronische Sucher. Sie sehen kein eingespiegeltes Bild mehr, sondern blicken auf einen kleinen, hochauflösenden Monitor, der sein Bild direkt vom Kamerasensor bezieht. Das hat gegenüber den klassischen Spiegelreflexkameras einen großen Vorteil: Das Bild im Sucher entspricht genau dem Bild, das Sie fotografieren. Sie sehen also sozusagen live, ob Sie über- oder unterbelichten, Sie können Ihr Motiv schon vorab in Schwarzweiß betrachten oder die Wirkung bestimmter Bildstile prüfen.

Der elektronische Sucher der Z50 hat rund 2,3 Mio. Pixel (zweimal mehr als das Kameradisplay). Das reicht völlig, um ein ausgewogenes und realitätsnahes Bild eines Motivs zu erzeugen. Brillenträger werden sich über die Möglichkeit der Dioptrien-Korrektur über das Rädchen neben dem Sucher

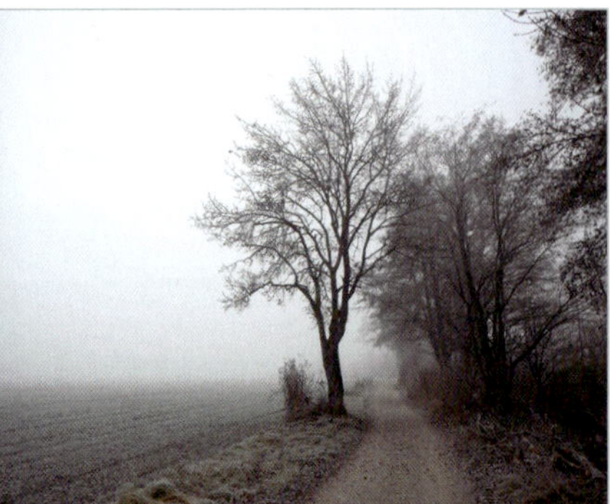

Abb. 3.14 Ob Sie Ihre Bilder lieber im Sucher oder auf dem Kameramonitor komponieren, ist Geschmackssache. Bei der Z50 bietet sich das Kameradisplay vielleicht eher an, da es relativ groß ist und mit einer brillanten Wiedergabe aufwartet. | DX 16–50 | 24 mm | 1/250 s | f/4 | ISO 400

freuen. Der Sucher erkennt zudem automatisch, ob Sie gerade hindurchschauen oder nicht – und schaltet dann das Display auf der Kamerarückseite ab.

Ob Sie Ihre Bilder lieber über das Display auf der Kamerarückseite komponieren oder durch den Sucher, müssen Sie im Praxiseinsatz herausfinden. Bei sehr hellen Lichtverhältnissen bietet es sich eher an, direkt durch den Sucher zu schauen, weil auf dem Display dann zu wenig zu erkennen ist. Vielleicht haben Sie ja auch schon jahrelang mit klassischen Kameras gearbeitet und sind es gewohnt, durch den Sucher zu schauen. Diese Methode bietet zudem den Vorteil, dass Sie die Kamera stabiler und ruhiger halten können.

3.7 Das Kameradisplay mit Touch-Funktion

Das in der Diagonalen acht Zentimeter messende Touchscreen-Display auf der Kamerarückseite hat 1,04 Mio. Bildpunkte. Durch seine Größe ist die Bedienung per Fingertipp sehr komfortabel. Außerdem gibt es Ihre Bilder recht farbecht und kontrastreich wieder.

Die wichtigsten Angaben auf dem Display sind die folgenden (von links oben im Uhrzeigersinn):

1. Aufnahmemodus (wie auf dem Funktionswählrad eingestellt)
2. Einzel-, Serienaufnahme, Selbstauslöser
3. Fokusmodus und Fokusmessfeldsteuerung
4. Weißabgleich
5. Bildqualität
6. i-Menü
7. Motivverfolgung
8. Restbildanzeige
9. ISO-Wert
10. Blende
11. Belichtungszeit
12. Belichtungsmessmodus
13. Akkustand
14. Vibrationsreduzierung
15. Touch-Funktion ein/aus

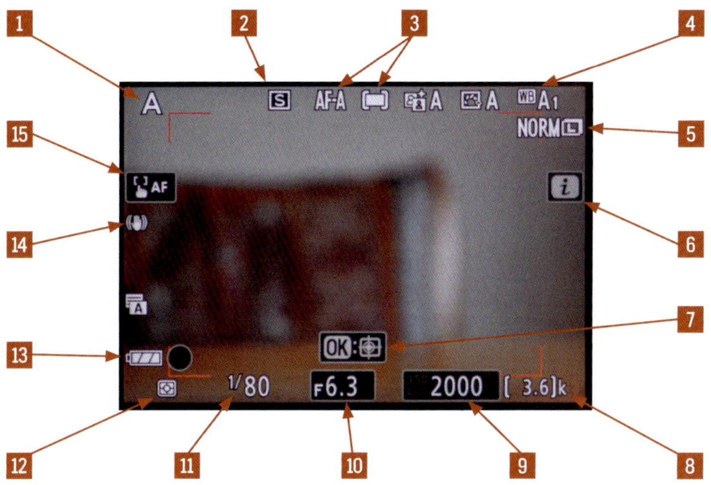

Abb. 3.15 Im oberen Teil des Displays sehen Sie die aktuellen Einstellungen, im unteren Teil dunkel hinterlegte Kästchen, die Sie direkt antippen und so einen Teil der Einstellungen verändern können. Welche der Werte so einstellbar sind, hängt vom gewählten Belichtungsprogramm ab – hier ist die Blende einstellbar, also arbeitet die Kamera mit Zeitautomatik.

Damit Ihnen die vielen Angaben nicht den Blick auf das Motiv verstellen, werden sie – bis auf die wichtigsten – ausgeblendet, wenn Sie den Auslöser bis zum ersten Druckpunkt betätigen.

Sollten Sie als fotobegeisterter Smartphone-Nutzer auf die spiegellose Fotografie gestoßen sein, werden Sie vielleicht die Gestaltung über das Display bevorzugen. Das hat durchaus Vorteile, wenn Sie sich bei außergewöhnlichen Motiven nicht verrenken wollen. Und auch für Brillenträger ist das Display mit seiner 8 cm-Diagonale eine gute Option, um komfortabel fotografieren zu können.

Das Display lässt sich um 180 Grad nach unten klappen, so dass es in die gleiche Richtung wie das Objektiv zeigt – sozusagen der Selfie-Modus der Z50. Das ist allerdings nicht optimal, wenn Sie Selfies oder Videotagebücher erstellen möchten. Denn ist das Display nach unten ausgeklappt, lässt sich die Kamera auf kein Stativ bzw. keinen Handgriff setzen, und auch die Bedienung der Kamera über das Display wird schwieriger. Und wenn Sie größere Objektive auf Ihre Z50 setzen, verdecken die einen Teil des Displays. Besser wäre sicher ein seitlich ausklappbares Display gewesen. YouTuber und Vlogger werden an dieser Konstruktion nur bedingt ihre Freude haben.

Gut dagegen ist, dass man das Display auch so ausklappen kann, dass man mit der Kamera relativ problemlos aus der Froschperspektive fotografieren kann. Wollen Sie Bilder nah am Boden machen, gehen Sie einfach in die Hocke und stellen das Display horizontal. Dann schauen Sie bequem von oben auf das Bild.

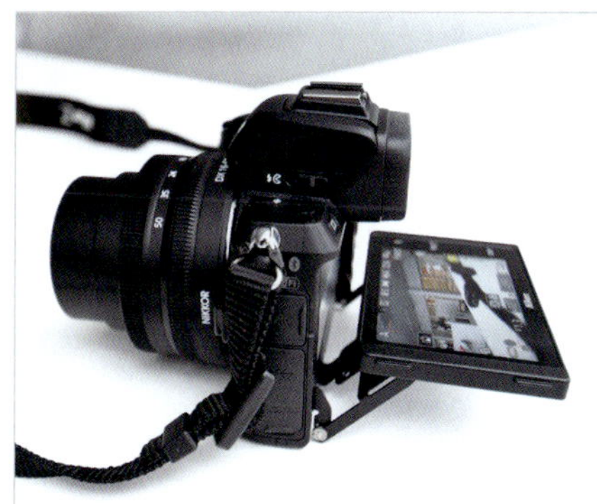

Abb. 3.16 Wenn Sie aus der Froschperspektive fotografieren wollen, klappen Sie das Display einfach in die Horizontale. So schauen Sie bequem von oben auf das Display.

3.8 Die Bedienung der Z50

Die Z50 ist eine solide Kamera, die man nicht mit Technologie überladen hat, und das ist auch gut so.

Sollten Sie schon einmal mit digitalen Nikon-Kameras fotografiert haben, werden Sie sich sicher schnell mit der Bedienung und Menüführung der Z50 vertraut gemacht haben. Wenn nicht, gibt es ein paar Hilfsmittel, um schnell an die

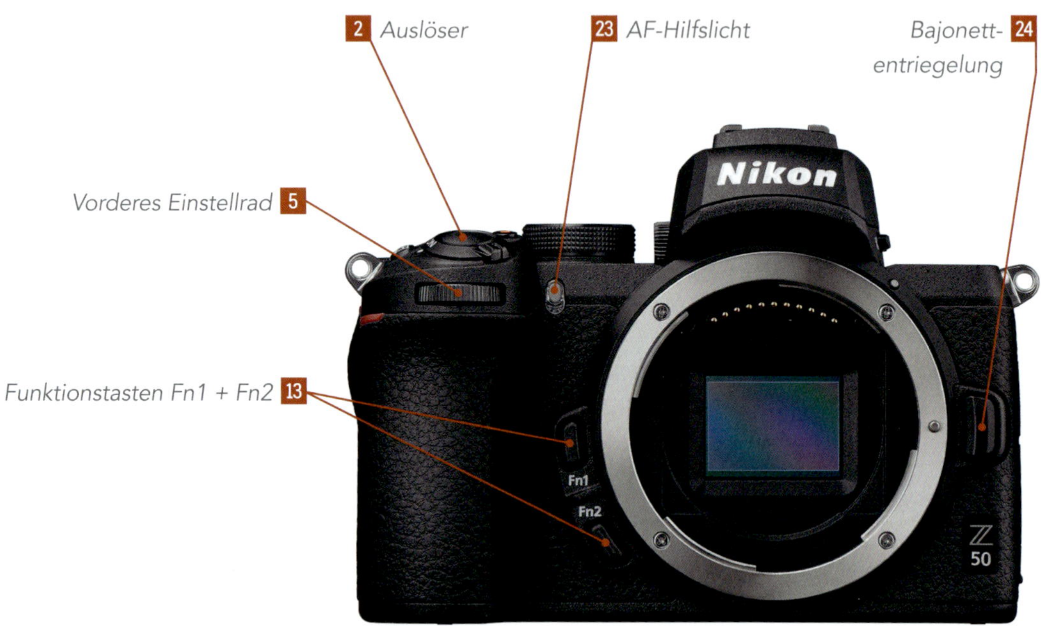

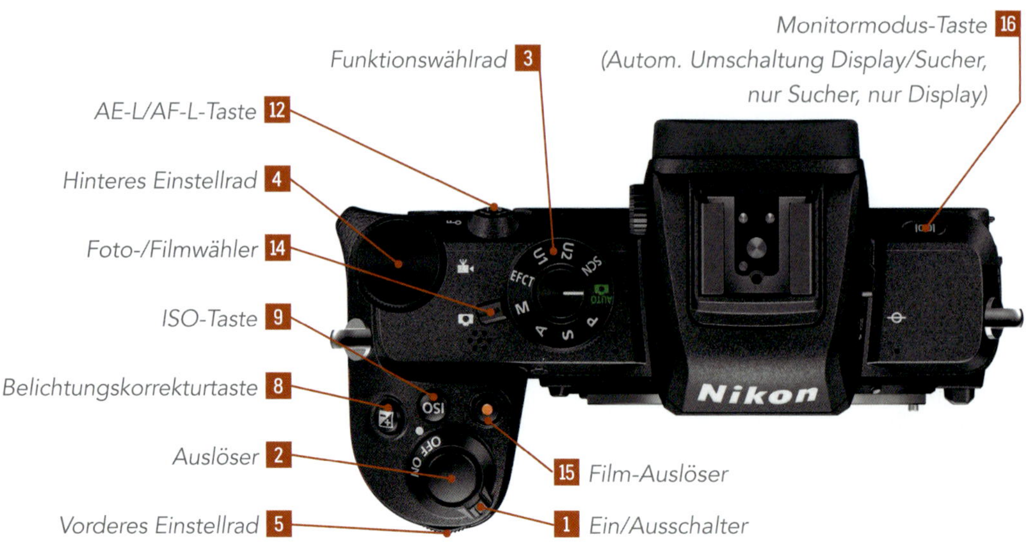

häufiger benötigten Funktionen zu kommen. Und wenn Sie sich zunächst von der Fülle der Knöpfe, Räder und Einstelloptionen überwältigt fühlen: Im täglichen Gebrauch werden Sie nur einen Bruchteil der Funktionen benötigen, die Ihnen die Kamera bietet. Trotzdem sollten Sie wissen, was alles möglich ist.

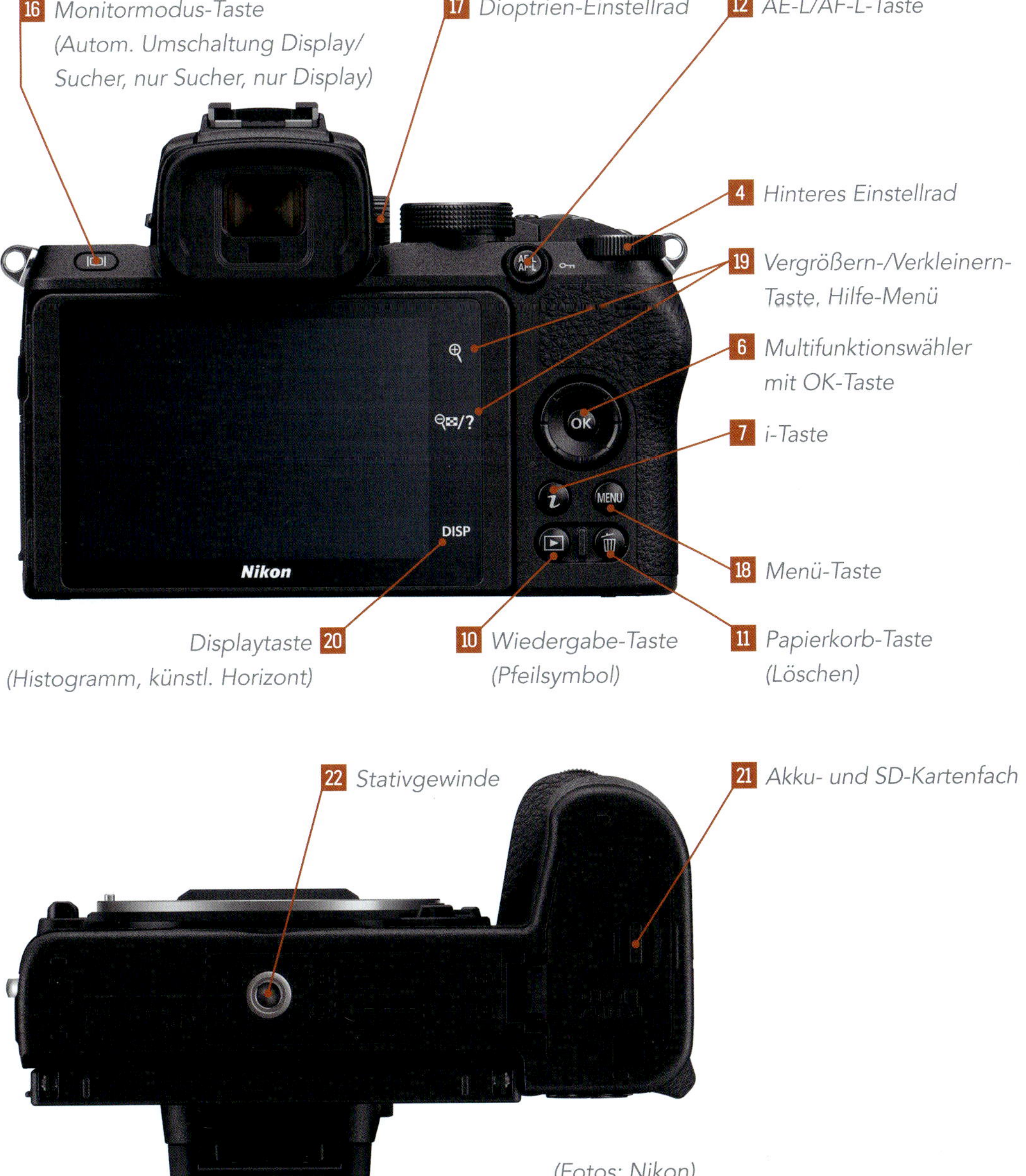

(Fotos: Nikon)

Knöpfe und Räder

Ich möchte Ihnen im Folgenden die wichtigsten Bedienelemente der Kamera vorstellen. Jeder Knopf und jedes Rädchen befindet sich an einem Platz, den Nikon über viele Kameramodelle hinweg optimiert hat. Die Anordnung richtet sich nach der Häufigkeit des Gebrauchs und ist auf Rechtshändigkeit hin angelegt.

1 Ein/Ausschalter
»On« für »An«, »Off« für »Aus«.

2 Auslöser
Der Auslöser verfügt über zwei Druckpunkte. Wenn Sie ihn leicht drücken, stellen Sie im Autofokusbetrieb das Bild scharf und messen die Belichtung. Wenn Sie ihn anschließend ganz durchdrücken, fotografieren Sie. Je nach Einstellung nimmt die Kamera dann ein Bild auf oder auch mehrere.

3 Funktionswählrad
Hier wählen Sie, wie Sie fotografieren wollen: über die Programme M (Manuell), A (Zeitautomatik), S (Blendenautomatik), P (Programmautomatik, ISO frei wählbar) und AUTO (Vollautomatik, inkl. ISO). Zusätzlich stehen Ihnen hier die Effekt- (EFCT) und Szene-Programme (SCN) zur Verfügung. Dann gibt es noch die Einstellungen U1 und U2, die Sie mit eigenen Einstellungen belegen können (mehr dazu in Abschnitt 4.5 »Belichtungsprogramme« ab Seite 54).

4 Hinteres Einstellrad
Das hintere Einstellrad ist eines der wichtigsten Bedienungselemente Ihrer Z50. Wenn Sie zum Beispiel eine Belichtungskorrektur vornehmen wollen, halten Sie die Belichtungskorrektur-Taste 8 gedrückt und drehen das hintere Einstellrad in die gewünschte Richtung. Aus den Effekt- (EFCT) oder Szene-Programmen (SCN) wählen Sie ebenfalls über dieses Einstellrad. Ebenso stellen Sie hier in der Blendenautomatik (S) die Belichtungszeit oder in der Zeitautomatik (A) die Blende ein.

5 Vorderes Einstellrad
Mit dem vorderen Einstellrad können Sie zum Beispiel im manuellen Modus die Blende einstellen. Dieses Rädchen werden Sie aber weit weniger oft brauchen als das hintere Einstellrad.

6 Multifunktionswähler
Über den Multifunktionswähler steuern Sie vor allem das Menü. Hoch und runter, rechts und links ist selbsterklärend. Wenn Sie in einen Menüpunkt gehen möchten, drücken Sie die »OK«-Taste in der Mitte, wenn Sie eine Funktion aktivieren wollen, klicken Sie mit dem Multifunktionswähler nach rechts.

Im Bildwiedergabemodus scrollen Sie damit durch Ihre Fotosammlung (rechts und links drücken).

7 »i«-Taste
Mit der »i«-Taste rufen Sie das »i«-Menü auf Ihrem Monitor auf. Dort können Sie die wichtigsten Einstellungen über den Touchscreen vornehmen. Das geht in der Regel schneller als über das Menü.

8 Belichtungskorrekturtaste
Die Belichtungskorrekturtaste ist eine der wichtigsten Tasten im täglichen Gebrauch. Mit ihr können Sie schnell die Belichtung anpassen, wenn Sie mit der Vorschau, die Ihnen die Kamera anbietet, nicht zufrieden sind. Halten Sie die Belichtungskorrektur-Taste gedrückt und drehen das hintere Einstellrad 4 in die gewünschte Richtung.

9 ISO-Taste
Mit der ISO-Taste können Sie schnell die Sensorempfindlichkeit hochsetzen, falls Unterbelichtung droht (außer in der Vollautomatik AUTO). Halten Sie die Taste gedrückt und drehen Sie am hinteren Einstellrad 4. Sie können den ISO-Wert auf dem Monitor oder im Sucher kontrollieren (er wird gelb dargestellt).

10 Wiedergabe-Taste (Pfeilsymbol)
Mit der Wiedergabe-Taste rufen Sie die gespeicherten Bilder und Videos ab, die Sie dann mit dem Multifunktionswähler durchblättern können, indem Sie ihn rechts oder links drücken. Einmal auf die »OK«-Taste des Multifunktionswählers drücken zoomt ins Bild, nochmal drücken zoomt wieder heraus. Im eingezoomtem Bild bewegen Sie sich über den Multifunktionswähler (rauf/runter, links/rechts), zwischen eingezoomten Bildern über das hintere Einstellrad.

11 Papierkorb-Taste (Löschen)
Während Sie sich Bilder in der Diaschau anschauen, können Sie die jeweils auf dem Monitor sichtbaren Bilder löschen, indem Sie zweimal kurz hintereinander die Pa-

pierkorb-Taste drücken. **Dies lässt sich nicht rückgängig machen!**

12 AE-L/AF-L-Taste
Diese Taste speichert Schärfe und Belichtungsparameter, wenn Ihr Hauptmotiv sich nicht mittig bzw. nicht in der Nähe Ihres Messfeldes befindet. Schwenken Sie mit dem Messfeld auf das Motiv, drücken Sie den Auslöser halb durch, um Schärfe und Belichtung zu messen, und halten Sie dann die »AE-L/AF-L«-Taste gedrückt, um diese Werte zu speichern. Solange Sie die Taste gedrückt halten, können Sie anschließend in Ruhe den richtigen Bildausschnitt suchen und auslösen, wenn alles passt.

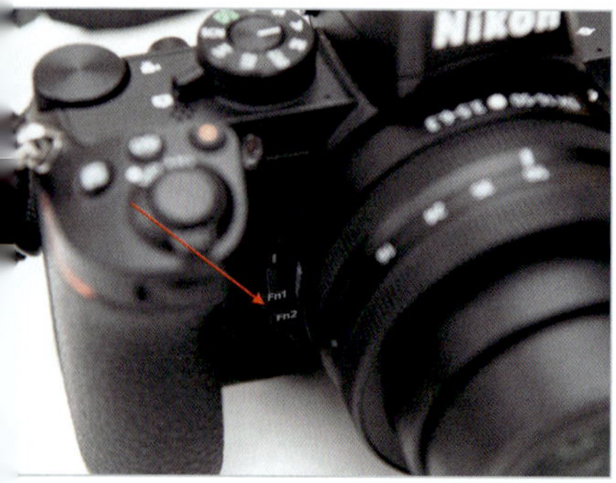

Abb. 3.17 Die Funktionstasten sind frei konfigurierbar und sehr praktisch, wenn Sie häufig benötigte Funktionen nicht immer aus den Tiefen des Menüs raussuchen, sondern direkt beim Fotografieren abrufen möchten.

Die Funktionstasten »Fn1« und »Fn2«

Auf der linken Vorderseite Ihrer Kamera, neben dem Objektiv, finden Sie die beiden Tasten »Fn1« und »Fn2«. Diese Tasten können Sie individuell mit einer Funktion aus dem Menü belegen, die Ihnen wichtig ist.

Ab Werk liegt auf »Fn1« der Weißabgleich. Drücken Sie »Fn1«, können Sie den Weißabgleich über das hintere Einstellrad einstellen (siehe den Abschnitt 5.6 »Weißabgleich« ab Seite 81). Drücken Sie »Fn2«, können Sie den Fokusmodus über das hintere Einstellrad verändern (siehe den Abschnitt 3.4 »Manuelles Fokussieren« ab Seite 25). Diese Voreinstellung sind schon praktisch, aber vielleicht fallen Ihnen ja für Ihre Art zu fotografieren passendere Belegungen ein. Ändern können Sie die Belegung der beiden Tasten über das Menü in den *INDIVIDUALFUNKTIONEN* (ein ausführlicheres Beispiel hierzu finden Sie auf Seite 41).

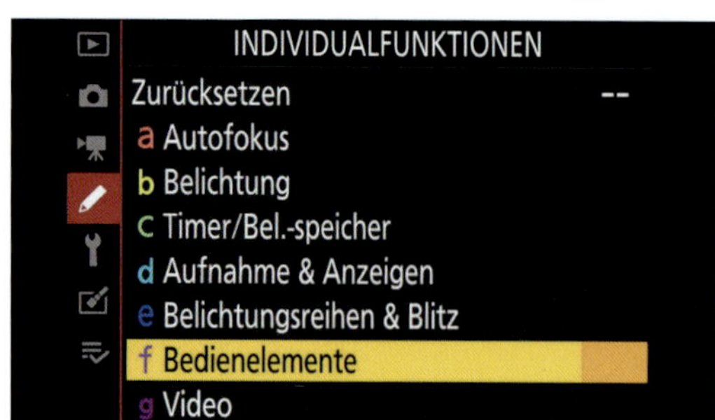

Abb. 3.18 Gehen Sie in den »INDIVIDUALFUNKTIONEN« auf »f Bedienelemente«.

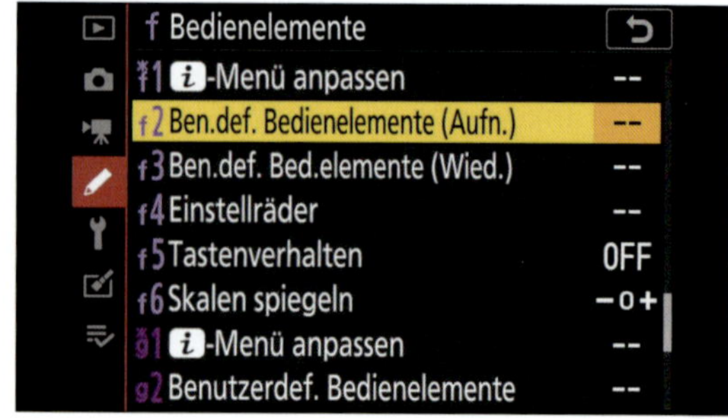

Abb. 3.19 Wählen Sie »f2 Ben. def. Bedienelemente (Aufn.)«.

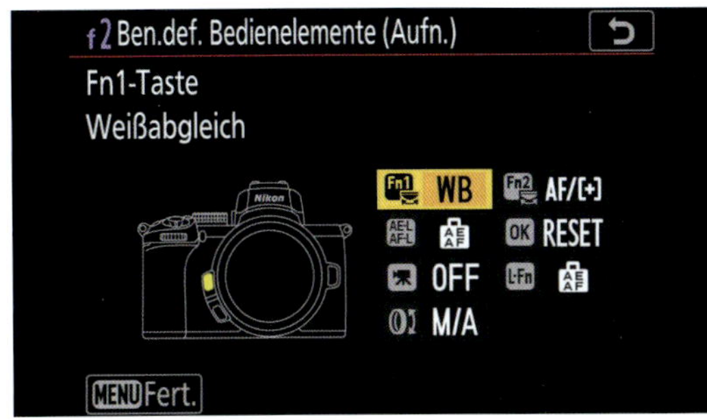

Abb. 3.20 Belegen Sie hier die Tasten nach Wunsch und tippen dann auf »MenüFert.« (Menü Fertig), um zurück zum Anfangsmenü zu kommen.

3.9 Das Menü der Z50

Schauen wir uns das Display-Menü an, das Sie über die Menü-Taste auf der Rückseite der Kamera aufrufen. Auch wenn die Fülle der Einstellmöglichkeiten erst einmal überwältigend wirkt, lassen Sie sich nicht abschrecken: Sie sehen schon bald etwas klarer. (Und zu Ihrem Trost sei gesagt: Ich kenne die Menüs meiner Kamera auch nicht komplett auswendig.)

Im Prinzip ist das Menü ganz intuitiv unterteilt in zwei Spalten. In der linken, schmalen Spalte sehen Sie die Hauptmenüs (bzw. Icons dafür): *WIEDERGABE*, *FOTOAUFNAHME*, *FILMAUFNAHME*, *INDIVIDUALFUNKTIONEN*, *SYSTEM* und *BILDBEARBEITUNG*. Der letzte Eintrag *MEIN MENÜ* erlaubt Ihnen, häufig genutzte Einträge aus den übrigen Menüs zusammenzufassen (dazu mehr ab Seite 39). In der rechten, breiten Spalte sehen Sie das Untermenü des jeweils in der linken Spalte hinterlegten Menüs. Sie navigieren mit dem Multifunktionswähler. Wenn Sie tiefer in ein Untermenü gehen oder eine Option aktivieren wollen, klicken Sie mit dem Multifunktionswähler einfach kurz rechts.

Insgesamt gibt es sieben Hauptmenüs:

1. *WIEDERGABE*
   Hier finden Sie alles rund um die Bildwiedergabe.
2. *FOTOAUFNAHME*
   In diesem Menü können Sie alle Einstellungen vornehmen, die die Qualität Ihrer Bilder betreffen – unter anderem die Einstellung zu Raw, JPEG etc.
3. *FILMAUFNAHME*
   Wenn Sie filmen möchten, müssen Sie hier einige Voreinstellungen vornehmen – etwa in welcher Qualität Sie die Filmaufnahmen machen wollen.

4. *INDIVIDUALFUNKTIONEN*
   Hier stellen Sie vor allem technische Details ein, etwa wie der Autofokus arbeiten soll oder die Art der Belichtung.

5. *SYSTEM*
   Hier stellen Sie Funktionen ein, die die Kamera direkt betreffen, z. B. wie sie sich mit externen Geräten verbindet oder die Helligkeit von Sucher und Monitor. Hier können Sie auch die Speicherkarte formatieren (also komplett löschen).

6. *BILDBEARBEITUNG*
   In diesem Menü können Sie eine rudimentäre Bildbearbeitung vornehmen, z. B. Bilder beschneiden oder verkleinern. Ich rate Ihnen aber, Ihre Bilder auf einen Computer oder ein Smartphone zu übertragen und sie dort zu bearbeiten.

7. *MEIN MENÜ*
   Hier können Sie sich für den schnellen Zugriff ein eigenes Menü mit häufig benötigten Funktionen aus den vorangegangenen Menüs zusammenstellen. Auf Wunsch können anstelle von *MEIN MENÜ* auch die zuletzt verwendeten Einstellungen angezeigt werden.

Wenn Sie nun im Menü blättern und Funktionen austesten, haben Sie die Möglichkeit, mit der »?«-Schaltfläche am rechten Rand des Displays Informationen über die Funktion vieler (leider nicht aller) Unterpunkte abzurufen. Manchmal kann diese Hilfefunktion sehr hilfreich sein.

Ausgegraute Einstellungen

Beim Durchblättern des Menüs wird Ihnen vielleicht aufgefallen sein, dass einige Optionen ausgegraut, also gerade nicht aufrufbar sind. Meist ist dann schon eine andere Funktion aktiv, die den Aufruf dieser Option nicht erlaubt. HDR-Bilder etwa können Sie nur als JPEGs aufnehmen. Wenn Sie in Raw fotografieren, steht Ihnen die HDR-Funktion also nicht zur Verfügung. Ähnlich verhält es sich mit dem Blitzgerät: Ist es nicht zugeschaltet oder in der gerade gewählten Betriebsart nicht einsetzbar, dann stehen auch die dafür vorgesehenen Menüpunkte nicht zur Verfügung.

Das »i«-Menü

Das »i«-Menü rufen Sie über die »i«-Taste auf der Kamerarückseite auf. Es fasst Ihnen die wichtigsten Kamerafunktionen in einer kompakten Menüleiste zusammen. Das sind in Leserichtung:

- Picture Control: hier stellen Sie Bildstile und Filtereffekte ein (siehe nachfolgenden Kasten!)
- Bildqualität und Aufnahmeformat (Raw, JPEG Fine/Normal/Basic)
- Blitzmodus
- WiFi-Verbindung mit Smart-Gerät herstellen (mit Nikons *SnapBridge*-App auf ihrem Smartphone)
- Auslösemodus (Einzelbild, Serienaufnahme, Selbstauslöser)
- Messfeldsteuerung für Autofokus
- Weißabgleich
- JPEG-Qualität (nicht verfügbar, wenn Sie im Aufnahmeformat oben nur Raw eingestellt haben)
- Belichtungsmessung
- Active D-Lighting (eine Funktion zum Belichtungsausgleich bei kontrastreichen Motiven)
- Bildstabilisierung
- Autofokusmodus

Wichtig: vergessen Sie nach dem Antippen einer Einstellung im »i«-Menü nicht, auf die »OK«-Schaltfläche darunter zu tippen – sonst wird die Einstellung nicht umgesetzt!

Picture Control und Active D-Lighting nur im JPEG-Format (mit einer Ausnahme)

Die Informationen zum eingestellten Picture-Control-Bildstil und zu Active D-Lighting werden im Raw- und im JPEG-Format gespeichert. Aber nur Nikons eigene Raw-Entwicklungssoftware Capture NX-D kann diese Informationen auch lesen, darstellen und verändern. Wenn Sie die Raw-Datei eines mit einem Bildstil oder mit Active D-Lighting aufgenommenen Bildes in *Lightroom* oder *Photoshop* öffnen, sehen Sie ein neutrales Bild – ohne Bildstil oder Active D-Lighting. Wenn Sie nur bzw. zusätzlich im JPEG-Format fotografieren, gibt es dieses Problem nicht – allerdings haben Sie hier des Formats wegen nur wenig Bearbeitungsspielraum.

Die Raw-Entwicklungssoftware von Nikon können Sie unter *https://downloadcenter.nikonimglib.com/de/download/sw/167.html* herunterladen.

Abb. 3.21 Das »i«-Menü rufen Sie über die »i«-Menü-Taste auf der Rückseite der Kamera auf.

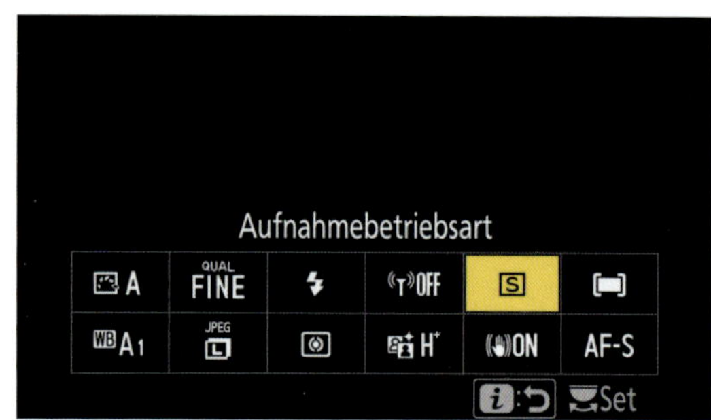

Besonders praktisch, wenn Sie die Z50 schon länger verwenden: Sie können das »i«-Menü nach Ihren Vorstellungen konfigurieren – mit exakt den Funktionen, die Sie am häufigsten benötigen. Angenommen, Sie möchten dort die Helligkeitseinstellung für Sucher und Kameradisplay ablegen. Dann gehen Sie wie folgt vor:

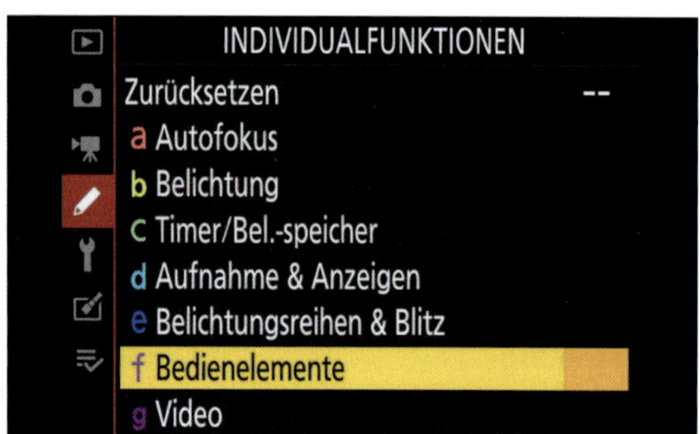

Abb. 3.22 Gehen Sie im Menü »INDIVIDUALFUNKTIONEN« in den Unterpunkt »f Bedienelemente«.

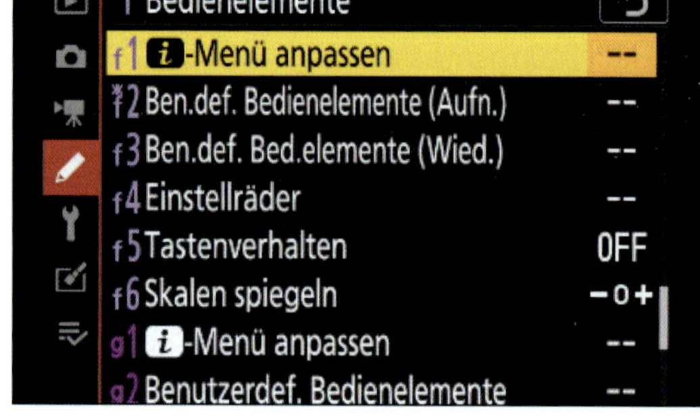

Abb. 3.23 Dort liegt gleich zuoberst – und ist damit vorausgewählt – der Unterpunkt »f1 i-Menü anpassen«. Drücken Sie die »OK«-Taste.

Abb. 3.24 Im Konfigurationsmenü für das »i«-Menü wählen Sie das Menü, das Sie neu belegen möchten – am ehesten könnten Sie die Einstellung für die »Bildgröße« ersetzen. Gehen Sie auf das Menüfeld »SIZE« und drücken Sie »OK«.

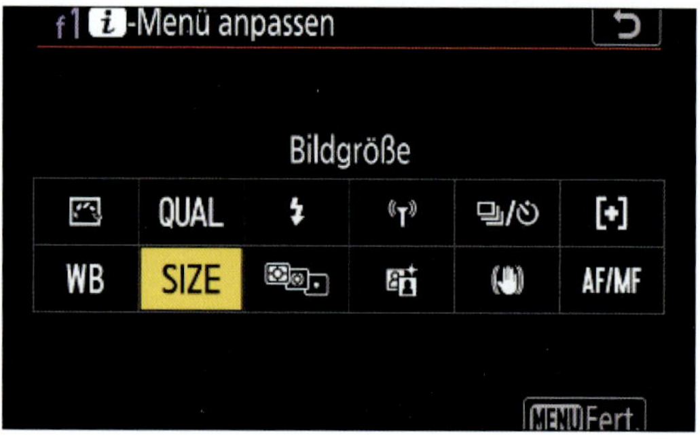

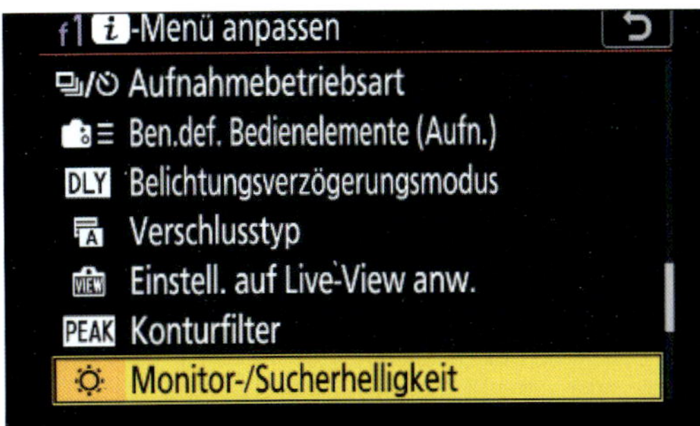

Abb. 3.25 *Suchen Sie aus der langen Liste von Funktionen den Eintrag »Monitor-/Sucherhelligkeit« heraus. Bestätigen Sie mit »OK«.*

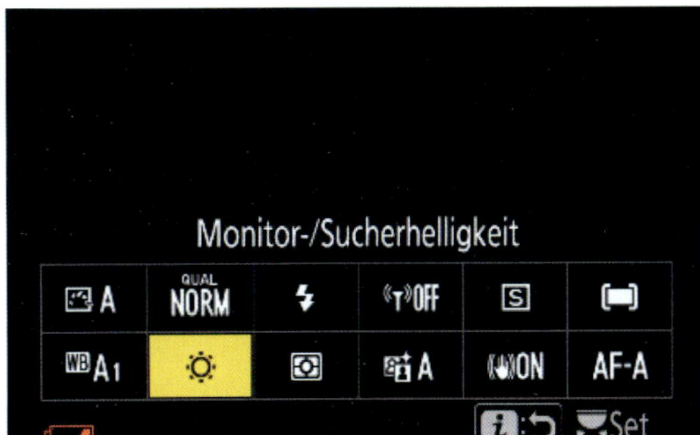

Abb. 3.26 *Damit ist das Menüfeld mit etwas Nützlicherem belegt: Sie können mit zwei Fingertipps die Helligkeit der Sucher- oder Kameradisplay-Anzeige verändern – etwa, wenn Sie nachts fotografieren.*

Wichtige Menüpunkte in »MEIN MENÜ« zusammenfassen

Ähnlich praktisch wie das »i«-Menü ist das *MEIN MENÜ*. Hier können Sie die für Sie wichtigsten Menüfunktionen zusammenfassen und schnell per Knopfdruck aufrufen, anstatt sich umständlich durch alle Menüs zu klicken. Die Vorteile gegenüber dem »i«-Menü: Sie können hier so ziemlich jede Funktion aus den Menüs ablegen und haben keine Platzbegrenzungen (trotzdem: halten Sie das *MEIN MENÜ* der guten Übersicht halber kompakt).

Ein Beispiel: Sie möchten für den kontinuierlichen Autofokus (AF-C) die Wahl zwischen Auslöse- und Schärfepriorität (mehr dazu ab Seite 70) in das *MEIN MENÜ* legen, um bei Bedarf schneller zwischen beiden umschalten zu können.

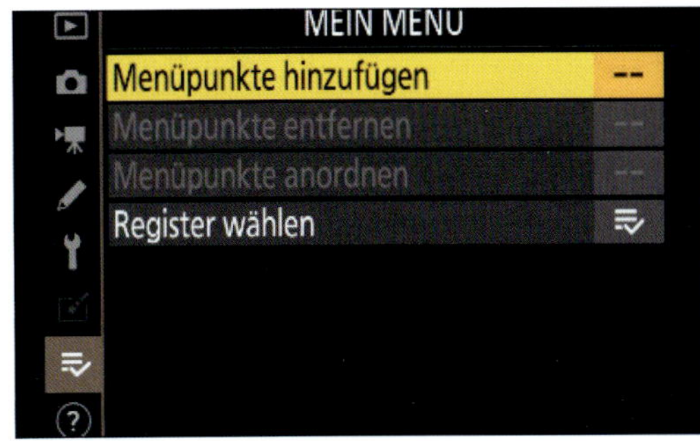

Abb. 3.27 *Gehen Sie unter »MEIN MENÜ« in »Menüpunkte hinzufügen«.*

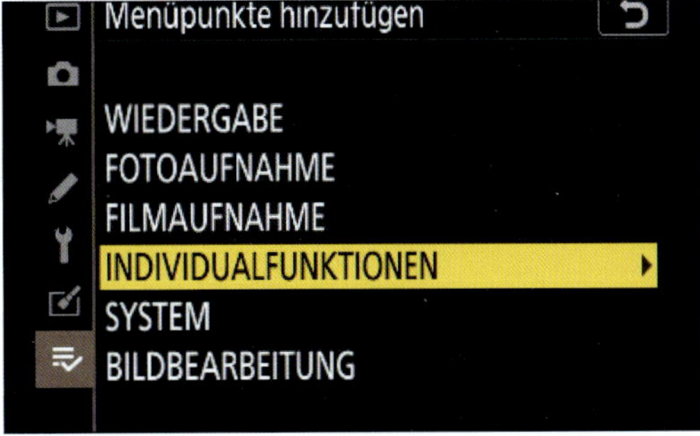

Abb. 3.28 *Der Menüpunkt zur Umschaltung zwischen Auslöse- und Schärfepriorität bei AF-C versteckt sich im »INDIVIDUALFUNKTIONEN«-Menü, …*

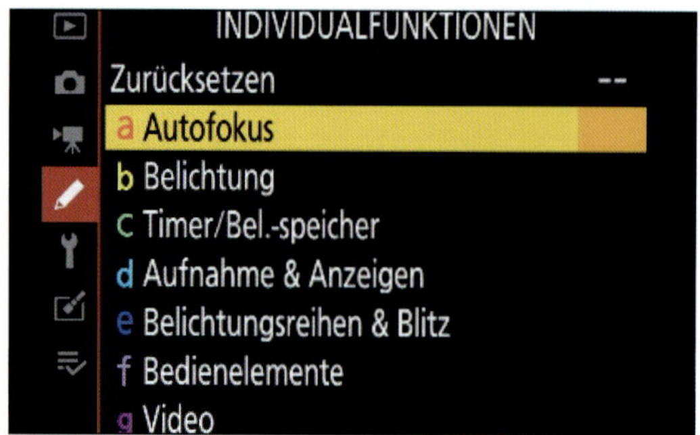

Abb. 3.29 ... unter »a Autofokus« ...

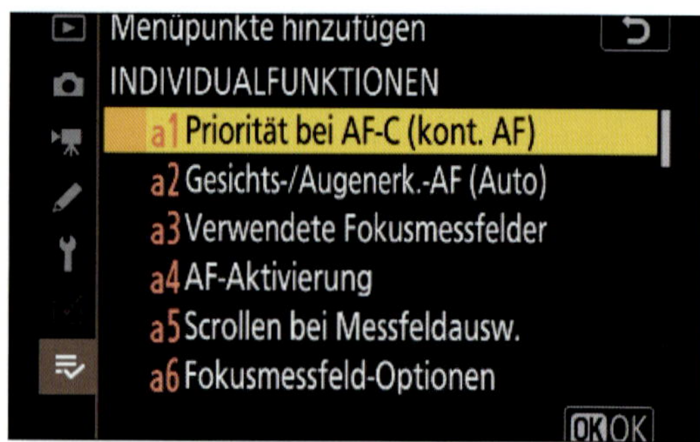

Abb. 3.30 ... und dort gleich an erster Stelle. Bestätigen Sie die Wahl dieser Funktion mit »OK«.

Abb. 3.31 Im »MEIN MENÜ« landet der Menüpunkt nun ganz oben, Sie können ihn aber noch mit dem Multifunktionswähler nach unten verschieben (drücken Sie zum Abschluss die »OK«-Taste). Verfahren Sie analog mit allen weiteren Funktionen, die Sie hier ablegen möchten. Die Einträge »Menüpunkte entfernen« und »Menüpunkte anordnen« sind selbsterklärend.

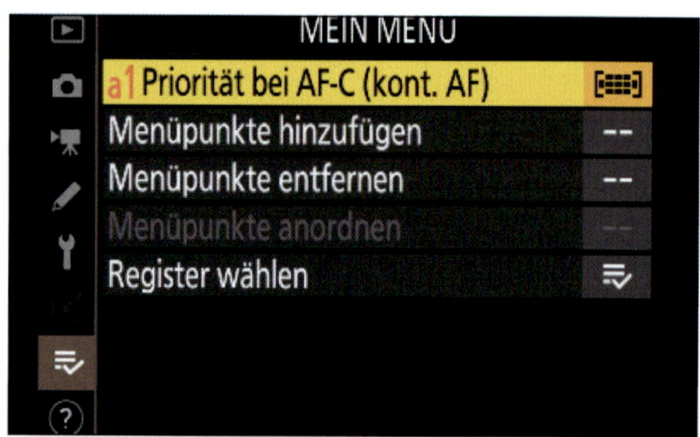

Es gibt einige Funktionen, die ich Ihnen zur Ablage im *MEIN MENÜ* empfehle:

- ISO-Automatik
  FOTOAUFNAHME → ISO-Empfindlichkeits-Einst.
- Selbstauslöser
  FOTOAUFNAHME → Aufnahmebetriebsart → Selbstauslöser
- Fokusmodus
  FOTOAUFNAHME → Fokusmodus → AF-S/AF-C
- AF-Messfeldsteuerung
  FOTOAUFNAHME → AF-Messfeldsteuerung
- Gitterlinien
  INDIVIDUALFUNKTIONEN → d Aufnahme & Anzeigen → Gitterlinien

Je länger Sie die Z50 nutzen, desto mehr wird sich herauskristallisieren, welche Funktionen Sie hier zum schnelleren Zugriff ablegen können.

Richtig rund ist die Nutzung von *MEIN MENÜ* allerdings erst, wenn Sie es nicht umständlich aus der Menüstruktur aufrufen müssen, sondern schnell per Knopfdruck aktivieren können. Anbieten würde sich dafür eine der beiden Funktionstasten »Fn1« oder »Fn2« auf der Kameravorderseite. Gehen Sie dafür so vor:

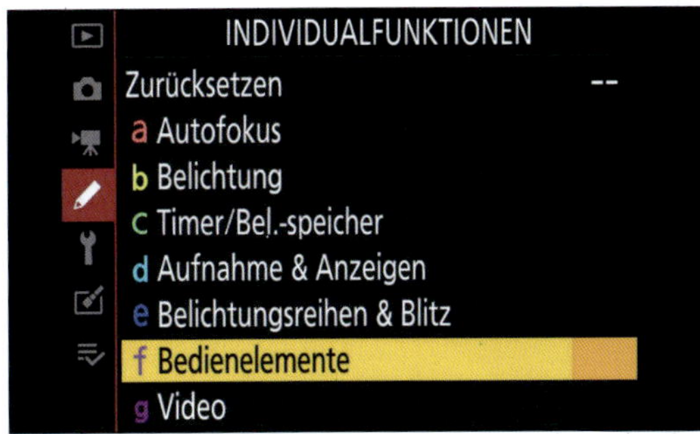

Abb. 3.32 Unter »INDIVIDUALFUNKTIONEN« gehen Sie in die »f Bedienelemente«.

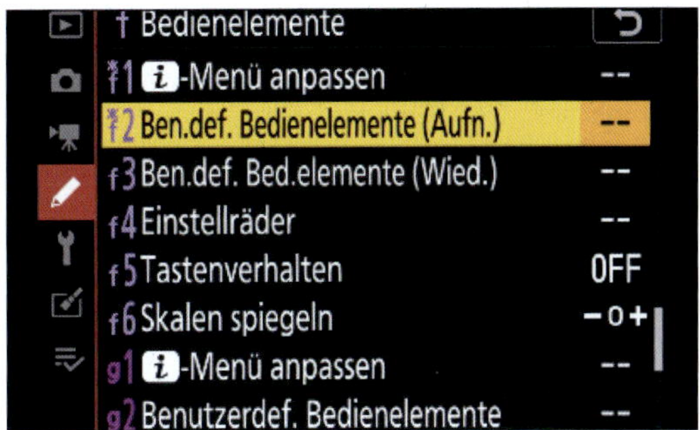

Abb. 3.33 Dort wählen Sie den Unterpunkt »Ben. def. Bedienelemente (Aufn.)«, also die »benutzerdefinierten Bedienungselemente für Aufnahmefunktionen« (wie Sie sehen, gibt es darunter noch welche für die Wiedergabe).

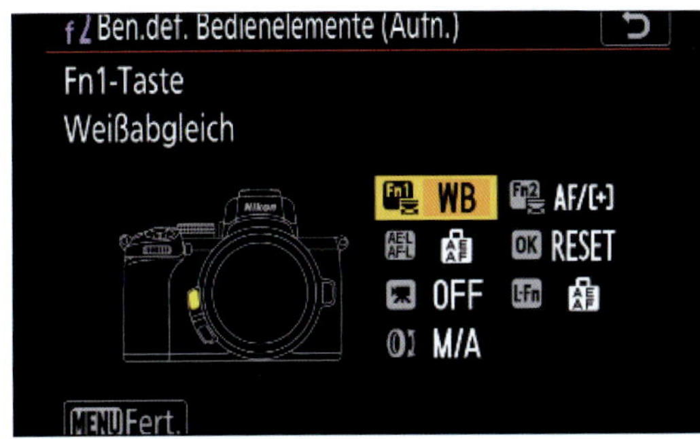

Abb. 3.34 Nun sehen Sie eine Frontansicht Ihrer Kamera, die »Fn1«-Taste ist vorausgewählt. Sie ist – siehe das gelb hinterlegte Feld – ab Werk mit dem Shortcut zum Weißabgleich belegt. Da alles bereits ausgewählt ist, drücken Sie die »OK«-Taste (sonst können Sie sich mit dem Multifunktionswähler von Feld zu Feld bewegen).

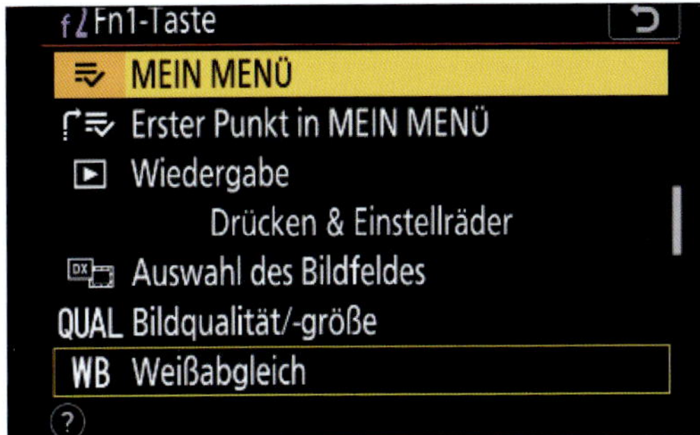

Abb. 3.35 Nun befinden Sie sich im Konfigurationsmenü für die »Fn1«-Taste. Oben sehen Sie bereits den Eintrag »MEIN MENÜ« – aktivieren Sie ihn mit dem Multifunktionswähler und gehen Sie auf »OK«.

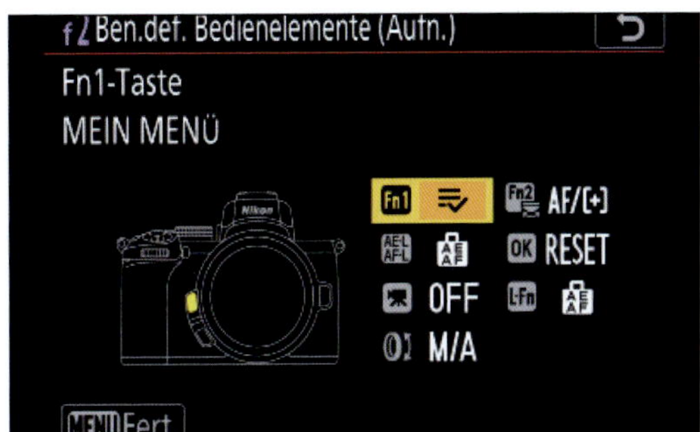

Abb. 3.36 Nun ist Ihre »Fn1«-Taste mit dem Shortcut zum »MEIN MENÜ belegt« – so haben Sie den schnellsten Zugriff auf die dort abgelegten Menüpunkte.

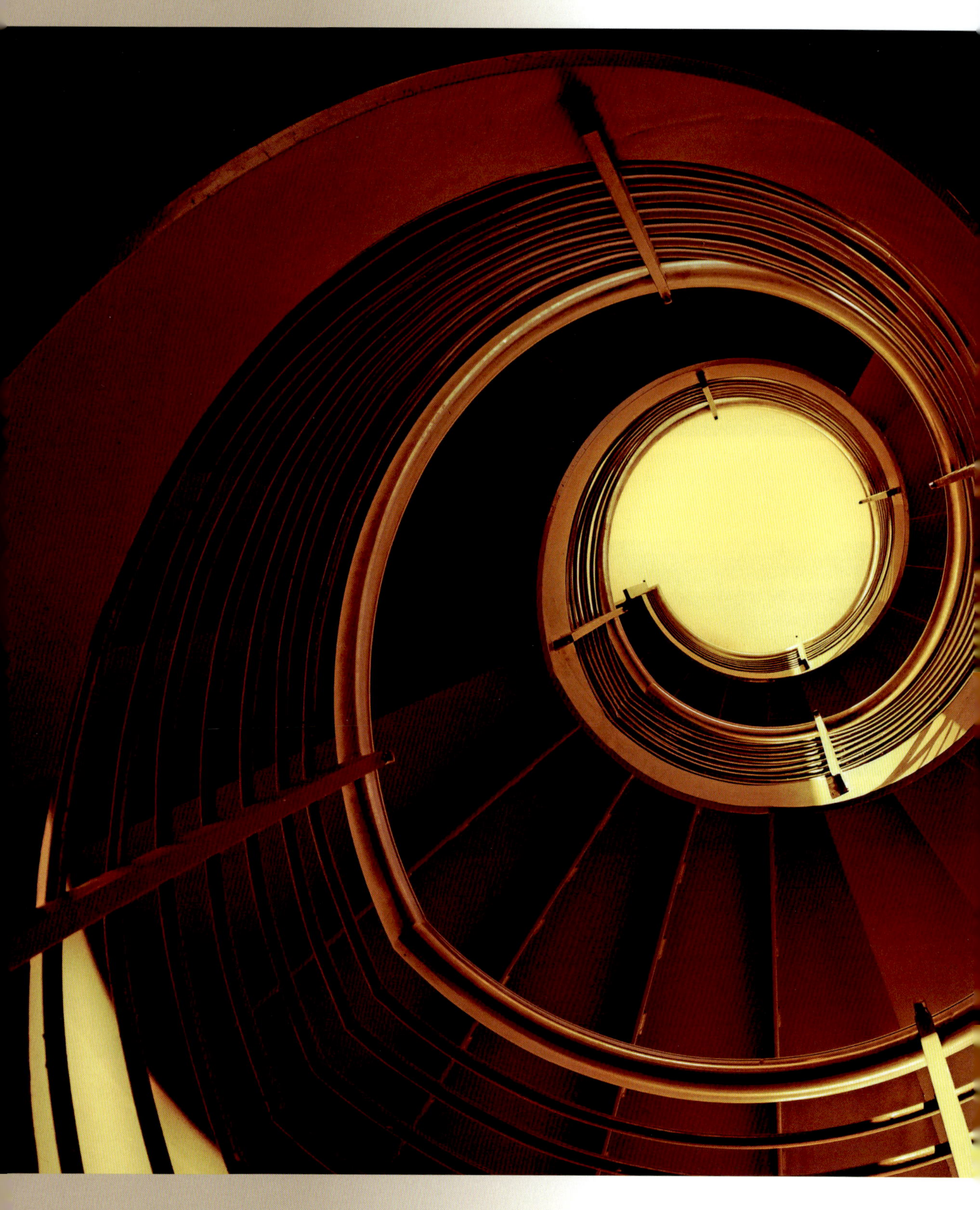

4

Richtig belichten

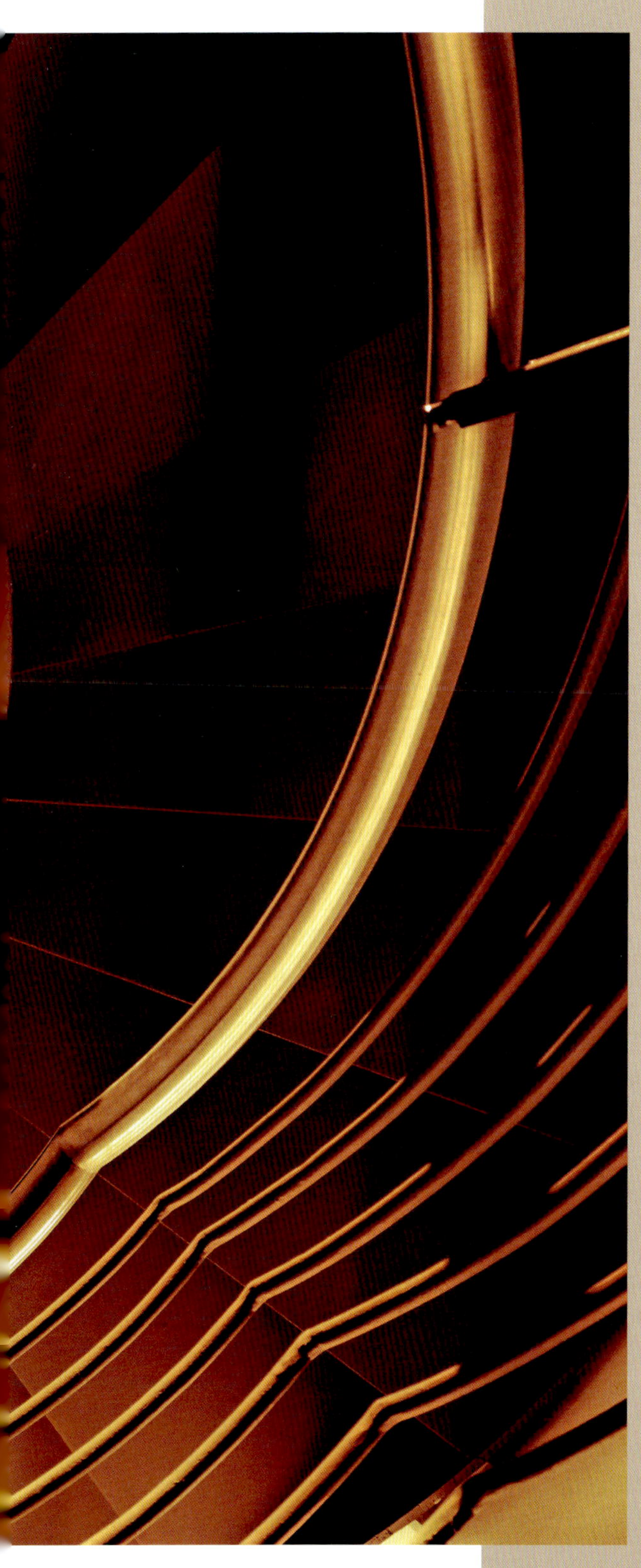

Abb. 4.1 Treppenhäuser – ein Klassiker auf Instagram, suchen Sie dort nach dem Hashtag »#staircase«.
| 22,5 mm | 1/200 s | f/7.1 | ISO 640

4.1 Was bedeutet »richtige Belichtung«?

Ein Bild ist technisch gesehen richtig belichtet, wenn Ihr Motiv weder über-, noch unterbelichtet ist. Hat ein Motiv große Helligkeitsunterschiede, besteht die Gefahr, dass entweder die hellen Bereiche über- oder die dunklen Bereiche unterbelichtet werden. Überbelichtung heißt: die fraglichen Stellen im Bild weisen keinerlei Details mehr auf, sind also komplett weiß oder »ausgefressen«. Sie sind dann auch in der Nachbearbeitung kaum noch zu retten, vor allem, wenn Sie im JPEG-Format fotografieren. Das muss kein Problem sein: Mittagssonne, Scheinwerfer, stark reflektierende Flächen können durchaus überbelichtet sein – das entspricht unseren Sehgewohnheiten. Erhält ein Bereich im Bild hingegen zu wenig Licht, ist er unterbelichtet. Mit guten Bildbearbeitungsprogrammen kann man diese Bereiche noch aufhellen und ein paar Details darin retten. Allerdings verstärken Sie dann auch das immer im Bild vorhandene Rauschen mit.

Es gibt Lichtsituationen, in denen müssen Sie einschätzen und entscheiden können, welche Bildbereiche über- oder unterbelichtet werden, damit Ihr Hauptmotiv richtig belichtet wird. Das wird ein bisschen einfacher, wenn Sie verstehen, wie die Kamera Belichtung misst.

4.2 Wie die Kamera die Belichtung misst

Wenn Sie ein Bild machen, gelangt eine bestimmte Menge an Licht auf den Sensor Ihrer Kamera. Ist es zu wenig, wird das Bild zu dunkel oder unterbelichtet. Ist es zu viel, wird das Bild zu hell oder überbelichtet. Wie viel Licht den Sensor erreicht, hängt von Blende, Belichtungszeit und ISO-Einstellung ab:

- Die Blende bestimmt, *wie viel* Licht auf den Sensor trifft: Eine große Blendenöffnung (d.h. eine kleine Blendenzahl) lässt mehr Licht durch als eine kleine Blendenöffnung (große Blendenzahl).
- Die Belichtungszeit bestimmt, *wie lange* das Licht auf den Sensor trifft (man sagt auch »Verschlusszeit«, weil der Kameraverschluss dafür mal länger, mal kürzer den Sensor freigibt). Blende und Belichtungszeit sind voneinander abhängig – ändert sich die eine Einstellung, muss die andere das kompensieren. Wird etwa die Belichtungszeit verkürzt, muss im Gegenzug die Blende weiter geöffnet werden, um unterm Strich die gleiche Belichtung zu erhalten.

- Der ISO-Wert wiederum bestimmt, wie sensibel der Sensor auf das Licht reagiert. Und auch hier gilt: Wird die ISO-Zahl erhöht, kann die Blende weiter geschlossen oder die Belichtungszeit verkürzt werden.

Und jetzt schauen Sie sich einmal die folgende Tabelle an:

Blende	f/1.2	f/1.4	f/2	f/2.8	f/4	f/5.6	f/8	f/11	f/16	F/32
Belicht.	1/4 s	1/8 s	1/15 s	1/30 s	1/60 s	1/125 s	1/250 s	1/500 s	1/1000 s	1/2000 s
ISO	*51.200*	*25.600*	*12.800*	6400	3200	1600	800	400	200	100

Die Zeilen für Blende und Belichtungszeit bezeichnen Bruchteile – im Falle der Blende den Bruchteil der vor dem Objektiv verfügbaren Lichtmenge »1«, der durch das Objektiv auf den Sensor fällt; im Falle der Belichtungszeit den Bruchteil einer Sekunde, den der Kameraverschluss den Sensor freigibt. Man bezeichnet diese Zahlenreihen als »volle Blendenschritte« (auch im Falle der Belichtungszeit so genannt). Mit jedem Schritt nach rechts verringert sich die auf dem Sensor ankommende Lichtmenge um die Hälfte. Eine Verkleinerung Ihrer Blende von f/5.6 auf f/8 hätte also die gleiche Wirkung wie eine Verkürzung der Belichtungszeit von 1/60 s auf 1/125 s. In die andere Richtung verdoppeln Sie die Lichtmenge – ob Sie Ihre Blende von f/11 auf f/8 öffnen oder die Belichtungszeit von 1/500 s auf 1/250 s verlängern, hat in punkto Lichtmenge den gleichen Effekt. (Natürlich können Sie die Blende eines Objektivs nur bis zu seiner maximalen Öffnung öffnen – ein 1:4er-Objektiv gibt keine f/2.8er-Blende her.)

Ähnliches gilt für die Zeile mit den ISO-Werten – mit jedem Schritt nach rechts halbieren Sie die Belichtung des Bildes. f/11 und ISO 100 ergeben die gleiche Belichtung wie f/16 und ISO 200. In der Praxis müsste man diese letzte Zeile allerdings von rechts nach links lesen – denn Sie beginnen immer mit der niedrigstmöglichen ISO und steigern bei Bedarf, wenn Sie die Blende nicht weiter öffnen oder die Belichtungszeit nicht weiter verlängern können. Wichtig: Die Erhöhung des ISO-Wertes bewirkt eine Verstärkung des aus dem Sensor ausgelesenen Bildsignals – und dabei verstärken Sie auch immer das stets darin vorhandene Rauschen mit. Jenseits von ISO 6400 führt dies zu merkbar schlechter Bildqualität, weshalb die drei ISO-Werte links farbig hinterlegt sind (auch wenn Nikon bei der Z50 mit ihnen wirbt).

Das ist im Grunde das ganze Geheimnis der richtigen Belichtung: Blende, Belichtungszeit und ISO wirken zusammen, um die richtige Belichtung zu erreichen. Stellen Sie sich vor, die drei seien in einem Dreieck angeordnet – verändern Sie den Wert einer Größe, müssen Sie oder eine der Belichtungsautomatiken eine der beiden anderen Größen nachziehen, um die gleiche Belichtung zu erhalten. Ist Ihnen Schärfentiefe wichtig (dazu später mehr), wählen Sie die Blende vor und lassen die Zeitautomatik nachregeln. Wollen Sie die Belichtungszeit kontrollieren, wählen Sie diese vor und lassen Sie die Blendenautomatik nachführen. Und wenn Sie in punkto Blende oder Belichtungszeit an die Grenze des Machbaren stoßen, erhöhen Sie die ISO um ein oder zwei Stufen (allerdings sollten Sie standardmäßig mit niedriger ISO zwischen 100 und 400 arbeiten und nur in Ausnahmefällen stark erhöhen – das Bildrauschen nimmt schon ab ISO 1250 sichtbar zu).

4.3 Belichtungsmessmethoden

Ein Bild richtig zu belichten ist nur dann einfach, wenn das Motiv gleichmäßig hell ist – was aber selten vorkommt. Die Z50 bietet Ihnen vier Methoden zur Belichtungsmessung, um mit (fast) jeder Lichtsituation klarzukommen:

- Spotmessung,
- mittenbetonte Messung,
- Matrix– bzw. Intgralmessung und
- lichterbetonte Messung.

Der Unterschied zwischen diesen Messmethoden besteht darin, wie sie die verschiedenen Bildareale gewichten:

- **Spotmessung**
  Die Belichtung wird in einem Kreisfeld an der Position des gewählten Fokusmessfelds gemessen (der Durchmesser des Kreisfelds beträgt ca. 3,5 mm, das entspricht etwa 2,5 % der Bildfläche.)

- **Mittenbetonte Messung**
  Die Belichtung wird mit einer Gewichtung von 75 % in einem 8-mm-Kreis in der Mitte des Bildfelds gemessen.

- **Matrixmessung/Integralmessung**
  Die *Matrixmessung* ist die rechenintensivste Messmethode – Messungen über das gesamte Bildfeld werden mit in der Kamera gespeicherten Motivsituationen abgeglichen,

um die richtige Belichtung zu ermitteln. Die *Integralmessung* misst ebenfalls über das gesamte Bildfeld, aber ohne Gewichtung.

- Lichterbetonte Messung
  Hier richtet die Kamera sich mit der Belichtung nach den hellsten Motivbereichen. So lässt sich der Detailverlust in den hellsten Bildarealen verringern, zum Beispiel beim Fotografieren von Bühnendarstellern im hellen Scheinwerferlicht.

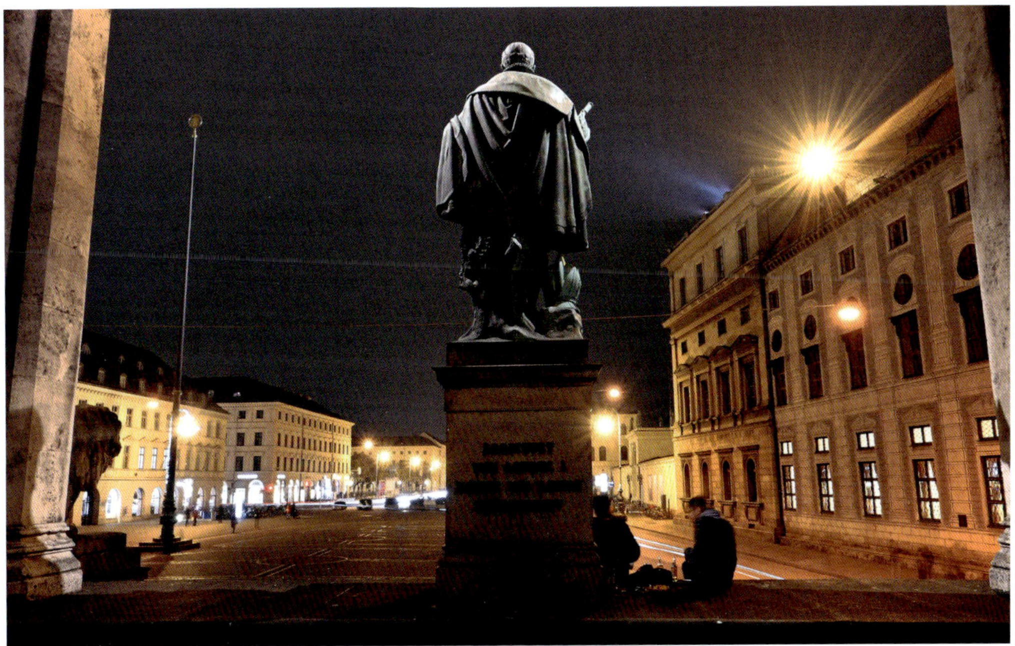

Abb. 4.2 Der Münchner Odeonsplatz bei Nacht. Hier liefert eine Matrixmessung das beste Ergebnis. Das Bild hat Schatten, aber auch sehr helle, überbelichtete Stellen, sodass ein gewichteter Mittelwert für die Belichtungsmessung über das ganze Bild die beste Lösung ist. Dass die Scheinwerfer überbelichtet sind, ist normal und in Ordnung – dort gibt es keine bildwichtigen Details. | DX 16–50 | 16 mm | 25 s | f/10 | ISO 100

Die am häufigsten verwendete Belichtungsmessmethode ist die mittenbetonte Messung. Sie konzentriert 75 % der Belichtungsmessung auf den zentralen Bereich des Bildes. Meist hat man dort die wichtigsten Bildelemente positioniert. Grundsätzlich können Sie immer mit dieser Belichtungsmessmethode arbeiten. Bei Landschaftsbildern können Sie auch die Matrixmessung einsetzen. Wenn Ihnen das Geschehen an den Rändern des Bildes ebenfalls wichtig ist, probieren

Sie auch einmal die Integralmessung aus, die wie die Matrixmessung zwar das gesamte Blickfeld erfasst, aber keine Motivdatenbanken zurate zieht, also die Belichtung gleichmäßig über das gesamte Bildfeld misst (*Individualfunktionen* → *b3 Messfeldgr. (mittenbetont)* → *Avg. Integralmessung*).

Beide Messmethoden sind sicher gute Optionen für relativ gleichmäßig beleuchtete Motive. Doch sobald hohe Kontraste, also viel Licht und Schatten, ins Spiel kommen, müssen Sie sich entscheiden, welchen Teil des Bildes Sie exakt belichtet haben wollen. Leider reagiert die Kamera auf Helligkeitsunterschiede nicht ganz so flexibel wie unser Auge, das diese sehr gut ausgleicht.

Haben Sie viel Licht und Schatten in Ihren Bildern und liegt das Hauptmotiv in den hellen Arealen des Bildes oder haben Sie sogar Gegenlicht? Dann sollten Sie eine Spotmessung auf genau die Stelle vornehmen, die Sie exakt belichtet haben wollen. Mit der Spotmessung messen Sie punktgenau die Lichtmenge an einer ganz bestimmten Stelle. Würden Sie in diesem Fall stattdessen eine Matrixmessung vornehmen, würden auch die dunklen Bildbereiche in die Berechnung einbezogen – und die Kamera würde die Belichtungszeit verlängern oder die Blende öffnen, um die vermeintliche Unterbelichtung auszugleichen. Die hellen Bereiche im Bild würden dann viel zu hell dargestellt und vielleicht sogar »ausfressen«, wären also im schlechtesten Fall auch in einer Nachbearbeitung nicht mehr zu retten. Und die von Ihnen intendierte, eher stimmungsvolle Anmutung des Bildes wäre auch dahin.

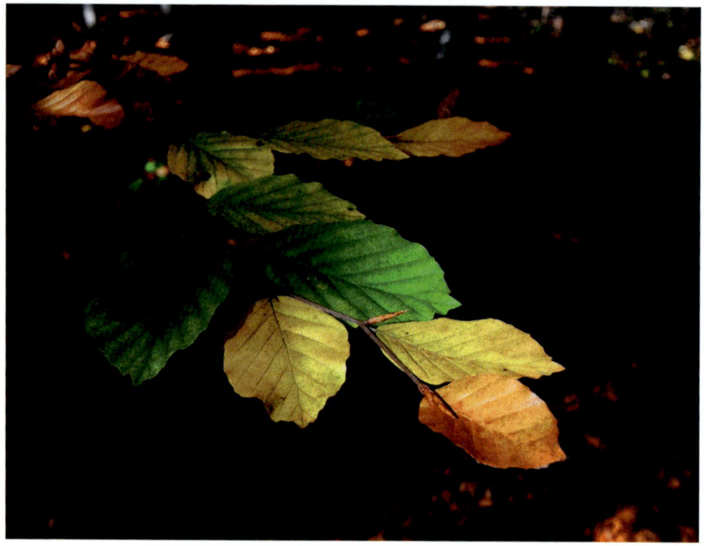

Abb. 4.3 In Wäldern herrschen oft extreme Lichtverhältnisse. Dort, wo die Sonne den Boden erreicht, ist es sehr hell, andere Stellen liegen in tiefem Schatten. Die Herbstblätter hier wurden mit einer Spotmessung belichtet. Den von der Kamera ermittelten Wert habe ich anschließend mit der Belichtungskorrektur eine ganze Stufe (drei Schritte mit dem hinteren Einstellrad) nach unten korrigiert, um die Farbigkeit noch etwas herauszuarbeiten. | ISO 800 | 1/420 s | 35 mm

Belichtung zwischenspeichern

Wenn Sie einen bestimmten Bereich im Bild mit einer Spotmessung korrekt belichten, aber anschließend den Ausschnitt noch verändern wollen, dann nehmen Sie zuerst diesen Bereich ins Visier, drücken den Auslöseknopf halb durch, um die Belichtung zu messen, und betätigen dann die »AE-L/AF-L«-Taste auf der Rückseite der Kamera. Solange Sie diese Taste gedrückt halten, speichert die Kamera die Belichtungswerte (ebenso wie die Scharfeinstellung). Dann wählen Sie den gewünschten Bildausschnitt und drücken den Auslöseknopf ganz durch.

Mit der lichterbetonten Messung arbeiten Sie gut bei Theateraufführungen oder Konzerten. Aber auch in Wäldern, in denen die Sonne Spotlichter auf den Boden wirft, ist die lichterbetonte Messung einsetzbar. Die Kamera sucht sich die hellsten Areale und richtet ihre Belichtung nach diesen Stellen aus. Das System funktioniert ähnlich wie eine auf mehrere Messpunkte verteilte Spotmessung.

Mit der Zeit werden Sie ein Gefühl dafür entwickeln, welche Belichtungsmessmethode Sie in welcher Situation am besten einsetzen sollten. Gehen Sie einmal vor die Tür und suchen Sie sich einen Platz, an dem große Helligkeitsunterschiede bestehen, etwa zur Mittagszeit an Hausecken. Dann probieren Sie die einzelnen Belichtungsmessmethoden aus.

Abb. 4.4 *Die Hand einer steinernen Statue. Gleichmäßiges Licht bei einem bedeckten Himmel erleichterte die korrekte Belichtung. Hier kann die Belichtungsmessung gar nicht irren. | DX 16–50 | 33 mm | 1/500 s | f/11 | ISO 800*

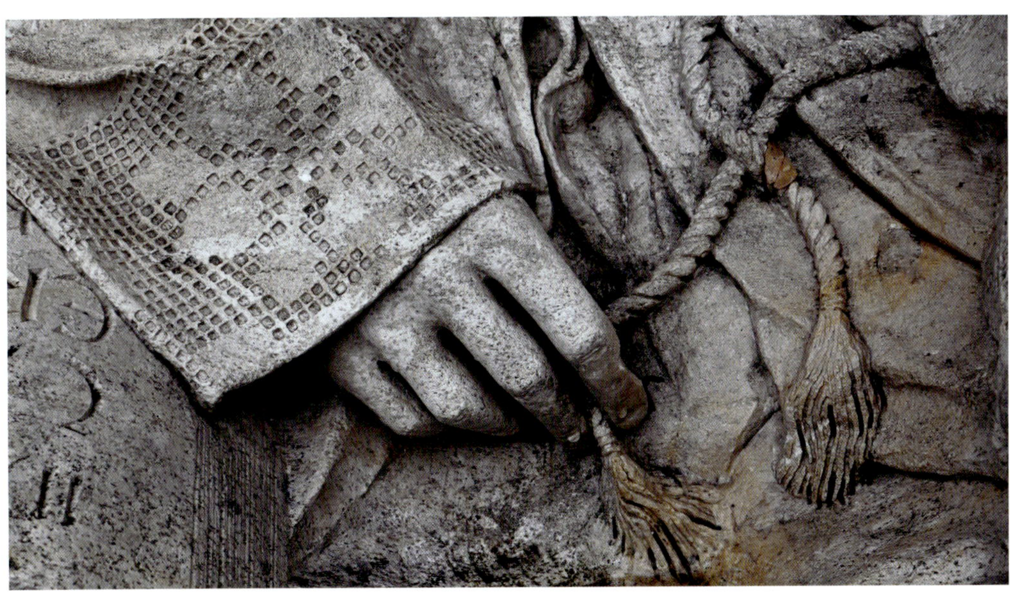

4.4 Active D-Lighting

Die Z50 bietet noch eine Funktion, mit der große Helligkeitsunterschiede im Motiv noch im Moment der Aufnahme etwas ausgeglichen werden können: *Active D-Lighting*. Das empfiehlt sich bei Motiven wie im folgenden Bild, das sowohl sehr dunkle wie auch sehr helle Bildanteile enthält. Im Idealfall würden Sie in solchen Situationen einen anderen Standpunkt zum Fotografieren wählen, um das Gegenlicht zu vermeiden, oder mit zusätzlicher Beleuchtung, z.B. dem Aufhellblitz, die Lichtverhältnisse auszugleichen. Aber das ist nicht immer möglich.

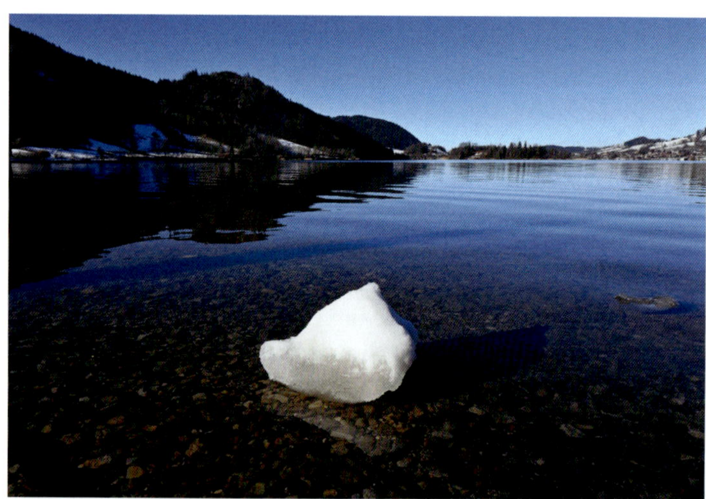

Abb. 4.5 Eis am Schliersee. Aufgenommen mit »Active D-Lighting« → »H Verstärkt«: Die Kamera hat die harten Kontraste – vor allem in den dunklen Bergen im linken oberen Teil des Bildes – leicht ausgeglichen, die Winterstimmung des Bildes bleibt aber erhalten. | DX 16–50 | 16 mm | 1/500 s | f/14 | ISO 800

Abb. 4.6 Die »Active D-Lighting«-Option finden Sie unter dem Menüpunkt »FOTOAUFNAHME«.

FOTOAUFNAHME	
Weißabgleich	AUTO1
Picture Control konfigur.	A
Konfigurationen verwalten	--
Farbraum	sRGB
Active D-Lighting	H+
Rauschunterdr. bei Langz.bel.	OFF
Rauschunterdrück. bei ISO+	NORM
Vignettierungskorrektur	N

Aus dunklen Partien können Sie in der Nachbearbeitung selbst bei digitalen JPEG-Dateien noch eine Menge Zeichnung herausholen; bei hellen Stellen ist das nicht so leicht möglich. Hier kommt nun Active D-Lighting ins Spiel. Wenn Sie damit arbeiten und Ihre Bilder (ggf. zusätzlich zu Raw) in JPEG fotografieren, verringern Sie die Detailverluste vor allem in den Lichtern, aber auch in den schattigen Bereichen. Nicht das ganze Bild ist von den Korrekturen betroffen, sondern eben nur die extrem belichteten Teile. Lichter und Schatten erscheinen in einem ausgewogenen Kontrastverhältnis.

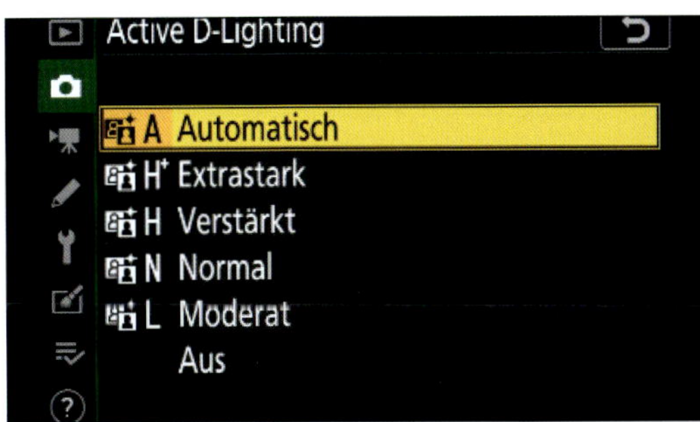

Abb. 4.7 Bei Ihrer Z50 stehen Ihnen gleich mehrere Optionen im Modus »Active D-Lighting« zur Verfügung: »H Extrastark«, »H Verstärkt«, »N Normal«, »L Moderat« oder »A Automatisch« und natürlich »Aus«. Ab Werk ist »Automatisch« aktiv. Damit werden alle Belichtungskorrekturen sofort beim Drücken des Auslösers vorgenommen.*

Wie stark Sie die Active D-Lighting-Funktion einsetzen, hängt von den Aufnahmebedingungen ab und davon, welchen Effekt Sie erzielen möchten. Wenn Sie sich unsicher sind, wählen Sie *Automatisch* und lassen die Kamera entscheiden. Dennoch sollten Sie einmal jede Stärke ausprobiert haben, um ein Gefühl für diese Gestaltungsoption zu bekommen.

Active D-Lighting ist nur wirksam bei JPEG (meistens)

Active D-Lighting zählt zu den herstellerspezifischen Funktionen, die zwar im Raw-Format gespeichert werden, die aber nur Nikons Entwicklungsprogramm *Capture NX-D* lesen und bearbeiten kann. Andere Programme wie *Lightroom* oder *Photoshop* ignorieren die entsprechenden Informationen einfach, so dass Sie ein neutrales Bild sehen. Das ist aber kein Problem, da Ihr Spielraum zur Belichtungskorrektur im Raw-Format ohnehin größer ist als der Belichtungsausgleich, den Active D-Lighting erlaubt. Nutzen Sie die Funktion also am besten, wenn Sie nur bzw. auch im JPEG-Format fotografieren – bei Raw allein bringt Sie ihnen nichts.

Tour 2: Im Jazzclub

Wenig Licht, viel Bewegung und dunkler Hintergrund – in einem Jazzclub herrschen nicht gerade optimale Bedingungen, um gelungene Fotos zu machen. Zumal ein Blitz bei Konzerten und Aufführungen nicht eingesetzt werden darf. Mit der Z50 war ich in Münchens Nachtleben unterwegs, bei einem Konzert der amerikanischen Sängerin Sydney Ellis. Eine tolle Atmosphäre, gute Musiker und ein schummriges Ambiente – also alles, was man für ein Blues- und Jazzkonzert benötigt.

Und auch die Kamera kam mit den schwierigen Lichtverhältnissen zurecht. Dank der Bildstabilisierung im Objektiv konnte ich bei noch akzeptablen ISO-Werten fotografieren und die besondere Stimmung bei dem Auftritt im Musikclub einfangen.

Trauen Sie sich auch einmal, bei solchen Gelegenheit zu fotografieren (sofern niemand etwas dagegen hat, siehe den Kasten zum Thema »Persönlichkeitsrechte« unten). Die eine oder andere Aufnahme sollte doch möglich sein, zumal die Z50 die schöne Möglichkeit bietet, den Auslöser im Menü FOTOAUFNAHME auf *Stille Auslösung* zu stellen.

Auf Bühnen, sei es im Konzert oder im Theater, werden die Akteure meist mit Spotlights ins rechte Licht gerückt. Deswegen empfiehlt es sich hier, zumindest die mittenbetonte Integralmessung (*INDIVIDUALFUNKTIONEN → b3 Messfeldgr. (mittenbetont) → Avg. Integralmessung*) oder die Spotmessung einzusetzen. Auf Blitzgeräte müssen Sie verzichten. Drehen Sie einfach die ISO-Zahl nach oben: In diesem Fall gibt es keine Alternative.

Achten Sie auf die Persönlichkeitsrechte

Klären Sie im Vorfeld einer Veranstaltung ab, ob Sie fotografieren dürfen und ob es den Akteuren etwas ausmacht, fotografiert zu werden – zumal wenn sie sich später im Internet oder sogar in Printmedien wiederfinden würden. Manchmal hilft es, wenn man die Bilder im Nachhinein allen Beteiligten zur Verfügung stellt. Bei größeren Aufführungen und Konzerten ist das Fotografieren allerdings in der Regel nicht erlaubt (es sei denn, sie sind akkreditierte/r Pressevertrer/in).

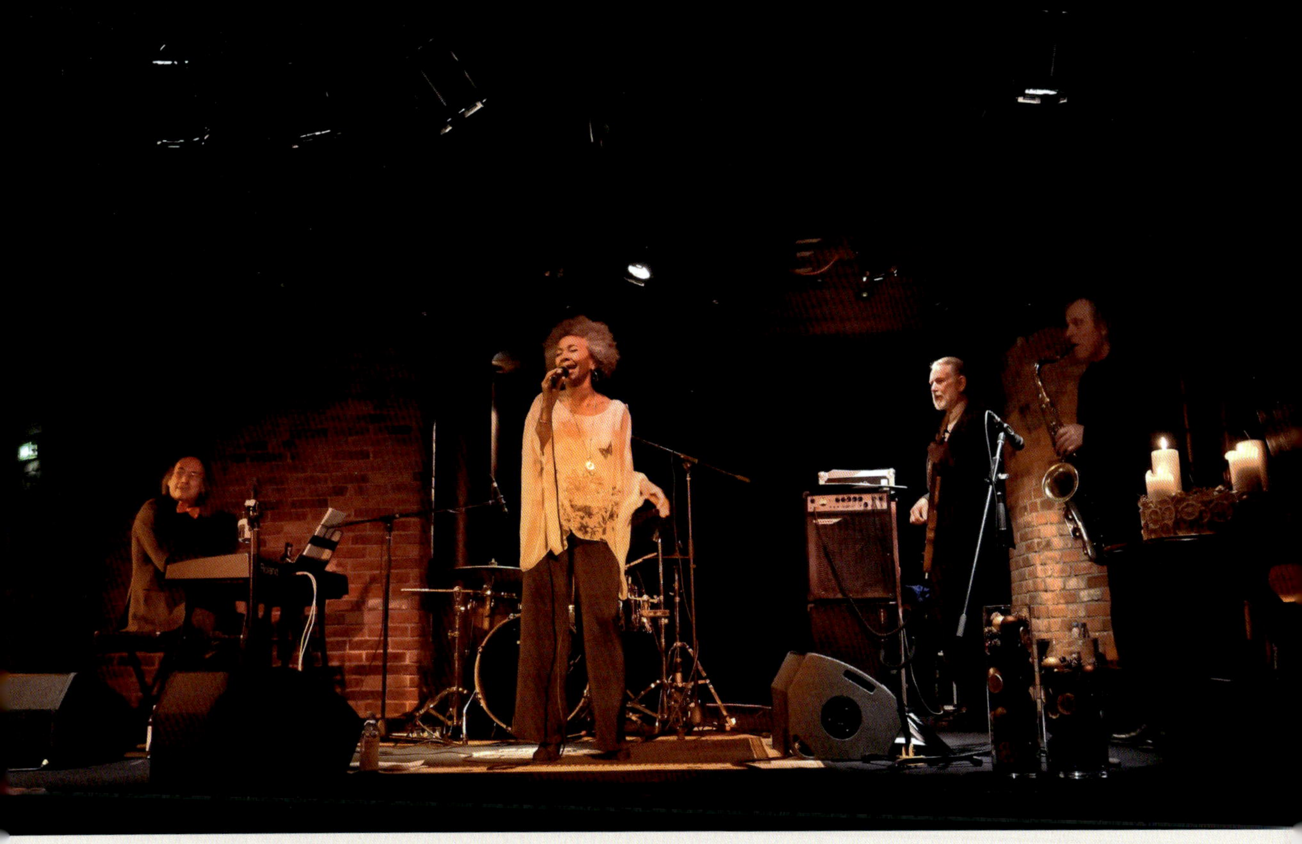

Schummriges Licht, Spotbeleuchtung von oben, Blitzverbot. In einem Jazzclub herrschen schwierige Lichtverhältnisse. Die Z50 kommt damit ordentlich zurecht. | DX 16–50 | 20 mm | 1/80 s | f/4.5 | ISO 3200

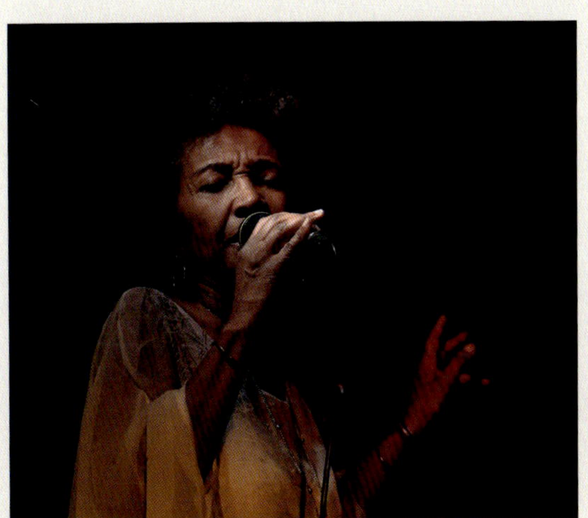

Die amerikanische Sängerin Sydney Ellis im Porträt. Dank der Bildstabilisierung im 16–50 mm-Objektiv gibt es genügend Spielraum bei den Belichtungszeiten, so dass der ISO-Wert nicht zu sehr erhöht werden muss. Ein Blitz würde die Atmosphäre des Clubs zerstören und kommt deshalb nicht zum Einsatz. | DX 16–50 | 50 mm | 1/160 s | f/6.3 | ISO 6400

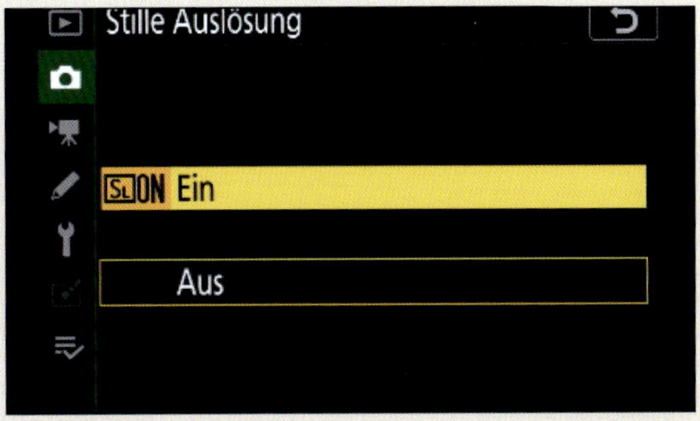

Stille Auslösung
ON Ein
Aus

Um lautlos auszulösen, schalten Sie im Menü »FOTOAUFNAHME« die »Stille Auslösung« auf »Ein«.

4.5 Belichtungsprogramme

Bei den Belichtungsprogrammen der Z50 haben Sie die Wahl zwischen M (Manuell), A (Zeitautomatik), S (Blendenautomatik), P (Programmautomatik, ISO frei wählbar) und AUTO (Vollautomatik, inkl. ISO). Zusätzlich gibt es die individuell belegbaren Positionen U1 und U2. Für welches dieser Programme Sie sich entscheiden, hängt davon ab, wie und was Sie fotografieren möchten. Möchten Sie mit Schärfentiefe gestalten und müssen daher Kontrolle über die Blende haben? Dann wählen Sie A und die Blendenöffnung, die Kamera stellt automatisch die dazu passende Zeit ein. Möchten Sie Bewegungen einfrieren oder verwischen lassen? Dann müssen Sie die Belichtungszeit steuern können, wählen also S, damit Sie die Zeit vorgeben und die Kamera die Blende nachführen kann. Oder Sie überlassen die Wahl von Zeit und Blende der Kamera, und regeln nur die Sensorempfindlichkeit (ISO) nach, wenn das Licht knapp wird – dann brauchen Sie P. Oder Sie überlassen alles der Kamera und konzentrieren sich auf Ihr Motiv – dann wählen Sie AUTO (wie ich Ihnen zu Beginn empfohlen hatte).

- Die Programmautomatik (P)
  Die Programmautomatik nimmt Ihnen die Belichtung fast komplett ab. Sie gibt Ihnen automatisch einen geeigneten Wert für Blende und Belichtungszeit an (droht Unterbelichtung, blinken beide Anzeigen). Den ISO-Wert können Sie selbst einstellen. Und Sie haben auch die Möglichkeit, über die Belichtungskorrektur die Belichtung anzupassen. In den meisten Situationen ist P sicher die richtige Wahl.
- Die Zeitautomatik (A)
  Die Zeitautomatik A (für »Aperture Priority«, engl. »Blendenvorwahl«) lässt Sie die Blende über das hintere Einstellrad wählen, und führt die dazu passende Belichtungszeit automatisch nach (bis hinauf zu 30 s – behalten Sie die Anzeige im Auge, ab ca. 1/60 s droht Verwacklungsgefahr). Die Schrittweite des Einstellrades ist immer eine Drittelblende. Ist die Blende offen (kleine Blendenzahl), dann setzt sich das, worauf Sie scharfstellen, stark vom unscharfen Vorder- und Hintergrund ab. Ist die Blende sehr klein (große Blendenzahl), dann haben Sie mehr Schärfentiefe – das Bild ist dann fast durchgehend scharf.

- **Die Blendenautomatik (S)**
  Mit S (für »Shutter Priority«, engl. »Verschlusszeitvorwahl«) stellen Sie die gewünschte Belichtungszeit selbst ein und lassen die Kamera den passenden Blendenwert nachführen. Hat die Blende die maximale Öffnung erreicht, droht Unterbelichtung – dann blinkt die Blendenwertanzeige. Wenn Sie Bewegungen einfrieren wollen, wählen Sie kurze Belichtungszeiten (< 1/500 s), wenn Sie Bewegungsunschärfe im Bild haben wollen, wählen Sie lange (> 1/10 s).
- **Manuelle Belichtungssteuerung (M)**
  Diese Einstellung bietet Ihnen die größtmögliche Freiheit, ist aber auch die anspruchvollste. Am besten, Sie starten hier mit in P, A oder S gemessenen Werten und stellen dann auf M um. Wählen Sie anschließend über das vordere Einstellrad die Blende und über das hintere die Belichtungszeit. Achten Sie auf die Strichskala unten im Sucher bzw. rechts auf dem Display – die Belichtung stimmt erst, wenn die Skala nicht mehr blinkt und unterhalb der »0« keine Striche mehr angezeigt werden (Striche links der »0« = Unter-, rechts der »0« = Überbelichtung).
- **Die User Settings »U1« und »U2«**
  Diese beiden »User Settings« erlauben Ihnen, individuelle Einstellungen abzulegen. Sie können hier zum Beispiel einstellen, was für ein Belichtungsprogramm Sie verwenden und mit welchen weiteren Einstellungen Sie dieses kombinieren wollen (AF-Messfeldsteuerung, Belichtungsreihen sowie Einstellungen im *FOTOAUFNAHME-*, *FILMAUFNAHME-* oder *INDIVIDUALFUNKTIONEN*-Menü). Das können Sie dann (mit »OK«) unter *SYSTEM* → *User Settings* speichern. Wenn Sie danach mit dem Funktionswählrad U1 oder U2 einstellen, ruft die Kamera diese eingestellten Profile auf. Praktisch ist diese Einstellung vor allem für

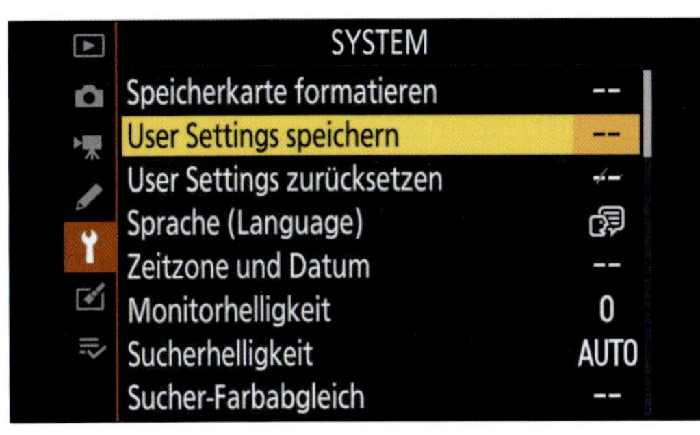

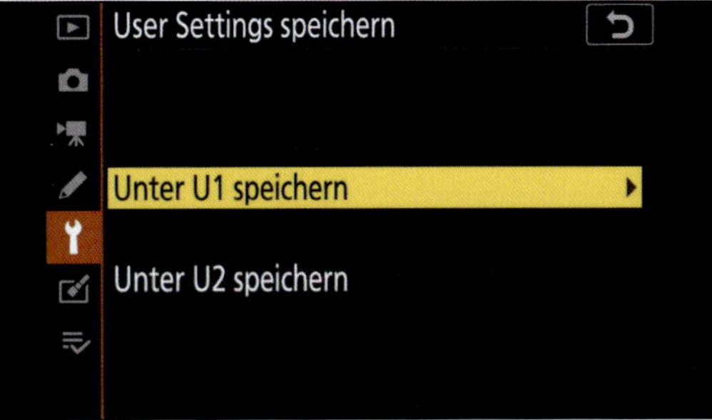

alle, die immer wieder unter den gleichen Bedingungen fotografieren, etwa im Studio. Im täglichen Gebrauch ist diese Option eher von untergeordneter Bedeutung, da sich die Fotobedingungen permanent verändern, die normalen Belichtungsprogramme Ihnen alle Möglichkeiten offenhalten und Sie selbst viel flexibler reagieren können.

Merkhilfe

Es ist zu Beginn noch etwas gewöhnungsbedürftig, aber behalten Sie immer im Hinterkopf:

- **Zeitautomatik = A**
  Sie wählen die Blende und die Kamera führt die Zeit nach, also sagt man auch: »*Blendenvorwahl*«. Deshalb wird die Zeitautomatik auch mit »A« für »Aperture Priority« (engl. »Blendenvorwahl«) abgekürzt.
- **Blendenautomatik = S**
  Sie stellen die Belichtungszeit ein und die Kamera wählt die passende Blende, also sagt man auch: »*Zeitvorwahl*«. Deshalb wird die Blendenautomatik auch mit »S« für »Shutter Priority« (engl. »Verschlusszeitvorwahl«) abgekürzt.

In der Regel werden Sie Ihre Belichtung auf dem Kameradisplay nach Augenschein beurteilen. Aber Ihre Z50 stellt Ihnen noch zwei Funktionen zur Verfügung, mit denen Sie sehr präzise beurteilen können, ob eine Über- oder Unterbelichtung vorliegt: die *Überbelichtungswarnung* (nur in der Wiedergabeansicht) und das *Histogramm* (bei Aufnahme und Wiedergabe).

4.6 Belichtungskontrolle (1): Die Überbelichtungswarnung

Wenn Sie ein Bild aufgenommen haben und dieses sehr helle bis weiße Stellen aufweist, könnte dort eine vermeidbare Überbelichtung vorliegen. Um dies zu prüfen, aktivieren Sie im *WIEDERGABE*-Menü in *Opt. für Wiedergabeansicht* den Unterpunkt *Lichter*.

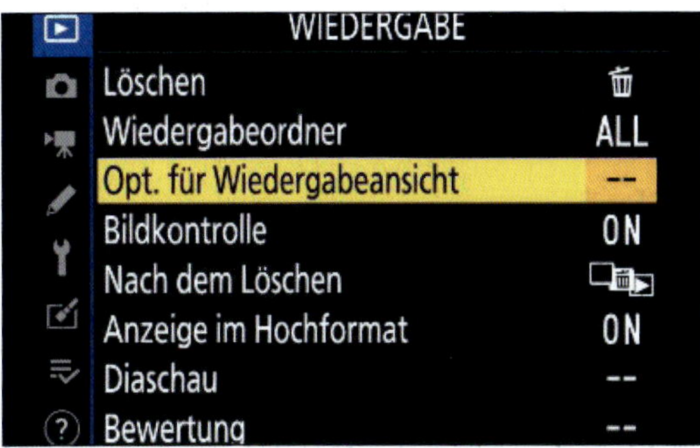

Abb. 4.8 Gehen Sie in das »WIEDERGABE«-Menü, dort in den Unterpunkt »Opt. für Wiedergabeansicht« und ...

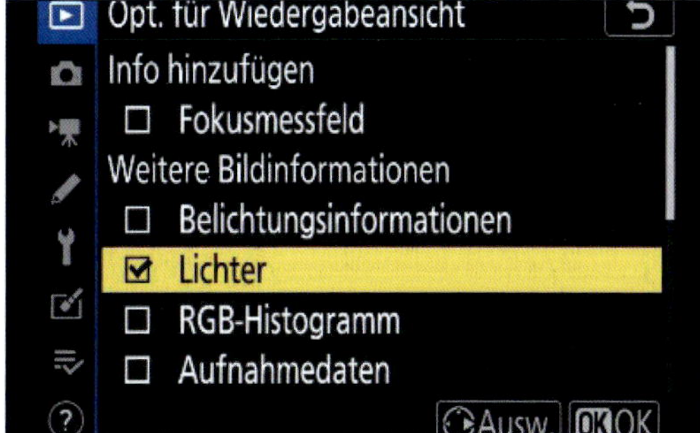

Abb. 4.9 ... aktivieren Sie darin die Funktion »Lichter«.

Wenn Sie nun über die Wiedergabe-Taste auf der Kamerarückseite das überbelichtete Bild aufrufen und mit dem Multifunktionswähler einmal nach unten klicken, gelangen Sie in die Anzeige mit der Überbelichtungswarnung (diese wird nur angezeigt, wenn es tatsächlich eine Überbelichtung gibt). Die überbelichteten Bereiche werden hier schwarzweiß-blinkend hervorgehoben.

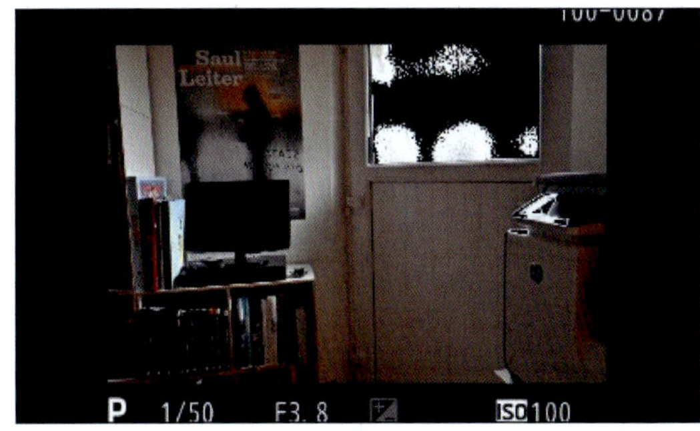

Abb. 4.10 In diesem Beispiel blinkt die Überbelichtungswarnung – wenig überraschend – im Türfenster.

Was eine Überbelichtung ist, entscheiden letzlich Sie. Aber wenn Sie diese Überbelichtung bei der nächsten Aufnahme vermeiden wollen, nehmen Sie eine Belichtungskorrektur vor – mehr dazu ab Seite 61.

4.7 Belichtungskontrolle (2): Das Histogramm

Sie können Ihr Bild zusätzlich auch anhand des Histogramms überprüfen. Hierzu gibt es zwei Möglichkeiten. Die erste: Sie lassen sich im Vorschau-Modus ein Histogramm anzeigen. Dazu tippen Sie – bei laufendem Display – die »DISP«-Taste an (rechts unten am Displayrand). Als Voreinstellung hierfür reicht das Aktivieren der Lichter, wie oben beschrieben.

Abb. 4.11 Das Kameradisplay im Moment der Aufnahme. Das Histogramm rechts unten zeigt die Helligkeitsverteilung im Bild. Es dominieren die dunkleren Töne, nur am rechten Rand zeigt ein Lichtfleck eine leichte Überbelichtung.

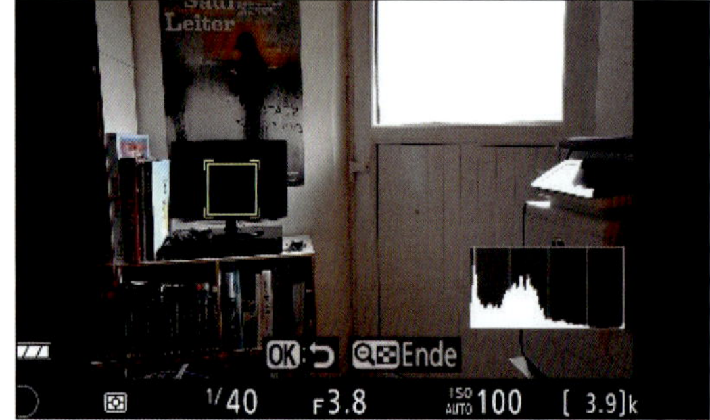

Die zweite Möglichkeit: Sie prüfen das Histogramm des Bildes nach der Aufnahme, in der Wiedergabeansicht. Dazu müssen Sie erst im *WIEDERGABE*-Menü in *Opt. für Wiedergabeansicht* den Unterpunkt *RGB-Histogramm* aktivieren.

Wenn Sie dann in der Wiedergabeansicht des Bildes mit dem Multifunktionswähler einmal (wenn *Lichter* ausgeschaltet ist) oder zweimal (wenn *Lichter* aktiviert ist) nach unten klicken, sehen Sie das – weiße – Gesamthistogramm und drei Histogramme für jeden der Farbkanäle des Bildes: Rot, Grün und Blau.

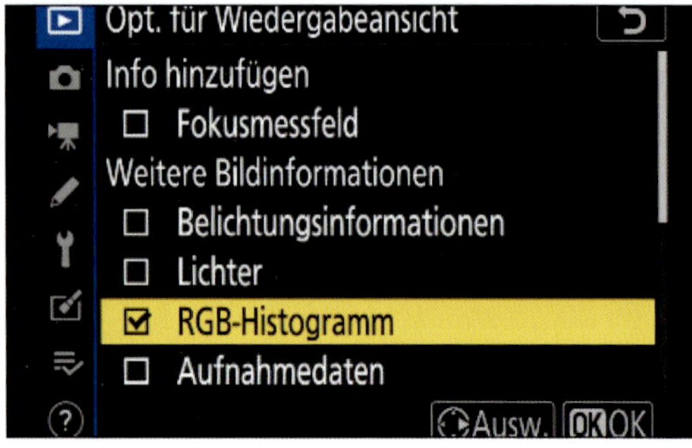

Abb. 4.12

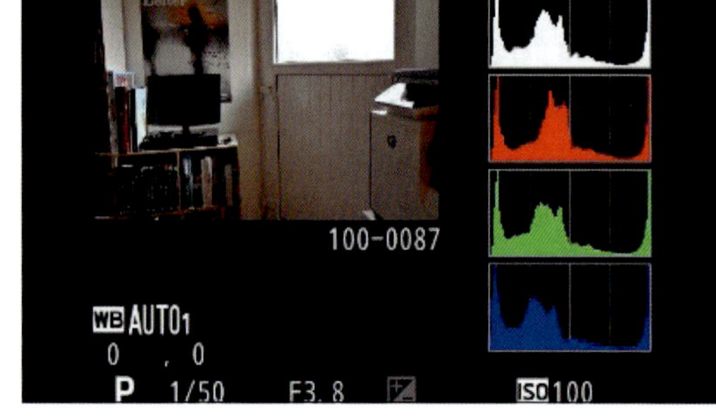

Abb. 4.13

Das Histogramm zeigt die Verteilung der Helligkeitswerte im Bild. Ist das Bild gut belichtet, befindet sich der Histogramm-Hügel in der Mitte und läuft nach rechts (dunkle Bildanteile) und links (helle Bildanteile) aus. Gibt es eine Häufung an einem der beiden Ränder, zeigt dies in der Regel eine Unter- (links) bzw. eine Überbelichtung (rechts) an. Im obigen Beispiel sehen Sie, dass das Histogramm nach links tendiert und am linken Rand aufläuft – tatsächlich ist der Raum eher unterbelichtet, weil sich die Belichtungsautomatik vom Türfenster hat täuschen lassen (das ließe sich in der Nachbearbeitung aber korrigieren). Es gibt allerdings auch eine kleine Häufung am rechten Rand, die eine Überbelichtung anzeigt – eben die im Türfenster.

Um besser nachzuvollziehen, wie das Histogramm funktioniert, schwenken Sie in der Live-Ansicht einmal hin und her und beobachten, wie der Wechsel der dunklen und hellen Bildanteile zur Veränderung in der Helligkeitsverteilung im Histogramm führt (dazu müssen Sie, wie oben beschrieben, die Funktion *Lichter* aktiviert haben).

Worauf sollen Sie nun achten: auf das Bild auf dem Kameradisplay oder auf das Histogramm?

1. Das Histogramm ist ein wichtiges Werkzeug, das Ihnen auch bei der Nachbearbeitung Ihrer Bilder begegnen wird, daher sollten Sie es interpretieren können. Nutzen Sie es ruhig ab und zu – aber denken Sie daran, dass man nicht am Histogramm ablesen kann, ob ein Bild gelungen ist oder nicht. Es gibt dunkle und helle Motive, und vielleicht gehört eine Unter- oder Überbelichtung ja auch zu Ihrer Bildidee?
2. Was Ihnen auf dem Kameradisplay angezeigt wird, ist eine JPEG-Datei (auch, wenn Sie im Raw-Format fotografieren), und dieses Format stellt weniger Helligkeitsabstufungen dar, als im Raw gespeichert werden. Wenn die Überbelichtungswarnung nur einen kleinen Teil des Bildes betrifft, ist das dem JPEG-Format geschuldet – bei der Entwicklung Ihres Raw-Bildes werden Sie die Überbelichtungen vermutlich korrigieren können.

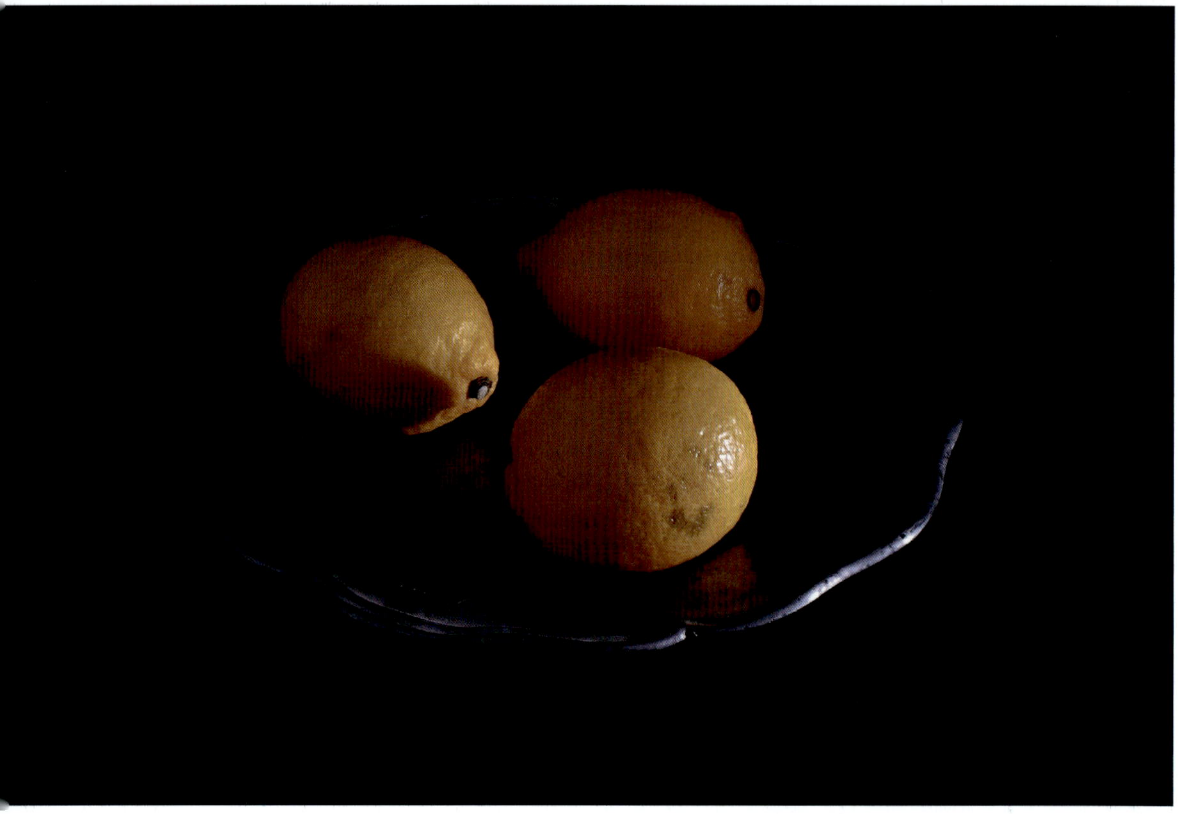

Abb. 4.14 Ein stimmungsvolles Food-Foto, dessen Bildwirkung darauf beruht, dass nur wenig Licht zum Einsatz kam. | 22 mm | 1/30 s | f/22 | ISO 800 | Spotmessung auf die Zitrone | um eine Blende unterbelichtet

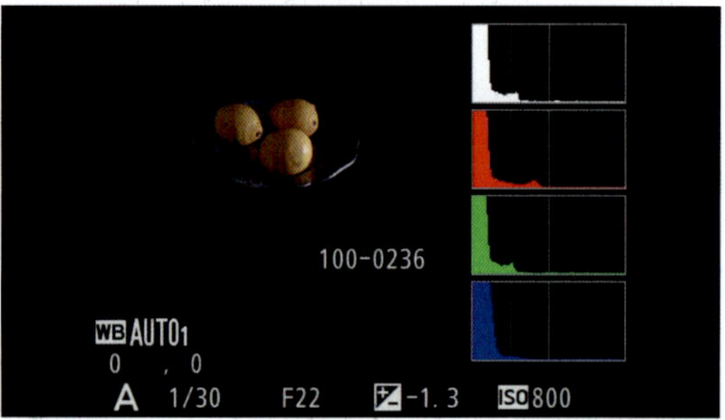

Abb. 4.15 Wenig überraschend – in der Wiedergabeansicht tendiert das Histogramm deutlich nach links. Das »Aufhäufeln« am linken Rand würde – rein technisch interpretiert – eine Unterbelichtung anzeigen, die hier natürlich beabsichtigt ist. In den drei RGB-Histogrammen sehen Sie auch, dass das Motiv nur ein paar wenige hellere Bildanteile in Rot enthält – die vom Licht beschienenen Vorderseiten der Zitronen.

4.8 Belichtungskorrektur

Bei vielen Motiven werden Sie um eine Belichtungskorrektur nicht herumkommen. Immer dann, wenn die eingestellte Belichtungsmethode dazu führt, dass für das Bild wichtige Bereiche über- oder unterbelichtet werden, sollten Sie versuchen, mit der Belichtungskorrektur gegenzusteuern.

Für eine Belichtungskorrektur halten Sie die Belichtungskorrekturtaste rechts vom Auslöser der Kamera gedrückt und drehen gleichzeitig das hintere Einstellrad. Drehen Sie das Einstellrad nach links, korrigieren Sie die Belichtung nach unten, drehen Sie nach rechts, korrigieren Sie nach oben. Die Korrekturspanne beträgt +5 bis -5 Blendenstufen, die Sie jeweils in 1/3-Schritten durchlaufen. Im Sucher bzw. auf dem Display sehen Sie direkt, wie sich die Belichtung verändert. Außerdem wird Ihnen die aktuelle Korrektur auf der Skala im Sucher bzw. Kameradisplay angezeigt.

Keine Belichtungskorrektur in der Vollautomatik!

Wenn Sie im AUTO-Modus fotografieren, verbittet sich die Z50 jegliche Einmischung und reagiert schlicht nicht auf Versuche zur Belichtungskorrektur. Sie steht nur in den übrigen Belichtungsprogrammen P, A, S und – teilweise – in M zur Verfügung.

Drei Beispiele:

1. **Gegenlicht**: Sie fotografieren eine Person gegen das Licht, d.h. die Sonne (oder Lichtquelle) steht hinter der Person, ihr Gesicht liegt also im Schatten. Der Bereich hinter der Person ist damit viel heller als die Person selbst, was die Belichtungsmessung Ihrer Kamera irritieren kann. Wenn Sie im Sucher der Z50 erkennen, dass die Person zu dunkel wird, müssen Sie mit der Belichtungskorrektur solange Belichtung zugeben, bis ihr Gesicht ausreichend hell erscheint. Allerdings könnte der helle Hintergrund hierbei überstrahlen (was allerdings gut aussehen kann).
2. **Große Helligkeitsunterschiede (»Kontraste«)**: Sie fotografieren einen Innenraum mit einem kleinen Fenster. Der Blick durch den Sucher der Z50 zeigt, dass alle Details im Innenbereich des Raumes richtig belichtet werden. Das Fenster allerdings überstrahlt – es sind keine Details jenseits des Fensters mehr erkennbar. Hier können Sie mit der Belichtungskorrektur Belichtung wegnehmen, um diese Details etwas herauszuarbeiten. Versuchen Sie einen guten Kompromiss zu finden zwischen der richtigen Belichtung des Raumes und des Fensters.
3. **Belichtungsmessung misst falsch**: Beim Skifahren machen Sie ein Foto Ihrer Freunde vor einer Holzhütte. Die Sonne steht hinter Ihnen, Sie haben also kein Gegenlicht wie im ersten Beispiel. Trotzdem müssen Sie mit der Belichtungs-

korrektur etwas Belichtung zugeben, weil der umgebende Schnee das Sonnenlicht so stark reflektiert, dass er Ihre Belichtungsmessung aus dem Konzept bringt und das Bild Ihrer Freunde sonst unterbelichtet würde (als Richtschnur können Sie bei Schnee immer etwas überbelichten – zwei bis drei Schritte nach rechts mit dem hinteren Einstellrad, also 2/3 bis 1 Blende).

In vielen Situationen wird Ihre Belichtungskorrektur davon abhängen, was Sie zeigen wollen. Natürlich sollte bei einem Gegenlichtporträt wie in 1) das Gesicht der Person hell genug sein, und Ihre Freunde vor der Holzhütte in 3) sollte man auf dem Bild auch erkennen können. Aber wieviel wollen Sie in 2) vom Innenbereich des Raumes bzw. von der Welt jenseits des Fensters zeigen? Was ist wichtig für Ihr Bild?

Vergessen Sie nicht, die Belichtungskorrektur zurückzustellen

Denken Sie daran, die Belichtungskorrektur rückgängig zu machen, wenn Sie sie nicht mehr benötigen, sonst wird Ihr nächstes Bild unter- bzw- überbelichtet. Eine eingestellte Belichtungskorrektur übersteht sogar das Ein- und Ausschalten der Kamera. Am besten, Sie achten immer auf die Skala am unteren Rand des Suchers bzw. am rechten Rand des Kameradisplays. Sie stellen die Belichtungskorrektur auf 0 zurück, indem Sie das hintere Einstellrad bei gedrückter Belichtungskorrekturtaste in die entgegengesetzte Richtung drehen, bis links bzw. rechts der Nullmarkierung kein Strich mehr steht.

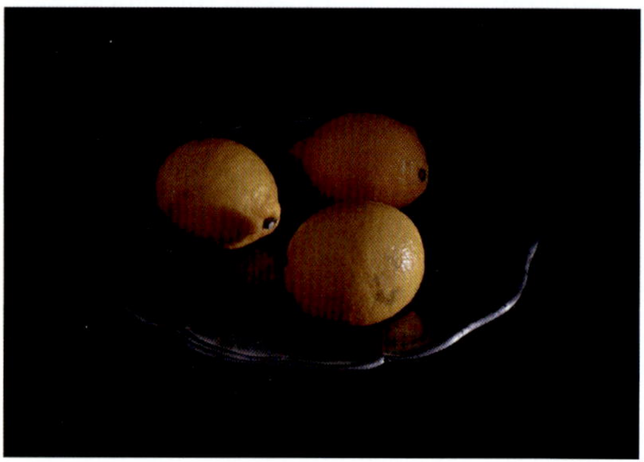

Abb. 4.16 Dominieren dunkle Areale in einem Bild, dann belichtet die Kamera gern über. Die Zitronen in diesem Bild wären dann deutlich zu hell. In diesem Fall hilft eine Spotmessung auf die Zitronen und eine anschließende Belichtungskorrektur um eine Blende nach unten (das entspricht drei Schritten mit dem hinteren Einstellrad nach links).
| 22 mm | 1/30 s | f/22 | ISO 800 | Spotmessung auf die Zitrone | um eine Blende unterbelichtet

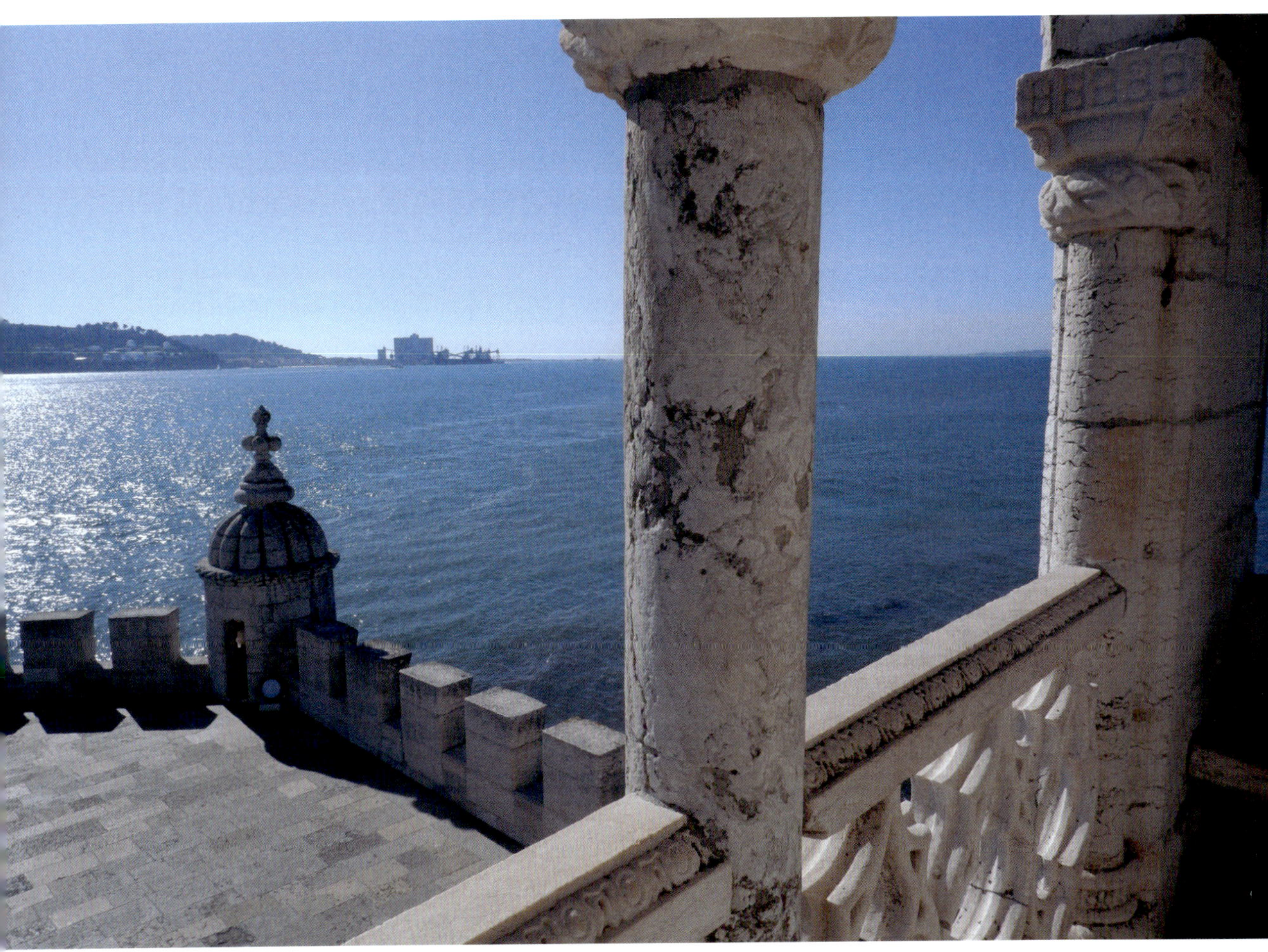

Abb. 4.17 Fotografieren Sie im Gegenlicht, dann werden die im Schatten liegenden Bereiche zu dunkel. Wenn Sie das vermeiden wollen, müssen Sie mit der Belichtungskorrektur nach oben gegensteuern (ein bis drei Schritte mit dem hinteren Einstellrad nach rechts). Viel Spielraum haben Sie in diesem Beispiel nicht, weil die Sonnenreflexe auf dem Wasser schon ohne Belichtungskorrektur »ausfressen«, aber einen Versuch ist es wert. Prüfen Sie das Ausmaß der Überbelichtung sicherheitshalber in der Wiedergabeansicht (mehr dazu ab Seite 56). | 23 mm | 1/500 s | f/22 | ISO 400 | eine Blende überbelichtet

Woher nimmt die Kamera den Spielraum für die Belichtungskorrektur?

Die Belichtungskorrektur kann natürlich nur an einer der drei Schrauben Blende, Belichtungszeit oder ISO drehen, um die vom jeweiligen Belichtungsprogramm gemessenen Werte zu überstimmen. Welcher von diesen Werten hoch oder runter geregelt wird, hängt davon ab, mit welchem Belichtungsprogramm Sie arbeiten. Grundsätzlich gilt: ist die ISO-Automatik eingeschaltet, wird zunächst der ISO-Wert verändert. Wird hier die eingestellte Unter- oder Obergrenze erreicht, versucht die Kamera, die Blende (in der Blendenautomatik) oder die Belichtungszeit (in der Zeitautomatik) nachzuregeln. Letzteres gilt auch, wenn die ISO-Automatik ausgeschaltet und damit der eingestellte ISO-Wert fix ist.

- Programmautomatik (P)
  Bei ausgeschalteter ISO-Automatik nutzt die Belichtungskorrektur erst den eventuell verbliebenen Spielraum bei Blende und Belichtungszeit aus und verändert beide Werte. Ist die Blende bei positiver Belichtungskorrektur irgendwann ganz geöffnet, wird die Belichtungszeit verlängert. **Vorsicht vor Verwacklungen!**
- Zeitautomatik (A)
  Bei ausgeschalteter ISO-Automatik funktioniert die Belichtungskorrektur nur, wenn Sie Belichtung wegnehmen. Wenn Sie Belichtung zugeben, wird dies zwar im Sucher bzw. auf dem Display angezeigt, wirkt sich aber nicht aus – das resultierende Bild wird also unterbelichtet.
- Blendenautomatik (S)
  Bei ausgeschalteter ISO-Automatik holt sich die Z50 den Spielraum zur Belichtungskorrektur aus der Belichtungszeit. **Vorsicht vor Verwacklungen!**
- Manueller Modus
  Bei ausgeschalteter ISO-Automatik hat die Belichtungskorrektur keinerlei Auswirkungen (Sie korrigieren ja über Blende oder Belichtungszeit). Bei eingeschalteter ISO-Automatik können Sie im Rahmen der eingestellten Unter- und Obergrenze Belichtung nur zugeben (nachvollziehbar, denn Belichtung wegnehmen können Sie im manuellen Modus ja auch über Blende oder Belichtungszeit).

Ich möchte Sie ermutigen, nicht immer den von der Kamera direkt vorgegebenen Belichtungsmesswerten zu folgen. Gerade über die Spotmessung und die Belichtungskorrektur stehen Ihnen tolle Gestaltungsmöglichkeiten zur Verfügung. Überlegen Sie, was Ihnen im Bild wichtig ist, welche Stimmung Sie zeigen wollen. Weichen Sie von den Normwerten ab. Das bringt meistens eine gehörige Portion Spannung ins Bild. Experimentieren Sie mit dem Licht, Sie haben ja stets die volle Kontrolle über das Geschehen im Sucher oder auf dem Monitor.

4.9 Belichtungszeiten und Verwacklungen

Um verwackelte Bilder zu vermeiden, sollten Sie beim Fotografieren eine Regel beherzigen, die einfach zu merken ist: Beim Fotografieren aus der Hand sollte Ihre Belichtungszeit – in etwa – nie den Kehrwert Ihrer Brennweite unterschreiten. Das heißt: Fotografieren Sie mit einer Brennweite von 16 mm, sollte Ihre Belichtungszeit nicht länger sein als 1/15 s. Mit 1/8 s würden Sie bereits Verwacklungen riskieren. Das scheint problemlos machbar, auch bei 50 mm Brennweite und 1/60 s. Wenn Sie allerdings mit einem Teleobjektiv wie dem bildstabilisierten DX 50–250 fotografieren, sollten Sie bei 250 mm Brennweite nicht unter 1/250 s Belichtungszeit gehen. Und da kann es für eine korrekte Belichtung schon mal eng werden (wenn Sie die Blende schon ganz geöffnet haben, könnten Sie nur noch die ISO erhöhen).

Aber: Sie haben ja noch die Bildstabilisierung im Objektiv auf Ihrer Seite. Mit ihrer Hilfe können Sie noch zwei bis drei Blendenwerte gutmachen – also im Beispiel mit dem voll eingezoomten Tele statt mit 1/250 s auch mit 1/125 s, 1/60 s oder sogar 1/30 s fotografieren.

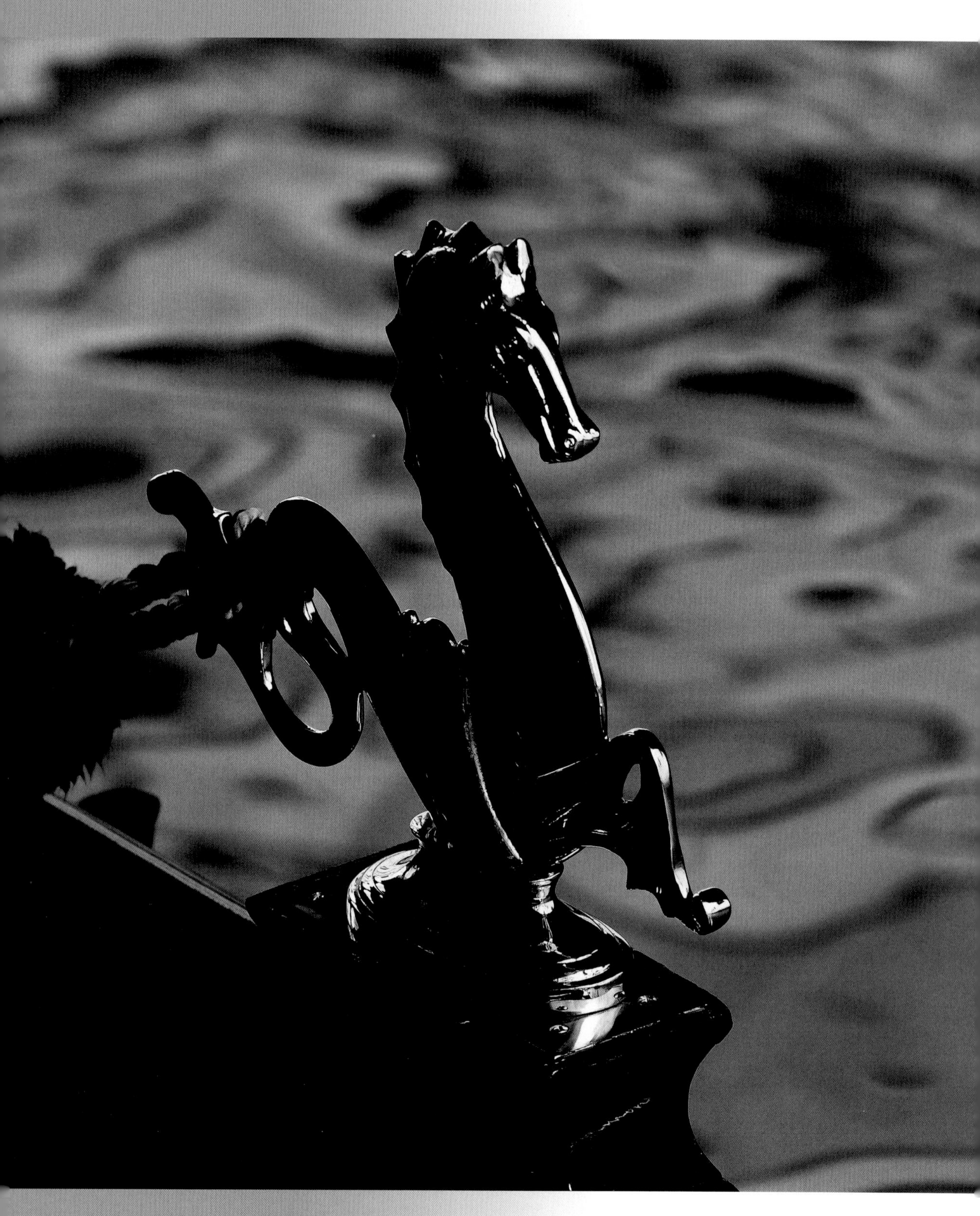

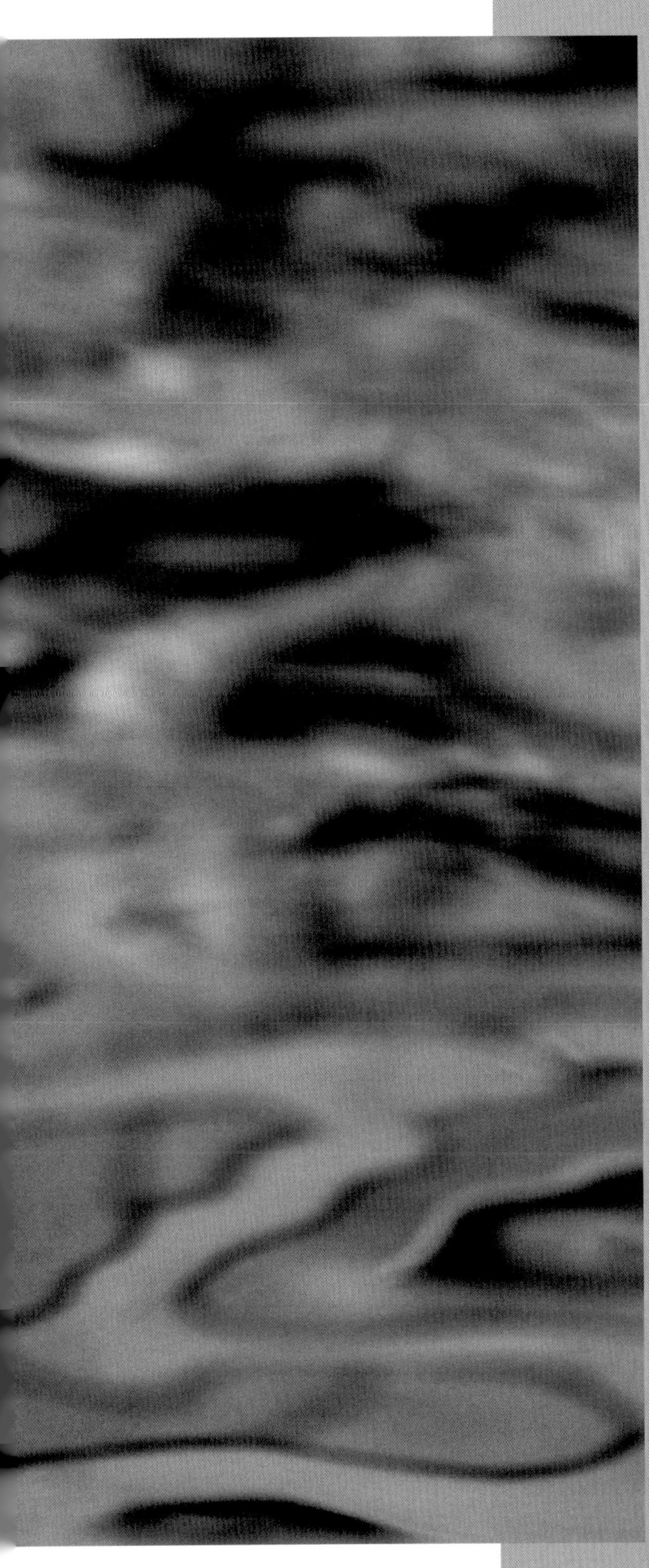

5 Machen Sie Ihr Bild!

Abb. 5.1 Ein etwas anderes Venedig-Motiv | 200 mm | 1/100 s | f/5 | ISO 800

5.1 Der Autofokus

Bei der Z50 haben Sie die unterschiedlichsten Möglichkeiten, per Autofokus scharfzustellen – je nachdem, *was* Sie fotografieren und *wie* Sie fotografieren wollen. Worauf scharfgestellt wird, erkennen Sie im Sucher oder auf dem Kameradisplay an einem oder mehreren roten Quadraten.

Wie alles im Umgang mit der Kamera ist auch das richtige Scharfstellen eine Sache der Routine. Mit der Zeit werden Sie ein Gefühl dafür bekommen, welche Autofokusmethode Ihnen am besten liegt und wann Sie die Autofokussteuerung an die Situation im Bild anpassen sollten.

Im Grunde können Sie zweierlei Arten von Einstellungen für den Autofokus vornehmen:

1. Sie legen über den Menüpunkt *FOTOAUFNAHME → Fokusmodus* den Modus *AF-C* (»c« für continuous«, also »fortlaufend«) oder AF-S (»s« für »single«) fest.
2. Sie bestimmen in *FOTOAUFNAHME → AF-Messfeldsteuerung*, wie groß und »dynamisch« das aktive Fokusfeld in der Mitte des Suchers sein soll, über das die Autofokussteuerung den Fokus misst und einstellt.

Sie können beides auch der Kamera überlassen, aber es gibt gute Gründe, das nicht zu tun (dazu gleich mehr).

Im Menü *FOTOAUFNAHME → Fokusmodus* können Sie die folgenden Einstellungen vornehmen:

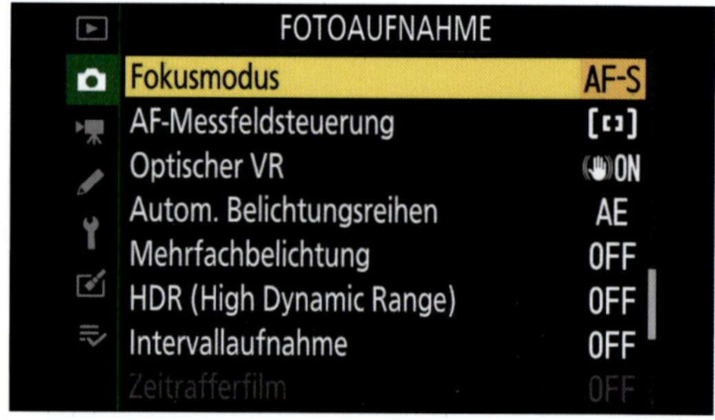

Abb. 5.2 Über den »Fokusmodus« stellen Sie ein, ob der Autofokus die Schärfe nachführen soll (hier ist gerade »AF-S« für statische Motive ausgewählt).

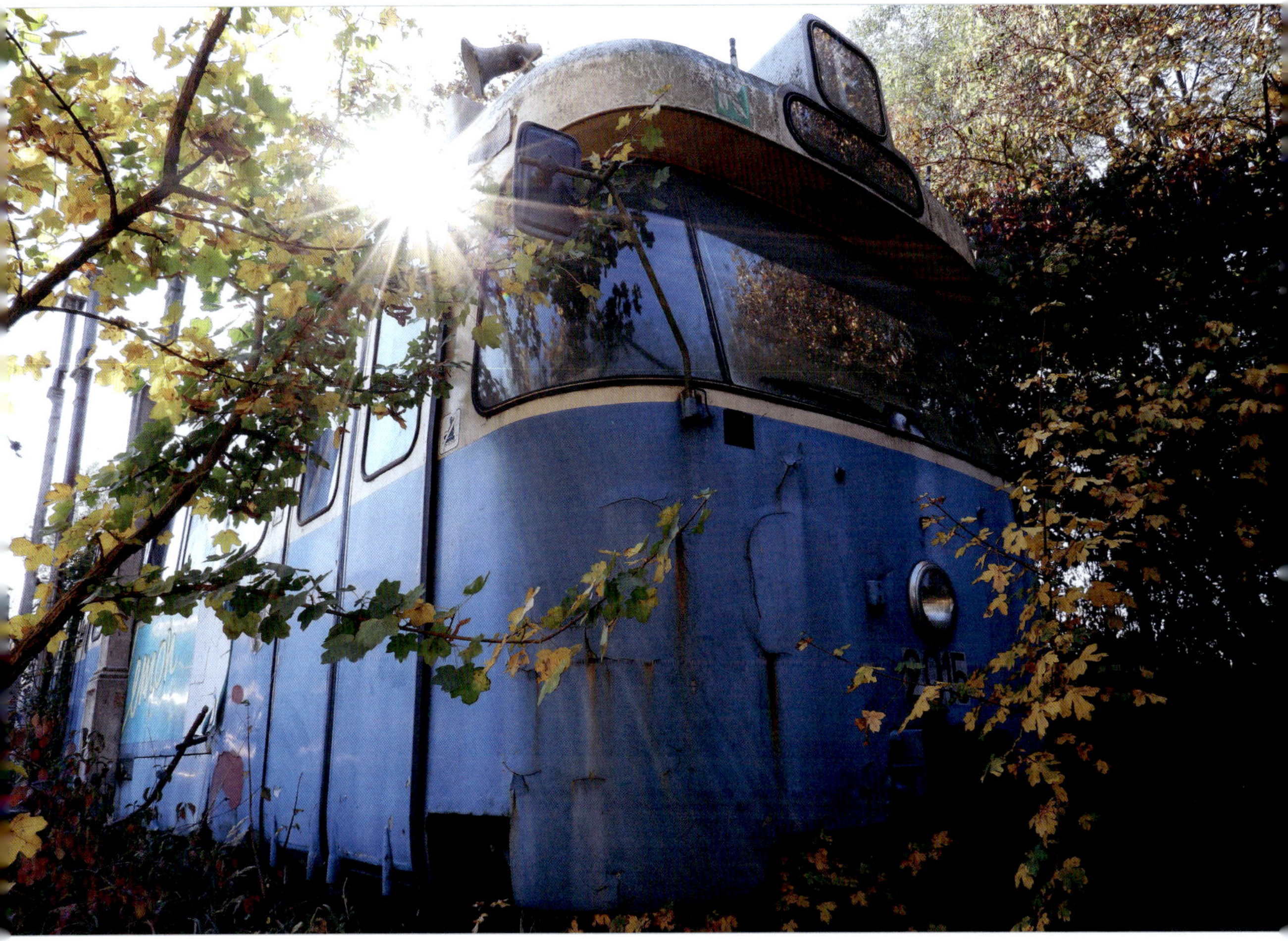

Abb. 5.3 Ein statisches Motiv sollten Sie am besten mit der Autofokus-Einzelfeldsteuerung aufnehmen (»FOTOAUFNAHME« → »AF-Messfeldsteuerung« → »Einzelfeldsteuerung«). Hier habe ich einmal den Auslöser leicht angedrückt, scharfgestellt und dann das Bild aufgenommen.
| 16 mm | 1/110 s | f/13 | ISO 800

- Im *Modus AF-A* wählt die Kamera automatisch *AF-S* aus, wenn sich das Objekt nicht bewegt, oder den kontinuierlichen Autofokus *AF-C*, wenn sich das Objekt bewegt. Mehr Kontrolle über das Ergebnis haben Sie, wenn Sie die Wahl selbst treffen.

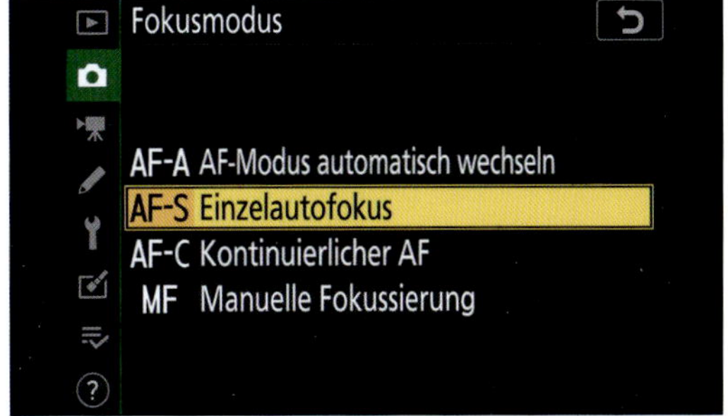

- Der *AF-S-Modus* ist für Motive gedacht, die sich nicht oder kaum bewegen. Die Kamera fokussiert *einmal* und löst nur aus, wenn wirklich scharfgestellt ist. Die

Farbe der Fokusmessfelder im Sucher oder auf dem Kameradisplay wechselt dann von Rot nach Grün und Sie hören einen doppelten Piepton. Die Scharfeinstellung wird gespeichert, wenn der Auslöser bis zum ersten Druckpunkt gedrückt ist. Das bietet sich zum Beispiel an, wenn Sie auf ein Objekt scharfstellen wollen und dann die Kamera etwas schwenken, um das Objekt nicht mittig platzieren zu müssen.

- Der *AF-C-Modus* ist für Motive gedacht, die sich auf die Kamera zu oder von ihr weg bewegen. Die Kamera fokussiert *kontinuierlich*, während der Auslöser bis zum ersten Druckpunkt gedrückt wird. Wichtig: in diesem Modus gibt es keine Bestätigung der Scharfstellung – Sie hören bei erfolgreicher Fokussierung kein Piepgeräusch und das rote Quadrat färbt sich nicht grün. Unter *INDIVIDUALFUNKTIONEN → a Autofokus → Priorität bei AF-C (kont. AF)* legen Sie fest, ob die Kamera auch auslöst, wenn nicht scharfgestellt ist (*Auslösepriorität*) oder ob nur ausgelöst werden soll, wenn korrekt fokussiert wurde (*Schärfepriorität*). Für sich schnell bewegende Motive empfehle ich Ihnen Auslösepriorität zusammen mit *Serienaufnahme H* (mehr dazu ab Seite 73).
- Der *Modus MF* (Manuelle Fokussierung) schaltet den Autofokus komplett ab. Jetzt müssen Sie über den Fokusring des Objektivs scharfstellen. Sie sehen am linken unteren Bildrand eine Fokussierhilfe in Form von Pfeilen und einem Punkt. Der Punkt erscheint, wenn das Bild scharf ist, die Pfeile, wenn Sie nachsteuern müssen. Bei korrekt eingestelltem Dioptrienausgleich sollten Sie das aber auch direkt im Sucherbild sehen.

Zusätzliche Hilfe beim Scharfstellen

Es gibt zusätzlich noch eine dem Focuspeaking »großer« spiegelloser Kameras ähnelnde Fokussierhilfe, die Sie unter *INDIVIDUALFUNKTIONEN → d Aufnahme & Anzeigen → d9 Konturfilter* konfigurieren können. Wenn Sie hier den *Konturfilterpegel* auf *2* und die *Konturfilter-Hervoheb.farbe* auf *R* setzen, erscheint um scharfgestellte Bildelemente zusätzlich ein roter Saum.

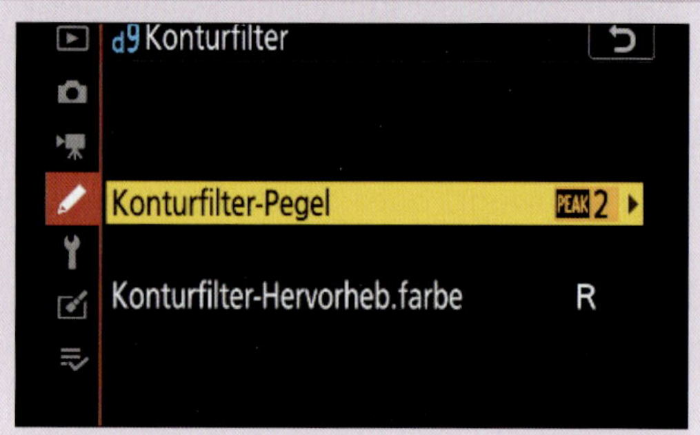

- Wenn Sie mit dem Autofokus fotografieren, können Sie über die *AF-Messfeldsteuerung* auswählen, wie groß das Messfeld zur Steuerung des Autofokus sein soll. Das aktive Fokusmessfeld können Sie mit dem Multifunktionswähler auf der Kamerarückseite über das gesamte Sucherfeld bewegen (falls Sie auf etwas scharfstellen wollen, was nicht in der Bildmitte liegt). Über die »OK«-Taste bringen Sie das Feld in die Suchermitte zurück. Die Kamera verfügt insgesamt über 209 Felder zur Schärfemessung, aber nur die mittigen von ihnen stellen auch bei wenig Licht verlässlich scharf.

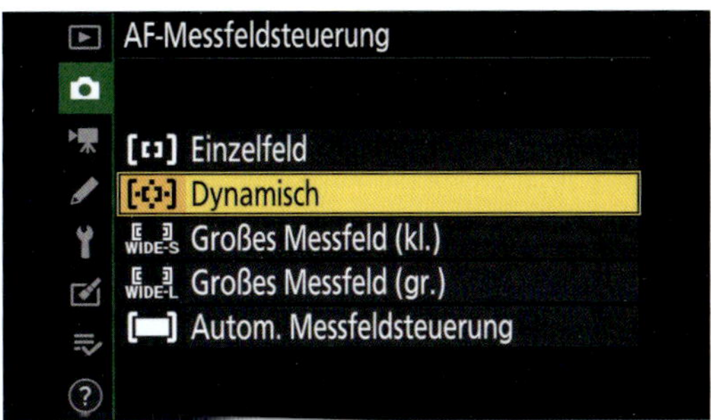

- Wählen Sie die *Einzelfeld*-Messung, wenn Sie nur auf ein Objekt gezielt scharfstellen wollen. Die Einstellung eignet sich für Objekte, die sich nicht oder kaum bewegen.
- Im Modus *Dynamisch* wird das Einzelmessfeld etwas größer und erfasst bewegte Objekte, die sich innerhalb des Quadrats befinden, das durch neun rote Punkte im Sucher angedeutet wird. Wenn das Motiv das Messfeld kurz verlässt (etwa ein Rennauto, das sich parallel zur Kamera bewegt), holt sich die Kamera die Informationen aus diesen benachbarten Fokusfeldern.
- Auch bei den beiden Einstellungen *Großes Messfeld (kl.)* und *Großes Messfeld (gr.)* stellt die Kamera auf die Mitte des Bildes scharf. Die Fokuspriorität befindet sich jeweils in dem roten Quadrat in der Mitte des Bildes. Sie sollten diese Option bei Landschaftsaufnahmen wählen. Mit dem Multifunktionswähler oder auf dem Touchscreen bewegen Sie das Messfeld an eine beliebige Stelle im Bildausschnitt. Um das Fokusmessfeld wieder in der Bildmitte zu platzieren, drücken Sie die »OK«-Taste.
- Wenn Sie mit der *Autom. Messfeldsteuerung* arbeiten, erkennt die Kamera automatisch das Hauptobjekt und wählt das Fokusmessfeld aus. Bei Gesichtern unterscheidet die Kamera das Hauptobjekt vom Hintergrund und verbessert automatisch die Trennung von Vorder- und Hintergrund. Diese Einstellung ist also für die Porträtfotografie eine gute Option. Wenn Sie den Auslöser halb durchgedrückt und die Taste »AE-L/AF-L« gedrückt halten, fixieren Sie die aktuell eingestellte Schärfe.

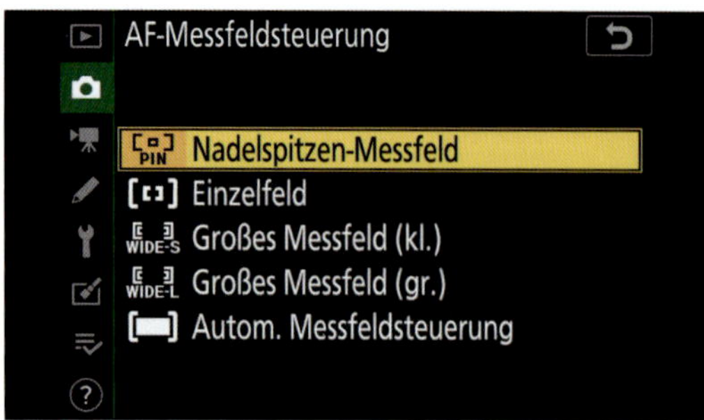

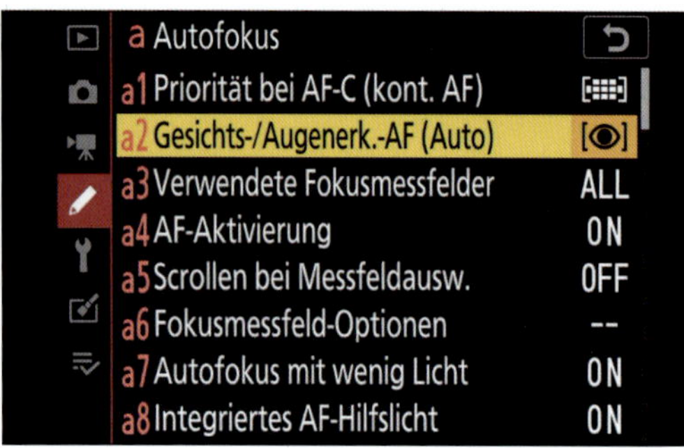

- Wenn Sie sehr gezielt fokussieren wollen, können Sie das *Nadelspitzen-Messfeld* einsetzen. Gut geeignet ist diese Messmethode bei Architekturaufnahmen oder Produktfotos, aber auch bei Makroaufnahmen, bei denen keine Bewegung im Spiel ist. Der Fokusmodus muss dazu auf *AF-S* eingestellt sein. Diese Option ist nicht im Videomodus verfügbar.
- Über die *INDIVIDUALFUNKTIONEN → Autofokus → a2 Gesichts-/Augenerk.-AF (Auto)* können Sie den Autofokus so einstellen, dass er Gesichter bzw. Augen erkennt. Das zeigt die Kamera auch im Monitor über ein kleines Feld an, das genau den Augen der Person im Bild folgt. Wenn Sie im *AF-S-* oder *AF-A-*Modus fotografieren, wird der Fokuspunkt grün, wenn die Kamera fokussiert. Wenn die Kamera mehr als ein Augenpaar wahrnimmt, dann fragt sie über zwei kleine Pfeile ab, auf welches der Augen sie scharfstellen soll. Sie können dann über das hintere Einstellrad das Augenpaar wählen, auf das Sie fokussieren wollen. Allerdings ist diese Methode sehr zeitraubend. Es kann also sein, dass der Moment, den Sie festhalten wollen, dann schon lange wieder vorbei ist. Eher empfehlenswert sind eine *Einzelfeld*-Messung auf ein Auge und der schnelle Druck auf den Auslöser.

Tipp

Wenn Sie sich bei Menüpunkten unsicher sind, denken Sie auch hier wieder daran, sich direkt Kurzinfos über die *?*-Taste auf dem Touchscreen zu holen.

Ich fotografiere am liebsten im *AF-S*-Modus mit der *Einzelfeld*-Messung. Hier haben Sie die größte Kontrolle über das Geschehen. Mit dem einzelnen Fokusfeld stellen Sie gezielt scharf, drücken den Auslöser halb durch, halten ihn in dieser Position und speichern so die Schärfe. Bei Bedarf komponieren Sie Ihr Motiv dann durch einen leichten Kameraschwenk und drücken dann den Auslöser ganz durch. Diese Technik geht Ihnen nach ein paar Übungen in Fleisch und Blut über und garantiert gute Ergebnisse.

Es kann auch passieren, dass die Kamera nicht auslösen will, weil sie der Meinung ist, nicht korrekt scharfgestellt zu haben (im Modus *AF-S* bzw. bei *AF-C* mit Schärfepriorität). Das passiert häufiger bei bewegten Motiven oder bei sehr schlechten Lichtbedingungen. Dann sucht der Autofokus vergeblich nach Kontrasten, an denen er sich orientieren kann. Manchmal ist es dann nötig, den Autofokus komplett auszuschalten und manuell scharfzustellen (mehr dazu ab Seite 70).

5.2 Auslöseoptionen

Bis jetzt haben wir uns darauf beschränkt, die Kamera durch einen Druck auf den Auslöser auszulösen und dabei genau ein Bild zu machen – ein Einzelbild. Es gibt aber noch mehr Optionen.

Serienaufnahmen

Ihre Z50 bietet Ihnen die Möglichkeit, über den Menüpunkt *FOTOAUFNAHME* → *Aufnahmebetriebsart* – oder auch schneller über das »i«-Menü – nicht nur ein Bild aufzunehmen, sondern gleich viele hintereinander, solange Sie den Auslöser gedrückt halten. Hilfreich ist diese Funktion, wenn Sie Sportereignisse fotografieren oder generell Objekte, die sich schnell bewegen. Denn hier erwischt man bei einem Einzelbild sicher nicht den besten Moment. Serienaufnahmen bieten Ihnen die Möglichkeit, entspannt zu fotografieren und dann den besten Moment im Nachhinein am Bildschirm zu identifizieren. Sinnvoll ist das aber nur, wenn Sie dazu den kontinuierlichen Autofokus *AF-C* eingestellt haben.

Auch bei Gruppenbildern kann diese Funktion wahre Wunder bewirken. Denn löst man bei Gruppenbildern nur ein- oder zweimal aus, dann haben sicher ein oder mehr Personen die Augen geschlossen. Machen Sie aber gleich eine ganze Serie, dann steigen die Chancen, dass alle auf einem Bild die Augen geöffnet haben.

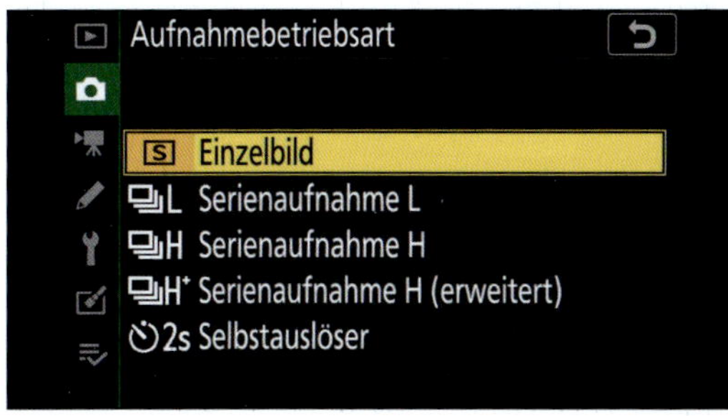

Abb. 5.4 Über das Menü »FOTOAUFNAHME« → »Aufnahmebetriebsart« gelangen Sie zu der Einstellung, mit welcher Frequenz Sie Bilder aufnehmen wollen. Sie haben folgende Optionen:

- *»Einzelbild*
- *»Serienaufnahme L« (4 Bilder/s)*
- *»Serienaufnahme H« (5 Bilder/s)*
- *»Serienaufnahme H (erweitert)« (11 Bilder/s)*
- *»Selbstauslöser« (diesen steuern Sie am besten über das »i«-Menü).*

Selbstauslöser

Der Selbstauslöser ist vor allem dann ein wichtiges Werkzeug, wenn Sie die Kamera auf ein Stativ montieren. Und das nicht nur, wenn Sie auch noch selbst schnell mit aufs Bild huschen wollen, sondern auch für Langzeitbelichtungen. Mit dem Selbstauslöser geben Sie der Kamera Vorlaufzeit, während derer Erschütterungen durch das Auslösen abklingen. Das ist eine wertvolle Hilfe, wenn Sie keinen Fernauslöser dabei haben und etwa nachts mit längeren Belichtungszeiten fotografieren möchten.

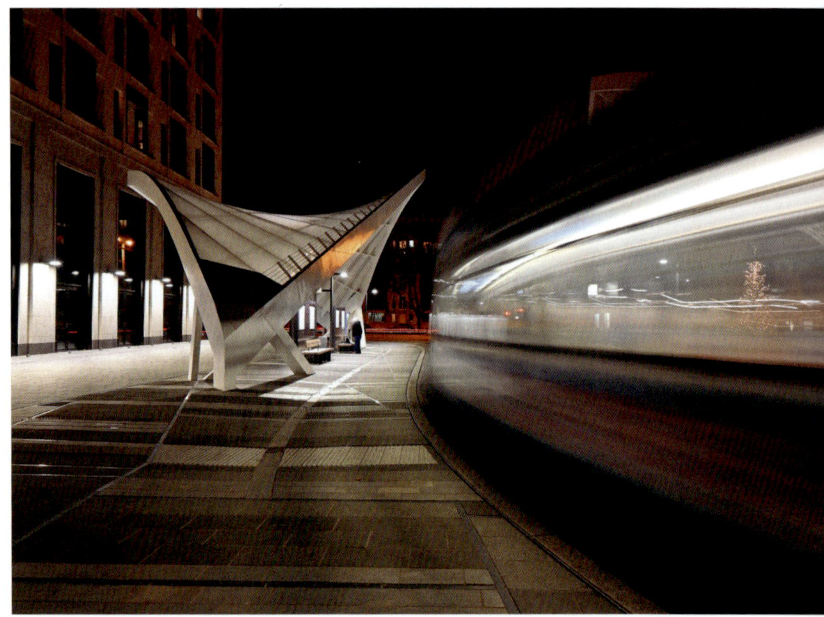

Abb. 5.5 Wenn Sie die Kamera auf einem Stativ montiert haben, sollten Sie das Bild nicht direkt über den Auslöser machen, sondern den Selbstauslöser nutzen. Während dieser herunterzählt, können die durch das Drücken des Auslösers erzeugten Erschütterungen abklingen. Verwacklungen schließen Sie so sicher aus. Alternativ können sie die Z50 über Nikons App »SnapBridge« auslösen (siehe den Abschnitt 12.2 »Verbindung mit Smartphone oder Tablet herstellen« ab Seite 182). | DX 16–50 | 16 mm | 5 s | f/13 | ISO 100

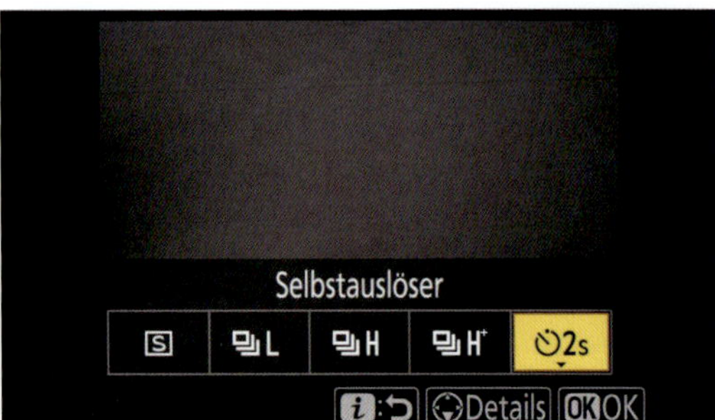

Abb. 5.6 Über das »i«-Menü rufen Sie die Selbstauslöserfunktion auf und bestätigen mit »OK« (rechts unten).

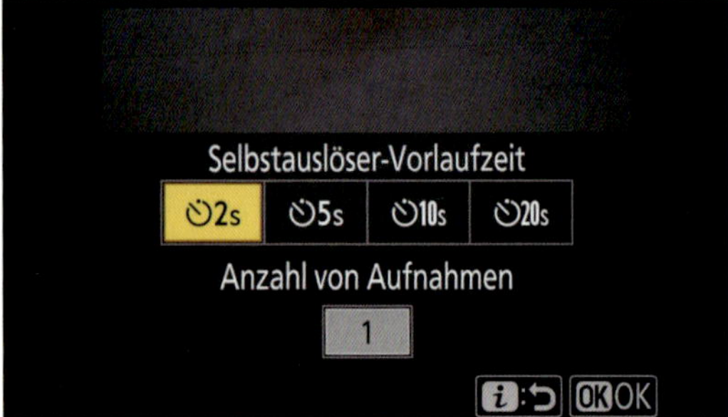

Abb. 5.7 Dann haben Sie die Möglichkeit, unterschiedliche Vorlaufzeiten zu wählen. In der Regel reichen fünf Sekunden, wenn Sie nur die Verwacklungsgefahr ausschließen wollen.

5.3 Die optimale ISO-Einstellung

Manche Aufnahmesituationen erfordern eine Anpassung der ISO-Einstellung – etwa wenn Sie die Blende des Objektivs schon ganz geöffnet haben und wegen Verwacklungsgefahr keine langsamere Belichtungszeit einstellen können. Eine höhere ISO-Einstellung bewirkt eine Verstärkung des Bildsignals, mit dem Ziel, eine korrekte Belichtung zu erhalten. Die ISO-Skala Ihrer Z50 verfügt über einen großen Empfindlichkeitsbereich: 100, 200, 400, 800, 1600, 3200, 6400, 12.800, 25.600 und 51.200 (dies sind die vollen Stufen – wie bei Blende und Belichtungszeit wählt Ihre Kamera hier auch »krumme« Werte). Kleine ISO-Zahlenwerte stehen für niedrige Empfindlichkeiten, die großen für hohe (die letzten drei hohen Werte sind allerdings nicht zu empfehlen). Eine Verdopplung der Zahl steht auch für eine Verdopplung der Empfindlichkeit (was die gleiche Wirkung hat wie das Öffnen der Blende von z. B. f/5.6 auf f/4 oder eine Verlängerung der Belichtungszeit von 1/125 s auf 1/60 s). Zusätzlich gibt es noch die Möglichkeit, den ISO-Wert auf *Hi 1* und *Hi 2* zu stellen. *Hi 1* ist äquivalent zu ISO 102.400 und *Hi 2* zu 204.800. Bei diesen Werten dürfen Sie aber nicht damit rechnen, brauchbares Bildmaterial zu produzieren.

ISO-Werte haben einen großen Einfluss auf die Bildqualität. Je niedriger die ISO-Werte sind, desto rauschärmer und damit hochwertiger sind die Bilder. Bei höheren ISO-Werten nimmt mit der Verstärkung des Bildsignals auch das Bildrauschen zu – was die Qualität Ihrer Bilder verschlechtert. Rauschen lässt sich in der Nachbearbeitung nur bedingt entfernen – meist leidet dann die Schärfe Ihrer Bilder.

Ich habe folgende Erfahrung gemacht: Sie können bis ISO 3200 Bilder ohne störendes Rauschen aufnehmen – zumindest solange Sie diese in einer normalen Größe am Computer betrachten oder Abzüge in den üblichen Formatgrößen machen lassen. Ab ISO 6400 habe ich wirklich störende Rauschartefakte bemerkt.

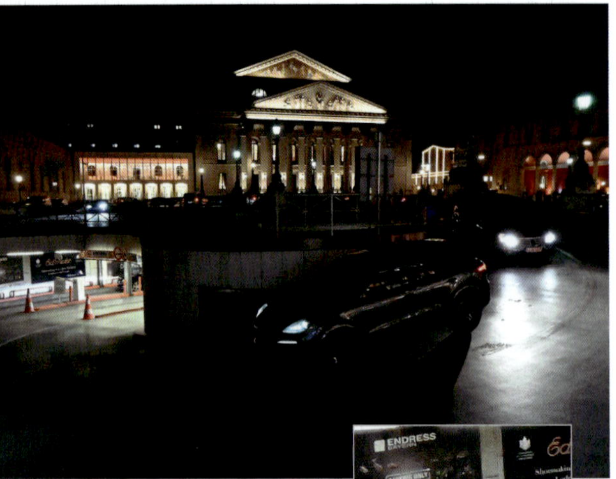

Abb. 5.8 Ein und dasselbe Motiv, einmal aufgenommen mit der höchstmöglichen ISO-Zahl von 51.200 (links) und einmal aufgenommen mit ISO 100 (rechts). Beide Aufnahmen wurden vom Stativ aus fotografiert. Die schlechte Bildqualität bei der hohen ISO-Zahl ist mit bloßem Auge gut sichtbar. Allerdings hätte ich bei der Belichtungszeit von 1/200 Sekunde die Kamera problemlos in der Hand halten können.

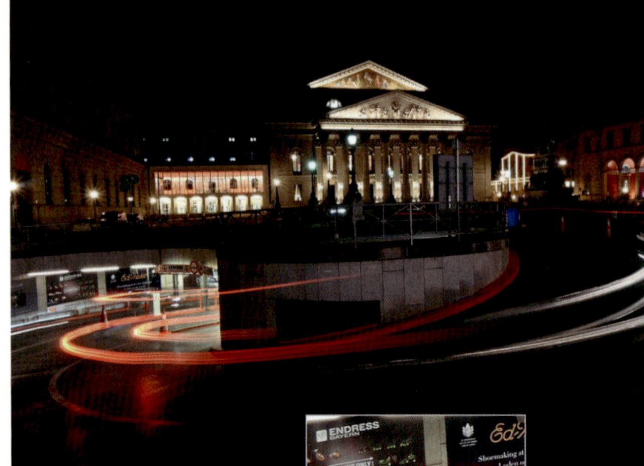

Abb. 5.9 Bei ISO 100 und einer entsprechend langen Belichtungszeit von 20 Sekunden ist die Bildqualität bedeutend besser und es sind ganz neue Effekte möglich:. Man kann die Lichter der Autos als Streifen aufnehmen und sie als gestalterisches Element einsetzen. Rauschen ist in diesem Bild nicht sichtbar. Wenn Sie also ein Stativ dabeihaben, scheuen Sie nicht die Mühe, es aufzustellen und die ISO-Zahl entsprechend zu senken. Es lohnt sich!

Grundsätzlich haben Sie beim Fotografieren in der Programm-, Zeit- oder Blendenautomatik zwei Möglichkeiten, Einfluss auf die ISO-Einstellungen zu nehmen (in der Vollautomatik *AUTO* übernimmt die Kamera auch die Einstellung der ISO):

1. Sie nutzen die ab Werk aktivierte ISO-Automatik, die innerhalb einer von Ihnen einzustellenden Unter- und Obergrenze die ISO-Empfindlichkeit automatisch nachführt. Das ist sehr praktisch, weil es Ihre Spielräume bei Zeit und Blende erhöht und Sie sich keine Gedanken mehr um zu hohe oder zu niedrige ISO mehr machen müssen. Allerdings ist die ab Werk eingestellte Obergrenze von ISO 51.500 viel zu hoch. Ändern Sie sie auf maximal 3200.

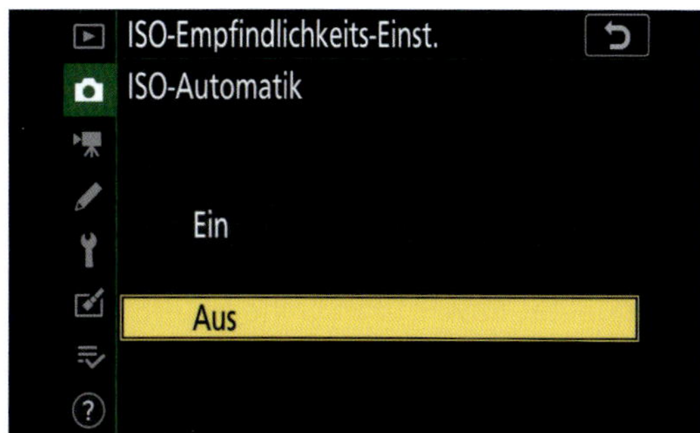

Abb. 5.10 Im Menüpunkt »FOTOAUFNAHME« → »ISO-Empfindlichkeits-Einst.« schalten Sie die ISO-Automatik ein oder aus (sie ist ab Werk eingeschaltet).

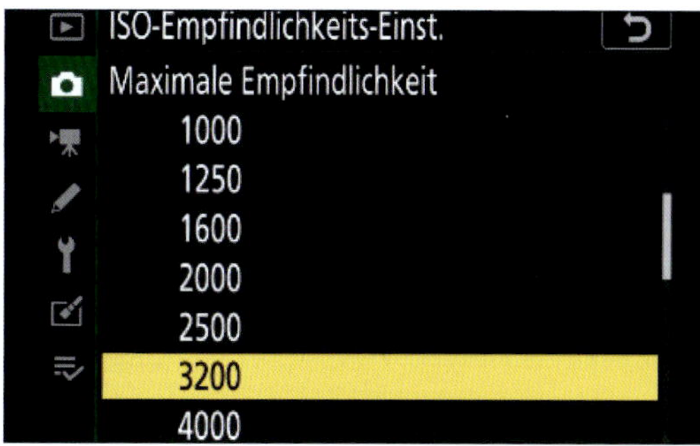

Abb. 5.11 Dann legen Sie unter »Maximale Empfindlichkeit fest«, wie hoch die ISO-Automatik bei Bedarf nachführen darf. ISO 3200 ist ein guter Wert, mit dem Sie noch eine gute Bildqualität erreichen.

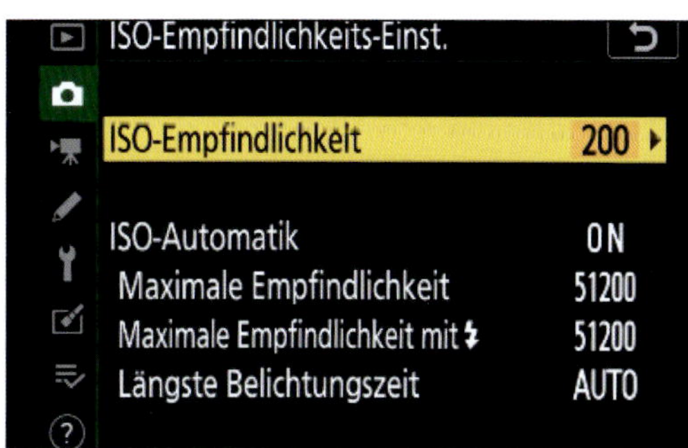

Abb. 5.12 Anschließend legen Sie unter »ISO-Empfindlichkeit« die Untergrenze fest. Die ISO-Automatik bewegt sich fortan zwischen ISO 200 und ISO 3200 – Sie haben damit vier volle Blendenstufen Spielraum für Ihre korrekte Belichtung!

2. Sie deaktivieren die ISO-Automatik und stellen eine geeignete (meist möglichst niedrige) ISO-Zahl ein und steuern die Belichtung über Belichtungszeit (Blendenautomatik) oder Blendenöffnung (Zeitautomatik). Die ISO regeln Sie nur hoch, wenn Sie bei Zeit oder Blende an Grenzen stoßen. Halten Sie dazu die ISO-Taste gedrückt und drehen Sie das hintere Einstellrad. Vergessen Sie nicht, die ISO-Einstellung bei besseren Lichtverhältnissen wieder herunter zu regeln, um das Rauschen in Ihrem Bild möglichst gering zu halten. – Sie sehen schon, das ist die aufwendigere Lösung.

Ich empfehle Ihnen fürs Erste, mit der ISO-Automatik zu arbeiten. Auch, weil Ihnen das bei der Belichtungskorrektur Sicherheit vor verwackelten Bildern gibt (siehe den Kasten »Woher nimmt die Kamera den Spielraum für die Belichtungskorrektur?« auf Seite 64).

5.4 Bilder löschen – die Speicherkarte aufräumen oder formatieren

Ein durchschnittliches Raw-Bild der Z50 nimmt auf der Speicherkarte ca. 25–30 MB ein. Auf eine 32-GB-Karte passen etwa 730 Bilder, wenn Sie nur im Raw-Modus fotografieren. Wenn Sie in der Bildqualität *Raw + JPEG Fine* (= JPEG in der höchsten Auflösung) fotografieren, kommen pro Aufname ca. 15 MB dazu, womit auf einer 32-GB-Karte für etwa 540 Bilder Platz ist. Wie viele Bilder Sie noch machen können, zeigt Ihnen die Restbildanzeige unten rechts auf dem Kameradisplay (rechts neben der ISO-Anzeige – drücken Sie dabei nicht auf den Auslöser – siehe Seite 28–29).

Wenn es also eng wird und Sie keine Ersatzkarte zur Hand haben, können Sie Ihre Speicherkarte aufräumen, indem Sie im Wiedergabe-Modus einzelne Bilder über die »Papierkorb«-Taste auf der Rückseite der Kamera oder über das *WIEDERGABE*-Menü löschen. Möchten Sie allerdings alle Bilder löschen, ist der sicherste Weg, die ganze Speicherkarte zu formatieren – über *SYSTEM* → *Speicherkarte formatieren*. Sie sollten sich aber ganz sicher sein, dass Sie die Bilder darauf wirklich nicht mehr benötigen!

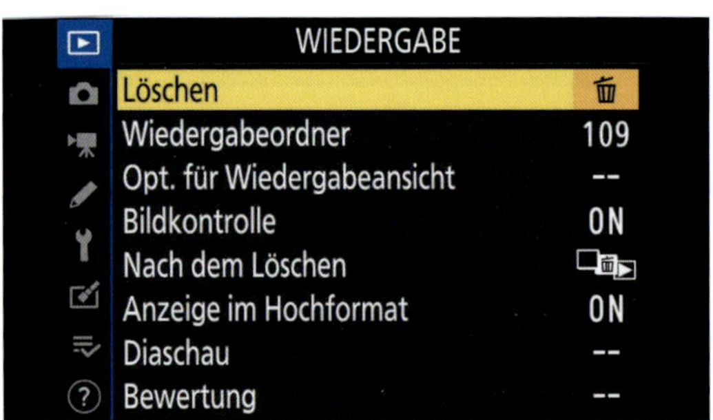

Abb. 5.13 Im Menü »WIEDERGABE« → »Löschen« können Sie wählen, ob Sie einzelne Fotos, alle Fotos oder Fotos nach Datum sortiert löschen wollen.

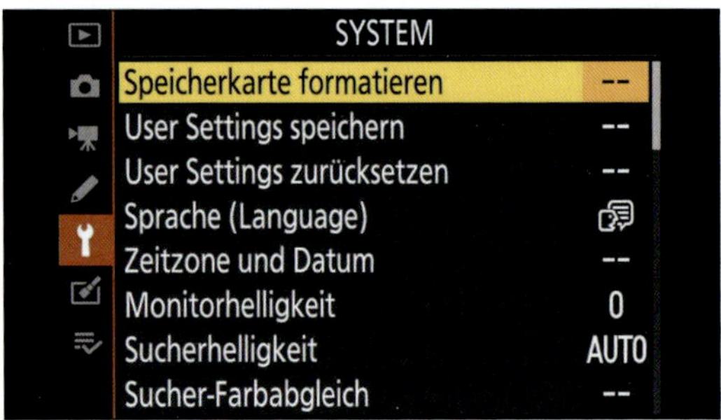

Abb. 5.14 »Speicherkarte formatieren« ist nicht nur das ultimative Aufräumen – Sie stellen so auch sicher, dass Ihre Karte bei der nächsten Aufnahmesitzung tadellos funktioniert (solange kein Hardwaredefekt vorliegt). Sie finden die Option unter »SYSTEM« → »Speicherkarte formatieren«. Danach kann es mit neuen Projekten losgehen.

Ein paar Tipps zum Umgang mit Speicherkarten

- Grundsätzlich empfehle ich Ihnen, mehrere Speicherkarten zu nutzen, damit Sie bei Speicherengpässen nicht unnötig löschen müssen.
- Legen Sie sich ein stabiles Etui zum Transport der empfindlichen Karten zu.
- Wählen Sie nicht zu große Speicherkapazitäten pro Karte, damit Sie im Falle eines Falles nicht zu viele Bilder verlieren.
- Löschen Sie nie eine Speicherkarte, bevor Sie ihren Inhalt nicht mindesten einmal gesichert haben (z. B. auf Ihrem PC).
- Wechseln Sie Speicherkarten nicht zwischen Kameras. Und wenn doch, formatieren Sie die Speicherkarte immer erst in der Kamera, in der sie benutzt werden soll.
- Formatieren Sie Ihre Speicherkarten nie im PC.

5.5 Farbräume und Farbtiefe

Unsere Welt ist farbiger, als wir sie sehen können. Wie Sie wissen, kann das menschliche Auge nur einen Ausschnitt des Lichtspektrums wahrnehmen, das uns von der Sonne erreicht (Infrarotstrahlung etwa ist für uns unsichtbar). Das Gleiche gilt für Digitalkameras, Monitore und Drucker – auch sie können nur einen Ausschnitt des Lichtspektrums »sehen« bzw. wiedergeben. Dieser Ausschnitte werden auch als »Farbräume« bezeichnet. Es gibt große Farbräume wie Adobe RGB, aber auch kleine Farbräume wie etwa sRGB. Farbräume sind wichtig, um Farben, auf verschiedenen Geräten miteinander in Einklang zu bringen. Wenn Sie etwa mit Ihrer Kamera in Adobe RGB fotografieren und dieses Bild dann ausdrucken, wird die riesige Palette des Adobe-RGB-Farbraums auf den wesentlich kleineren sRGB-Farbraum abgebildet. Dank der definierten Farbräume kommt es hierbei nicht zu groben Farbverfälschungen (kleinere Abweichungen sind allerdings unausweichlich).

»Farbtiefe« bezeichnet die Anzahl der Farben, die Ihre Kamera »sehen« bzw. die ein Monitor oder Drucker darstellen kann. Ihre Z50 kann im Raw-Modus Fotos mit einer Farbtiefe von 14 Bit aufnehmen – das sind 2^{14} = 16.384 Helligkeitsabstufungen/Pixel für jeden der drei Farbkanäle Rot, Grün

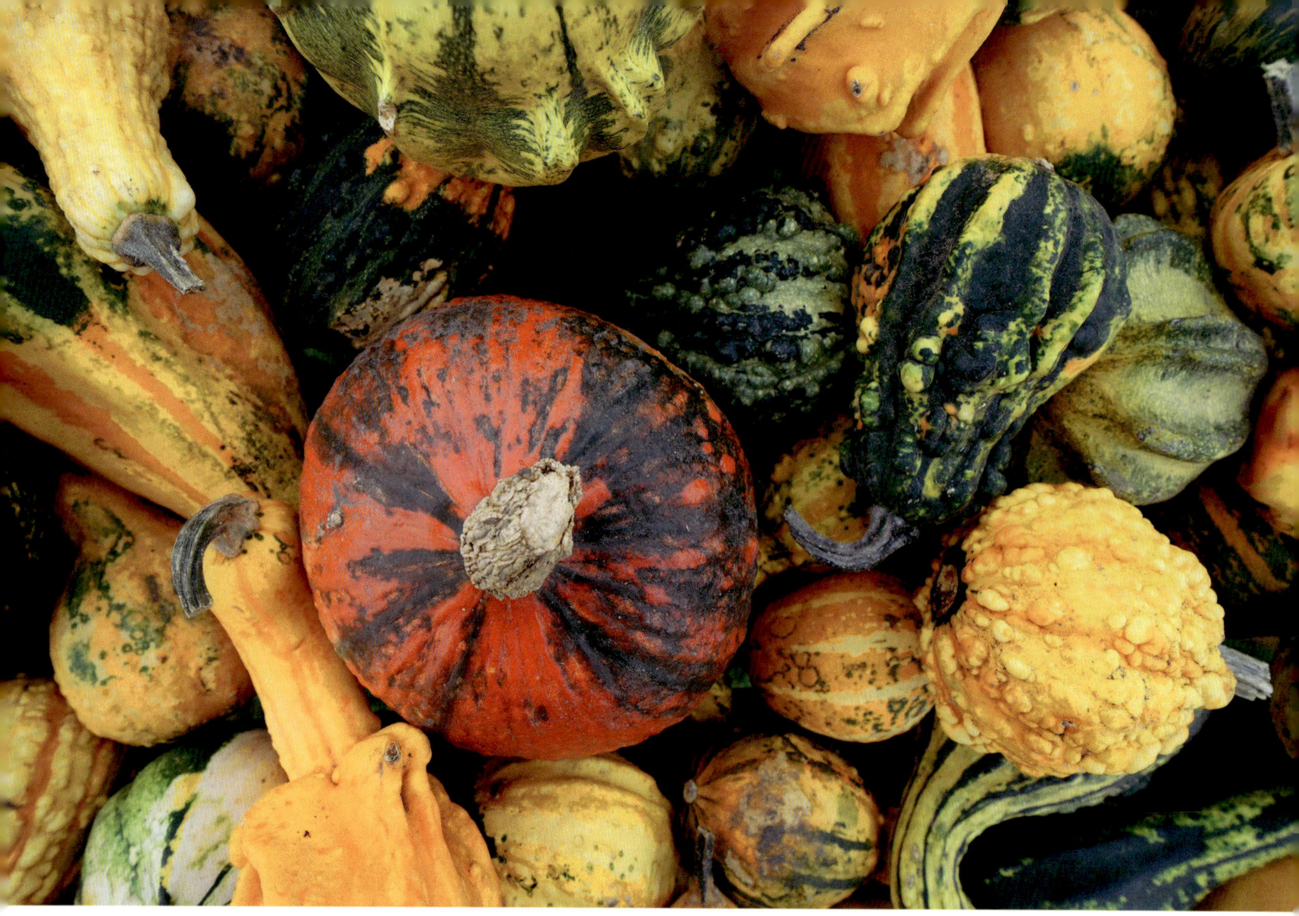

Abb. 5.15 Ein Fest der Farben findet sich im Herbst auf dem Land, dort wo die Landwirte ihre Erzeugnisse direkt an der Straße verkaufen. | 19 mm | 1/125 s | f/8 | ISO 400

und Blau. Unter *FOTOAUFNAHME* → *NEF-(Raw-)Einstellungen* können Sie auch auf 12 Bit Farbtiefe (= 4096 Helligkeitsabstufungen/Pixel für jeden Farbkanal) heruntergehen, was pro Raw-Bild ein paar MB Speicherplatz sparen kann. Und wenn Sie nur in JPEG fotografieren, speichern Sie automatisch in 8 Bit-Farbtiefe (= 256 Helligkeitsabstufungen/Pixel und Farbkanal) – was Ihren geringen Bearbeitungsspielraum in diesem Format erklärt. Fotografieren Sie daher möglichst in Raw und in der größtmöglichen Farbtiefe von 14 Bit.

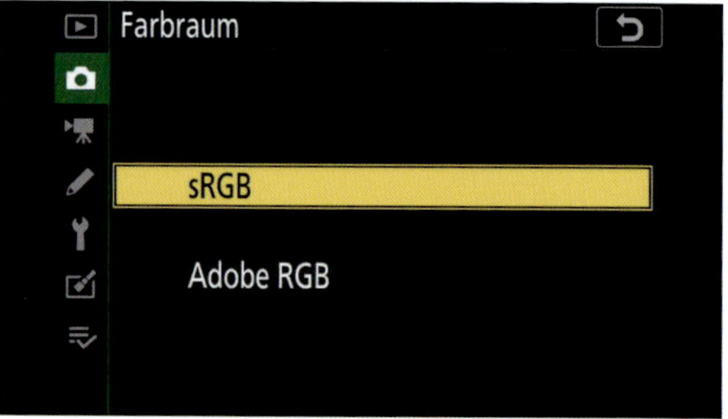

Abb. 5.16 Ihre Z50 kann Bilder im sRGB- und Adobe-RGB-Farbraum abspeichern, wobei das strenggenommen nur für JPEGs relevant ist, weil Raw-Dateien nicht auf einen Farbraum festgelegt sind. Einstellen können Sie das im Menü »FOTO-AUFNAHME« → »Farbraum«. Standardmäßig speichert die Z50 Ihre Aufnahmen im »sRGB«-Farbraum ab – ändern Sie die Einstellung auf »Adobe RGB«.

Fotografieren Sie im Farbraum AdobeRGB

Ein großer Farbraum wie Adobe RGB stellt höhere Anforderungen an Ihren Monitor. Viele Monitore für den Bürogebrauch sind nur sRGB-tauglich, können also nur einen Teil der Farben des AdobeRGB-Farbraums darstellen. Auch drucken (lassen) werden Sie meist nur im sRGB-Farbraum. Trotzdem empfehle ich Ihnen, im Farbraum AdobeRGB (und in 14 Bit-Raw) zu fotografieren – und auch zu bearbeiten. Nur so enthalten Ihre Bilddateien das Maximum an Informationen. Sie können Ihre Bilder dann später immer noch in kleinere Farbräume konvertieren, etwa beim Druck. Und wer weiß, ob Sie Ihren sRGB-Bildschirm nicht einmal gegen einen leistungsfähigeren Bildbearbeitungsmonitor eintauschen oder einen High End-Druck in AdobeRGB beauftragen?

5.6 Weißabgleich

Das sichtbare Licht variiert nicht nur in seiner Helligkeit, sondern auch in seiner Farbtemperatur. Farbtemperatur ist ein Maß, um den Farbeindruck einer Lichtquelle zu bestimmen, und wird in »Kelvin« (»K«) gemessen. Licht im roten, langwelligen Teil des Spektrums hat eine niedrige, Licht im kurzwelligen, blauen Teil des Spektrums hat eine hohe Farbtemperatur.

Hier eine Übersicht der klassischen Lichtquellen und ihrer Farbtemperaturen:

Lichtquelle	Farbtemperatur
Kerze	1500 K
Glühlampe (100 W)	2800 K
Halogenlampe	3000 K
Morgensonne/Abendsonne	5000 K
Vormittags-/Nachmittagssonne	5500–5600 K
Mittagssonne, Bewölkung	5500–5800 K
Bedeckter Himmel	6500–7500 K
Nebel	7500–8500 K

Der menschliche Sehapparat ist sehr gut in der Lage, sich verschiedenen Lichtquellen anzupassen. So erkennt er zum Beispiel ein weißes Blatt Papier als weiß, unabhängig davon, ob wir es bei Sonnuntergang oder unter eine Neon-Lampe betrachten. Unser Gehirn hat gelernt, dass ein Blatt Papier weiß ist. Die Kamera weiß nichts davon, und deshalb versucht sie, im Zuge eines Weißabgleichs die Farbtemperatur des Umgebungslichts zu ermitteln und so den Farbstich aus dem Bild herauszufiltern. Voreingestellt ist der automatische Weißabgleich, was meist gut klappt. Unter extremen Lichtbedingungen kann es allerdings nötig sein, dass Sie den Weißabgleich von Hand durchführen.

Die Einstellungen zum Weißabgleich finden Sie unter *FOTOAUFNAHME* → *Weißabgleich*, alternativ auch »i«-Menü (erstes Kästchen links unten). Im Prinzip fahren Sie mit dem automatischen Weißabgleich der Kamera sehr gut, egal ob Sie filmen oder fotografieren. Manchmal ist es auch Geschmackssache, welcher Farbton in den Bildern Ihnen persönlich am besten gefällt, gerade dann, wenn Sie unter Kunstlichtbedingungen fotografieren.

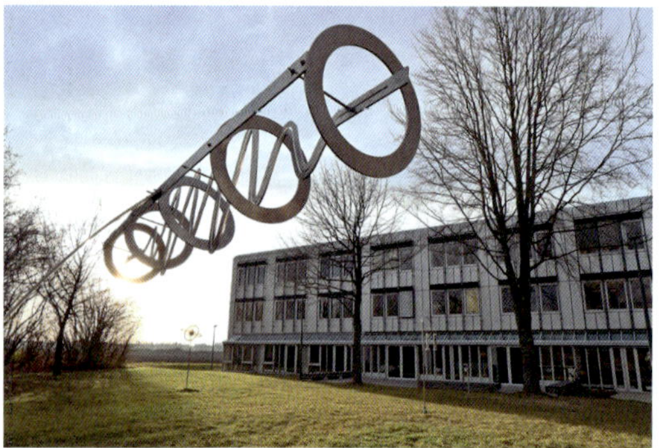

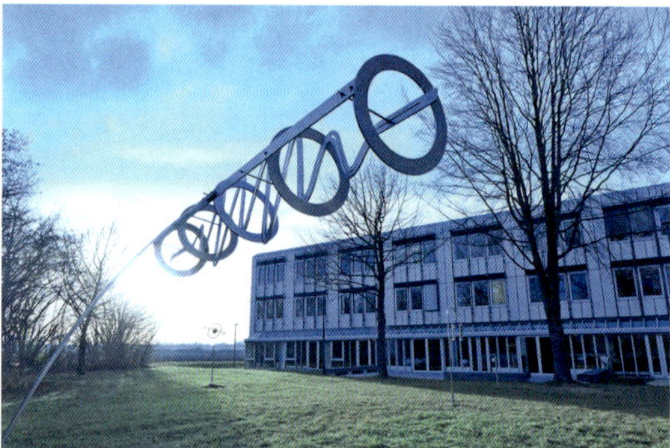

Abb. 5.17 *Ein Motiv – zwei unterschiedliche Weißabgleiche. Im linken Bild sehen Sie den Weißabgleich, wie er sein soll (eingestellt auf »Auto-Tageslicht«). Im rechten Bild wurde das gleiche Motiv mit der Einstellung »Kunstlicht« aufgenommen. Hier rechnet die Kamera damit, dass der Gelbanteil im Licht höher ist, und fügt automatisch mehr »Blau« hinzu.*

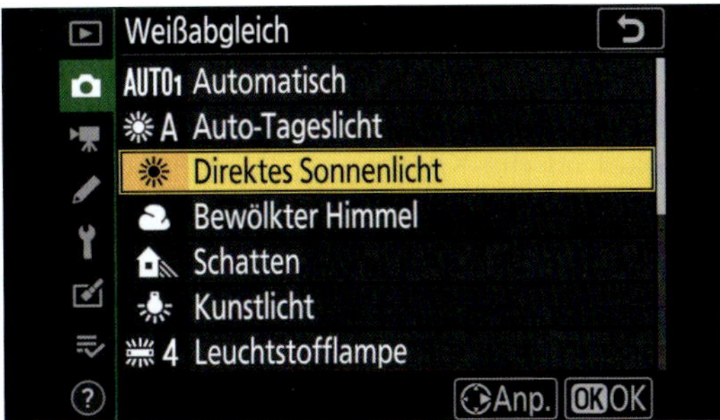

Abb. 5.18 Im Menü können Sie unter »FOTO-AUFNAHME« → »Weißabgleich« auf unterschiedliche Lichtsituationen reagieren. Meistens können Sie sich aber auf die Automatik verlassen. Einiges muss man ausprobieren, um die Wirkung einzuschätzen.

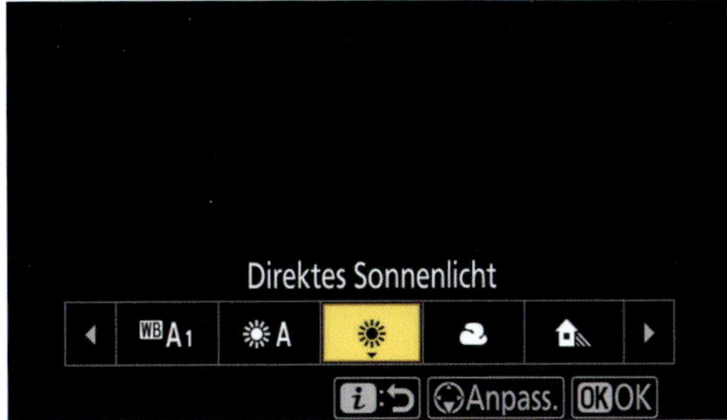

Abb. 5.19 Sie können den Weißabgleich auch über das »i«-Menü aufrufen (»WBA1«) und genauso verändern wie im normalen Menü.

Den automatischen Weißabgleich anpassen

Der automatische Weißabgleich liefert Ihnen fast immer sehr gute Ergebnisse in der Farbabstimmung. Es könnte allerdings sein, dass Sie die Bilder gern farblich anders abstimmen wollen. In der analogen Fotografie gab es zum Beispiel Filme wie den Fuji Velvia, der ganz leicht ins Lila abdriftete. Viele Fotografen haben diesen Look geliebt. Wenn Sie einen solchen Look kreieren wollen, können Sie das über die Anpassung des automatischen Weißabgleichs erreichen.

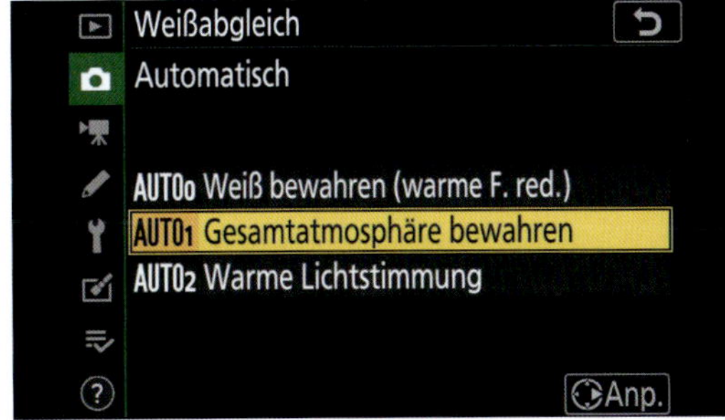

Abb. 5.20 Über »FOTOAUFNAHME« → »Weißabgleich« → »Auto1 Automatisch« kommen Sie zum automatischen Weißabgleich. Nach einem weiteren Rechtsklick mit dem Multifunktionswähler auf »AUTO 1 Gesamtatmosphäre bewahren« gelangen Sie in die Konfiguration des Weißabgleichs.

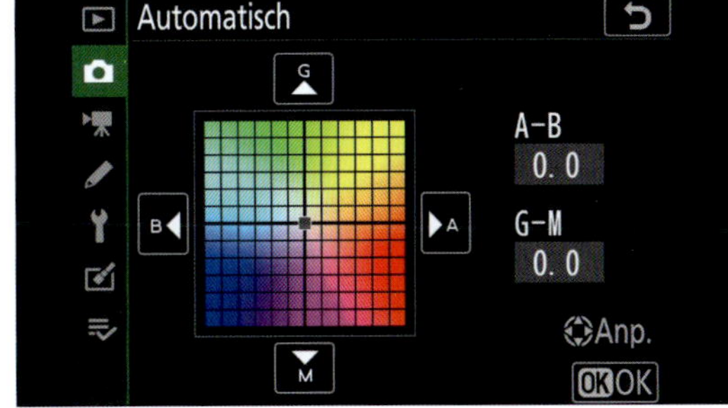

Abb. 5.21 Mit dem Multifunktionswähler können Sie nun den Farbton des automatischen Weißabgleichs anpassen. Danach sind einige Testaufnahmen ratsam. Wichtig: vergessen Sie nicht, diese Werte wieder zurückzustellen!

5.7 Fotografieren im JPEG-Format

Die ersten Bilder mit Ihrer Z50 werden Sie im JPEG-Format gemacht haben. Darauf ist die Kamera ab Werk eingestellt. JPEGs sehen meist gut aus, lassen sich überall anzeigen und sind wegen der eingebauten Kompression recht handlich. Auch wenn das JPEG-Format auf Effizienz getrimmt und nicht dazu gedacht ist, große Reserven für umfangreiche Nachbearbeitungen zu bieten: Ihre Z50 lässt Ihnen im JPEG-Format die Wahl zwischen entweder möglichst vielen Bilddetails oder möglichst geringer Dateigröße. In den Einstellungen unter *FOTOAUFNAHME* → *Bildqualität* legen Sie fest, ob sie Ihre Bilder als *JPEG Fine*, als *JPEG Normal* oder sogar lediglich als *JPEG Basic* speichern. Damit bestimmen Sie, wie stark die Datei beim Abspeichern komprimiert wird. Mit jeder Stufe nimmt die Qualität der Detaildarstellung ab (vor allem in dunkleren Bildbereichen) und die Dateigröße der Bilder reduziert sich um jeweils die Hälfte (die Abmessungen des Bildes bleiben natürlich unverändert).

Wenn Sie im JPEG-Format fotografieren, empfehle ich Ihnen, Ihre Bilder als *JPEG Fine* zu speichern – damit haben Ihre Bilder die bestmögliche Detaildarstellung bei annehmbarer Dateigröße.

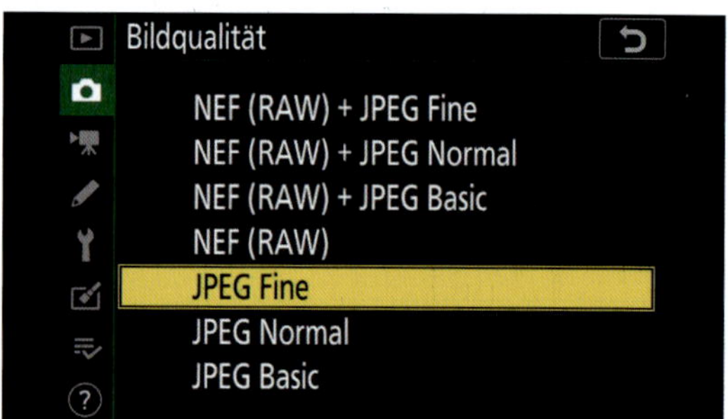

Abb. 5.22 Die Bildqualität für JPEG-Bilder stellen Sie unter »FOTOAUFNAHME« → »Bildqualität« ein.

Tipp

Wenn Sie Bilder im JPEG-Format am Computer nachbearbeiten und immer wieder aufs Neue abspeichern, nagt die »eingebaute« Komprimierung immer wieder an der Qualität. Arbeiten Sie also am besten immer mit einer Kopie Ihrer JPEG-Ausgangsdatei. Das gilt auch generell für die Bildbearbeitung: Am besten machen Sie stets eine Kopie Ihrer Originaldatei und bearbeiten nur diese.

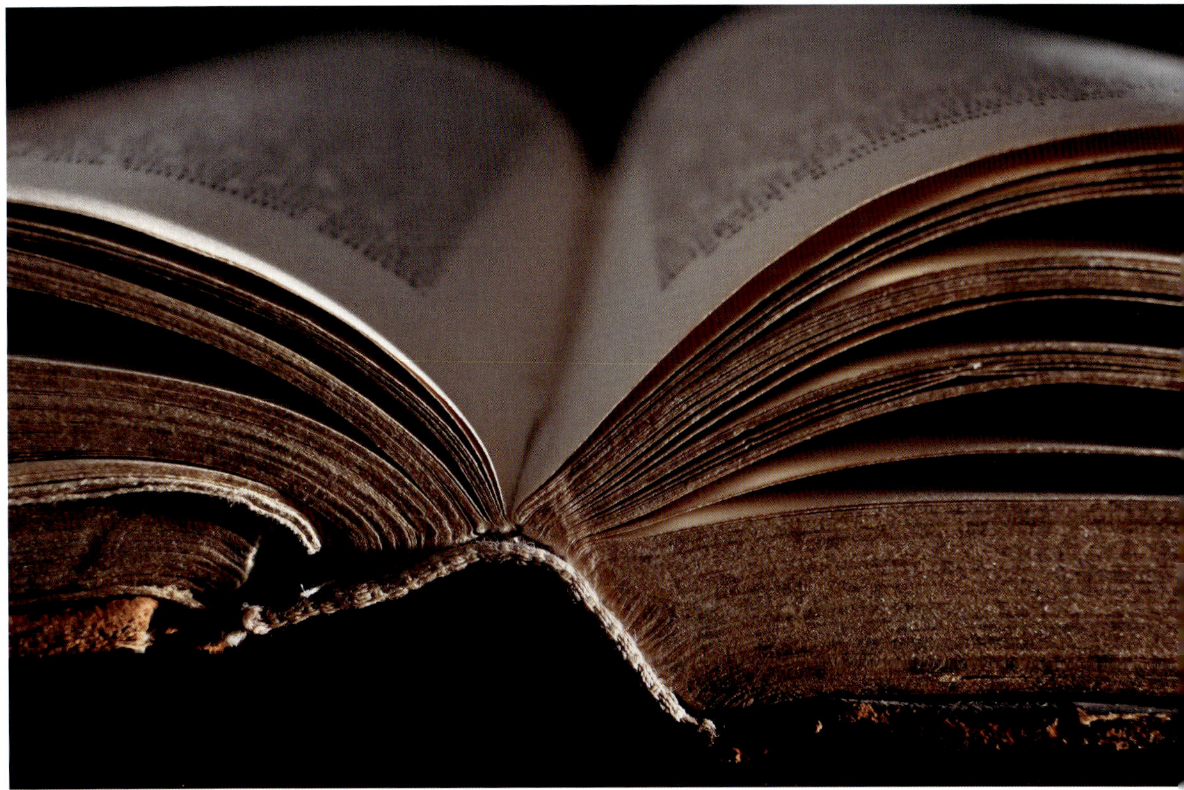

Abb. 5.23 *JPEG-Dateien, die mit der Bildqualität »JPEG Fine« aufgenommen wurden, weisen bei korrekter Belichtung gegenüber dem Raw-Format keine Abstriche in punkto Detailreichtum auf.* | *DX 16–50* | *38 mm* | *1/160 s* | *f/6.3* | *ISO 640*

5.8 Fotografieren im Raw-Format

Fotografieren Sie im Raw-Format (engl. für »Rohdaten«), speichert die Kamera alle zum Zeitpunkt der Aufnahme verfügbaren Bildinformationen ab – und zwar ohne sie zu interpretieren und zu bearbeiten (anders als bei JPEG). Deshalb sehen Raw-Dateien vor der Bearbeitung im PC immer etwas flau aus – was beim JPEG die Kamera macht, müssen Sie bei Raw-Dateien in einem Raw-Konverter wie *Lightroom*, *Capture One Pro* oder *Luminar* von Hand nachholen: Belichtung, Kontraste und Tiefen korrigieren, etwas nachschärfen, Verzerrungskorrekturen vornehmen und anderes mehr. Der Lohn für die investierte Zeit sind deutlich größere Spielräume in der Korrektur von Belichtung, Farben und Weißabgleich. Ein leicht unter- bzw. überbelichtetes oder – wie in Abb. 5.1 – bei Gegenlicht aufgenommenes Bild können Sie hier oft noch retten, während es im JPEG-Format »verloren« wäre.

Raw und NEF

»Raw« ist eigentlich nur ein Überbegriff für »Kamera-Rohdaten« – die konkreten Dateiformate benennen die Kamerahersteller jeweils unterschiedlich. Es gibt also keine Dateiendung ».RAW«, sondern – im Falle von Nikon – ».NEF« (»Nikon Electronic File/Format«).

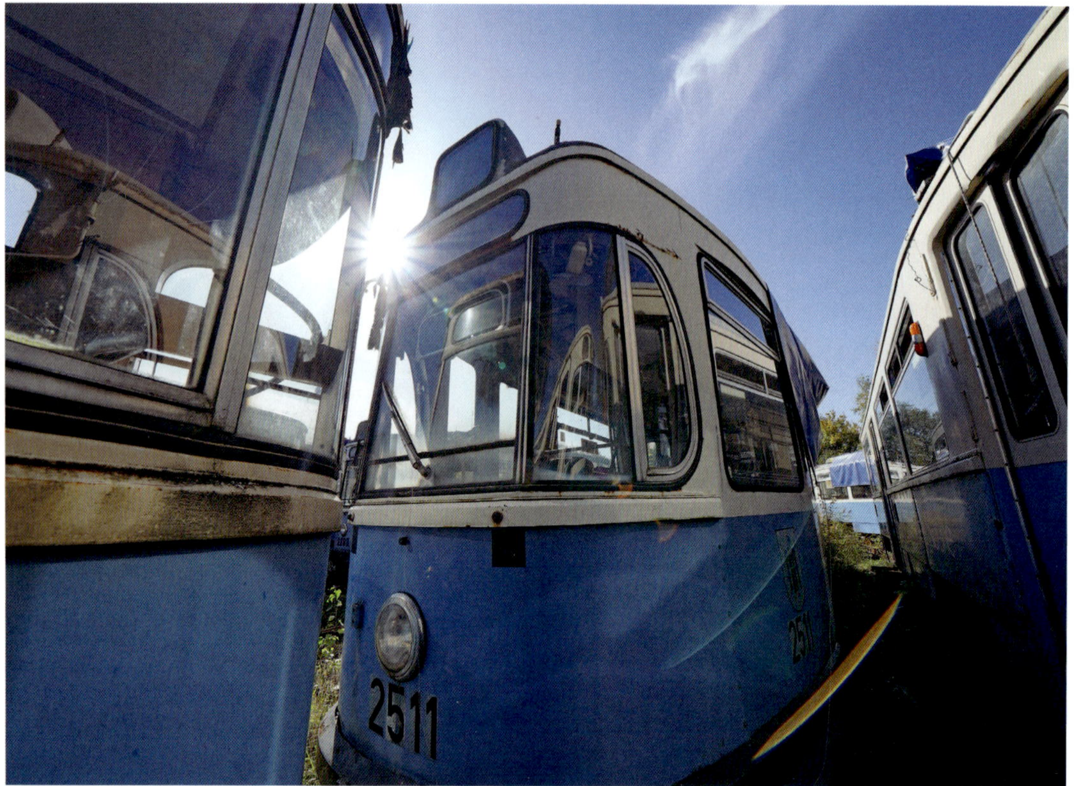

Abb. 5.24 In schwierigen Lichtsituationen, wie etwa bei Gegenlicht, kann es hilfreich sein, in Raw zu fotografieren. Dann hat man mehr Spielraum bei der Nachbearbeitung und holt aus dunkleren Arealen noch viel Zeichnung heraus. | 12 mm | 1/800 s | f/8 | ISO 400 | 1 Blende überbelichtet

Aber mein Raw-Bild sieht auf dem Kameradisplay schon gut aus?

Das stimmt – aber nur, weil Sie hier eigentlich eine JPEG-Vorschau sehen – also wieder eine Interpretation Ihrer Raw-Daten durch die Kamera. Diese Vorschau ist in den meisten Punkten recht aussagekräftig, in einigen wenigen wichtigen Dingen leider nicht (später mehr dazu).

Es absolut nicht zwingend, jedes Bild im Raw-Format zu fotografieren, zumal diese Dateien viel Speicherplatz benötigen (ca. 25–30 MB bei Ihrer Z50). Wenn Sie Schnappschüsse machen oder für Ihr Fotoalbum fotografieren, reicht das Fotografieren im JPEG-Format vollkommen aus. Gibt es aber komplizierte Lichtsituationen mit großen Hell-/Dunkelunterschieden wie im obigen Bild und wollen Sie Ihre Fotos vielleicht als Fine-Art-Prints ausdrucken lassen, dann lohnt es sich, in Raw zu fotografieren. Sie sollten sich aber auch darüber im Klaren sein, dass die Verarbeitung des Raw-Formats mit Bildbearbeitungsprogrammen wie *Lightroom* oder *Photoshop* Zeit benötigt. Diese Programme haben ihren Preis (im Falle von *Lightroom* und *Photoshop* sind das knapp EUR 12,- Abogebühr/Monat), erweitern aber die Möglichkeiten enorm, aus Ihren Bilder das Optimum herauszuholen (von weitergehenden Bearbeitungen ganz zu schweigen).

Raw ist Raw

Die Auflösung der Raw-Dateien kann nicht verringert werden. Diese Bilder werden immer mit höchster Auflösung abgespeichert.

Sie können im »i«-Menü der Z50 einstellen, ob Sie ein Bild nur im Raw (730 Bilder auf einer 32-GB-Karte) oder zusätzlich auch im JPEG-Format speichern wollen (540 Bilder auf einer 32-GB-Karte). Damit haben Sie später die Wahl, ob Sie viel Zeit in die Nachbearbeitung Ihrer Raw-Datei investieren wollen oder doch lieber schnell die JPEG-Datei verwenden. Bei der Option *Raw + JPEG* haben Sie noch zusätzlich die Wahl, in welcher Qualität Sie Ihr JPEG wollen – ob Sie es also lieber im *Fine-* oder im *Normal*-Modus abspeichern. Da Sie ja die Raw-Datei haben, könnte hier *Normal* reichen.

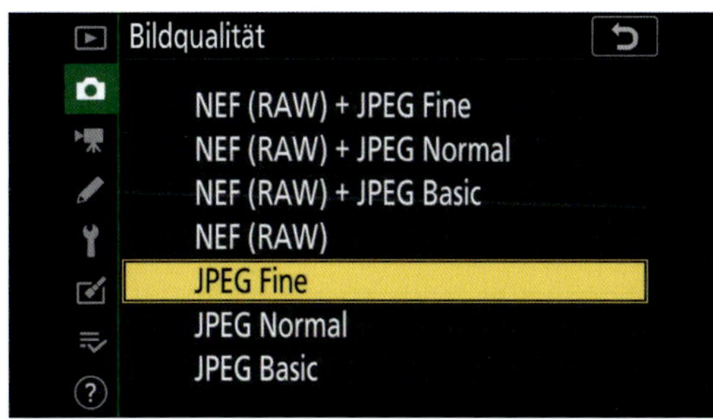

Abb. 5.25 Im Menü »FOTOAUFNAHME« → »Bildqualität« haben Sie unter Bildqualität alle Möglichkeiten zu entscheiden, wie Sie Ihre Bilder abspeichern wollen. Das können Sie auch über das »i«-Menü einstellen.

Fazit: Fotografieren Sie gerne mit hohen Ansprüchen und großer Flexibilität? Macht es Ihnen Spaß, Ihre Bilder am Computer nachzubearbeiten? Wollen Sie die beste Qualität aus Ihren Fotos herausholen und verfügen Sie über genügend Speicherressourcen? Sind Sie zudem nicht auf schnelle Serienbilder angewiesen? Dann greifen Sie zum Raw-Format!

5.9 Bildabmessungen

Die Z50 bietet Ihnen die Möglichkeit, Bilder im JPEG-Format in drei unterschiedlichen Bildabmessungen (Bildgrößen) aufzunehmen: *L* (»Large«, groß), *M* (»Medium«, mittelgroß) und *S* (»Small«, klein). Dahinter stehen die folgenden Pixelgrößen, Abmessungen bei Ausdruck und Speichergrößen:

JPEG-Bildgröße	S	M	L
Pixel	2784 × 1856	4176 × 2784	5568 × 3712
Abmessungen cm (B × H, bei 300 dpi)	23,5 × 15,7 cm	35,3 × 22,5	47,1 × 31,4
Speicherplatz	5,3 MB	11,6 MB	20,7 MB

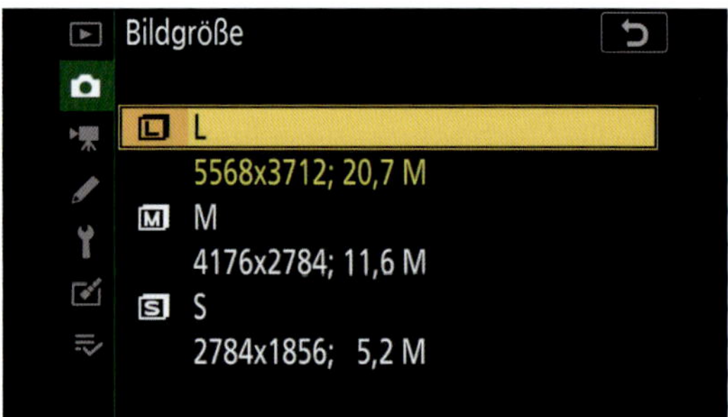

Abb. 5.26 Die Einstellung der »Bildgröße« finden Sie im Menü unter »Fotoaufnahme« → »Bildgröße«

Dadurch haben Sie die Möglichkeit, individuell zu entscheiden, wie groß Ihre Bilder werden sollen. Da heutige Speicherkarten viel Speicherplatz haben, ist es eigentlich kein Problem, die Bilder immer mit der höchsten Auflösung abzuspeichern. Sollten Sie allerdings unterwegs sein und Ihre Speicherkarten schon fast voll sein, können Sie neben der Qualität bzw. Komprimierung der Bilder (Fine, Normal oder Basic, siehe den Abschnitt 5.7 »Fotografieren im JPEG-Format« ab Seite 84) einfach die Auflösung verringern und dann noch länger fotografieren. Mit Bildern, die Sie in der Bildgröße Small aufgenommen haben, können Sie immer noch problemlos Abzüge im Format 13 × 18 cm machen (siehe Kapitel 9 »Ihre Bilder im Ausdruck« ab Seite 153). Ausschnittvergrößerungen sind dann allerdings nicht mehr möglich.

5.10 Seitenverhältnisse

Ihre Z50 bietet die Möglichkeit, zwischen drei Seitenverhältnissen der Bilder auszuwählen. Sie haben die Wahl zwischen dem bei DX- und FX-Nikon-Kameras üblichen Seitenverhältnis 3:2 (24 × 16 mm), dem quadratischen Seitenverhältnis 1:1 (16 × 16 mm) und dem Panoramaformat 16:9 (24 × 14 mm). Voreingestellt in der Z50 ist das DX-Format, also das Verhältnis 3:2.

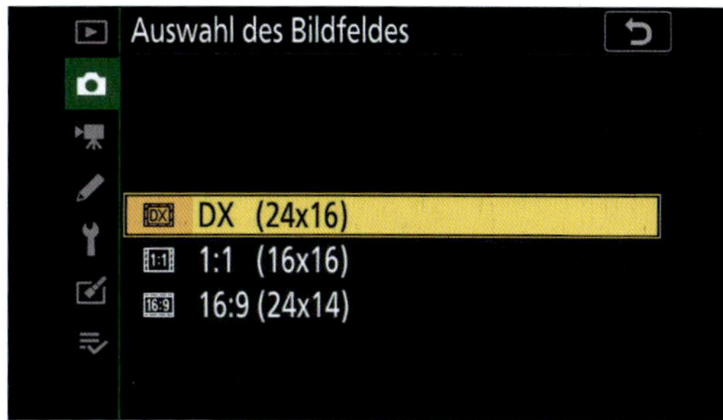

Abb. 5.27 Das Seitenverhältnis der Bilder können Sie über den Menüpunkt »Fotoaufnahme« → »Auswahl des Bildfeldes« einstellen.

Die Option, die Seitenverhältnisse kameraintern vorab zu verändern, macht nur bedingt Sinn, denn Sie gewinnen damit weder zusätzliche Pixel noch Bildqualität. Das Zuschneiden können Sie auch problemlos später in der Bildbearbeitung erledigen, und dann genau so, wie Sie es gerne hätten. Dennoch sollten Sie mit den Seitenverhältnissen experimentieren. Die Wirkung Ihrer Bilder wird sich enorm unterscheiden, je nachdem, ob Sie im Quer- oder Hochformat fotografieren oder ob Sie ein rechteckiges oder quadratisches Seitenverhältnis wählen. Der englische Sprachgebrauch deutet an, was sich wofür eignet – *landscape orientation* meint Quer-, *portrait orientation* meint Hochformat (was Sie nicht davon abhalten soll, Landschaften auch mal im Hoch- und Porträts im Querformat zu fotografieren). Und während das 3:2-Seitenverhältnis auch mal Luft für kompositorische Fehler lässt, erfordert das quadratische Seitenverhältnis ein sehr genaues Arbeiten.

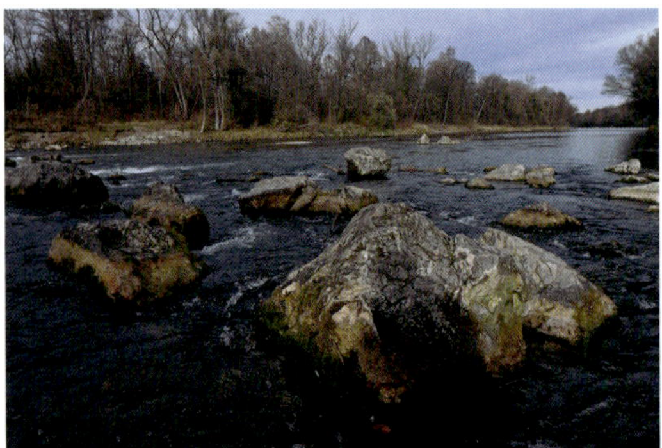

Abb. 5.28 Das klassische Seitenverhältnis von 3:2 kommt am häufigsten zum Einsatz. Es entspricht am ehesten unseren Sehgewohnheiten.

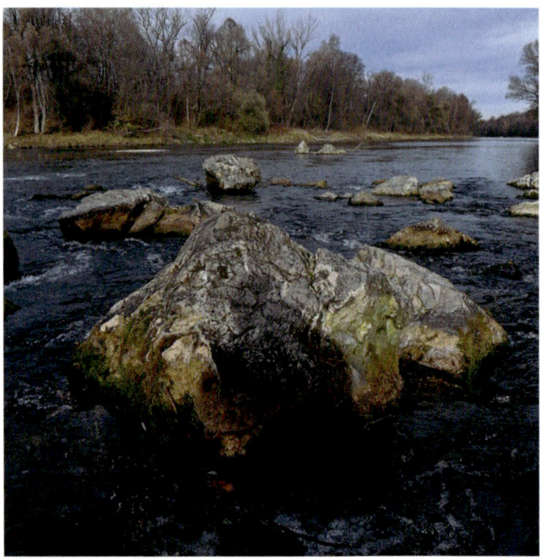

Abb. 5.29 Bei einem Seitenverhältnis von 1:1 muss man sein Motiv schon sehr genau aussuchen und komponieren, damit ein stimmiges Bild entsteht.

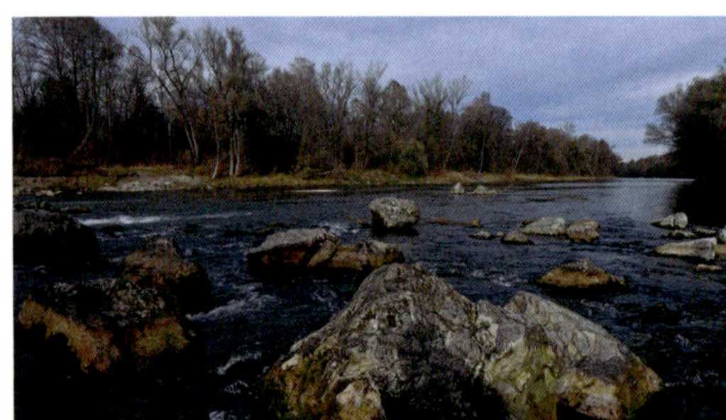

Abb. 5.30 Am dynamischsten wirkt bei Landschaftsaufnahmen das Seitenverhältnis von 16:9. Setzen Sie es ruhig auch einmal in der Architekturfotografie im Hochformat ein – es sorgt für einen dramatischen Effekt.

Seitenverhältnisse beim Bilderdruck

Wenn Sie Ihre Bilder in den gängigen Formaten 9 × 13 cm oder 13 × 18 cm ausdrucken lassen, müssen Sie daran denken, dass dies keine 3:2-Seitenformate sind (lediglich das Format 10 × 15 cm entspricht dem). Ihre Bilder werden also entweder etwas beschnitten oder auf zwei Seiten des Bildes entstehen weiße Ränder. Die meisten Anbieter werden Sie vor Beginn des Bestell- oder Druckprozesses befragen, was von beidem Sie bevorzugen.

Tour 3: Architektur in Schwarzweiß

Sie wissen nun genug, um eine weitere Tour in Angriff zu nehmen. Nach all der Technik und Theorie ist es an der Zeit, kreativ zu werden. Dieses Mal geht es um Architekturfotografie in Schwarzweiß. Schwarzweiß-Bilder haben eine ganz eigene Wirkung. Sie reduzieren ein Motiv auf Formen und Kontraste. Damit bekommen Sie eine enorme Ruhe in Ihre Bilder, denn keine Farbe lenkt vom Wesentlichen ab. Das kommt gerade der Architekturfotografie zugute, denn hier geht es meistens um Formen und Design. Natürlich sollten Sie in Farbe fotografieren, wenn Sie ein Hundertwasser-Haus vor sich haben oder tolle Graffitis an Hauswänden entdecken. Doch gerade in der modernen Architektur, wie etwa bei Hochhäusern oder Haltestellen des öffentlichen Nahverkehrs, entwickelt die Schwarzweiß-Fotografie einen eigenen Charme. Suchen Sie sich also Gebäude, die von Formen, Linien und Kontrasten leben, und legen Sie los.

Schwarzweiß-Fotografie mit den Bildstilen

Es gibt zwei Wege, mit Ihrer Z50 zu Schwarzweiß-Fotos zu gelangen. Der klassische Weg besteht darin, weiterhin in Farbe zu fotografieren und die Bilder dann in der Nachbearbeitung in Schwarzweiß umzuwandeln. Aber weil die Z50 als spiegellose Kamera die mitgelieferten Schwarzweiß-Bildstile direkt beim Fotografieren im Sucher oder auf dem Display

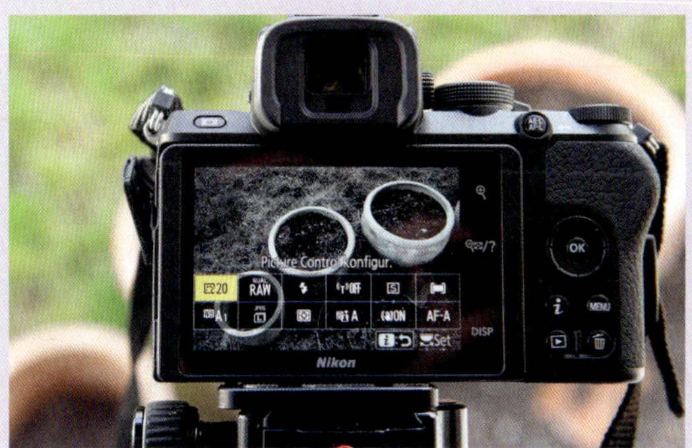

Manche Motive entfalten erst in Schwarzweiß Ihre grafische Wirkung, wie dieses fotografisch sonst eher unverdächtige Trio Blumentöpfe. Um die Schwarzweiß-Bildstile der Z50 aufzurufen, gehen Sie in das »i«-Menü und tippen das erste Kästchen oben links an.

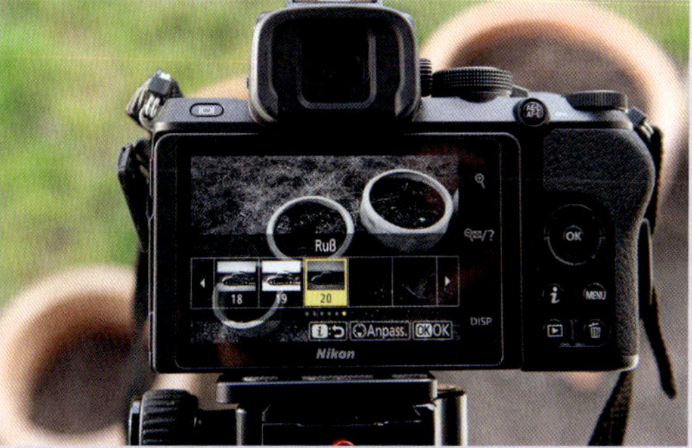

Dann blättern Sie durch die Bildstile. Ich habe hier »Ruß« gewählt, was ein sehr kräftiger, fast düsterer Bildstil ist. Weiter vorne, im ersten Auswahlbildschirm, finden Sie »Monochrom«, was sich für die folgenden Architekturbilder besser eignet.

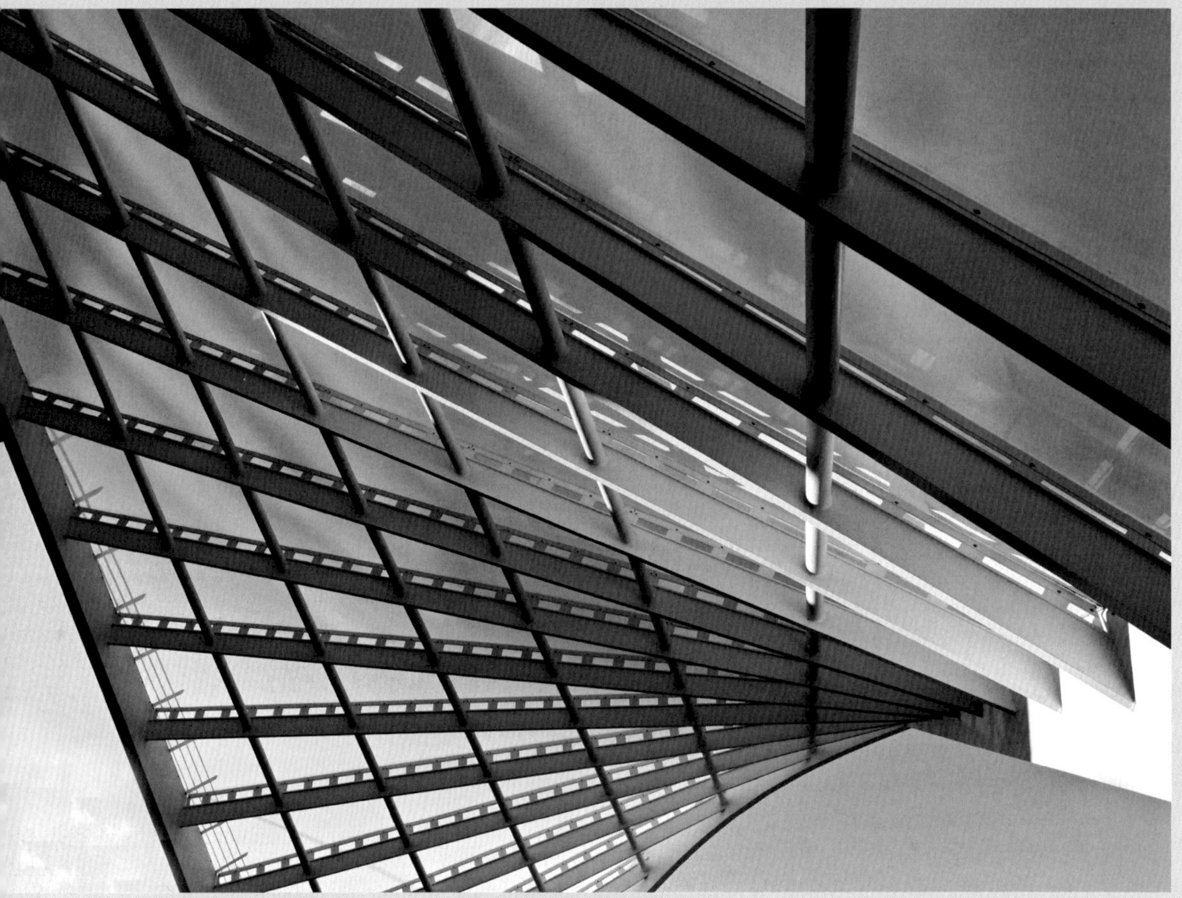

Das Dach einer neuen Trambahnhaltestelle in München. Linien und harte Kontraste bestimmen die beiden Bilder. Hier hat ein Architekt eine tolle geschwungene Struktur aus Glas und Stahl errichtet. | DX 16–50mm | 16mm | 1/800 s | f/14 | ISO 640

anzeigen kann, nutzen Sie diese Funktion bei dieser Tour. Die Z50 bietet vier Schwarzweiß-Bildstile an: *Monochrom (MC)* gleich im ersten Auswahlbildschirm sowie *Graphit*, *Binär* und *Ruß* im fünften Auswahlbildschirm, die zum Teil sehr künstlerische Schwarzweiß-Aufnahmen erlauben.

Indem Sie Ihr Motiv direkt in Schwarzweiß sehen, können Sie die Bildwirkung besser beurteilen, als würden Sie erst in Farbe fotografieren. Und Sie werden sehen, dass Sie für ausdrucksstarke Bilder moderner Architektur eigentlich keine Farbe benötigen.

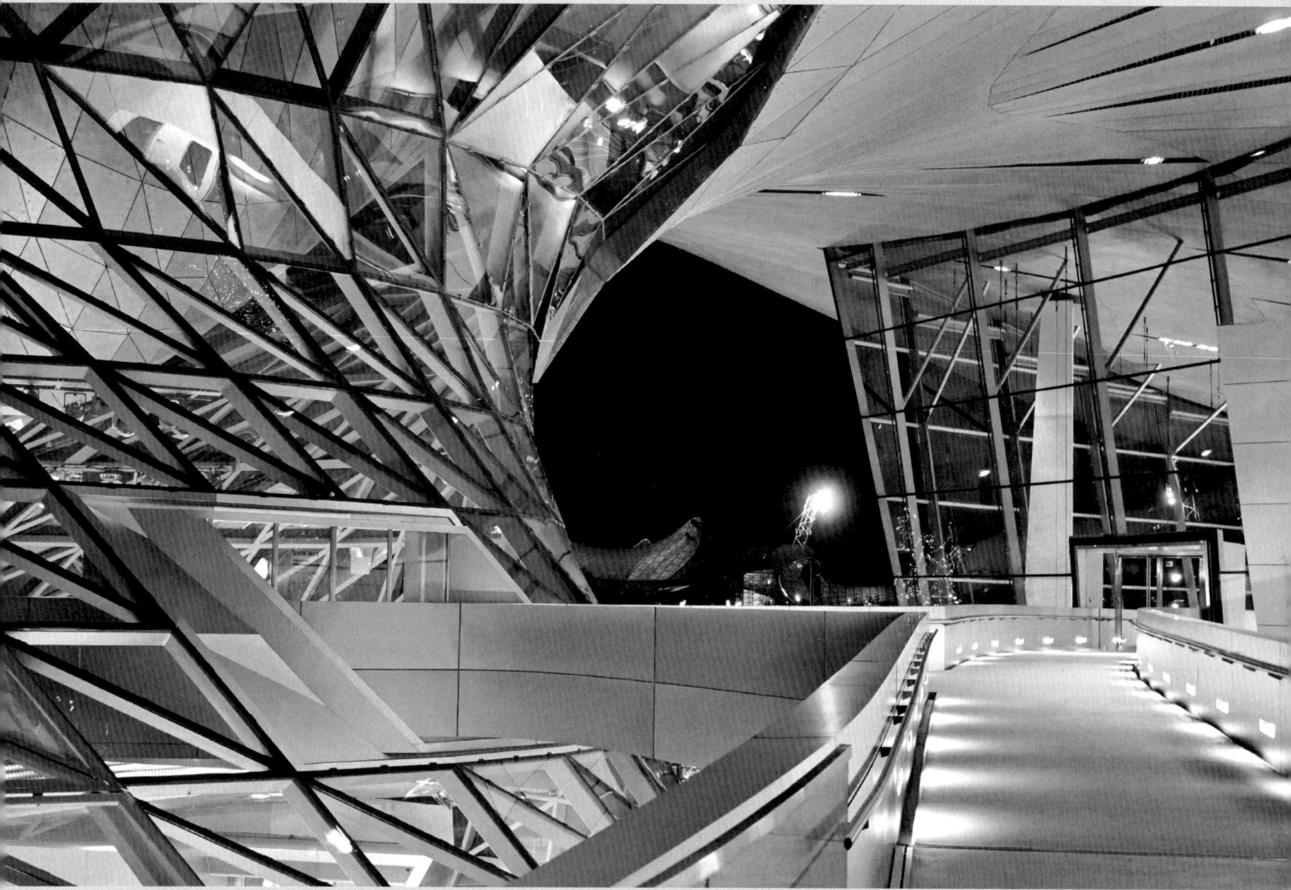

Bei gut beleuchteten Gebäuden, wie dem der BMW-Welt in München, funktioniert SW-Fotografie auch bei Nacht. | *DX 16–50mm* | *31,5mm* | *1/10 s* | *f/5* | *ISO 1600* | *1/3 Blende unterbelichtet*

Warum Sie hier in Raw + JPEG Fine fotografieren sollten

Sie fotografieren hier direkt in Schwarzweiß. Wenn Sie also nur im JPEG-Format arbeiten, gibt es keine Farbversion Ihrer Bilder, auf die Sie später noch zurückgreifen könnten. Wenn Sie das möchten, sollten Sie als Bildqualität *Raw + JPEG Fine* (siehe Seite 84) einstellen, weil im Raw-Format die Farbinformation erhalten bleibt. Dann haben Sie auch die Möglichkeit, später in der Bildbearbeitung eine professionelle Konvertierung nach Schwarzweiß vorzunehmen, die Ihnen mehr Spielraum für Ihre Kreativität lässt.

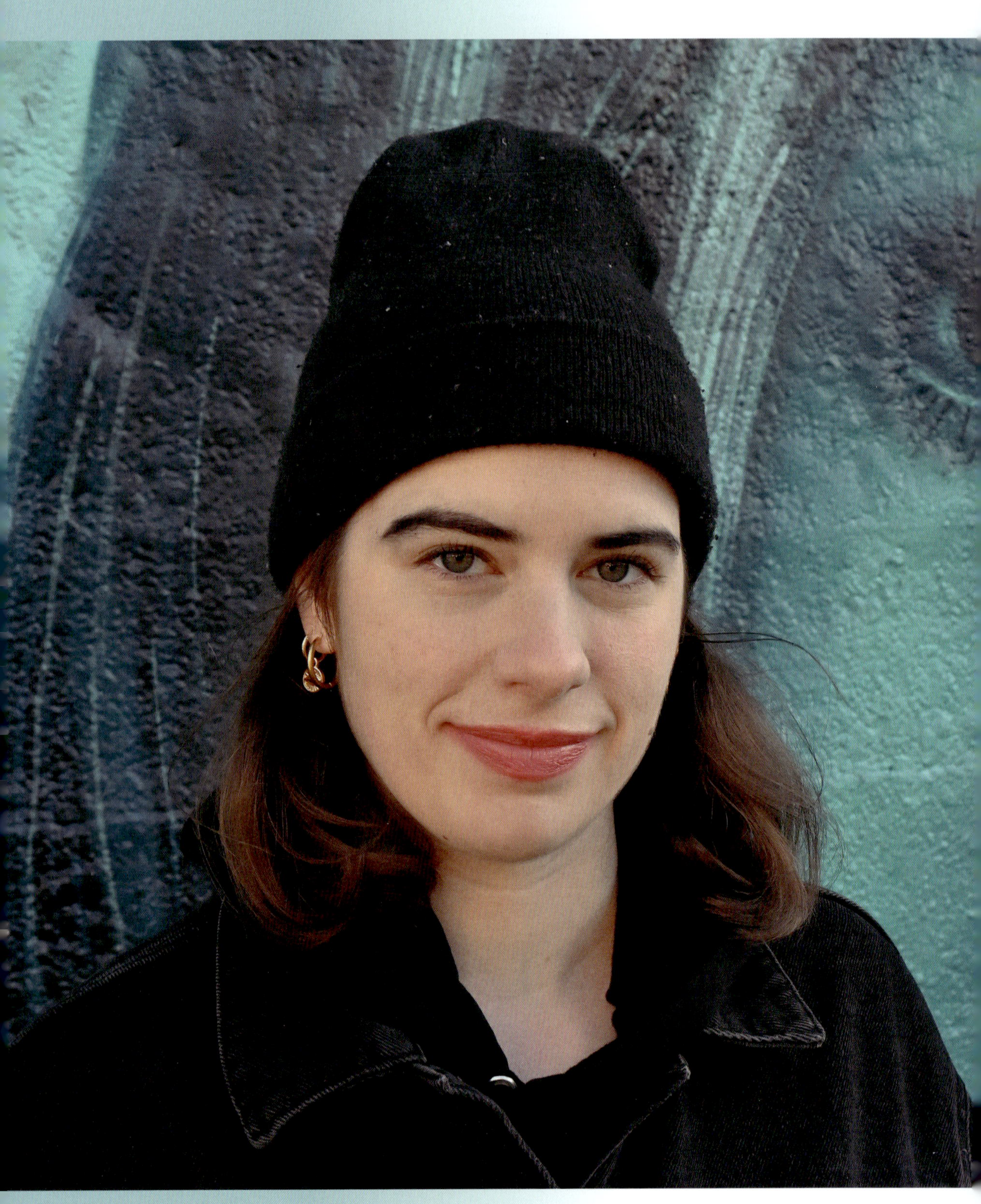

6

Entwickeln Sie Ihren fotografischen Blick

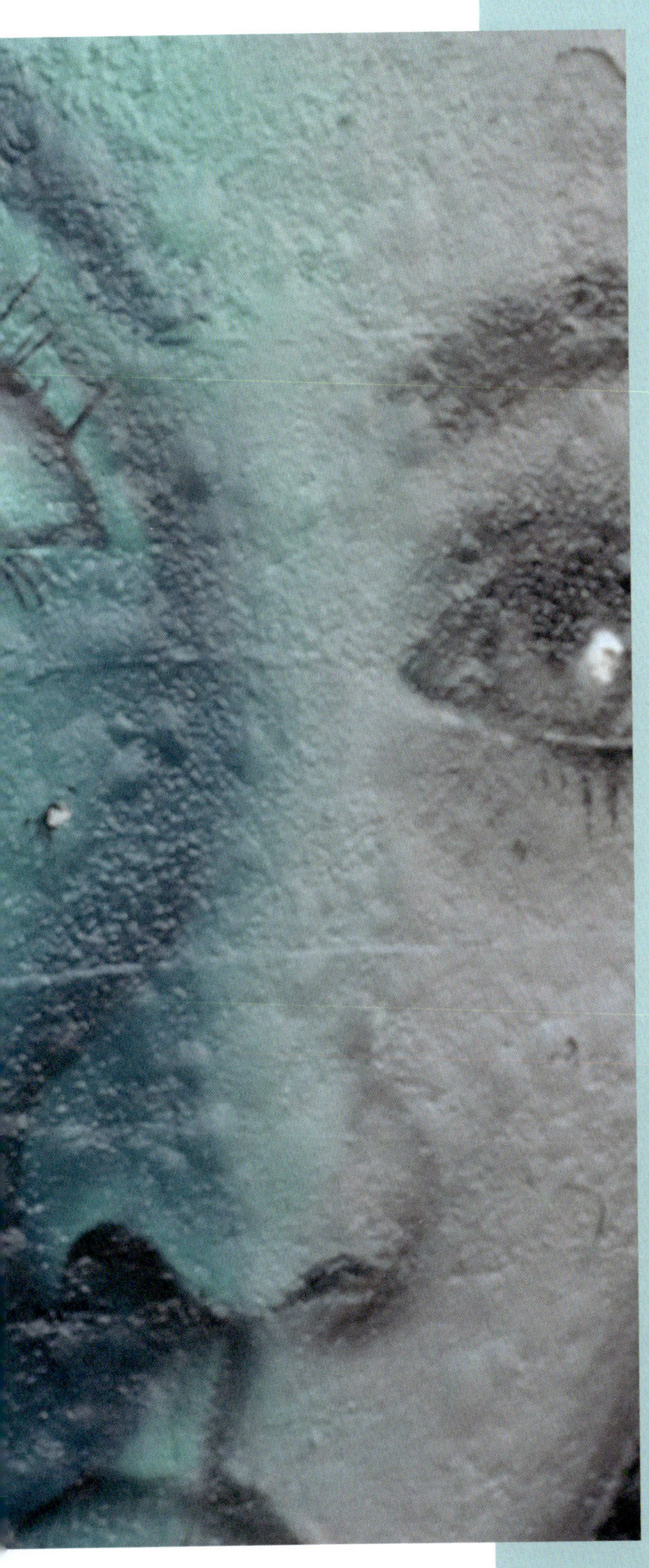

Abb. 6.1 Unter vier Augen | DX 16–50mm | 31,5mm | 1/320 s | f/9 | ISO 640

Die Z50 ist das Werkzeug für Ihre Bildideen. Halten Sie die Augen offen, studieren Sie die Arbeiten bekannter Fotografen und schreiben Sie sich Bildideen auf, wenn Sie gerade keine Kamera zur Hand haben. In diesem Kapitel lernen Sie die wichtigsten Grundregeln zur Gestaltung Ihrer Bilder kennen. Diese sollen Ihnen helfen, Ihre Bilder so zu komponieren, dass sich der Betrachter an sie erinnert. Der Goldene Schnitt oder das Spiel mit Schärfe und Unschärfe sind zwei der wichtigsten Gestaltungsmittel in der Fotografie.

6.1 Was wollen Sie zeigen?

Bevor Sie zur Kamera greifen und wild drauflos fotografieren, sollten Sie sich fragen, was Sie dem Betrachter zeigen wollen. Denn darum geht es ja letztendlich beim Fotografieren: Wir Fotografen wollen unseren Mitmenschen die Welt zeigen, wie wir sie gesehen haben, und dabei sollen die Betrachter sich nicht langweilen. Im besten Fall bescheren wir ihnen mit unseren Bildern einen schönen Moment. Auch wenn die Fragestellung aus der Überschrift im ersten Moment banal klingt, so können Sie sich einmal selbst überlegen, ob Ihnen bei jedem Foto eindeutig klar ist, was Ihnen der Fotograf mit ihm sagen will.

Dabei geht es nicht unbedingt um tiefere Bedeutung. Es geht lediglich darum, was auf dem Bild zur Aussage gemacht wird. Geht es um eine Person, sollte diese so im Mittelpunkt stehen, dass nichts anderes stört. Geht es um eine Land-

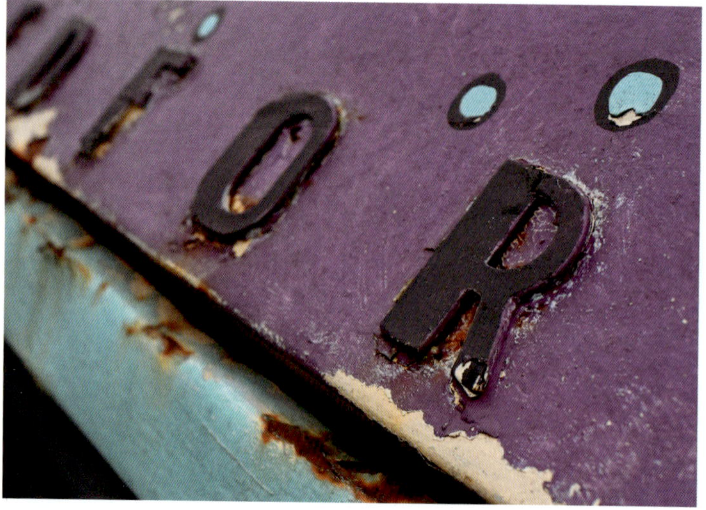

Abb. 6.2 Marode oder ausrangierte Technik bietet unzählige Motive. Man muss auf die Suche gehen an Orten, die von Menschen eher vernachlässigt werden, aber fündig wird man fast immer. Zeigen Sie den Verfall, aber auch die Schönheit, die darin überdauert. | DX 16–50 mm | 31,5 mm | 1/250 s | f/8 | ISO 1000

schaft, dann sollte klar sein, dass Sie einen besonders schönen Blickwinkel gewählt haben und Störendes ausblenden. Oder geht es um Verfall? Dann sollten Sie zum Beispiel Rost mit ins Bild bringen. Danach müssen Sie sich überlegen, ob es Dinge in Ihrem Bild gibt, die eigentlich nichts zur Aussage beitragen oder einfach nur stören. Das können Sie direkt nach der Aufnahme auf dem Display Ihrer Kamera prüfen. Gefällt Ihnen das Ergebnis nicht, wiederholen Sie die Aufnahme unter verändertem Blickwinkel. Ebenso können Sie die Schärfentiefe verringern und störende Objekte einfach im Unscharfen verschwinden lassen (dazu gleich mehr).

6.2 Bildaufbau

Die Anordnung Ihrer Bildelemente entscheidet über die Wirkung Ihrer Bilder. Und wenn die Z50 Ihre erste »richtige« Kamera ist und Sie sich zuvor noch nicht mit Bildaufbau beschäftigt haben, können Ihnen die nachfolgenden Anhaltspunkte helfen, bessere Bilder zu machen.

Den wichtigsten Tipp möchte ich Ihnen allerdings schon vorab geben: Schaffen Sie Ordnung in Ihren Fotos. Beschränken Sie sich eher auf weniger Elemente, als zu viele Details zu zeigen. Was nicht zur Bildaussage beiträgt, soll nicht aufs Bild (die Entschuldigung »aber das war da« gilt nicht unter Fotografen). Bewegen Sie sich beim Fotografieren, verändern Sie die Brennweite, probieren Sie unterschiedliche Blickwinkel, bis Sie Ihr Motiv optimal in Szene gesetzt haben. Und wenn

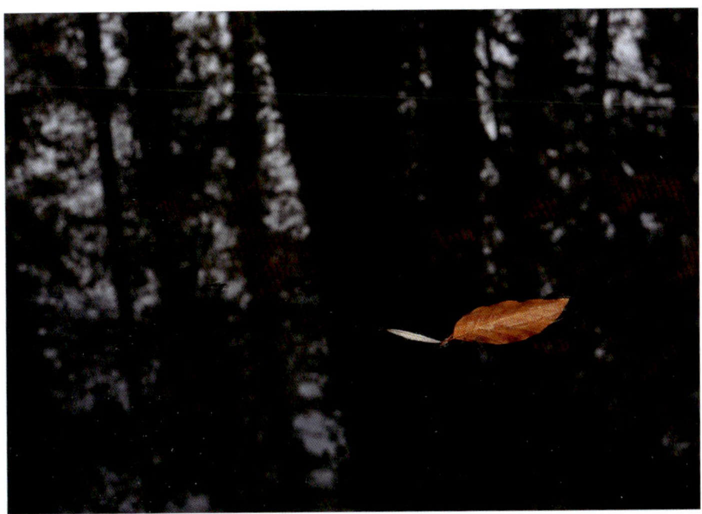

Abb. 6.3 Ein Herbstblatt treibt im Wasser. Der Betrachter kann sich voll auf den roten Punkt konzentrieren. Vielleicht erkennt er erst danach, dass das Blatt auf dem Wasser schwimmt.
| DX 16–50 mm | 50 mm | 1/125 s | f/9 | ISO 4000 | 2 Blenden unterbelichtet

partout etwas in Vorder- oder Hintergrund stört, können Sie Ihr Motiv vielleicht über das Spiel mit der Schärfentiefe isolieren (gleich mehr dazu).

Anordnung Ihres Motivs im Bild

Die grundlegendste Entscheidung beim Bildaufbau ist die, wo Sie im Bildrahmen Ihr Motiv platzieren. Und natürlich sind Sie dabei völlig frei. Aber es gibt Richtlinien, mit denen Sie die Wirkung Ihrer Bilder verbessern können – und die möchte ich Ihnen hier vorstellen.

Achten Sie in der folgenden Abbildung auf die Schnittpunkte der Linien – dort platzieren Sie jeweils Ihr Motiv. Demnach gibt es folgende Möglichkeiten

1. mittig
2. nach der Drittelregel auf einem der vier Schnittpunkte
3. im Auge der Goldenen Spirale
4. gemäß dem Goldenen Schnitt auf einem der vier Schnittpunkte

Nummer 2 ist die am häufigsten verwendete Bildaufteilung – im Grunde eine Vereinfachung von 3 und 4, die noch eine deutlich intensivere Bildwirkung erlauben.

Warum gerade der Goldene Schnitt?

Der Goldene Schnitt, die Goldene Spirale und die aus ihnen abgeleitete Drittelregel beschreiben eine ganz besondere Form der Asymmetrie, die tief in der Natur verwurzelt ist und als natürlich empfunden wird (u. a. entspricht bei den meisten Menschen das Verhältnis zwischen Ober- und Unterkörper oder zwischen Kopf und Oberkörper dem Goldenen Schnitt). Entsprechend hat der Goldene Schnitt die bildenden Künste und damit unsere Sehgewohnheiten tief geprägt.

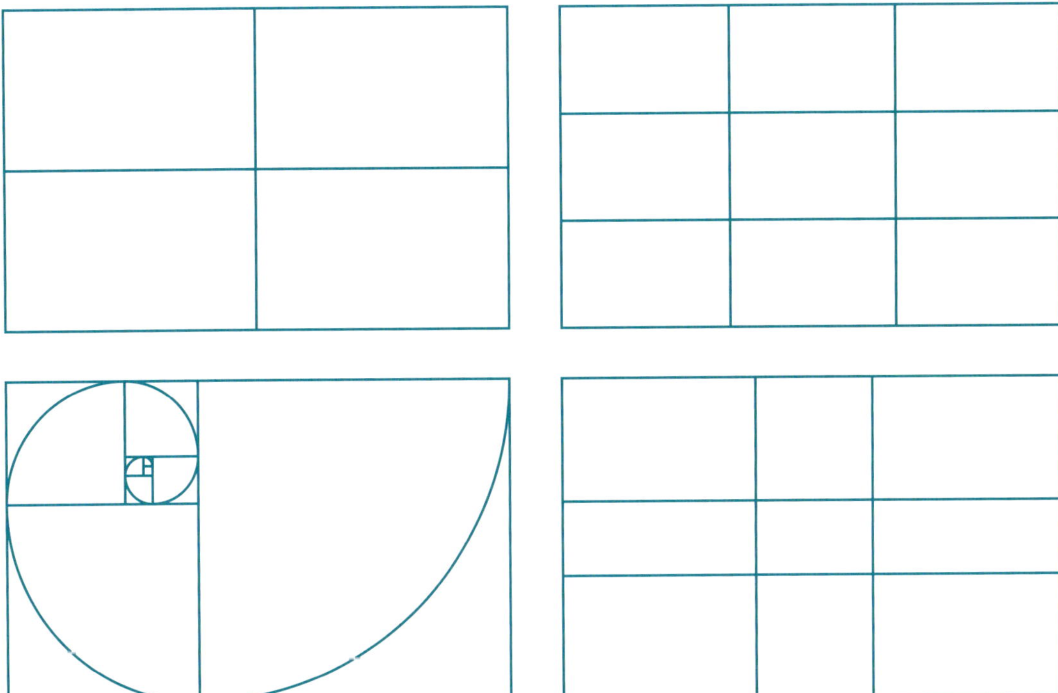

Abb. 6.4 *Von links oben nach rechts unten: gleichmäßige/zentrale Bildaufteilung, Drittelregel, Goldene Spirale, Goldener Schnitt (Bild: fotolia/dmutrojarmolinua)*

Vergleichen Sie einmal die Wirkung der beiden folgenden Bilder: Das linke, mittig komponierte Bild wirkt etwas langweilig, weil in der Aufteilung zu ausgeglichen. Das rechte Bild wirkt durch die Asymmetrie in der Aufteilung spannender, dynamischer.

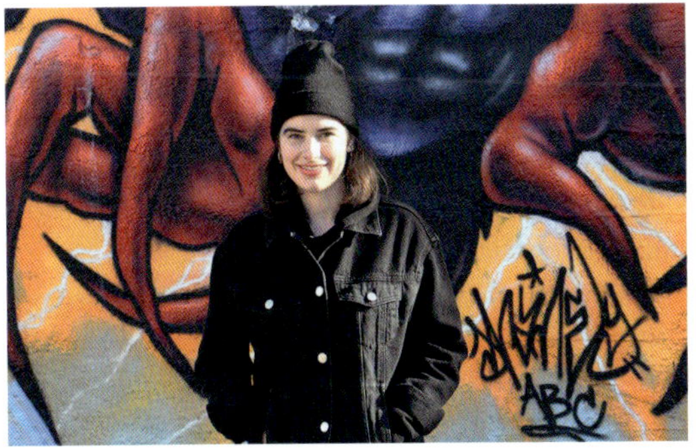

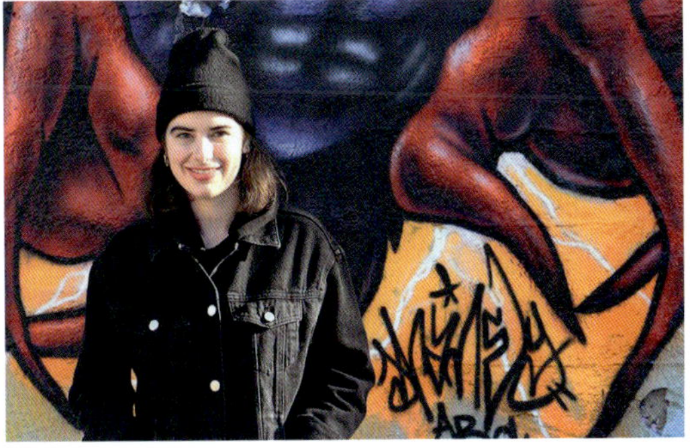

Abb. 6.5 *Ein und dasselbe Foto, unterschiedliche Wirkung: Während im linken Bild die Person mittig abgebildet ist, befindet sich ihr Kopf rechts auf einem der Schnittpunkte gemäß der Drittelregel.*
| Beide Bilder: 105 mm | 1/200 s | f/7.1 | ISO 1000

Für die Fotografie bedeutet das: Platzieren Sie Ihr Hauptmotiv nicht mittig, sondern im rechten oder linken, oberen oder unteren Bilddrittel. Das erzeugt Dynamik und Spannung. Wenn Sie zum Beispiel die Regel auf Porträts anwenden und den Kopf nicht mittig platzieren, sondern auf einem der Schnittpunkte gemäß der Drittelregel, so werden Sie eine komplett andere Wirkung des Fotos erzielen als bei zentraler Anordnung.

Gitterlinien für Sucher und Display helfen beim Bildaufbau

Übrigens hilft Ihnen Ihre Z50 bei der Bildaufteilung mit Gitterlinien, die Sie sich einblenden lassen können. Gehen Sie dazu in den *INDIVIDUALFUNKTIONEN* in das Untermenü *d8 Gitterlinien* und schalten diese dort per Rechtsklick mit dem Multifunktionswähler ein. Wenn Sie die Gitterlinien nur bei Bedarf nutzen wollen, können Sie sich das Ein- und Ausschalten beschleunigen, indem Sie die Funktion auf eine der beiden Funktionstasten legen. Wie das funktioniert, lesen Sie auf Seite 41 (suchen Sie im Menü nach dem Unterpunkt *Gitterlinien*).

Auch bei Landschaften helfen Ihnen der Goldene Schnitt oder die Drittelregel – gerade dann, wenn der Horizont gut zu erkennen ist. Legen Sie den Horizont nicht mittig ins Bild, sondern entweder in das obere Drittel oder in das untere (abhängig davon, ob Sie mehr Himmel oder mehr Landschaft zeigen wollen).

Natürlich sind diese Gestaltungsregeln nicht in Stein gemeißelt. Regeln sind da, um sie zu brechen. Sie sollten sie nur anwenden, wenn Sie das Gefühl haben, sie könnten beim Bildaufbau hilfreich sein. Der Goldene Schnitt ist sicher kein Allheil-, sondern lediglich ein Hilfsmittel, dessen Einsatzmöglichkeiten Sie ausloten sollten, um die gewünschte Wirkung zu erzielen. Probieren Sie also bei ein und demselben Motiv ruhig einmal eine mittige sowie eine Positionierung im Goldenen Schnitt aus. Oder kombinieren Sie die Drittelregel mit anderen Gestaltungsmitteln wie Spiegelung, Perspektive oder Farbkontrasten.

Abb. 6.6 Spiegelung: Sonnenaufgang am See. Der Anlegesteg gibt dem unteren Drittel ein starkes visuelles Gewicht und kontert damit die Symmetrie der Sonne und ihrer Spiegelung entlang der mittigen Horizontlinie. | DX 16–50 | 25 mm | 1/1000 s | f/16 | ISO 800

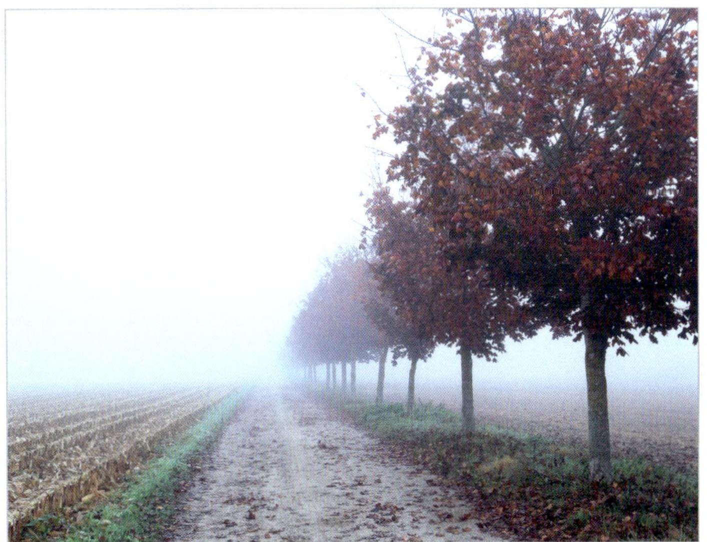

Abb. 6.7 Perspektive: Ein etwas komplexerer Bildaufbau: Die Landschaft löst sich im Nebel auf, also habe ich hier den Horizont im unteren Drittel platziert, um dem Nebel mehr Raum zu geben. Zusätzlich erzeugen die auf die Bildmitte zulaufenden Linien – die abgemähten Maisstengel, der Rasenstreifen, der Weg und die Baumreihe – eine starke perspektivische Wirkung, die den Betrachter förmlich ins Bild zieht. | DX 16–50 | 24 mm | 1/180 s | f/4.5 | ISO 800 | 2 Blenden überbelichtet

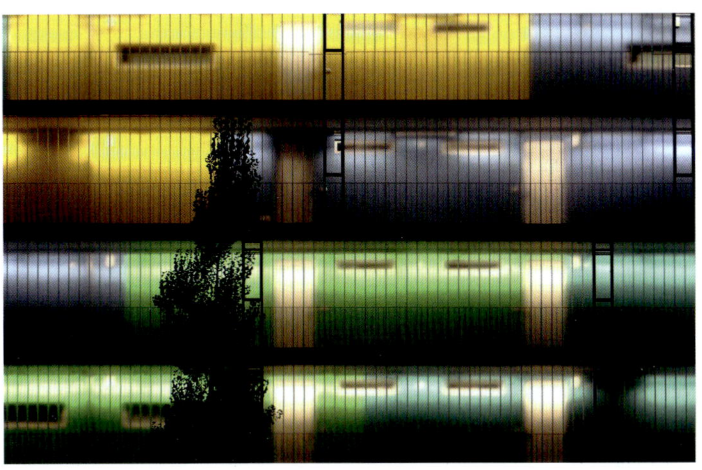

Abb. 6.8 Farbkontraste: Das Beleuchtungskonzept dieser Laubengänge setzt auf sanfte Farbkontraste. Die Pappel sorgt für ein Minimum an Bildaufbau und korrespondiert mit den vertikalen Linien. | 32 mm | 1/60 s | f/4 | ISO 560

Negativer Raum

Leerraum – sogenannter »negativer Raum« – ist ebenfalls ein Mittel zur Bildgestaltung. Negativer Raum ist freier Raum im Bild, der nicht von Ihrem Motiv belegt wird. Er bringt Ihr Motiv zur Geltung, schafft Ruhe und Fokus. Das Auge wird nicht abgelenkt, die Bildaussage tritt besser hervor. Beim folgenden Bild etwa habe ich mein sehr minimalistisches Motiv »Grashalm« gegen die Wasseroberfläche eines Sees fotografiert – der dabei entstandene negative Raum betont das Motiv, zusätzlich zum reizvollen Farbkontrast Braun/Blau (der entstand, weil Abendsonne auf den Halm fiel und die Seeoberfläche in der Unschärfe liegt und damit ruhiger wirkt). Negativer Raum ist nicht auf minimalistische Motive wie dieses beschränkt. Mir persönlich gefällt die Kombination aus beidem sehr gut und ich habe beim Fotografieren immer die die sogenannte »KISS«-Regel im Hinterkopf (*Keep It Simple, Stupid!*, sinngemäß: *Mach's so einfach wie möglich!*).

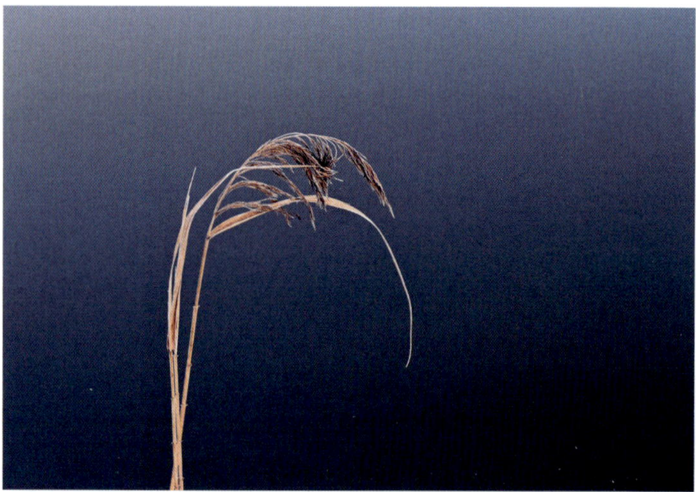

Abb. 6.9 Ein trockener Grashalm im Spätwinter am Seeufer | DX 16–50 | 42 mm | 1/200 s | f/8 | ISO 800

Schärfe und Unschärfe – das Arbeiten mit Schärfentiefe

Die Verteilung von Schärfe und Unschärfe im Bild ist – neben dem Bildaufbau – eines der stärksten kreativen Werkzeuge in der Fotografie. Sie haben sicher schon mal den Satz gehört: »Was wichtig ist im Bild, muss scharf sein« (das ist vielleicht die einzige Regel in der Fotografie, der niemand widerspricht). Folglich sollte das Unwichtige unscharf sein. Und um zu wissen, wie Sie mit Schärfe und Unschärfe arbeiten, müssen Sie etwas über Schärfentiefe wissen (von der hier schon öfter die Rede war).

Schärfentiefe ist der Bereich vor und hinter dem Punkt, auf den Sie scharfgestellt haben (dieser Punkt ist der sogenannte »Fokuspunkt«). Ist die Schärfentiefe hoch, ist ein größerer Bereich vor und hinter dem Fokuspunkt ebenfalls scharf. In diesem Falle (siehe Abb. 6.10) hebt sich Ihr Motiv nicht sonderlich vom Vorder- und Hintergrund ab, weil ja mehr oder weniger alles im Bild scharf ist (es sei denn, Ihr Motiv steht durch Farbe oder Form in einem klaren Kontrast zum Vorder-/Hintergrund). Ist die Schärfentiefe allerdings gering, also der Bereich vor und hinter dem Fokuspunkt unscharf, hebt sich Ihr Motiv deutlich von Vorder- und Hintergrund ab (siehe Abb. 6.12). Und damit ist geringe Schärfentiefe ein ausgezeichnetes und sehr beliebtes fotografisches Gestaltungsmittel, um ein Motiv zu isolieren und hervorzuheben – etwa vor einem unruhigen Hintergrund, der in Unschärfe verschwimmt und so nicht mehr stört .

Abbildungen 6.10–6.12 wurden mit dem DX 16–50 mm-Objektiv aufgenommen – der Fokuspunkt liegt auf den Krokussen, der Blumentopf steht etwa 1,50 m dahinter, die Hecke folgt nach nochmal einem knappen Meter.

Schärfentiefe besser einschätzen dank App

Es gibt verschiedene Apps, die Ihnen bei der Einschätzung der Schärfentiefe abhängig von Blende, Brennweite und Sensorgröße helfen. Suchen Sie in Ihrem App Store nach »DoF«, als Abkürzung für »Depth of Field« (engl. für »Schärfentiefe«). Empfehlen kann ich Ihnen die Apps *TrueDoF* oder *Simple DoF*.

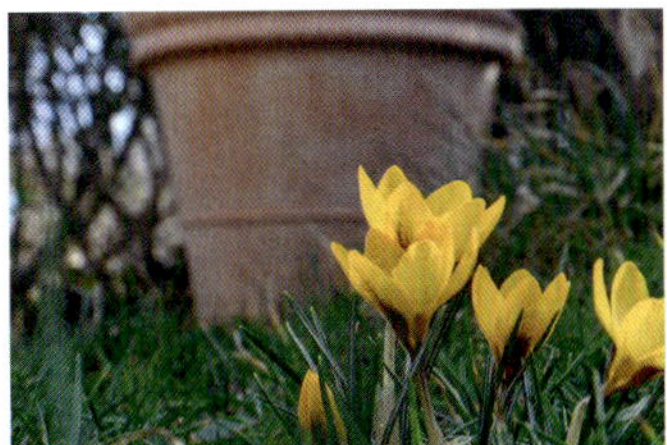

Abb. 6.10 Blende f/16 bei 50 mm: die Blende ist fast ganz geschlossen. Auch wenn es nicht ganz zu durchgehender Schärfe reicht – aber die Hintergrundelemente sind klar erkennbar, was für eine gewisse Gleichgewichtigkeit der Bildelemente sorgt. Der Blick des Betrachters wird nur durch die Farbe der Blüten geführt.

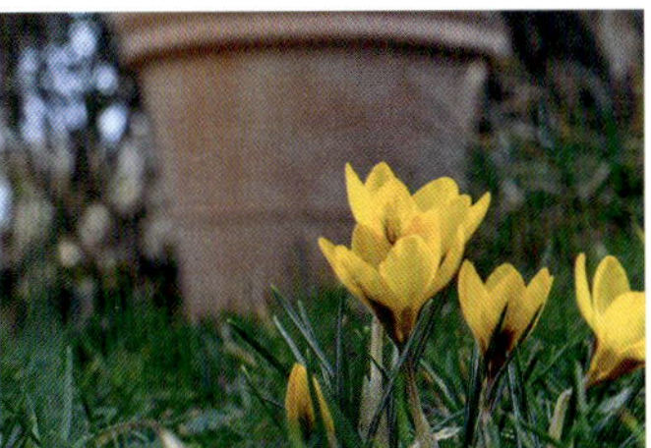

Abb. 6.11 Blende f/11 bei 50 mm: die Blende öffnet sich und die Umrisse der Elemente im Hintergrund werden weicher.

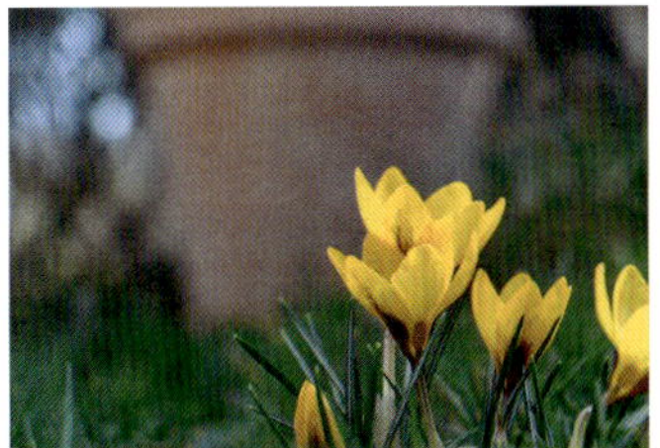

Abb. 6.12 Blende f/6.3 bei 50 mm: die Blende ist nun bis zur maximalen Öffnung des Objektivs geöffnet. Die Frühlingsblüher heben sich deutlich vom Hintergrund ab, der in einer angenehmen Unschärfe (dem sogenannten »Bokeh«) verschwimmt – je weiter entfernt, desto unschärfer (gut zu sehen an den Unschärfekreisen der Lichter in der Hecke).

Zusammengefasst verhält es sich so: Die Schärfentiefe ist um so kleiner und der Unschärfeeffekt um so größer,

- je offener die Blende (kleine Blendenzahl) ist,
- je näher das Motiv der Kamera und je größer der Abstand zwischen Motiv und den anderen Elementen davor/dahinter ist,
- je länger die verwendete Brennweite und
- je größer der Sensor ist.

Diese Liste erklärt, warum lichtstarke Objektive mit Öffnungen von f/2.8 und mehr so beliebt sind: sie haben eine teils extrem kleine Schärfentiefe (sehr beliebt in der Porträtfotografie, damit die Augen scharf sind und die Nasenspitze sowie Teile der Haare schon in der Unschärfe verschwinden). Und unter anderem auch aus diesem Grund schwören viele Fotografinnen und Fotografen auf Kameras mit Vollformat- oder noch größeren Sensoren (Mittelformat).

Aber lassen Sie sich nicht beirren: mit dem APS-C-Sensor Ihrer Z50 werden Sie bereits sehr schöne Unschärfeeffekte erzeugen und diese für überzeugende Bilder nutzen können.

Zudem ist das Spiel mit der Schärfentiefe nicht in allen fotografischen Genres so wichtig wie etwa in der Porträt- oder Makrofotografie. Beispielsweise Landschaftsfotografen arbeiten meist mit einer durchgehend hohen Schärfe. Aber Schärfentiefe ist ein kreatives Mittel, dass Sie in Ihrem fotografischen Werkzeugkasten haben sollten, damit Sie es bei Bedarf einsetzen können. Denken Sie also dran: Blende auf und näher ran ans Motiv, wenn der Hintergrund nicht weit genug weg ist (und so nicht unscharf genug wird). Und wenn Sie die Wahl haben und es zu Ihrer Bildidee passt, nehmen Sie eine längere Brennweite.

Schärfentiefe/Tiefenschärfe

Zu den in der Fotografie gern diskutierten Themen gehört, ob man »Schärfentiefe« oder »Tiefenschärfe« sagt. »Schärfentiefe« ist der exaktere Begriff, weshalb er sich eigentlich durchgesetzt hat. Aber für den Fall, dass Sie auch den anderen Begriff hören: gemeint ist dasselbe.

6.3 Holen Sie sich Anregungen

Warum gefallen oder bewegen uns bestimmte Bilder? Warum prägen sie sich in unser Gedächtnis ein? Das ist nicht leicht zu beantworten. Klar, es gibt gestalterische Richtlinien, deren Befolgung das Auge als angenehm empfindet. Es gibt aber auch viele Fotografen, die über diese Richtlinien hinaus eine unverwechselbare Handschrift entwickelt haben. Deren Bilder erkennt man sofort. Studieren Sie diese Fotografen. Ans Herz legen möchte ich Ihnen zum Beispiel den absoluten Meister der Blitzlichtfotografie, Joe McNally, oder den Afghanistan-Kenner Steve McCurry. Beide nutzen übrigens Nikon-Kameras (siehe im Anhang die Lesetipps auf Seite 196). McCurrys bekanntestes Foto ist das des »Afghanischen Mädchens«. Er nahm es 1984 im pakistanischen Flüchtlingslager Nasir Bagh auf. Es war nur ein kurzer Moment, während dessen ihn das Mädchen direkt mit ihrem durchdringenden Blick aus intensiv grünen Augen ansah. Die ikonografische Wirkung dieses Fotos ist enorm. Im Juni 1985 kam es auf den Titel des *National Geographic Magazine* und gehört seitdem wohl zu den meistgedruckten Porträtbildern der letzten Jahrzehnte.

Oder studieren Sie die Arbeiten Saul Leiters, der das New Yorker Stadtleben in großartigen Kompositionen jenseits sämtlicher Regeln in Farbe einfing, und dessen Flächen und Schichtungen immer wieder an die Meister der modernen Malerei erinnern (googlen Sie einmal nach seinem Bild »Mondrian Worker«). Oder werfen Sie einen Blick auf Stephen Shores Bilder, der wie Saul Leiter zu den wenigen Fotografen gehörte, die in den 60ern außerhalb der Werbefotografie mit Farbe arbeiteten. Wenn Sie Streetfotografie mögen, schauen Sie sich die Bilder von Gary Winogrand an. Oder die von Vivian Maier – ihre Arbeiten aus den Straßen Chicagos wurden erst vor kurzem entdeckt und offenbarten ihr bis dahin verborgenes fotografisches Genie (Maier arbeitete als Kindermädchen). Und wenn Ihnen überhaupt Schwarzweißfotografie gefällt, möchte ich Ihnen auch die Bilder von Edward Weston, Michael Kenna oder Josef Hoflehner ans Herz legen.

Ich könnte die Liste noch eine Weile fortsetzen. Aber der langen Rede kurzer Sinn: Studieren Sie die Arbeiten renommierter Fotografinnen und Fotografen. Am besten in einer Ausstellung, mindestens aber anhand eines gut produzierten Fotobuchs. Umgeben Sie sich mit guter Fotografie, etwa mit Postern aus Fotoausstellungen. Haben Sie ein Faible für Landschaftsfotografie, dann studieren Sie Kalender. Sind Sie im Urlaub, holen Sie sich Anregungen an Kiosken mit Postkarten. Fast unendlich groß ist der Pool an Bildideen auf Instagram (siehe den Abschnitt 12.5 »Gleichgesinnte online finden« ab Seite 192). Folgen Sie dort Hashtags, die Sie interessieren, etwa #landschaftsfotografie, #streetphotography oder den Nikon-Hashtags *#nikonphotography*, *#nikon* oder *#nikonZ50*.

6.4 Porträts

Menschen zu fotografieren ist eine hohe Kunst. Die besten Fotos gelingen, wenn zwischen Modell und Fotograf eine Verbindung entsteht. Es gibt Menschen, die knipsen einfach ein Lächeln an, wenn sie eine Kamera sehen, und es gibt jene, die sich eher verschließen. Bei Letzteren sollte man erst einmal die Kamera beiseitelassen und Vertrauen aufbauen: Gut Ding will Weile haben.

Wenn Sie mit Menschen arbeiten, ist es das Wichtigste, sich nicht einsilbig hinter der Kamera zu verstecken. Reden Sie mit Ihren Modellen und bauen Sie eine positive Atmosphäre auf. Das wird sich im Gesichtsausdruck Ihrer Modelle widerspiegeln. Erst wenn Sie Ihrem Gegenüber ansehen, dass er oder sie sich wohlfühlt, kann auch ein Foto gelingen. Sonst sollten Sie lieber aufs Fotografieren verzichten.

Nach der Aufnahme sollten Sie Ihrem Modell das Bild zeigen und mit ihm besprechen, was man besser oder anders machen sollte. Die meisten Porträtierten sind viel kritischer mit ihren Bildern als der Fotograf.

Vor allem unbekannte Menschen zu porträtieren ist hierzulande mittlerweile eine Sache, die rechtlich nicht ganz unbedenklich ist. Jeder hat das Recht am eigenen Bild, wenn er auf einem Foto im Mittelpunkt steht und nicht Teil von etwas Größerem, etwa einer Versammlung, ist. Fragen Sie auf jeden Fall, bevor Sie ein Bild eines Ihnen unbekannten Menschen aufnehmen. Das sollte man auf Reisen in jedem Land der Erde so halten – wenn nötig, auch nur mit Gesten, selbst wenn der lange Arm des Gesetzes nicht bis dorthin reicht. Manchmal ergeben sich bei einem kurzen Gespräch sogar spannende Begegnungen weit über das Porträtfoto hinaus.

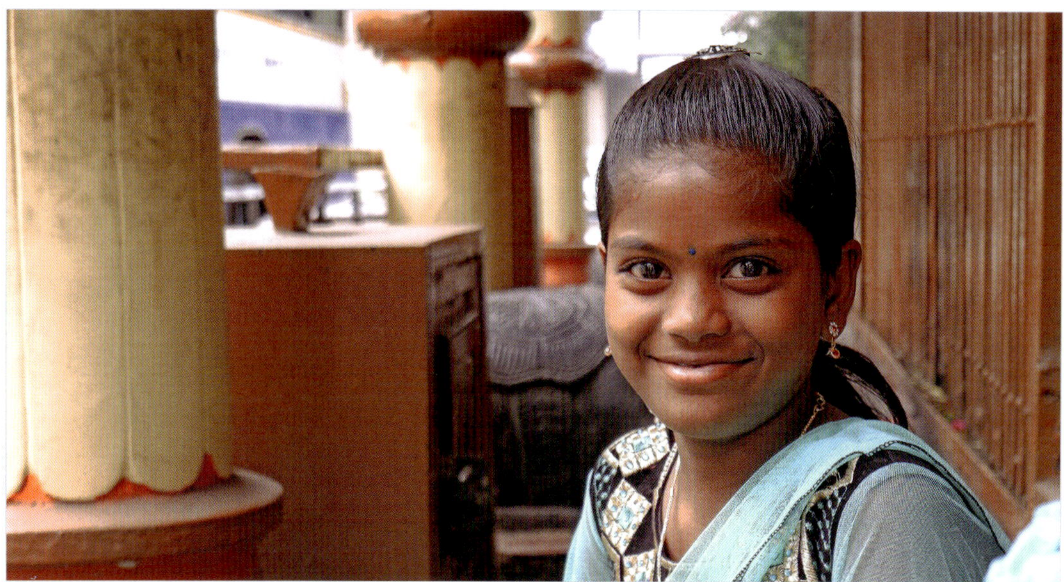

Abb. 6.13 Die Eltern des indischen Mädchens waren stolz, dass ich ihre Tochter porträtieren wollte. Und auch das Mädchen schien von meinem Vorhaben angetan zu sein. | 52 mm | 1/60 s | f/5.2 | ISO 1250

Im Zweifelsfall – oder wenn es konkret um kommerzielle Aufnahmen geht – hilft oft nur die Unterzeichnung eines sogenannten »Model-Release«-Vertrages. In diesem wird geregelt, was mit dem Bild eines Menschen passieren darf, für was man das Foto einsetzen darf und welche Gegenleistung der oder die Porträtierte erhält. Solche Verträge finden Sie als Vordrucke im Internet und können sie den eigenen Bedürfnissen entsprechend anpassen.

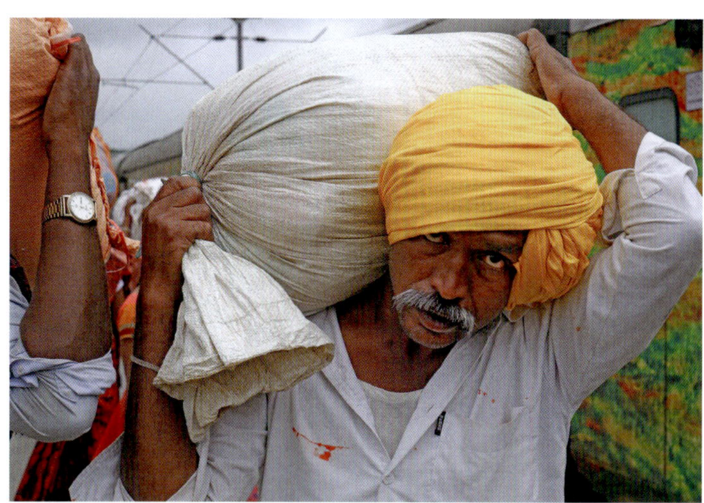

Abb. 6.14 Indien und seine Menschen bieten ein fast unerschöpfliches Reservoir an Motiven und Eindrücken. Auch hier sollte man mit den Menschen in Kontakt treten, bevor man sie fotografiert. | 45 mm | 1/500 s | f/8 | ISO 200

Tipp

Wie Sie aus dem Abschnitt »Schärfe und Unschärfe – das Arbeiten mit Schärfentiefe« ab Seite 102 wissen, sinkt die Schärfentiefe, je offener Ihre Blende ist. Und bei einem wirklich lichtstarken Objektiv > 1:2 ist sie so klein, dass Sie Ihre Kamera schon sehr ruhig halten müssen, damit die Schärfe da landet, wo sie hin soll. Aber wenn es klappt, schaut das Ergebnis schon mal spektakulär aus – dann kann sogar schon die Nase unscharf sein, wenn Sie auf die Augen fokussieren. (Wenn Augen und Nase scharf sein sollen, schließen Sie die Blende um ein paar Stufen.)

Die richtige Brennweite für Porträts

Bevor Sie einen Menschen porträtieren, sollten Sie sich überlegen, was Sie von der Person zeigen wollen. Möchten Sie vor allem Gesichtszüge hervorheben oder wollen Sie den Menschen in seiner Umgebung präsentieren und damit sein Umfeld als Gestaltungsmittel einbeziehen?

Für klassische Porträtbilder mit dem Schwerpunkt auf dem Gesicht eines Menschen sollten Sie Brennweiten ab 85 mm verwenden. Mit steigender Brennweite sinkt allerdings die Schärfentiefe bei gleicher Blende. Das heißt, Sie müssen den Fokuspunkt sehr genau platzieren. Stellen Sie immer auf die Augen scharf – wenn das misslingt, ist das Bild wertlos. Auch Brennweiten von bis zu 200 mm sind für die Porträtfotografie geeignet, sofern Sie genügend Platz haben und nicht direkt vor der Person stehen müssen, um Ihr Foto aufzunehmen. Weil mit größerer Brennweite auch die Schärfentiefe sinkt, können Sie mit einem Teleobjektiv die Gesichter vom Hintergrund lösen (»freistellen«) und so die Augen des Betrachters auf das Wesentliche konzentrieren.

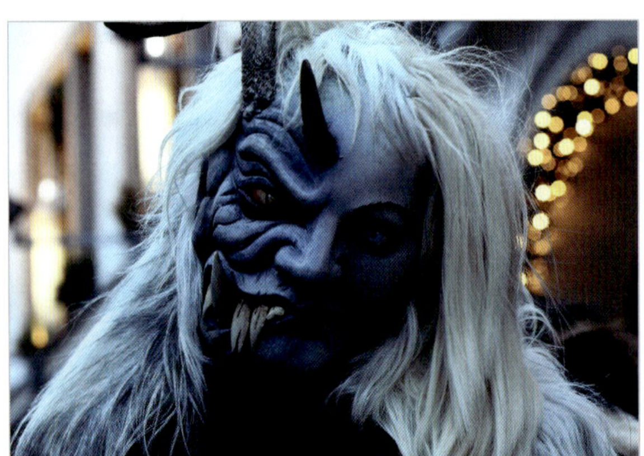

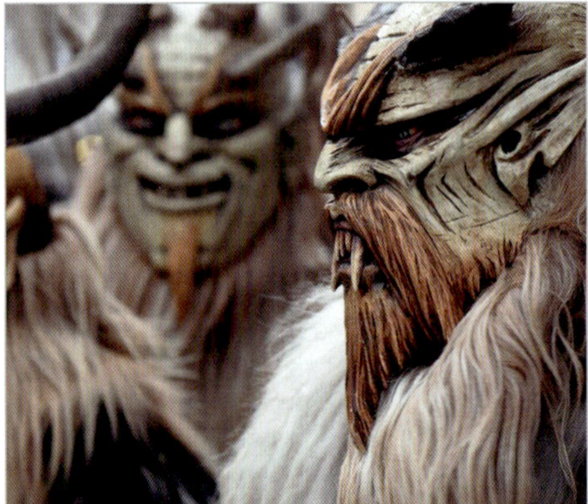

Abb. 6.15 Wildes Treiben zur Weihnachtszeit in der Münchner Kaufingerstraße. Die Perchten ziehen durch die Einkaufsmeile. Bei dieser Foto-Tour kamen ausschließlich Objektiv-Brennweiten von mehr als 100 mm zum Einsatz. Die Gesichter der wilden Gestalten lösen sich dadurch schön vom unruhigen Hintergrund. Links: 138 mm | 1/200 s | f/7.1 | ISO 1600, Rechts: 125 mm | 1/100 s | f/5 | ISO 1000

Porträtfotografie kann auch bedeuten, dass man die Person in ihrem Umfeld zeigen möchte, etwa bei der Arbeit. Dann sollten Sie zu kürzeren Brennweiten als 200 mm greifen – ca. 85 bis 135 mm gelten als ideale Porträtbrennweiten. Wenn Sie mit einem eher weitwinkligen Objektiv wie dem DX 16–50 mm arbeiten, sollten Sie darauf achten, dass sich die Person immer in der Mitte des Bildes befindet, weil sie sonst verzerrt dargestellt wird (das beschränkt Sie natürlich in Ihren bildgestalterischen Möglichkeiten). Achten Sie auch darauf, dass Sie nicht zu nahe an die Gesichter Ihrer Modelle herangehen, sonst entstehen womöglich Verzerrungen im Gesicht, beispielsweise Knollennasen.

Tipps für Porträts

- Beziehen Sie die Umgebung, in der sich die oder der Porträtierte befindet, als wichtiges Bildelement mit ein, etwa indem Sie die Person von hinten oder von der Seite fotografieren.
- Sie können Porträts auch inszenieren. Nehmen Sie bei einem Regenausflug einen bunten Regenschirm mit. Oder bitten Sie Ihr Modell, etwas Auffälliges anzuziehen. Das setzt Akzente in einer sonst eher monochromen Umgebung.
- Warmes Licht lässt Hauttöne besser zur Geltung kommen. Während das Mittagslicht Ihre Modelle oft die Augen zusammenkneifen lässt oder dunkle Schatten in die Augenhöhlen wirft, haben Sie diese Probleme nicht, wenn Sie das morgendliche oder abendliche Licht der tiefstehenden Sonne für Ihre Fotosession wählen.
- Versuchen Sie sich auch einmal an Porträts im Gegen- oder Seitenlicht. Hier lässt das Licht besonders die Haare zur Geltung kommen. Falls das Gesicht im ersten Anlauf zu dunkel wird, nutzen Sie die Belichtungskorrektur (mehr dazu ab Seite 61).
- Sie können Porträtfotografie selbstverständlich auch als eine Art Selfie ausprobieren. Fotografieren Sie eine spiegelnde Oberfläche, auf der Sie selbst zu sehen sind, und beziehen Sie die Umgebung mit ein.

6.5 Landschaftsfotografie

Ein stimmungsvoller Sonnenuntergang, imposante Berge, ein in allen Farben des Spektrums erstrahlender Herbstwald – an der Schönheit der Natur kommt man als Fotograf kaum vorbei. Die Landschaftsfotografie bietet sich auch mit Ihrer Z50 und dem DX 16–50mm an. Sie ist ein guter Einstieg in die Fotografie. Schnappen Sie sich Ihr Rad, Ihr Auto, oder fahren Sie mit dem Zug an Orte in der Natur, die Sie gerne besuchen.

Landschaftsfotografie lebt vom Licht. Jeder Ort hat seinen eigenen Charme und ändert sein Gesicht mit dem täglichen Lauf des Sonnenlichts. Landschaftsfotografie erfordert Geduld. Manchmal muss man einen Ort mehrere Male besuchen, bis man das richtige Licht antrifft, mit seiner Fotoausbeute zufrieden ist und den Zauber des Augenblicks eingefangen hat.

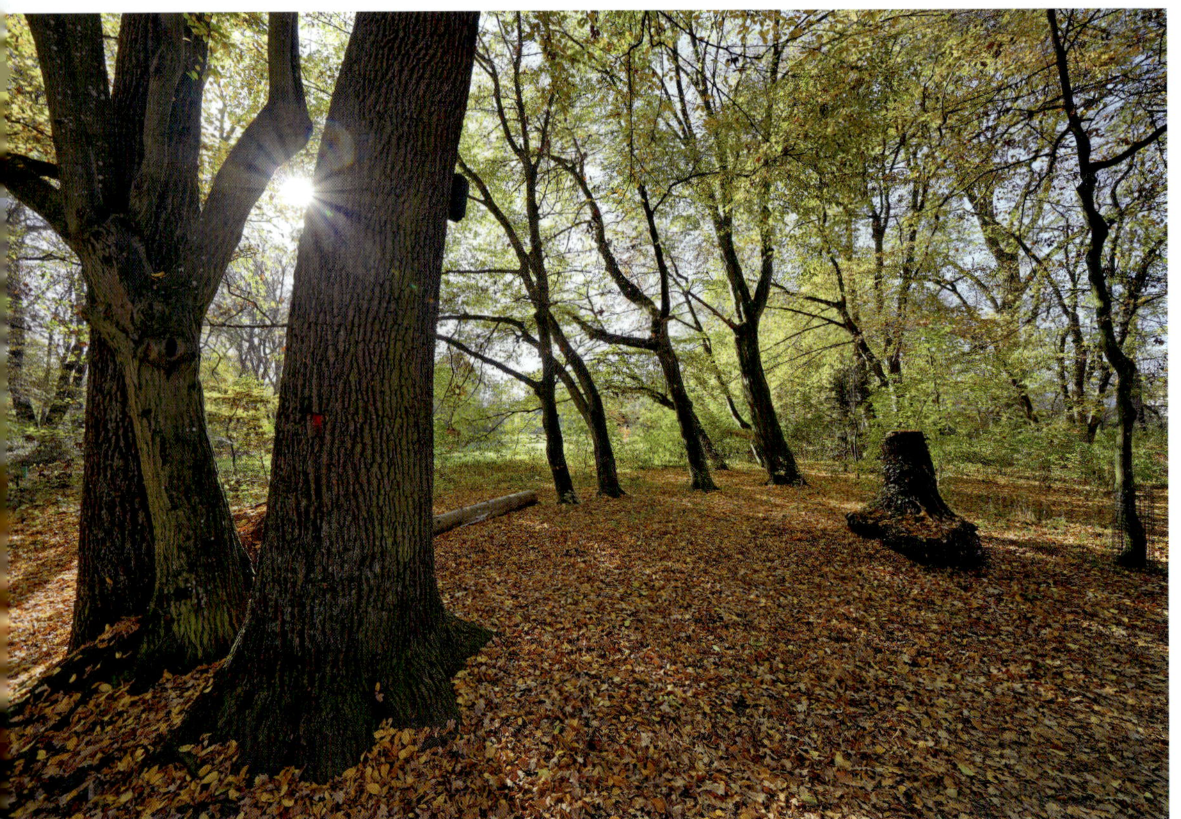

Abb. 6.16 *Im Herbst finden Sie in der Natur eine bunte Farbpalette. Die tiefstehende Sonne wirft Schatten und zeichnet eine Landschaft bis ins Detail durch. | 12mm | 1/160 s | f/8 | ISO 400*

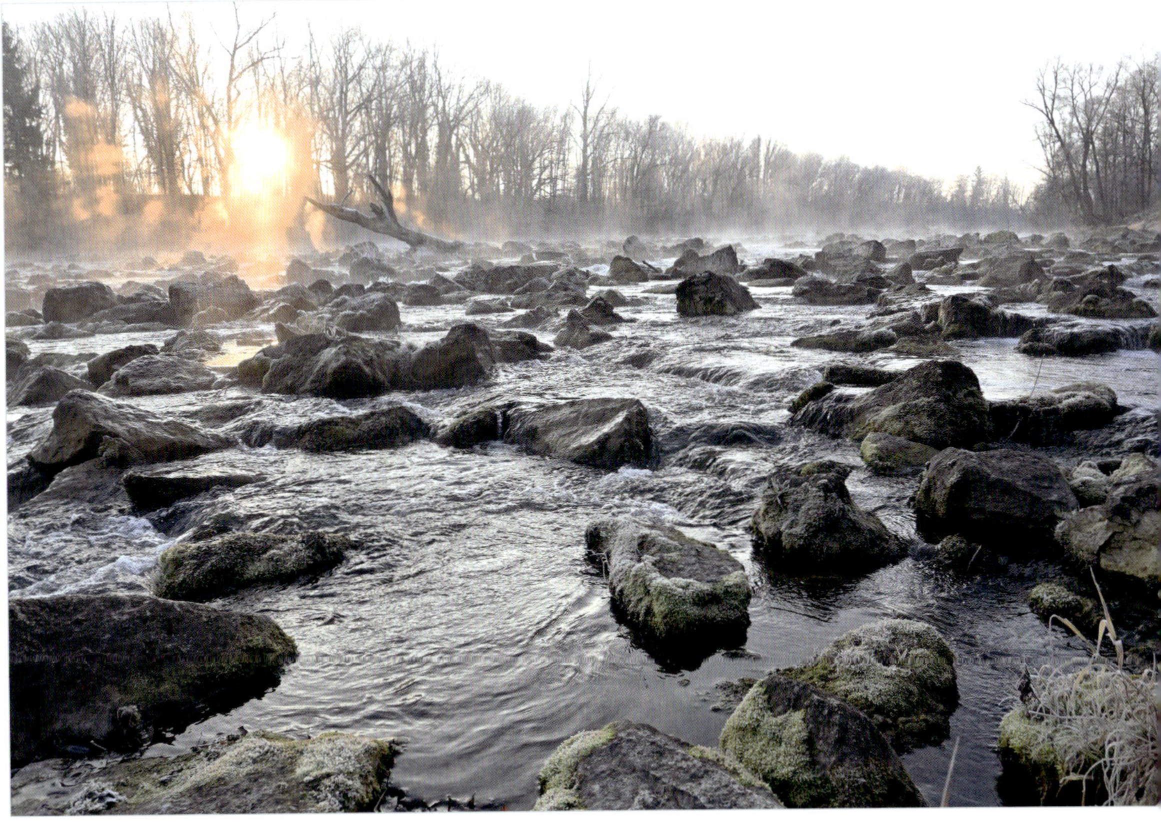

Abb. 6.17 Mit einem Vordergrund gewinnt ein Landschaftsfoto an Tiefe und Dynamik. | DX 16–50 | 17,5 mm | 1/160 s | f/6.3 | ISO 400 | 1 Blende überbelichtet

Die besten Ergebnisse erzielen Sie in der Landschaftsfotografie, wenn Sie am frühen Morgen oder am Abend unterwegs sind. Der Herbst bietet sich als Jahreszeit besonders für Fotoausflüge an: Die Sonne steht eher tief, das Licht ist weich und umschmeichelt die Landschaft, es wirft Schatten und zeichnet damit eine Szene besser durch.

Sind Sie im Sommer zur Mittagszeit unterwegs, kommt das Licht von oben und ist sehr hart. Eine Landschaft wirkt dadurch oft stumpf und langweilig. Gute Landschaftsfotografen stehen zu dieser Jahreszeit früh auf.

Um einer Szenerie Tiefe zu verleihen, sollten Sie darauf achten, einen Vordergrund in Ihr Bild einzubauen. Bei Bergbildern ist das vielleicht ein Baum oder ein See, in flacher Landschaft vielleicht eine spannende Steinformation oder farbenprächtige Vegetation, wie Blumen. Behalten Sie immer die goldene Regel der Landschaftsfotografie im Hinterkopf: »Vordergrund macht Bilder gesund!«

Schließen Sie die Blende nicht zu stark

Jedes Objektiv hat einen bestimmten Blendenbereich, in dem es optimal scharf und farbkorrigiert abbildet. Eine Faustregel lautet: Ab zwei Blendenstufen unter Offenblende bis f/11 bei APSC- und bis f/16 bei Vollformat-Sensoren. Wenn Sie das DX 16–50 haben, läge dieser Bereich bei 16 mm Weitwinkel also etwa zwischen f/5.6 und f/11. Wenn Sie die Blende zu klein machen, treten sogenannte »Beugungsunschärfen« auf, die Sie zumindest bei detailreichen Aufnahmen Bildqualität kosten.

Sie sollten Landschaftsfotos mit Blendenwerten zwischen f/8 und f/11 und niedrigen ISO-Werten zwischen 100 und 400 belichten. Damit erzielen Sie bei Tageslicht normalerweise eine gute Schärfentiefe und die ISO ist niedrig genug, um auch feinste Details zu erhalten. Wenn Sie den Fokus nun richtig platzieren, haben Sie eine große Chance auf Bilder mit ausreichender Schärfe in den vorderen und auch in den hinteren Bildpartien.

Experimentieren Sie auch mit den Belichtungszeiten. Bei kurzen Belichtungszeiten frieren Sie die gesamte Szenerie ein. Befinden Sie sich aber an einem windigen Ort, etwa an einer Küste, und wählen Sie eine Belichtungszeit von mehr als einer Sekunde, dann fangen Sie die Bewegung der Gräser am Ufer ein oder sogar den Zug der Wolken. Diese Art der Fotografie erfordert allerdings ein Stativ, sonst verwackeln Sie die Bilder unweigerlich.

Auch bewegtes Wasser von Flüssen oder an Wasserfällen wirkt bei langen Belichtungszeiten komplett anders, als wenn Sie kurze Belichtungszeiten wählen. Bei Zeiten von über einer Sekunde beginnt Wasser zu »fließen«. Auf den Fotos kreiert man so einen weichen, weißen Schleier, und das Wasser erhält – gerade an Wasserfällen – eine verträumte Komponente (siehe Abb. 6.18). Hier empfehlen sich Belichtungszeiten von 2 bis 15 Sekunden, je nachdem wie stark Sie den »Fließeffekt« wünschen. Probieren Sie verschiedene Belichtungszeiten aus und entscheiden Sie nach Ihrem Geschmack.

Aber auch eine Telebrennweite hat durchaus ihre Berechtigung in der Landschaftsfotografie. Viele Landschaften leben von faszinierenden Details. Fangen Sie Ausschnitte ein: etwa von der Sonne beleuchtete Herbstblätter, Bergspitzen im Abendlicht oder Steinformationen in einem Kiesbett. Der Kompressionseffekt bei Telebrennweiten, der Vorder-, Mittel- und Hintergrund enger zusammenrückt, kann hier für besondere Bildwirkungen sorgen. Und wenn Ihr Motiv nur ein paar Meter vor Ihnen liegt, können Sie es mit einer offenen Blende schön vor einem unscharf-verschwommenen Hintergrund freistellen (wie das geht, erfahren Sie im Abschnitt »Schärfe und Unschärfe – das Arbeiten mit Schärfentiefe« ab Seite 102).

Langzeitbelichtungen mit Graufiltern

Wenn Sie schon etwas Übung in der Landschaftsfotografie haben, können Sie bei geeigneten Motiven einen *Graufilter* (»Neutral Density Filter«, kurz: »ND-Filter«) einsetzen. Graufilter reduzieren die Lichtmenge, die auf dem Sensor ankommt, die Belichtungszeiten werden dementsprechend länger. Wollen Sie zum Beispiel tagsüber den Schleiereffekt bei Wasserfällen erzeugen, können Sie mit einem Graufilter die Belichtungszeiten verlängern und mit der Kamera auf einem Stativ den gewünschten Effekt erzeugen.

Gleiches gilt, wenn man die Bewegung vorbeiziehender Wolken einfangen möchte. Auch auf Plätzen in der Stadt können Sie übrigens Graufilter einsetzen: Lange Belichtungszeiten lassen dann vorbeilaufende Menschen verschwinden und die Plätze wirken leer. Die Stärke eines Graufilters gibt an, wie sehr man die Belichtungszeit strecken kann: bei »ND 8« dreimal länger, bei »ND 64« um sechs Blendenstufen länger und so weiter (Erklärung: »8« ist 2^3, »64« ist 2^6 – der Exponent gibt also den Verlängerungsfaktor für die Belichtung an; einfacher machen Sie es sich allerdings mit Apps wie *ND Timer*, in denen Sie sich die Belichtungszeit ausrechnen lassen können).

Auch *Grauverlaufsfilter* (»Gradual Neutral Density Filter«, kurz: »GND-Filter«) sind in der Landschaftsfotografie sinnvoll. Diese Filter sind in der einen Hälfte etwas dunkler, in der anderen heller. So helfen sie, große Helligkeitsunterschiede etwa zwischen Himmel und Erde auszugleichen und eine gleichmäßige Belichtung über das gesamte Bild zu erzielen.

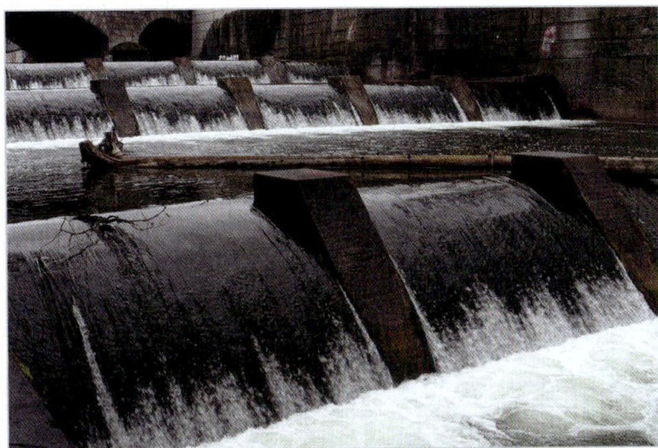

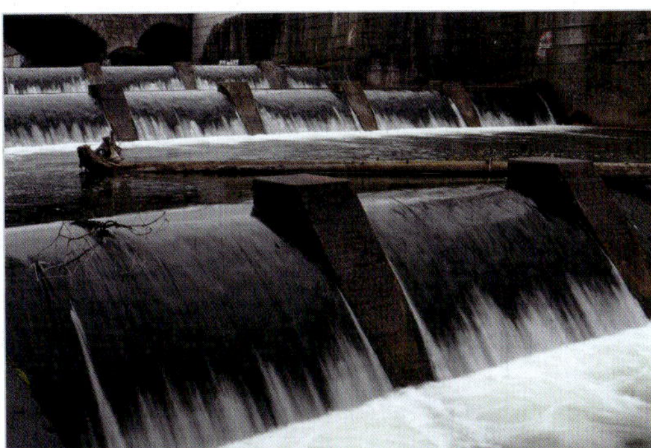

Abb. 6.18 Eine kurze und eine etwas längere Belichtung an den Staustufen der Isar. Um das schnell fließende Wasser wirklich als »fließend« zu zeigen, reichte schon eine Belichtungszeit von einer halben Sekunde (dazu schloss ich die Blende ganz und setzte die ISO auf den niedrigsten Wert). Mit einem Graufilter wäre eine längere Belichtung und damit ein stärkerer Effekt möglich gewesen.
Links: 28mm | 1/160 s | f/6.3 | ISO 640, Rechts: 28mm | 0,4 s | f/22 | ISO 100

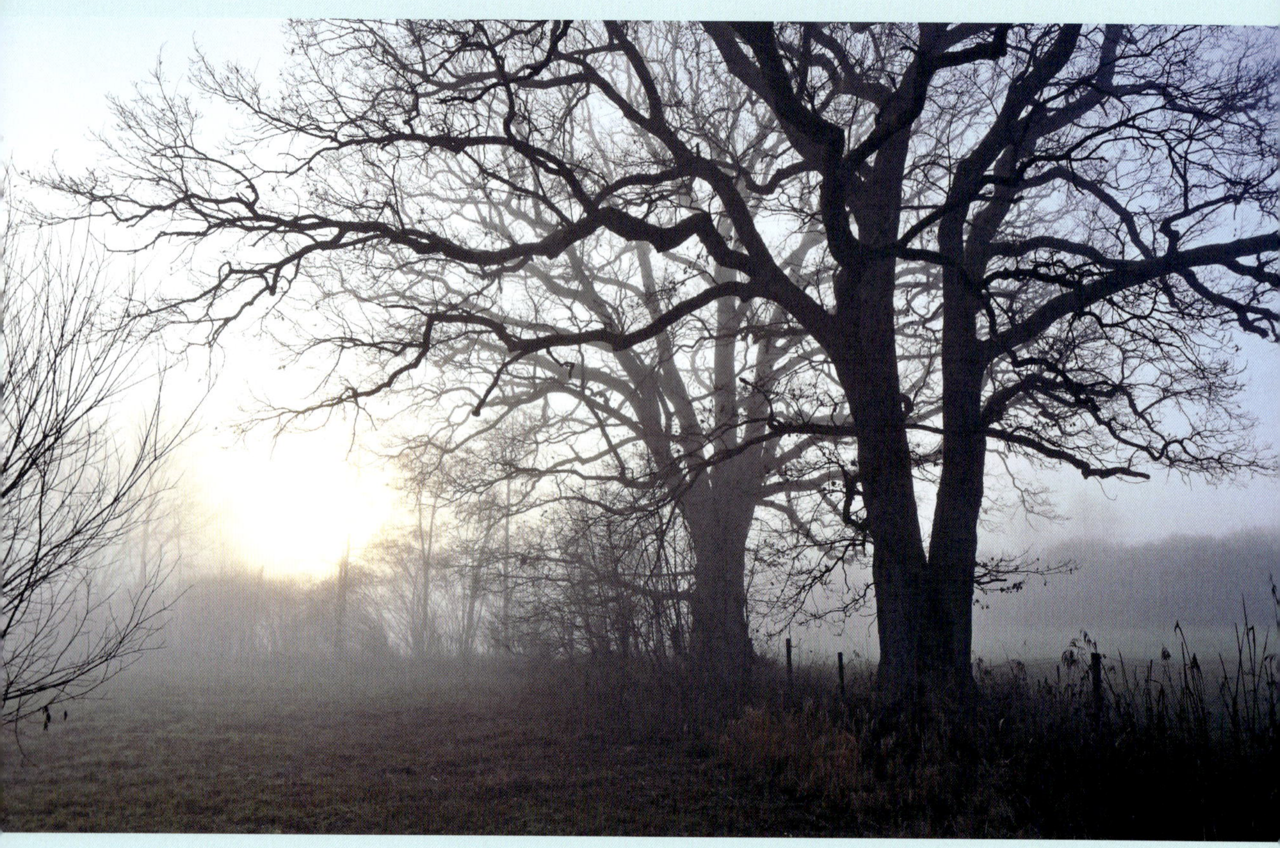

Die Sonne bricht zur Goldenen Stunde durch den Nebel. In der Landschaftsfotografie gehören diese kurzen Momente zu den fotografisch ergiebigsten. | DX 16–50 | 16 mm | 1/500 s | f/11 | ISO 800 | 1,7 Blendenstufen überbelichtet

Tour 4: Im Nebel

Im Nebel zu fotografieren bedeutet, eine ganz spezielle Atmosphäre zu genießen und einzufangen. Schnappen Sie sich unbedingt Ihre Kamera, wenn der Nebel aufzieht. Nebel lässt die Farben verblassen. Er schafft eine mystische, verlorene Umgebung, die ihren absolut speziellen Reiz hat. Da Farben fehlen, müssen Sie besonders auf Linien, Formen und Diagonalen in den Bildern achten. Auf die Anordnung der Objekte kommt es an!

Setzen Sie an Ihrer Z50 vor allem ein Weitwinkel-Objektiv ein, wenn Sie bei nebeligen Stimmungen losziehen. Die Kamera belichtet Nebelsituationen in der Regel etwas zu dunkel, sodass Sie per Belichtungskorrektur mindestens eine Blende überbelichten sollten. Sie können die ISO-Werte ruhig etwas nach oben drehen, 400 bis 640 ist kein Problem. Und fotografieren Sie tendenziell eher mit offener Blende. Nützlich ist es auch, ein fusselfreies Tuch dabeizuhaben, um

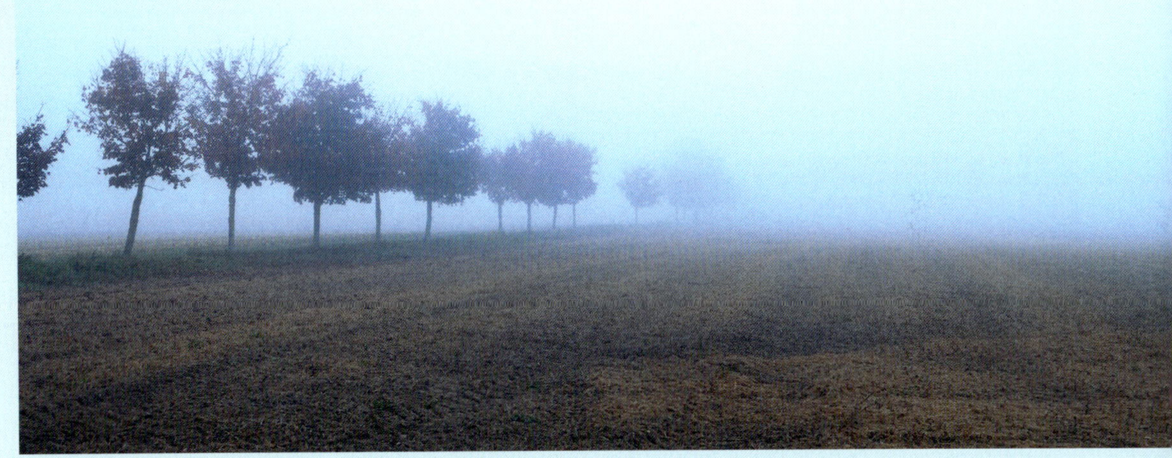

die schleichende Nässe von den Linsen zu entfernen, bevor Sie den Auslöser drücken. Wenn Sie im herbstlichen oder winterlichen Morgennebel unterwegs sind, haben Sie wahrscheinlich die Chance, den Moment abzupassen, in dem die Sonne durchkommt. Dann stehen Ihnen die stimmungsvollsten Motive in der Landschaftsfotografie offen.

Gehen Sie auch in der Stadt bei Nebel fotografieren. Auch hier schaut die Umgebung dann völlig anders aus. Das diffuse Licht der künstlichen Beleuchtung leistet ganze Arbeit. Sie entdecken Orte, von denen Sie glaubten, sie zu kennen, die sich aber im Nebel von einer ganz neuen Seite zeigen.

Nebel lässt Landschaften verloren und monochrom wirken. Sie entfalten eine ganz besondere Atmosphäre. Haben Sie bei Nebelbildern ruhig Mut zur freien Fläche, das verstärkt den stimmungsvollen Nebeleffekt. Auch eine leere Fläche ist ein Gestaltungselement. | 24 mm | 1/320 s | f/5.6 | ISO 800 | 1 Blendenstufe überbelichtet

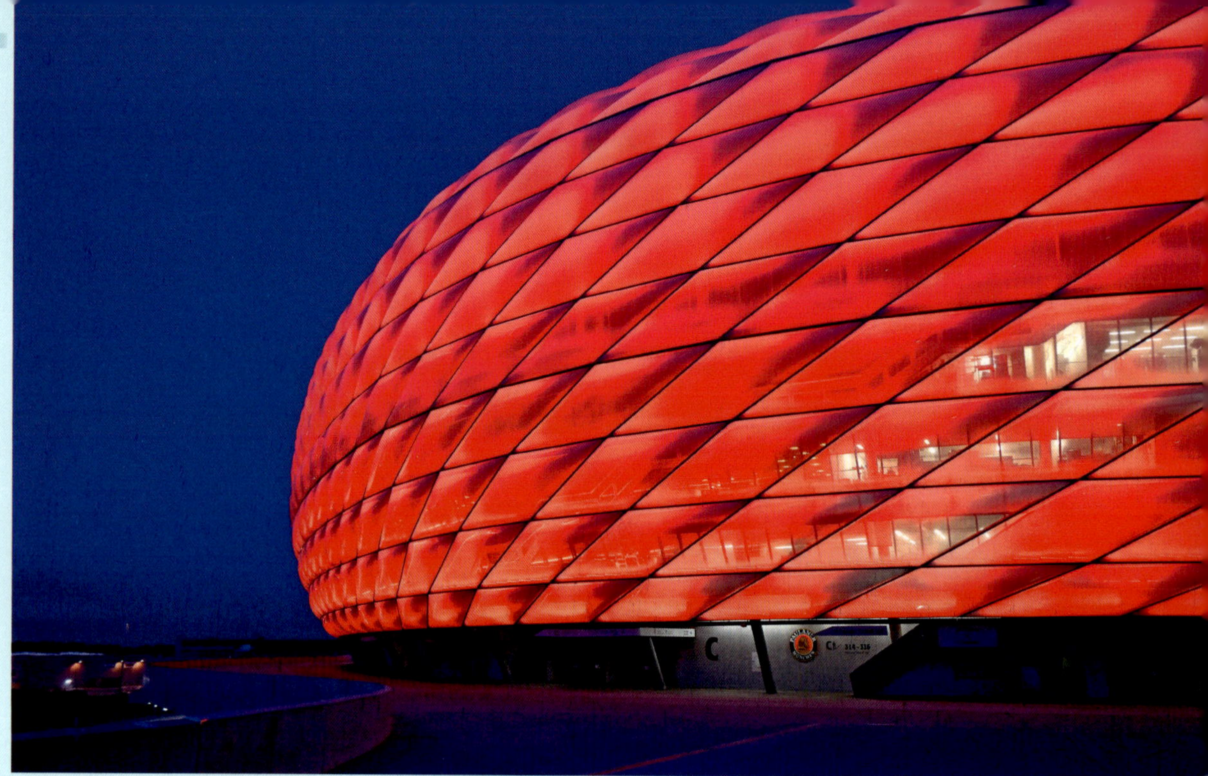

Die Allianz Arena in München-Fröttmaning zur Blauen Stunde. Auch wenn Sie kein Stativ dabeihaben, gibt es dank der Bildstabilisierung im Objektiv immer noch gute Chancen auf verwacklungsfreie Bilder. In diesem Fall habe ich die Z50 an ein Gitter gepresst und die ISO-Zahl relativ weit nach oben gedreht. | DX16–50 | 19mm | 1/50 s | f3.8 | ISO 1000

Tour 5: Fotografieren zur Blauen Stunde

Gehen Sie ganz gezielt auf Tour zur Blauen Stunde. Das ist wohl die spannendste Zeit des Tages für Fotografen. Das Zeitfenster ist nicht groß, aber bei guter Planung sind tolle Bilder vorprogrammiert. In den Abendstunden ändern sich die Lichtverhältnisse dramatisch. Kurz nach Sonnenuntergang gehen in den Städten die Lichter an. Das letzte Tageslicht mischt sich mit dem Kunstlicht. Nutzen Sie diesen faszinierenden Übergang vom Tag zur Nacht – die sogenannte »Blaue Stunde« –, um eindrucksvolle Fotos zu machen.

Gerade im Sommer erstrahlt der wolkenlose Himmel kurz nach Sonnenuntergang in einem einzigartigen Blau. In den Straßenschluchten ist es dann meist schon so dunkel, dass die Beleuchtung eingeschaltet wird. Jetzt sollten Sie losziehen und die Magie der Blauen Stunde einfangen. Anfangs können Sie mit der Z50 noch aus der Hand fotografieren. Dank der eingebauten Bildstabilisatoren in den zugehörigen Objektiven müssen Sie dazu noch nicht einmal den ISO-Wert ins Unermessliche erhöhen. Stellen Sie die Kamera auf Matrixmessung und versuchen Sie es mit ISO-Werten zwischen 400 und 800. Dann behalten Sie am besten die zugehörigen Belichtungszeiten, die Ihnen die Kamera mitteilt, im Auge. Den Blitz können Sie getrost in seiner Ruheposition lassen.

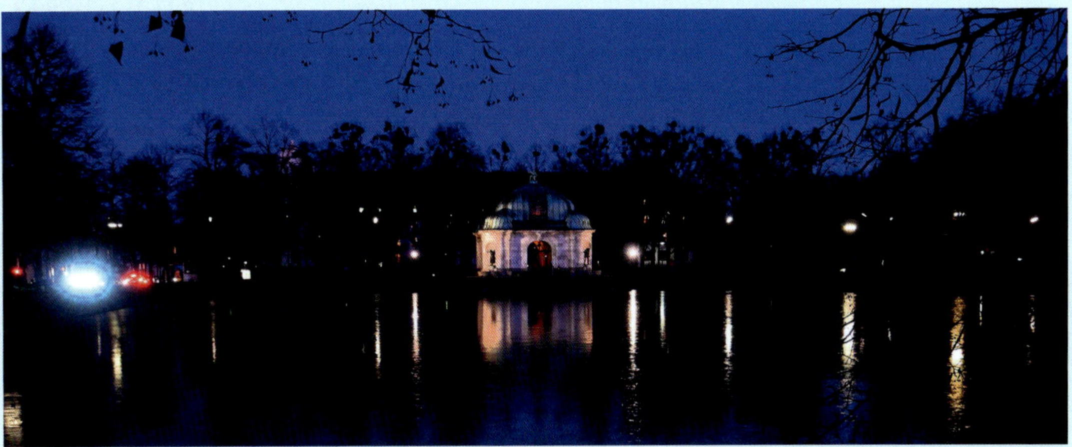

Blaue Stunde in München-Nymphenburg. Ohne Stativ unterwegs zu sein, bedeutet unweigerlich, die ISO-Zahl nach oben drehen zu müssen. Zusätzlich habe ich die Kamera auf einem schmalen Geländer abgestellt. | DX 16–50 | 21 mm | 1/15 s | f/4 | ISO 3200

Blitzlicht zerstört in der Regel nur die Atmosphäre in diesen Lichtsituationen. Bei ISO-Werten bis 800 wird in den Bildern noch kein Rauschen erkennbar. Verwacklungsfrei halten kann man Kameras wie die Z50 mit ihren Standardobjektiven, die ja stabilisiert sind, bis etwa zu 1/10 Sekunde, je nach Brennweite (siehe dazu Seite 65). Aber das ist nur ein Orientierungswert. Sie sollten es am besten selbst ausprobieren. Wenn Sie sich unsicher sind und kein Stativ dabeihaben, stützen Sie die Kamera irgendwo auf, etwa auf einem Geländer, oder drücken Sie sie an einen Laternenpfahl.

Steigen Sie aber rechtzeitig um und montieren Sie die Kamera auf ein Stativ. Jetzt können Sie die ISO-Werte wieder herabsetzen. Achten Sie darauf, dass im Menü Ihrer Z50 die ISO-Automatik ausgeschaltet ist (mehr dazu ab Seite 77). Wenn Sie mit Zeitautomatik (A) arbeiten, kann die Kamera nun nur noch die Belichtungszeit hochsetzen. Das hat gewisse Vorteile: Fahrende Autos verschwimmen, abgebildet werden nur weiße oder rote Lichtstreifen aus Scheinwerfern und Rücklichtern. Menschen verschwinden ebenso von den Fotos, da sie sich ebenfalls bewegen und meist so dunkel angezogen sind, dass die Kamera sie überhaupt nicht mehr wahrnimmt. (Wenn Sie mit Blendenautomatik (S) arbeiten, wählen Sie eine lange Belichtungszeit vor, worauf die Kamera den richtigen Blendenwert einstellt.) Interessant werden solche Bilder erst ab drei oder vier Sekunden Belichtungszeit – die Kamera kann in der Zeitautomatik nur bis zu 30 Sekunden Belichtungszeit selbst einstellen und steuern. Sollte aber die Belichtungszeit im Sucher oder auf dem Kameradisplay eine blinkende 30" zeigen, droht Unterbelichtung und Sie müssen im manuellen Modus (M) weitermachen. Dazu stellen

Sie das Funktionswählrad auf M und drehen das hintere Einstellrad solange nach links, bis im Sucher bzw. auf dem Display anstelle der blinkenden Belichtungszeit *Bulb* erscheint. In diesem Modus belichtet die Kamera so lange, wie Sie den Auslöser gedrückt halten. Das führt natürlich unweigerlich zu Verwacklungen, selbst wenn Sie ein Stativ verwenden. Setzen Sie in so einem Fall einen Fernauslöser ein – dazu eignet sich etwa die kostenlose Nikon-App *SnapBridge*.

Langzeitbelichtungen mit SnapBridge steuern

Wie Sie die App auf Ihrem Smartphone oder Tablet mit Ihrer Z50 koppeln, beschreibe ich später im Buch im Abschnitt 12.2 »Verbindung mit Smartphone oder Tablet herstellen« ab Seite 182. Wenn Sie die Koppelung schon vorgenommen haben, fotografieren Sie eine Langzeitbelichtung mit SnapBridge wie folgt:

- Tippen Sie in der App auf die Schaltfläche *Fernauslösung* (ganz unten).
- Die App meldet, dass nun das Kamera-WiFi (Kamera-WLAN) aktiviert werden muss. Tippen Sie auf *OK*.
- Die App startet das Kamera-WLAN.
- SnapBridge fragt, ob es dem Kamera-WLAN beitreten darf – tippen Sie auf *Verbinden*. Die Verbindung kann etwas dauern.
- Sobald sich der gelbe Kreis geschlossen hat und der Verbindungsprozess beendet ist, erscheint eine Meldung, dass die Kamera für das Fotografieren mit Langzeitbelichtung (B) konfiguriert und das Kameradisplay abgeschaltet ist. Beantworten Sie die Frage, ob Sie eine Langzeitbelichtung (T) aufnehmen wollen, durch Tippen auf *Ja*.
- Sie sehen nun einen schwarzen Bildschirm mit dem Text *Drücken Sie den Auslöser, um eine Langzeitbelichtung zu starten*. Der Auslöser ist der weiße Kreis am unteren Displayrand. Tippen Sie kurz auf den Auslöser. Sie sollten hören, wie sich in der Kamera – leise – der Verschluss öffnet.
- Nun ändert sich der Text auf dem schwarzen Display in *Drücken Sie den Auslöser, um die Langzeitbelichtung zu beenden*. Tippen Sie nach der gewünschten Zeit erneut auf den Auslöser am unteren Displayrand – Sie hören, wie sich der Auslöser leise schließt.
- Das aufgenommene Bild erscheint als Miniatur links unten neben dem Auslöser – tippen Sie es an, um es zu betrachten.

In der Regel schaltet die Kamera das WLAN zwischen den Aufnahmen wieder ab, so dass Sie bei der nächsten Fernauslösung den ganzen Prozess erneut durchlaufen müssen. Das ist auf die Dauer zeitraubend, daher könnte es sich lohnen, in Nikons Bluetooth-Funkfernsteuerung ML-L7 zu investieren (knapp 45,– €, konfiguriert wird sie im Menü *SYSTEM* → *Funkfernst.optionen (ML-L7)*.

Wenn Sie gerne vorausplanen, wann Sie zur Blauen Stunde unterwegs sein können, dann sollten Sie Apps wie *Sun Surveyor* oder PhotoPills nutzen. Mit ihnen können Sie genau sehen, wann bei Ihnen die verschiedenene Dämmerungsphasen beginnen und aufhören. Neben den Zeiten von Sonnen- sowie Mondauf- und -untergang finden Sie dort auch die Positionen der Sonne bzw. des Mondes am Himmel zu jedem beliebigen Datum und jeder Uhrzeit. Auf der Seite *www.JeKoPhoto.de* von Jens Koßmagk gibt es zudem einen Dämmerungsrechner. Man kann ihn für fast jeden Ort auf der Welt einsetzen. Das nützliche Online-Tool gibt auch den Zeitraum der Goldenen Stunde sowie den Sonnenuntergangs- und Sonnenaufgangszeitpunkt an.

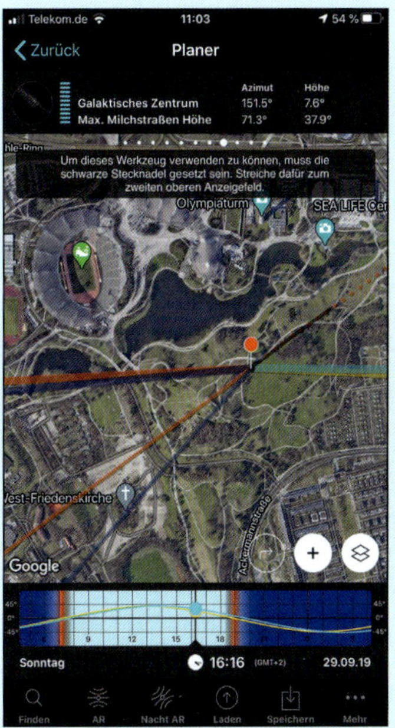

Mit Apps wie »PhotoPills« können Sie standortgenau sehen, weches Licht Sie zu welcher Zeit haben werden.

Tipp

Nutzen Sie die Blaue Stunde durchaus auch bei Regen oder kurz danach. Dann hat sich auf dem Asphalt ein Wasserfilm gebildet, der die Lichter der Straßen und Häuser spiegelt. So haben Sie gleich drei Lichtquellen auf Ihren Bildern: das Restlicht vom Himmel, die Kunstlichter und dazu deren Spiegelungen auf dem Boden. Die Spiegelungen werden auf den Bildern wesentlich intensiver, als sie dem bloßen Auge erscheinen.

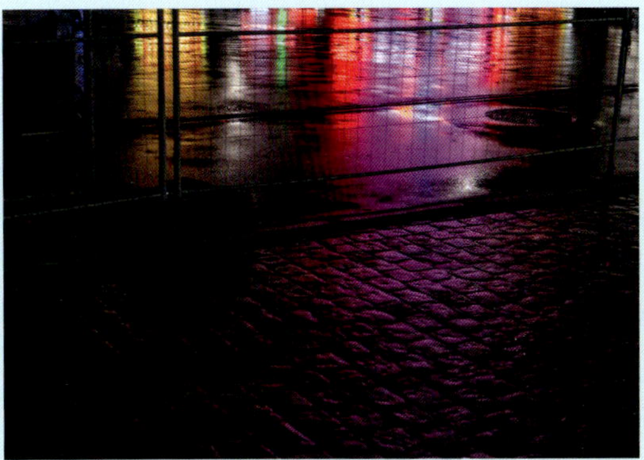

55mm | 1/50 s | f/2.8 | ISO 1250

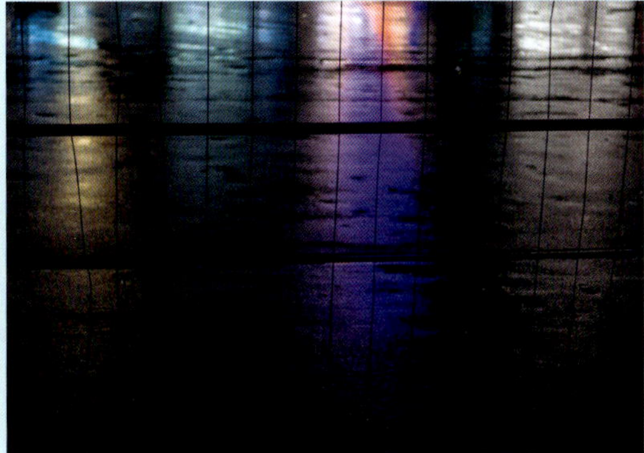

55mm | 1/50 s | f/2.8 | ISO 1250

6.6 Makrofotografie

Insekten, Blumen oder Wassertropfen – die kleinen Dinge in der Natur bergen einen gewaltigen Formen- und Farbenschatz. Oft geht man daran vorbei, ohne die nicht ganz offensichtliche Schönheit der Natur bewusst wahrzunehmen. Makrofotografie ist etwas für Experimentierfreudige.

Der Abbildungsmaßstab

Der Abbildungsmaßstab gibt an, wie groß ein reales Objekt auf dem Sensor der Kamera abgebildet wird. Beträgt der Abbildungsmaßstab 1:1, wird das Objekt genau so groß auf dem Sensor abgebildet, wie es ist. Ein 1 cm langes Objekt wird auch auf dem Sensor einen Zentimeter lang. Bei einem Abbildungsmaßstab von 1:2 wäre das Objekt auf dem Sensor noch 0,5 cm lang.

Makrofotografie beginnt bei einem Abbildungsmaßstab von 1:10. Sie gibt uns die Möglichkeit, die kleinen Dinge groß ins Bild zu setzen. Mit Ihrer Z50 und den dazugehörigen Standardobjektiven können Sie direkt in die Makrofotografie einzusteigen.

- Mit dem DX 16–50 mm sind Bilder möglich, die bis zum Maßstab 1:5 abbilden. Mit diesem Objektiv kommen Sie bei der 16 mm-Einstellung bis auf 20 cm und bei der 50 mm-Einstellung bis zu 30 cm an Ihr Motiv heran.
- Mit dem Telezoomobjektiv DX 50–250 mm erreichen Sie einen geringfügig besseren Abbildungsmaßstab von 1:4,4. Hier kommen Sie bei der 50 mm-Einstellung auf 50 cm und bei der 250 mm-Einstellung auf einen Meter an Ihr Motiv heran.

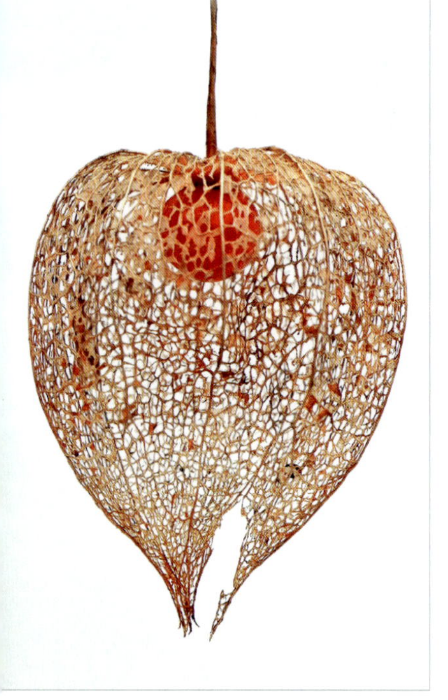

Abb. 6.19 *Eine Physalis, fotografiert vor einem weißen Hintergrund. Dazu eine leichte Überbelichtung, und man hat ein attraktives Motiv, das vor allem von seinen feinen Strukturen lebt. | DX 16–50 | 50 mm | 1/320 s | f/9 | ISO 640*

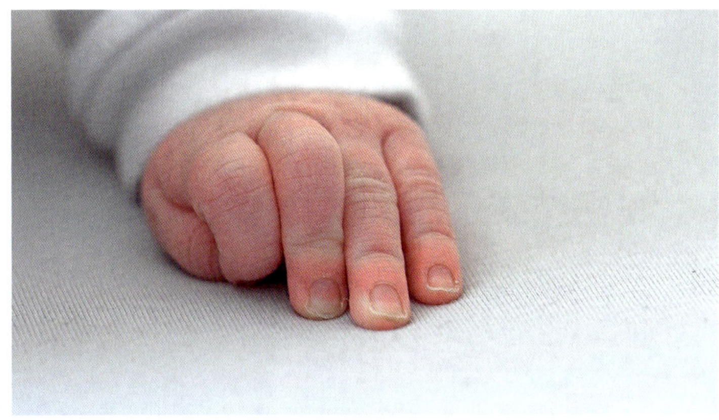

Abb. 6.20 Die Hand unseres Sohnes Jonathan | 150 mm | 1/125 s | f/4.5 | ISO 500

Ein guter Einstieg in die Makrofotografie sind Blumen, vielleicht im eigenen Garten – oder Sie besuchen einen botanischen Garten (siehe »Tour 1: Botanische Gärten« ab Seite 14). Gehen Sie mit offenen Augen durch die Welt und achten Sie auf Details. Sie finden sicher eine Vielfalt an lohnenswerten Motiven. In der Makrofotografie können Sie aufgrund des geringen Abstands zum Motiv sehr schön mit Schärfentiefe bzw. unscharfem Hintergrund arbeiten. Denken Sie daran, dass dieser Unschärfeeffekt mit zunehmender Brennweite wächst. Dazu kommt: je größer der Abbildungsmaßstab, desto geringer die Schärfentiefe. Wenn Sie mit echten Makroobjektiven mit Abbildungsmaßstäben von 1:2 und größer fotografieren, ist die Schärfentiefe rasiermesserdünn und Sie müssen deutlich stärker abblenden, um wenigstens ein bisschen Struktur in den Bildhintergrund zu bekommen.

Je näher Sie an einem Motiv sind, desto weniger Licht trifft auf den Sensor. Das heißt: Ihre Belichtungszeiten sind länger als z. B. in der Landschaftsfotografie. Das kann so weit gehen, dass Sie die ISO-Einstellung erhöhen oder ein Stativ einsetzen müssen.

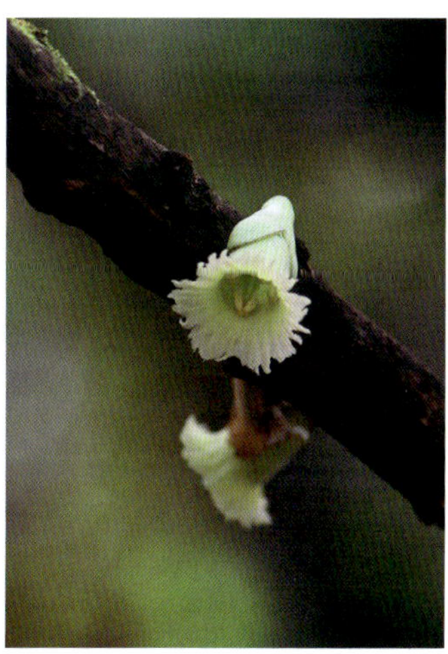

Abb. 6.21 Mit einer langen Brennweite lösen Sie die Blumen aus ihrer Umgebung. | 200 mm | 1/250 s | f/4 | ISO 640

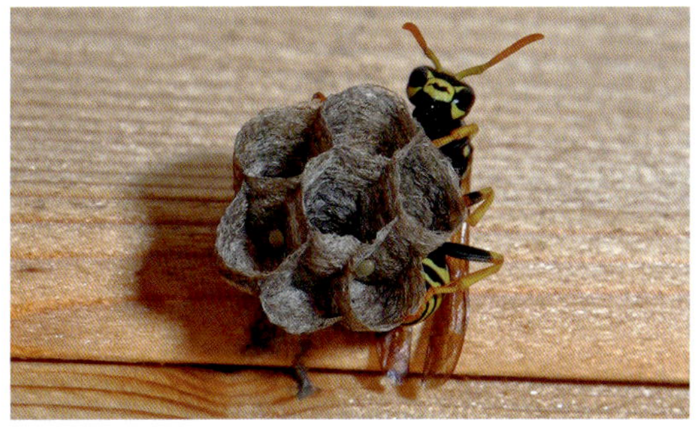

Abb. 6.22 Nur noch wenige Millimeter beträgt die Schärfentiefe bei Makroaufnahmen mit längeren Brennweiten. Wenn möglich sollten Sie ein Stativ verwenden, weil Sie so auch längere Belichtungszeiten nutzen und damit weiter abblenden können. | 85 mm | 1/60 s | f/11 | ISO 400

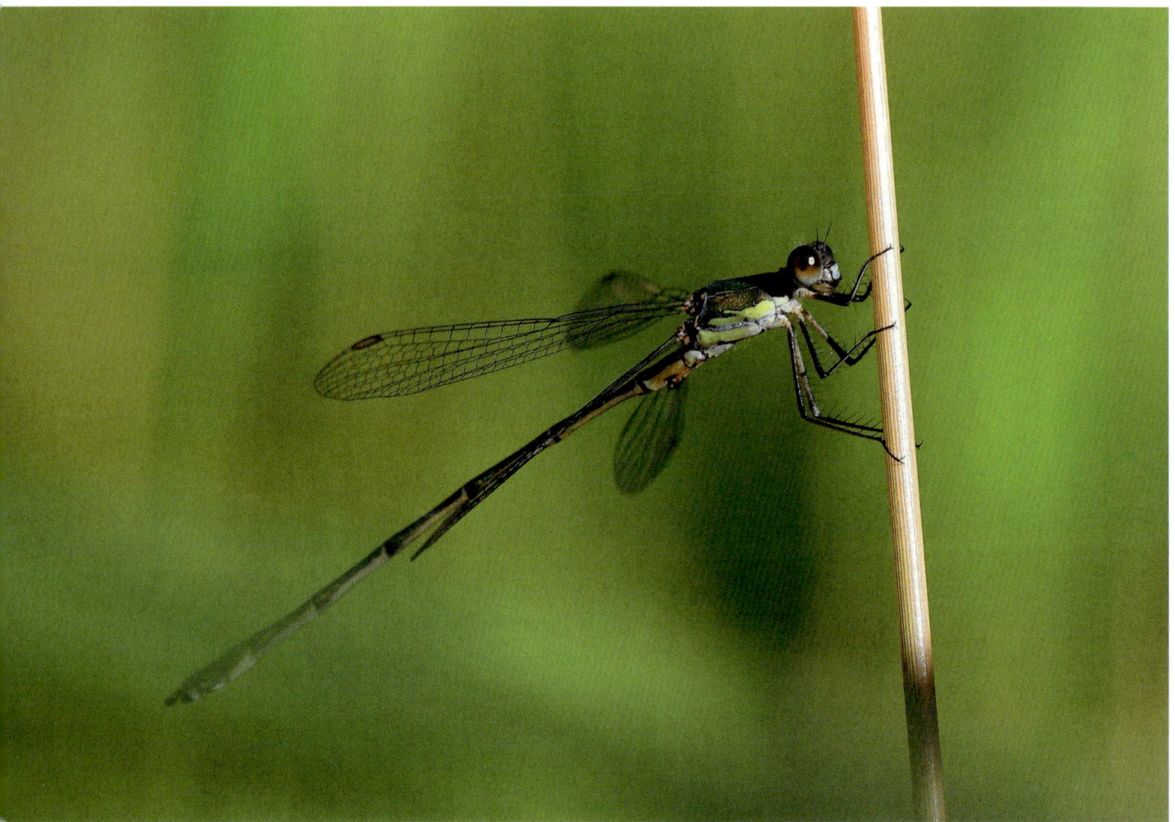

Abb. 6.23 Eine Libelle, aufgenommen an einem Weiher. Sind Libellen einmal gelandet, sonnen sie sich gern eine Zeit lang und halten still. Es erfordert etwas Geduld und man muss die Tiere eine Weile studieren, bis man zu guten Bildern kommt, aber es lohnt sich. | 150mm (Makroobjektiv) | 1/500 s | f/11 | ISO 800

Wenn Sie erste Erfahrungen gesammelt haben, sollten Sie sich auch an kleine Tiere wagen. Wenn Sie zum Beispiel Insekten fotografieren wollen, dann empfiehlt es sich, eher weiter weg zu stehen und die Telebrennweite zu verwenden, da die Tiere einen großen Fluchtabstand haben. Relativ einfach zu fotografieren sind Libellen im Sommer. Sie sind vor allem an Gewässern in der prallen Sonne zu finden und halten durchaus für längere Zeit still, wenn sie auf Gräsern am Ufer gelandet sind.

Auch Spinnen in ihren Netzen sind nicht allzu schwer zu fotografieren. Sie halten ebenfalls still, wenn man ihnen näherkommt: Tasten Sie sich langsam heran und machen Sie Fotos aus größerem Abstand; dann rücken Sie auf, bis die Tiere die Flucht ergreifen.

Fokussieren bei Makrofotos

Wegen der sehr geringen Schärfentiefe bei Makroaufnahmen muss der Fokus ganz genau sitzen. Wenn Sie aus der Hand fotografieren, wird sich die Entfernung zwischen Objektiv und Motiv durch die unweigerliche Vor- und Zurückbewegung Ihres Körpers laufend verändern. Sie können versuchen, dies durch den *AF-C*-Fokusmodus zu kompensieren (um die übrigen Verwacklungen kümmert sich die Bildstabilisierung Ihres Objektivs). Besser ist es, vom Stativ aus im Modus *AF-S* zu fotografieren. Hier können Sie alternativ auch manuell scharfstellen.

Haben Sie Gefallen gefunden an der Makrofotografie? Wollen Sie näher ran an die Welt des Kleinen? Dann muss die Technik bzw. Optik verbessert werden. Interessant werden dann Nahlinsen, Zwischenringe oder später vielleicht echte Makroobjektive, die speziell für die Makrofotografie gerechnet sind.

Fotos mit einem (F-Bajonett-)Makroobjektiv

Nikon hat leider noch keine speziellen Makroobjektive für das spiegellose Z-System im Angebot. Deswegen muss man hier noch auf Makroobjektive mit F-Bajonett ausweichen. Ausprobiert habe ich das schwere (Profi-)Makroobjektiv Sigma 150 mm F2.8 APO Macro DG HSM, das ich über den FTZ-Adapter an die Z50 angeschlossen habe. Leider hat es der Autofokus der kleinen Kamera nicht geschafft, durch dieses schwere Objektiv hindurch auf die Motive scharfzustellen. Manuelles Fokussieren war aber problemlos möglich.

Mein Motiv waren Öltröpfchen, die im Wasser schwammen – ein einfaches, aber spektakuläres Motiv. Wenn Sie es selbst ausprobieren wollen, gießen Sie etwas Speiseöl in ein flaches, durchsichtiges Gefäß und beleuchten es von unten. Die Öltröpfchen auf der Wasseroberfläche erstrahlen dann in den unterschiedlichsten Farben und Formen. Den Motiven und Lichtstimmungen sind bei diesem kleinen Fotoexperiment keine Grenzen gesetzt. Dieses

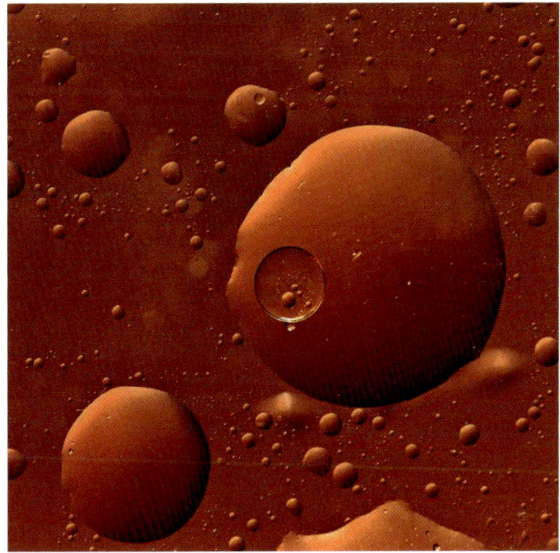

Abb. 6.27 Makrofotografie in der Küche: Öltröpfchen treiben auf dem Wasser in einer durchsichtigen, flachen Tupperdose. Nikon Z50 mit FTZ-Adapter und Sigma 150 mm, F2.8 APO Makro DG HSM und Stativ. Hier war nur manuelles Scharfstellen möglich. | 1/250 s | f/5 | ISO 1000

Motiv können Sie auch problemlos mit Nahlinsen aufnehmen, die Sie auf Ihre Original-Z-Objektive setzen. Es ist übrigens eine schöne kreative Beschäftigung für einen verregneten Sonntagnachmittag, wenn Sie keine Lust haben, draußen auf Tour zu gehen.

6.7 Fotografieren mit Stativ

Ich möchte Ihnen ans Herz legen, öfter ein Stativ zu benutzen. Klar, oft siegt die Faulheit und man dreht einfach die ISO-Zahl der Kamera nach oben und verlässt sich zudem auf die Stabilisatoren in Kameras und Objektiven. Und oft geht das auch gut (wenn nicht, merkt man das meist erst zu Hause am Monitor). Doch wenn die Qualität einer Aufnahme wirklich optimal sein soll und die Lichtverhältnisse kritisch sind, dann sollten Sie sich nicht scheuen, ein Stativ zu verwenden.

Nachtaufnahmen und Langzeitbelichtungen von Wasser oder Wolken beispielsweise sind ohne Stativ kaum umsetzbar. Auch für HDR-Aufnahmen, bei denen man von einem Motiv unterschiedlich belichtete Aufnahmen macht, braucht man immer wieder den exakt selben Bildausschnitt, um beim Zusammenrechnen keine »Geisterbilder« zu bekommen (siehe den Abschnitt 7.1 »HDR-Fotografie« ab Seite 130). Und wie nützlich ein Stativ in der Makrofotografie ist, haben Sie im letzten Abschnitt gelesen.

Die Verwendung eines Stativs steigert unzweifelhaft die Qualität einer Aufnahme in punkto Schärfe und Rauschverhalten. Aber sie bewirkt auch noch etwas anderes, nicht weniger Wichtiges: sie entschleunigt die Fotografie und lässt Sie Ihre Motive bewusster komponieren.

Ich bevorzuge leichte Stative aus Karbon oder Basalt. Diese sind in der Anschaffung deutlich teurer als Standardstative. Aber die Investition lohnt sich, denn sie wiegen deutlich weniger als diese und haben eine ebenso gute, wenn nicht höhere Qualität und Lebensdauer. Ich bevorzuge auf dem Stativ Kugelköpfe als Verbindung zur Kamera, vor allem wegen der höheren Flexibilität bei der Perspektivenwahl.

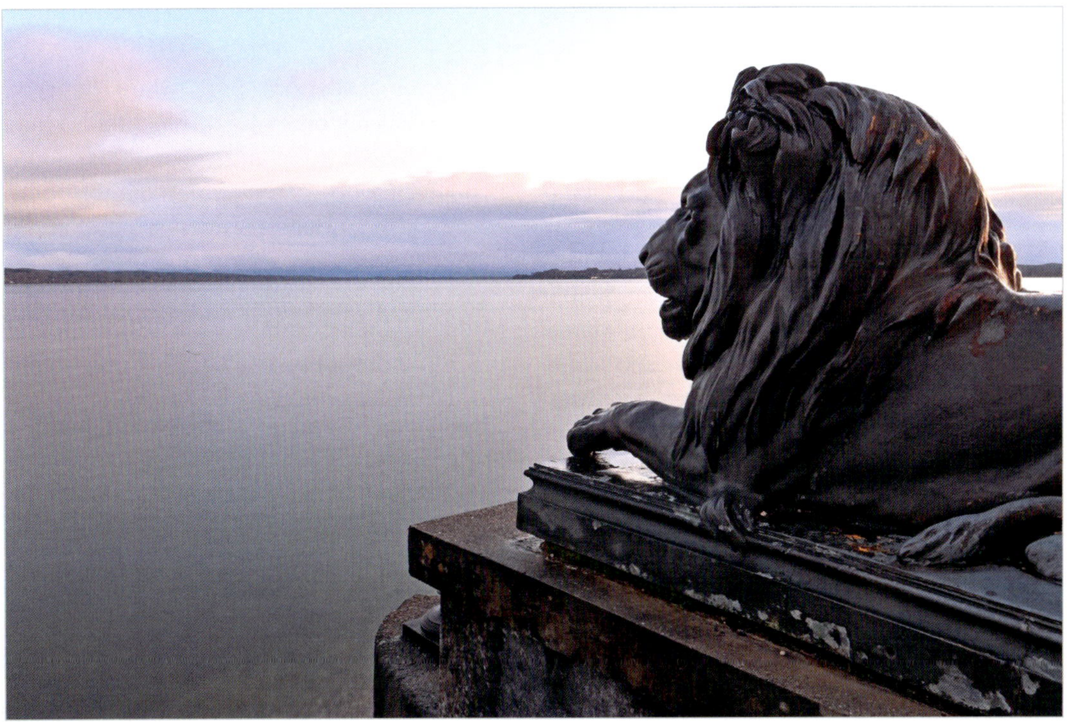

Abb. 6.24 *Entschleunigung am Starnberger See bei Tutzing. Kurz vor der absoluten Dunkelheit entstand diese Aufnahme. Die glatte Oberfläche des Wassers ergibt sich durch eine Langzeitbelichtung von 30 Sekunden.*
| DX 16–50 | 16 mm | 30 s | f/22 | ISO 100

Tipp

Lösen Sie nicht direkt über den Auslöser aus, wenn Sie ein Stativ verwenden. Das erhöht die Verwacklungsgefahr. Nutzen Sie stattdessen den Selbstauslöser mit einer Vorlaufzeit von 5 s, die Sie im »i«-Menü einstellen. Das bedeutet: Sie drücken den Auslöser und ein paar Sekunden später löst die Kamera aus. Alternativ können Sie die Kamera über Ihr Smartphone auslösen, wenn Sie die App SnapBridge verwenden (siehe den Abschnitt 12.2 »Verbindung mit Smartphone oder Tablet herstellen« ab Seite 182).

6.8 Selfies

Im Zeitalter von Instagram, Facebook und Twitter gehören Selfies sicher zu den beliebtesten Fotos schlechthin. Auch Ihre Z50 ist für Selfies gerüstet. Sie müssen nur den Bildschirm nach unten klappen, und schon können Sie loslegen, sich selbst zu fotografieren und Ihre Erlebnisse mit Ihren Freunden und Verwandten zu teilen. Dass man den Monitor um 180 Grad nach unten klappen soll, ist allerdings eine suboptimale Konstruktion. Damit entfällt die Möglichkeit, die Kamera auf einem Stativ oder einem Selfie-Stick zu befestigen. Die Kamera auf einer Mauer oder Ähnlichem abzustellen geht dann leider auch nicht.

Selbstporträt-Modus – Pro und Kontra

Das zum Selfie herunterklappbare Kameradisplay wird von Nikon extra beworben, und der ab Werk voreingestellte Selbstporträtmodus ist auch nett gemacht. Sie platzieren das rote Rechteck auf einem Ihrer Augen, drücken den Auslöser halb durch zum Scharfstellen, das Rechteck wird grün, Sie drücken den Auslöser ganz durch und eine Art Selbstauslöser mit 3-2-1-Animation läuft ab. Dann macht die Kamera das Bild. (Sie können alternativ auch auf das Display tippen, um scharfzustellen und auszulösen.)

Allerdings können Sie nun das *i*-Menü nicht mehr bedienen, was Sie einiger gestalterischer Möglichkeiten (Schärfentiefe, Bildstile etc.) beraubt. Wenn Sie das ändern möchten, schalten Sie im Menü *SYSTEM* den *Selbstporträt*-Modus auf OFF. Jetzt stehen Ihnen wieder alle Funktionen zur Verfügung, sollten Sie diese bei Selfies wirklich benötigen.

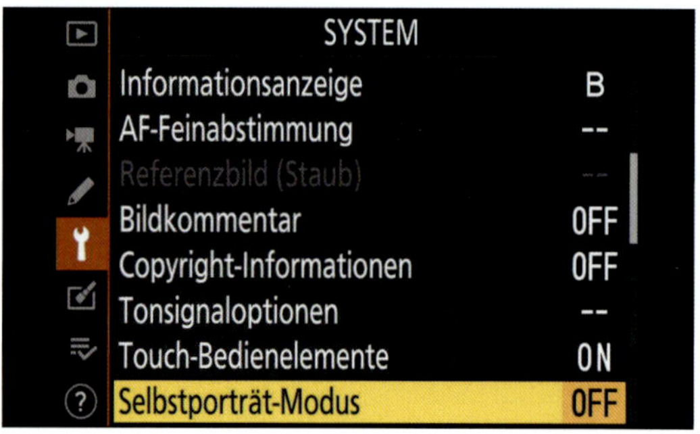

Abb. 6.25 Bevor Sie den Monitor für ein Selfie herunterklappen, schalten Sie im Menü »SYSTEM« den »Selbstporträt-Modus« auf »OFF«. Dann steht Ihnen das »i«-Menü mit allen Einstellungsoptionen wieder zur Verfügung.

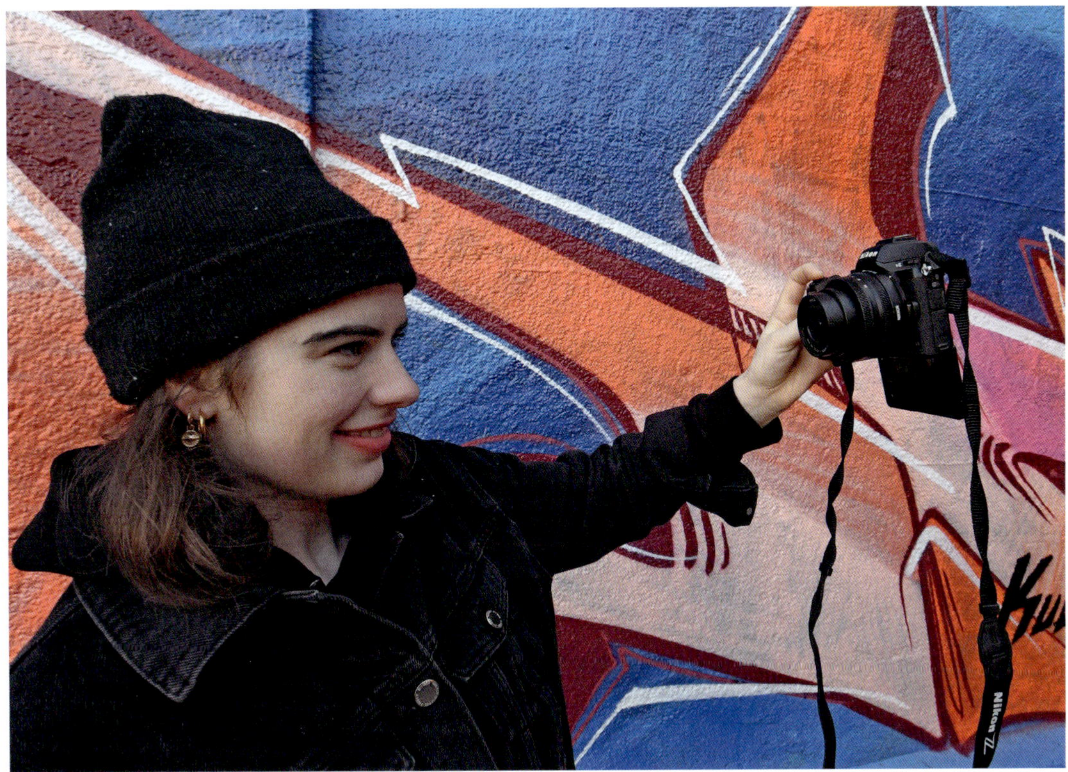

Abb. 6.26 Ein schnelles Selfie – hochbeliebt und eine schöne Erinnerung, wenn man alleine unterwegs ist.

Um gute Selbstporträts zu machen, muss man nur ein paar einfache Grundregeln beachten: Fotografieren Sie am besten mit der mittenbetonten Belichtungsmessung, und halten Sie die Kamera etwas höher als Ihre Augen, ansonsten besteht die Gefahr, ein Doppelkinn auf dem Foto zu haben. Das beste Licht für ein Selfie ist immer noch das Tageslicht. Achten Sie darauf, dass etwas Licht in Ihre Augen fällt, aber schauen Sie nicht direkt in die Sonne, um nicht blinzeln zu müssen.

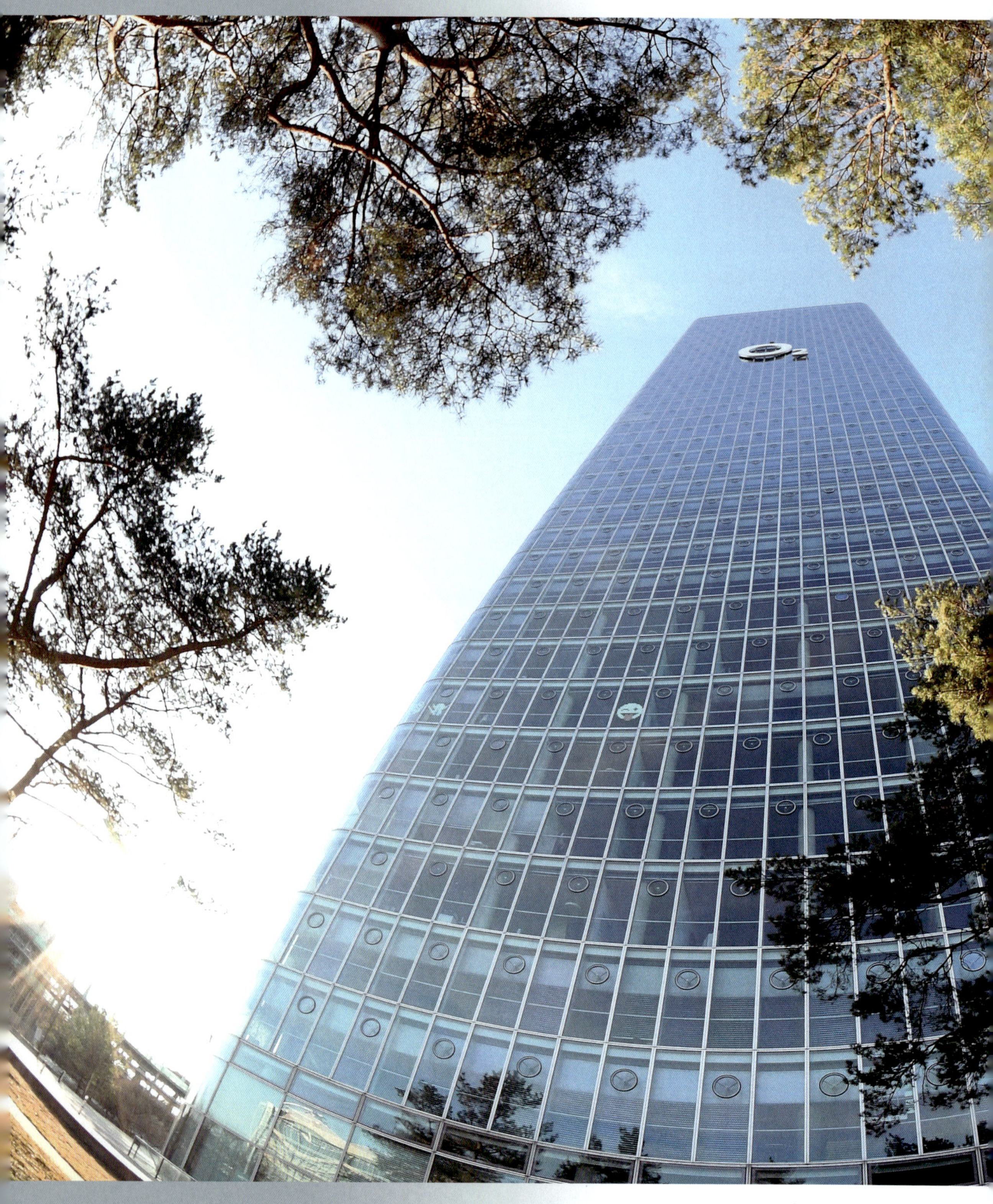

7

Werden Sie kreativ!

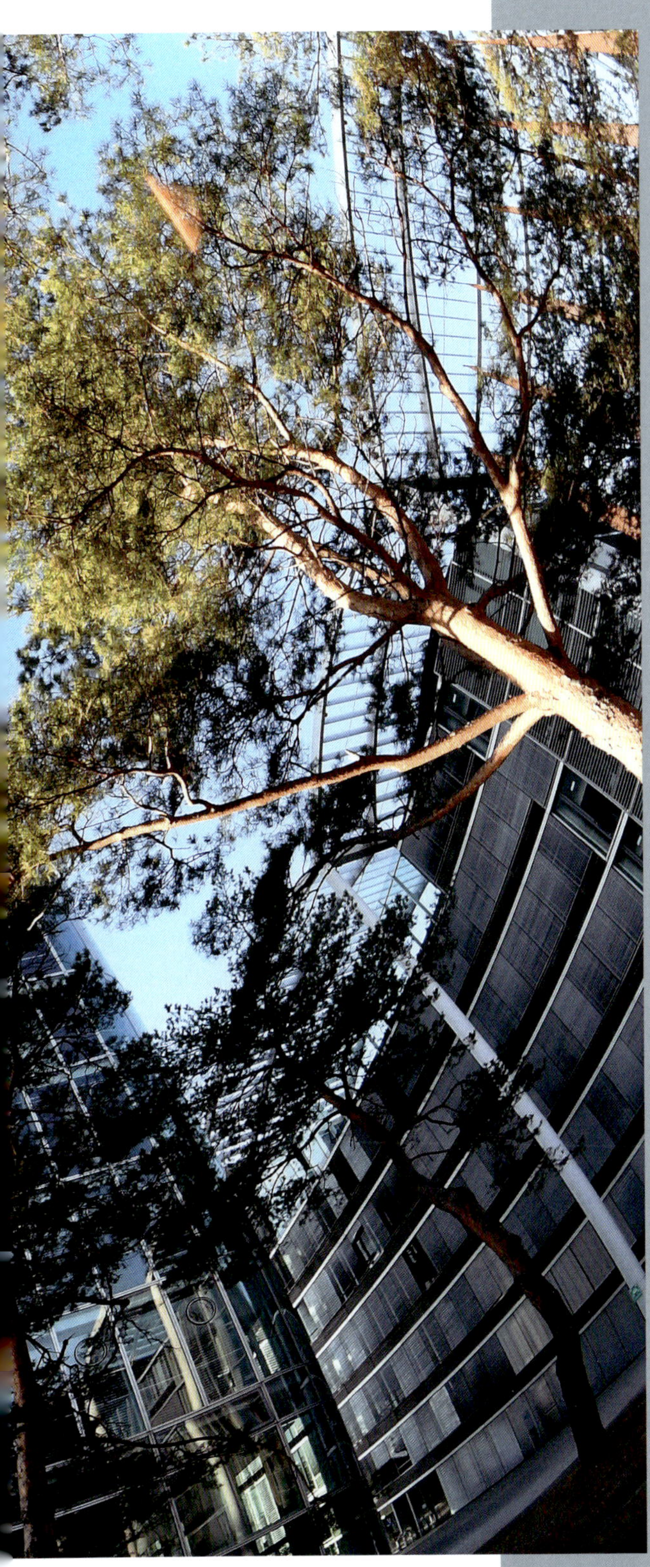

Abb. 7.1 Das O2-Hochhaus in München mit Fisheye-Effekt | 8 mm | 1/250 s | f/8 | ISO 800

Wenn Sie gern fotografieren, freuen Sie sich, wenn anderen Ihre Bilder gefallen. Das gelingt vor allem dann, wenn Sie sich eine eigene Bildsprache zulegen und sich immer wieder neue Projekte überlegen. Gehen Sie regelmäßig auf Foto-Touren. Das können Sie auch gut in Gruppen tun, etwa beim Besuch von Kursen in Volkshochschulen. Tauschen Sie sich mit Gleichgesinnten aus. Und spielen Sie mit der Technik, etwa indem Sie die Effekt- und Szene-Programme der Z50 einsetzen (EFCT bzw. SCN auf dem Funktionswähler).

7.1 HDR-Fotografie

High-Dynamic-Range- oder kurz *HDR-Fotografie* erzielt eine ähnliche Wirkung wie das ab Seite 50 beschriebene Active D-Lighting. Eingesetzt wird die Funktion ebenfalls bei hohen Kontrasten und schwierigen Lichtsituationen in einem Motiv. Die HDR-Funktion verbessert die Detailzeichnung in den Lichter- und Schattenpartien.

Das Prinzip dahinter ist schnell erklärt: Sie drücken den Auslöser, und die Kamera nimmt kurz hintereinander zwei Bilder auf. Das eine ist etwas überbelichtet (enthält mehr Details in den dunklen Bildbereichen) das andere ist unterbelichtet (enthält mehr Details in den hellen Bildbereichen). Beide Bilder werden von der Kamera intern sofort kombiniert. So werden im Resultat starke Schatten und zu helle Lichter ausgeglichen. Sie haben selbst Einfluss darauf, wie stark der Effekt sein soll, denn im Menü können Sie einstellen, mit wie vielen Blendenstufen die Über- bzw. Unterbelichtung erfolgen soll.

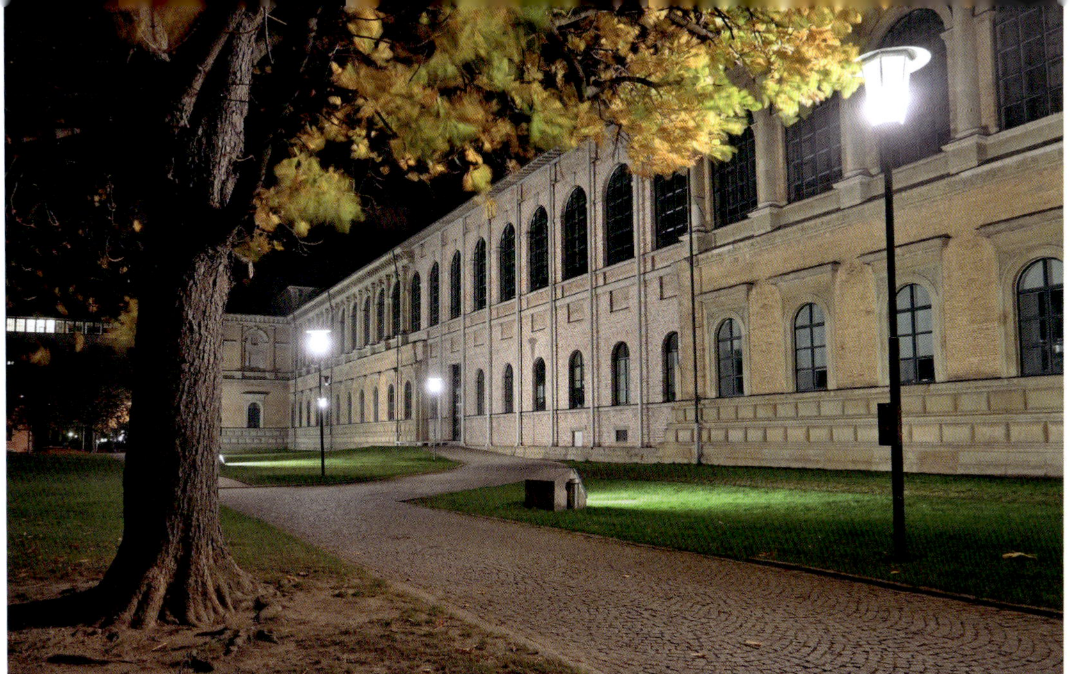

Abb. 7.2 Bei eindrucksvoll beleuchteten Gebäuden wie hier der Münchener Alten Pinakothek können Sie die HDR-Technik nachts gewinnbringend einsetzen. Die Bilder werden ungewöhnlich hell und auch die Schattenpartien haben genügend Zeichnung. Nicht selten wirken solche Bilder etwas surreal. | DX 16–50 | 16 mm | 1/16 s | f/3.5 | ISO 640 | mit Stativ

Abb. 7.3 Die HDR-Funktion muss explizit eingeschaltet werden und ist nur verfügbar, wenn Sie im JPEG-Format fotografieren.

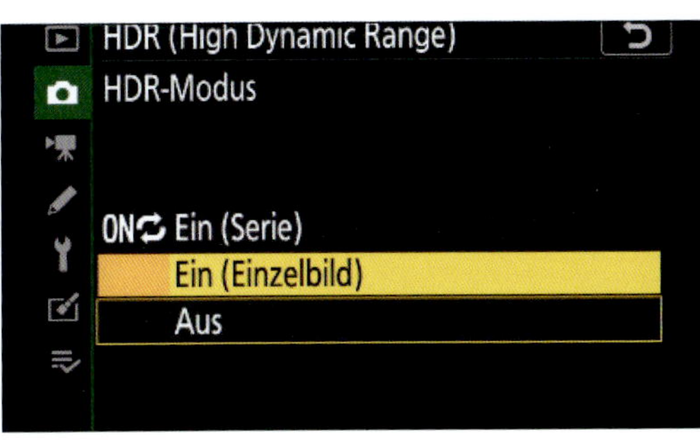

Abb. 7.4 Im Menü »HDR-Modus« wählen Sie zwischen »Einzelbild« und »Serie«. Bei »Einzelbild« schaltet sich der HDR-Modus nach der ersten Aufnahme automatisch wieder aus. Zusätzlich können Sie einstellen, wie groß die »Belichtungsdifferenz« zwischen den einzelnen Aufnahmen sein soll, wie stark die »Glättung« ausfallen soll und ob Sie einzelne Bilder im NEF-, also in Nikons Raw-Format, abspeichern wollen. Die »Glättung« bestimmt, wie stark die Übergange der Bilder bearbeitet werden sollen. An dieser Einstellung müssen Sie in der Regel nichts ändern.

Zudem gibt es natürlich eine Automatik-HDR-Funktion. Außerdem können Sie einstellen, wie stark die Glättung zwischen den beiden Bildern sein soll. HDR ist übrigens am wirkungsvollsten, wenn Sie die Belichtungmessung mit der Matrixmessung vornehmen.

HDR nicht im Raw-Format, nicht mit Blitz oder als Belichtungsreihe

HDR-Bilder können Sie nicht im Raw-Format fotografieren. Sie müssen – etwa über das »i«-Menü – explizit JPEG als Format (kein *Raw + JPEG*) einstellen, sonst bleibt die HDR-Funktion im Menü ausgegraut. Allerdings haben Sie die Option, die einzelnen Bilder unter dem Menüpunkt *Speichern einzelner Bilder (NEF)* zusätzlich als Raw-Dateien abzuspeichern.

Ebenso können Sie HDRs nicht mit Blitz aufnehmen oder einer Belichtungsreihe aufnehmen (eine Belichtungsreihe ermöglicht Ihnen allerdings das Erstellen von HDR-Bildern in der Nachbearbeitung).

HDR-Bilder können Sie durchaus aus der Hand fotografieren. Achten Sie aber unbedingt auf kurze Belichtungszeiten. Bei Bildern, in denen Bewegung ist, sollten Sie auf HDR eher verzichten, da die Kamera ja nacheinander zweimal auslöst und sich beim Kombinieren der Bilder dann sogenannte »Geisterbilder« ergeben könnten (wie Sie in der obigen Nachtaufnahme an den Blättern erkennen können, die der Wind zwischen den beiden Bildern bewegt hatte).

Die besten Ergebnisse erzielen Sie, wenn Sie sich Zeit nehmen und die Kamera auf ein Stativ stellen. Wenn Sie nur ein einzelnes Bild in HDR aufnehmen wollen, können Sie das als *Einzelbild* im *HDR-Modus* (siehe oben) einstellen – danach wird HDR automatisch deaktiviert. Wenn Sie mehrere HDR-Bilder hintereinander aufnehmen wollen, dann wählen Sie die Einstellung *Ein (Serie).*

7.2 Der Zoomeffekt

Wenn Sie an Ihrer Z50 ein Weitwinkelzoom nutzen wie das DX 16–50 mm, dann haben Sie die Möglichkeit, mit einem einfachen Gestaltungsmittel einen faszinierenden Effekt in Ihre Bilder zu zaubern. Alles, was Sie noch dazu benötigen, ist ein Stativ.

Für diesen Effekt zoomen Sie während der Aufnahme. Deswegen ist es notwendig, mit einer ausreichend langen Belichtungszeit zu arbeiten. So haben Sie genug Zeit, den Zoomring während der Aufnahme zu drehen. Sie müssen dazu die Kamera auf dem Stativ auf ein Motiv richten, das sich genau im Zentrum des Bildes befindet, denn dorthin zoomen Sie beim Fotografieren später ein.

Mit dieser Technik erhalten Sie einen Bewegungseffekt, in dessen Zentrum Ihr Hauptmotiv steht – Sie lenken also die Aufmerksamkeit des Betrachters. Störendes, das sich vielleicht rechts und links vom Hauptmotiv befindet, verwischt, was ein schöner Nebeneffekt ist.

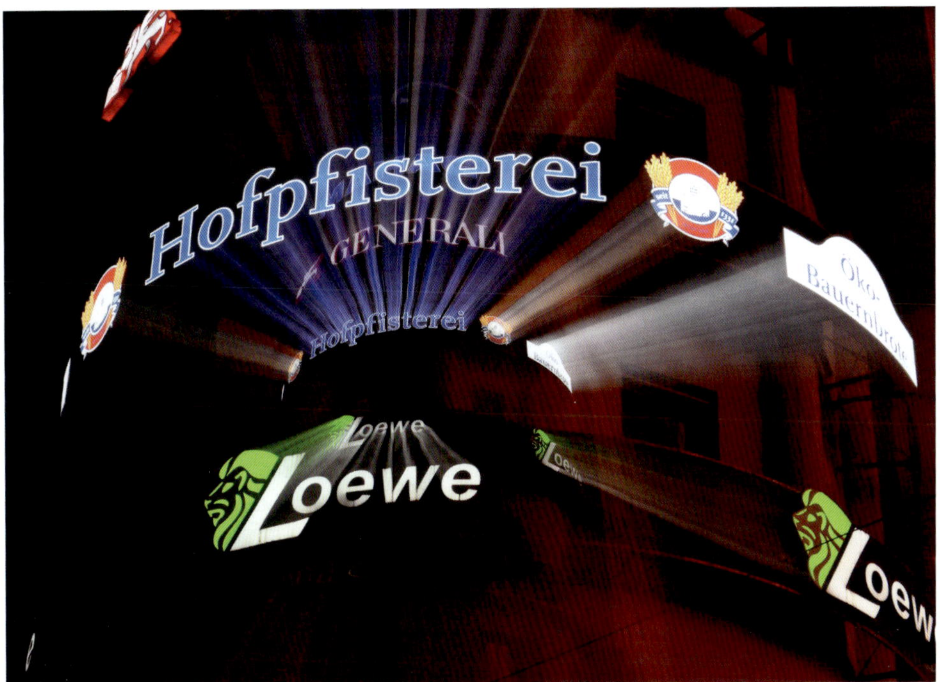

Abb. 7.5 Nachts bei Leuchtreklamen lässt sich der Zoomeffekt gut einsetzen. | DX 16–50 | 5 s | ISO 100 | einmal durchgezoomt von 16 mm auf 50 mm

Besonders gut lässt sich diese Technik nachts einsetzen, wenn viele Lichter zur Verfügung stehen. Wie stark der Zoomeffekt sein wird, bestimmen Sie durch das Drehen am Brennweitenring des Objektivs. Das Ergebnis kann ein völlig abstraktes Foto sein, wenn Sie zum Drehen des Zoomrings die ganze Belichtungszeit nutzen. Wenn Sie dagegen nur zu Beginn den Brennweitenring leicht drehen und anschließend den Rest der Belichtung normal ablaufen lassen, dann erhalten Sie ein eher klassisches Bild, das durch einige Strukturen bereichert wird.

So gehen Sie vor:

1. Befestigen Sie die Kamera auf einem Stativ. Zoomen Sie aus auf die kleinste Brennweite (Weitwinkel) und setzen Sie das Hauptmotiv in die Mitte des Bildausschnitts.

2. Am besten stellen Sie manuell scharf. Dann besteht nicht die Gefahr, dass die Kamera automatisch nachjustiert. Probieren Sie durch Drehen des Brennweitenrings aus, wie der Verlauf des Einzoomens später aussehen wird. Wichtig ist, dass sich das Hauptmotiv auch bei den längeren Brennweiten exakt in der Mitte befindet.

3. Wählen Sie anfangs Belichtungszeiten zwischen 5 und 10 Sekunden. Fotografieren Sie im Belichtungsmodus A, setzen Sie die ISO-Zahl herab und schließen Sie die Blende. Dann wird die Zeit automatisch lang.

4. Drücken Sie den Auslöser. Nun drehen Sie vorsichtig am Brennweitenring, damit möglichst wenig wackelt. Jetzt gilt es auszuprobieren, mit welcher Geschwindigkeit Sie am besten drehen, um den gewünschten Effekt zu erhalten. Sie müssen den Ring nicht unbedingt schnell drehen – auch wenn es in der späteren Aufnahme so aussieht, als hätten Sie das getan. Es kann durchaus sein, dass Sie viele Versuche benötigen, bis Sie das gewünschte Bild erhalten. Verlieren Sie nicht die Geduld. Variieren Sie die Belichtungszeiten und die Drehgeschwindigkeit. Der Aufwand lohnt sich!

Tour 6: Im Museum

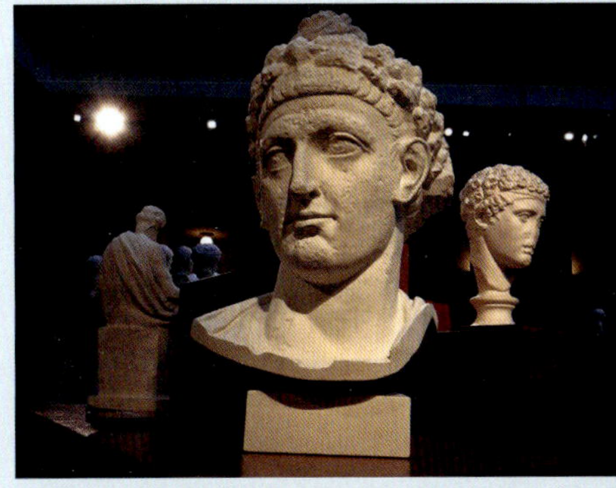

Wenn Sie sich für Technik, Kunst oder andere schöne Dinge des Lebens begeistern, sind Sie vielleicht auch ab und zu in Museen unterwegs. Und falls erlaubt, könnten Sie dort doch Ihre neue Kamera ausprobieren. Wenn Sie die Bilder veröffentlichen wollen, sollten Sie sich vorher informieren, was erlaubt ist und was nicht. Meist ist es kein Problem, wenn Sie die Bilder nur privat nutzen und kein Stativ verwenden. Wenn Sie Ihre Bilder kommerziell nutzen wollen, müssen Sie sich in der Regel eine kostenpflichtige Genehmigung holen.

Die Nikon Z50 kam hier im *Münchener Museum für Abgüsse Klassischer Bildwerke* zum Einsatz. In den Räumlichkeiten herrscht Mischlicht, also Tageslicht gemischt mit Kunstlicht, das als Spotbeleuchtung für die Abgüsse eingesetzt wird. Die Kamera kam mit den Lichtbedingungen sehr gut zurecht. Fotografiert habe ich mit ISO 800, automatischem Weißabgleich und Belichtungszeiten von rund 1/200 s. Die weißen Köpfe und Torsi sind meist heller als Ihre Umgebung. Aus diesem Grund habe ich die Spot-Belichtungsmessung sowie die mittenbetonte Belichtungsmessung eingesetzt.

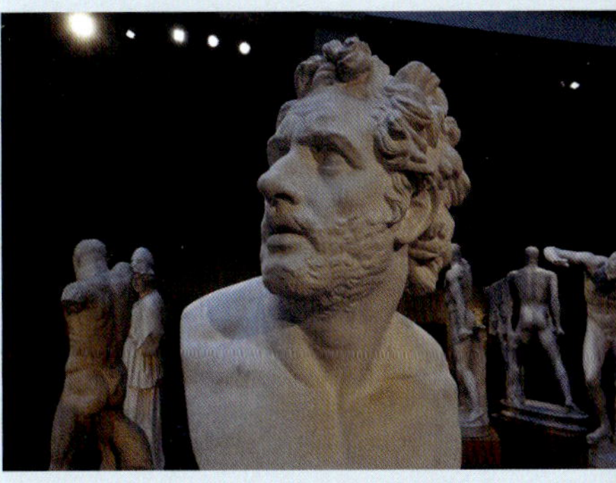

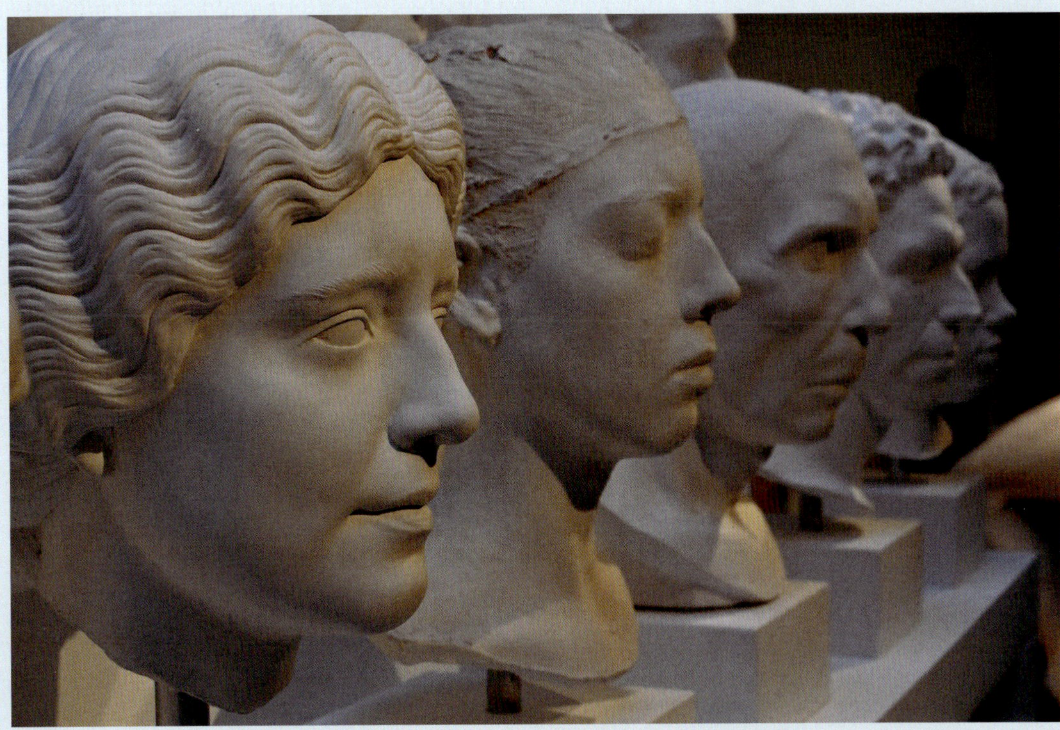

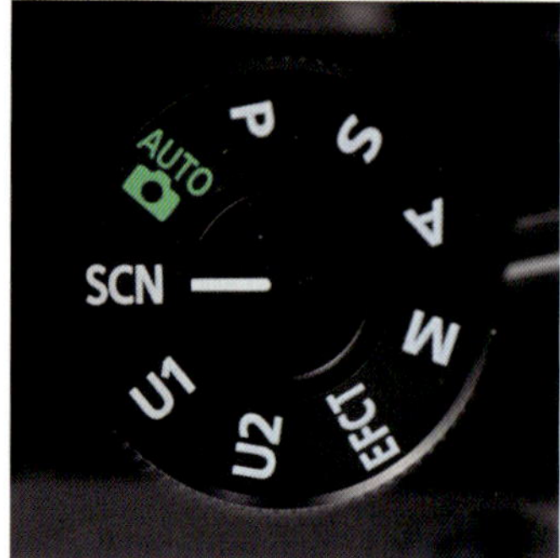

Abb. 7.6 *Um mit den »Szene-Programmen« zu arbeiten, drehen Sie das Funktionswählrad auf »SCN«. Mit dem hinteren Einstellrad gelangen Sie zu den einzelnen Szene-Programmen.*

7.3 Die Szene-Programme

Wenn Sie neu in die Fotografie einsteigen, werden Sie wahrscheinlich gern die Szene-Programme der Z 50 nutzen. Diese halten eigentlich für jede fotografische Situation des Alltags eine Lösung parat. Je nach Szene-Programm nimmt die Kamera in den einzelnen Menüs diverse Voreinstellungen, wie Blende, Belichtungszeit und ISO-Einstellung, eigenständig vor. Die Kamera nimmt Ihnen also einige Arbeit ab.

Da die Szene-Programme auf verschiedenen Kameravoreinstellungen beruhen und keine Bearbeitungen der Bilddateien vornehmen, können Sie mit ihnen problemlos im Raw-Format fotografieren.

Mit etwas Routine und dem Wissen aus diesem Buch werden Sie diese Programme nicht mehr benötigen, denn dann können Sie die nötigen Einstellung selbst vornehmen, ja sogar individueller steuern. Der Vollständigkeit halber stelle ich Ihnen die Szene-Programme nachfolgend vor.

Zur Verfügung stehen Ihnen:

- **Porträt**
  In diesem Programm wird der Hintergrund bei einem Porträtbild zusätzlich abgesoftet, also etwas unschärfer gemacht. Den gleichen Effekt erreichen Sie im »Normalbetrieb« der Kamera auch über das Öffnen der Blende.
- **Landschaft**
  Das Programm schaltet den Blitz aus, auch bei schwierigen Lichtverhältnissen. Zudem wählt es die Matrix-Belichtungsmessung – alles Einstellungen, die Sie auch leicht selbst wählen können.
- **Kinder**
  Dieses Programm reagiert ähnlich wie das Szene-Programm *Porträt*. Kinderfotografie gehört zu den schwierigsten fotografischen Aufgaben im Alltag. Nutzen Sie generell kurze Belichtungszeiten und Brennweiten zwischen 35 und 80 mm. Und sorgen Sie für ausreichend Speicherplatz, denn bei quirligen Kindern ist es nicht ganz einfach, scharfzustellen. Drücken Sie also ruhig ein paarmal öfter auf den Auslöser und lösen Sie das Problem, wenn nötig, über die Menge.

- **Sport**
  Sportfotografie lebt von kurzen Belichtungszeiten, um Bewegungen einzufrieren. Diese stellt die Kamera im Szene-Programm *Sport* ein. Sie erhöht im Gegenzug dazu die ISO-Zahl. Das Autofokusmessfeld legt sie in die Mitte, was Ihnen die Verfolgung bewegter Motive erleichtert.

- **Nahaufnahme**
  Hier legt die Kamera das AF-Messfeld ebenfalls in die Mitte. Näher an ein Motiv herangehen als bis zur normalen Naheinstellgrenze können Sie natürlich nicht, denn die wird vom Objektiv bestimmt.

- **Nachtporträt**
  Die Kamera versucht eine ausgewogene Belichtung zwischen einem Menschen im Vordergrund und einem beleuchteten Hintergrund herzustellen. In der Regel schaltet die Kamera den Blitz automatisch zu.

- **Nachtaufnahme**
  Hier errechnet die Kamera einen Weißabgleich, der bewirkt, dass Kunstlicht nicht zu gelb erscheint oder dass Neonreklame-Schilder so auf dem Foto erscheinen, wie unsere Augen sie wahrnehmen. Der Blitz bleibt dabei inaktiv.

- **Innenaufnahme**
  Auch hier rechnet die Kamera mit Kunstlicht und stellt dabei den Weißabgleich so ein, dass die Bilder nicht zu gelb erscheinen.

- **Strand/Schnee**
  Schnee, Sand und Meer in der prallen Sonne werden von Kameras oft zu hell eingeschätzt, was zu einer Unterbelichtung des Bildes führt. Dieses Szene-Programm korrigiert die Belichtung also leicht nach oben (was Sie über die Belichtungskorrektur ebenso könnten).

- **Sonnenuntergang**
  Dieses Szene-Programm (es funktioniert auch bei Sonnenaufgang) belichtet tendenziell unter, um die Zeichnung im Himmel gegen die untergehende Sonne zu erhalten. Der Nachteil dabei: Der dunkle Vordergrund droht zu dunkel zu werden.

Szene-Programme überschreiben Ihre Einstellungen

Sinnvollerweise überschreiben die Szene-Programme Ihre eigenen Voreinstellung, etwa zu ISO-Automatik oder zum Fokusmodus. Sobald Sie wieder zurück auf Zeit-, Blenden- oder Programmautomatik schalten, sind wieder Ihre eigenen Voreinstellungen aktiv.

- **Dämmerung**
  Dieses Szene-Programm erhält das natürliche Restlicht nach dem Sonnenuntergang zur Blauen Stunde, indem es tendenziell etwas kürzer belichtet, als die normale Automatik es tun würde.

- **Tiere**
  Hier stellt sich das Autofokus-Messfeld auch auf die Mitte ein. Die Kamera strebt eine kurze Belichtungszeit an, da sie davon ausgeht, dass Tiere sich schnell bewegen.

- **Kerzenlicht**
  Blitzlicht zerstört in der Regel die Stimmung, die Kerzenlicht ausstrahlt. Deswegen vermeidet die Kamera hier das Zuschalten des Blitzes und erhöht stattdessen die ISO-Zahl, um trotzdem eine verwacklungsfreie Aufnahme zu ermöglichen. Ein ähnliches Ergebnis erzielen Sie ohne Szene-Programm mit einer Spotmessung auf ein von einer Kerze beleuchtetes Gesicht, wobei Sie den ISO-Wert ebenso erhöhen müssen.

- **Blüten**
  Dieses Szene-Programm erhöht leicht die Sättigung der Farben.

- **Herbstfarben**
  Auch hier wird die Sättigung der Farben tendenziell erhöht.

- **Food**
  Wenn Sie gern schön angerichtete Mahlzeiten oder Lebensmittel fotografieren, dann verwenden Sie dieses Szene-Programm. Es erhöht ebenfalls die Sättigung bei den Farben der Zutaten und lässt sie besonders appetitlich erscheinen.

7.4 Die Effekt-Programme

Die Z50 bietet Ihnen zehn verschiedene Effekt-Programme, bei denen die Kamera Ihre Bilder bearbeitet – was wieder bedeutet, dass diese Effekte nur in Ihren JPEGs zu sehen sein werden, nicht in Ihren Raw-Dateien (es sei denn, Sie verwenden Nikons Entwicklungssuite *Capture NX-D*). Wenn Sie nur im JPEG-Format fotografieren, heisst das auch, dass Sie ein mit einem Effekt gemachtes Bild nicht auf eine neutrale Version zurücksetzen können (arbeiten Sie also in der Bildqualität *Raw + JPEG Fine*).

Einige Effekte sind echte Hingucker, andere eher Geschmackssache. Doch anders als bei den Szene-Programmen erhalten Sie hier tatsächlich Ergebnisse, die sich deutlich von dem unterscheiden, was Sie mit eigenen Einstellungen fotografieren könnten.

Um mit den Effekten zu fotografieren, drehen Sie das Funktionswählrad auf *EFCT*. Nun können Sie mit dem hinteren Einstellrad die einzelnen Effektprogramme ansteuern. Zur Verfügung stehen Ihnen:

- Extrasatte Farben
- High Key
- Low Key
- Miniatureffekt
- Nachtsicht
- Pop
- Selektive Farbe
- Silhouette
- Spielzeugkameraeffekt
- Tontrennung

Die interessantesten Effekt-Programme möchte ich Ihnen im Folgenden genauer vorstellen.

Selektive Farbe

Wenn Sie in Ihrem Bild bis auf eine einzige Farbe alles in Schwarzweiß erscheinen lassen möchten, dann setzen Sie diesen Effekt ein. Er bietet sich zum Beispiel an, wenn es in Ihrem Motiv eine klar dominierende Farbe gibt – etwa eine gelbe Sonnenblume oder ein rotes Hausdach.

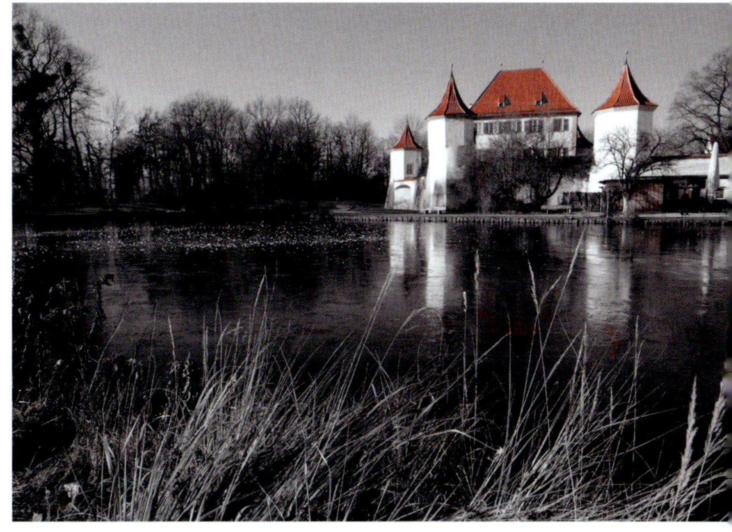

Abb. 7.7 Im Modus »Selektive Farbe« können Sie jede beliebige Farbe in einem Bild auswählen und den Rest des Motivs in Schwarzweiß erscheinen lassen. | DX 16–50 | 16 mm | 1/320 s | f/5.6 | ISO 100

Gehen Sie wie folgt vor (am einfachsten arbeiten Sie über das Kameradisplay):

1. Wählen Sie mit dem hinteren Einstellrad den Effekt *Selektive Farbe*.
2. Tippen Sie auf die Pipette oben links auf dem Kameradisplay und anschließend auf die »OK«-Schaltfläche unterhalb der Mitte.
3. Am oberen Rand des Kameradisplays sehen Sie drei Felder mit jeweils einem Zahlenfeld daneben.
4. Richten Sie nun das Messfeld in der Mitte des Kameradisplays auf das Bildelement, das als einziges farbig erscheinen soll.
5. Drücken Sie den Auslöser halb durch (und halten Sie ihn im Weiteren halb gedrückt). Die Farbe des Bildelements erscheint im ersten der drei Felder am oberen Displayrand. Das Bild auf dem Display ist schwarzweiß, nur das ausgewählte Bildelement ist farbig.
6. Tippen Sie auf das Zahlenfeld des ersten Farbfeldes und drehen Sie das hintere Einstellrad: Sie sehen auf dem Display, wie sich mit zunehmendem Zahlenwert nicht nur die Farbsättigung Ihres ausgewählten Bildelements erhöht, sondern auch verwandte Farbtöne zurück in das Bild kommen. Stellen Sie einen Wert ein, dessen Ergebnis Ihnen zusagt. Sie können das mit den anderen beiden Feldern wiederholen und so bis zu drei Farben isolieren.
7. Lösen Sie aus.

Ein toller Eyecatcher, zweifellos. Allerdings erreichen Sie diesen Effekt auch mit einer Nachbearbeitung des Bildes in vielen Bildbearbeitungsprogrammen (und in Apps, z. B. in der kostenlosen App *Color Splash Photo*) und verlieren nicht schon während des Fotografierens die restlichen Farbinformationen. Trotzdem fällt dieses Gestaltungstool in die Kategorie »empfehlenswert«.

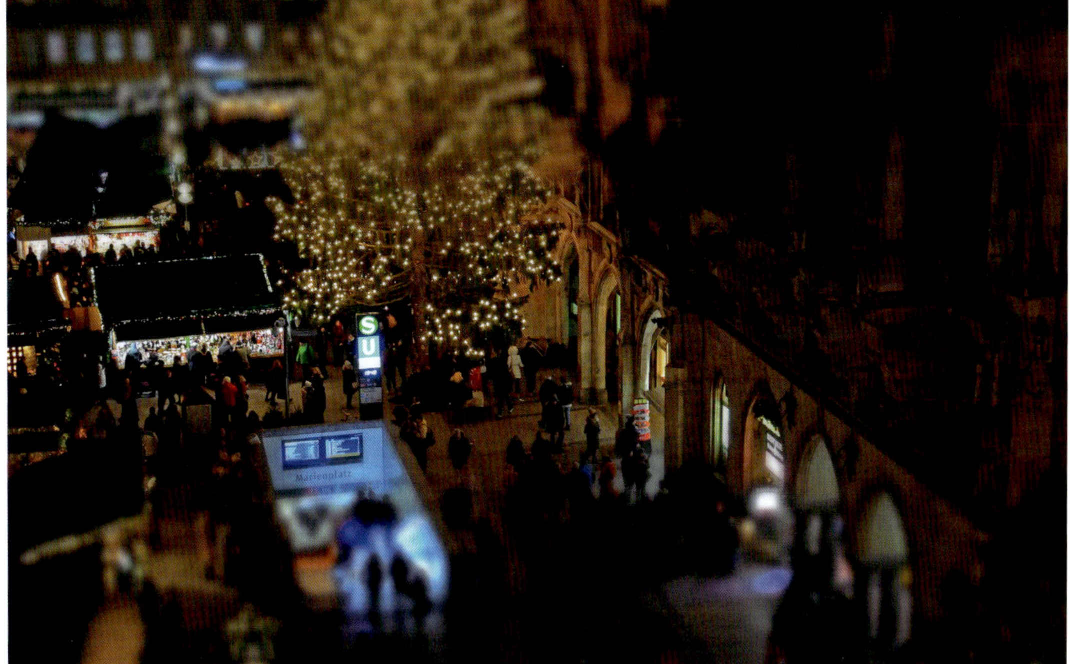

Miniatureffekt

Abb. 7.8 *Weihnachtlicher Marienplatz in München. Der Miniatureffekt kommt besonders gut zur Geltung, wenn Sie im urbanen Raum von einem erhöhten Standpunkt aus fotografieren.*
| DX 16–50 | 34 mm | 1/25 s | f/5.6 | ISO 6400 | aus der Hand fotografiert

Betrachten Sie das obige Bild des weihnachtlichen Marienplatzes in München. Sie sehen: einen Platz, Gebäude, viele Menschen, eine leicht fluchtende Perspektive. Unsere Sehgewohnheit sagt uns: das Bild müsste durchgehend scharf sein, weil wir um die Proportionen des Gezeigten wissen und sehen, dass das Foto aus vielen Metern Abstand von einem erhöhten Punkt aus gemacht wurde. Wir sehen stattdessen aber sehr geringe Schärfe und weitgehende Unschärfe – als würden wir das Motiv aus so großer Nähe anschauen, dass unsere Augen nur auf den ganz kleinen Bereich in der Mitte scharfstellen können. Also kombiniert unser Gehirn beides zu dem Eindruck, dass der Fotograf aus nächster Nähe ein Detail einer Miniaturlandschaft fotografiert hat.

Profi-Fotografen erzeugen diesen Effekt mit sogenannten »Tilt-Shift-Objektiven«. Mit ihnen läuft die Schärfebene nicht mehr nur horizontal durchs Bild – sie läßt sich drehen (würde also nicht mehr horizontal, sondern zum Beispiel vertikal durch das Bild laufen). Das verstärkt den Miniatureffekt enorm.

Das Bild oben habe ich mit dem Miniatureffekt der Z50 gemacht, der genau das simuliert.

So wenden Sie den Effekt an:

1. Wählen Sie mit dem hinteren Einstellrad den Effekt *Miniatureffekt*.
2. Tippen Sie auf das Haus/Mensch-Icon oben links auf dem Kameradisplay und anschließend auf die »OK«-Schaltfläche unterhalb der Mitte.
3. Am linken und rechten Rand des Displays sehen Sie nun jeweils zwei gelbe Striche. Sie markieren den Bereich des Bildes, der scharf wird. Im unteren Teil des Displays sehen Sie drei Felder, über die sie die Breite (linkes Feld, in drei Stufen) oder Ausrichtung (rechtes Feld, horizontal oder vertikal) steuern können. Alternativ können Sie auch den Multifunktionswähler nach oben/unten drücken, um die Breite der Felder zu verändern, bzw. nach links/rechts drücken, um die Ausrichtung der Markierung zu steuern.
4. Bestätigen Sie Ihre Einstellungen mit »OK«.
5. Lösen Sie aus.

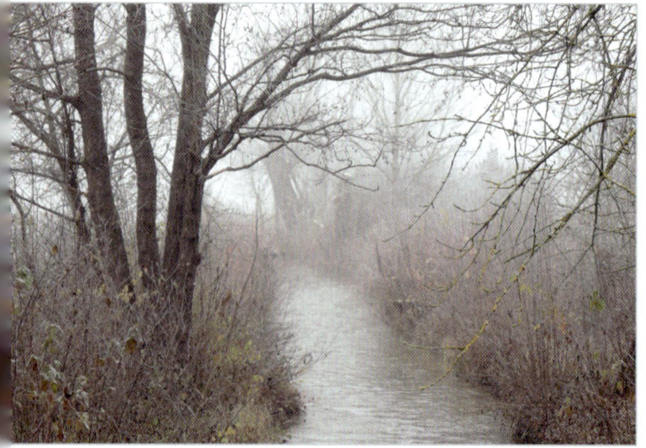

Abb. 7.9 Raureif an einem Bach. Motive, die von Natur aus helle Tonwerte haben, bieten sich für die High-Key-Fotografie an. | DX 16–50 | 50mm | 1/125 s | f/6.3 | ISO 2200

High-Key

In High-Key-Bildern dominieren helle, ins Weiß driftende Töne. High-Key-Fotografie wird gerne in der Mode- und Produktfotografie eingesetzt. High-Key-Fotos sind also nicht einfach nur überbelichtete Fotos. Wenn man den Effekt gezielt einsetzt, erhält man hochästhetische Fotografien mit wenigen, aber dafür gezielt gesetzten Kontrasten.

Der Begriff »High Key« stammt aus der frühen Hollywood-Ära. Damals strahlte man die »guten« Charaktere mit einem Dreipunkt-Hauptlicht (Key-Light) an, um sie ins rechte Licht zu rücken. Die Bösewichte dagegen wurden von unten beleuchtet, was sie furchterregend und mysteriös erscheinen ließ.

High-Key-Bilder sollen eine unbeschwerte, leichte und positive Stimmung schaffen. Wenden Sie den High-Key-Effekt auch bei Porträts an. Die hellen Tonwerte sorgen für schöne Hauttöne. Auch in der Landschaftsfotografie sollten Sie diesen Effekt ausprobieren, vor allem, wenn Schnee liegt, oder bei Nebel.

Low-Key

Im Gegensatz zur High-Key-Fotografie überwiegen bei der Low-Key-Fotografie die dunklen Bildanteile Wenn es um Ausdruck, Dramatik und Formen geht, dann ist die Low-Key-Gestaltung ein gutes Stilmittel. Profis setzen die Technik gern in der Porträt- und Aktfotografie ein. Aber auch für Stillleben ist die Low-Key-Fotografie ein schönes Gestaltungsmittel. Wenn Sie ein Setup für ein Low-Key-Stillleben oder eine Porträtsession vorbereiten, sollten Sie die Umgebung abdunkeln und dann ein oder zwei Lichtquellen auf das Hauptmotiv richten. Probieren Sie in der Nachbearbeitung auch aus, Ihre Bilder in Schwarzweiß-Fotos umzuwandeln. Manchmal verstärkt das den Effekt dramatisch.

Abb. 7.10 In der Low-Key-Fotografie dominieren die dunklen Töne. Das heißt aber nicht, dass alles dunkel sein muss. Akzente tun einem Low-Key-Bild gut. | DX 16–50 | 50 mm | 1/250 s | f/11 | ISO 1800

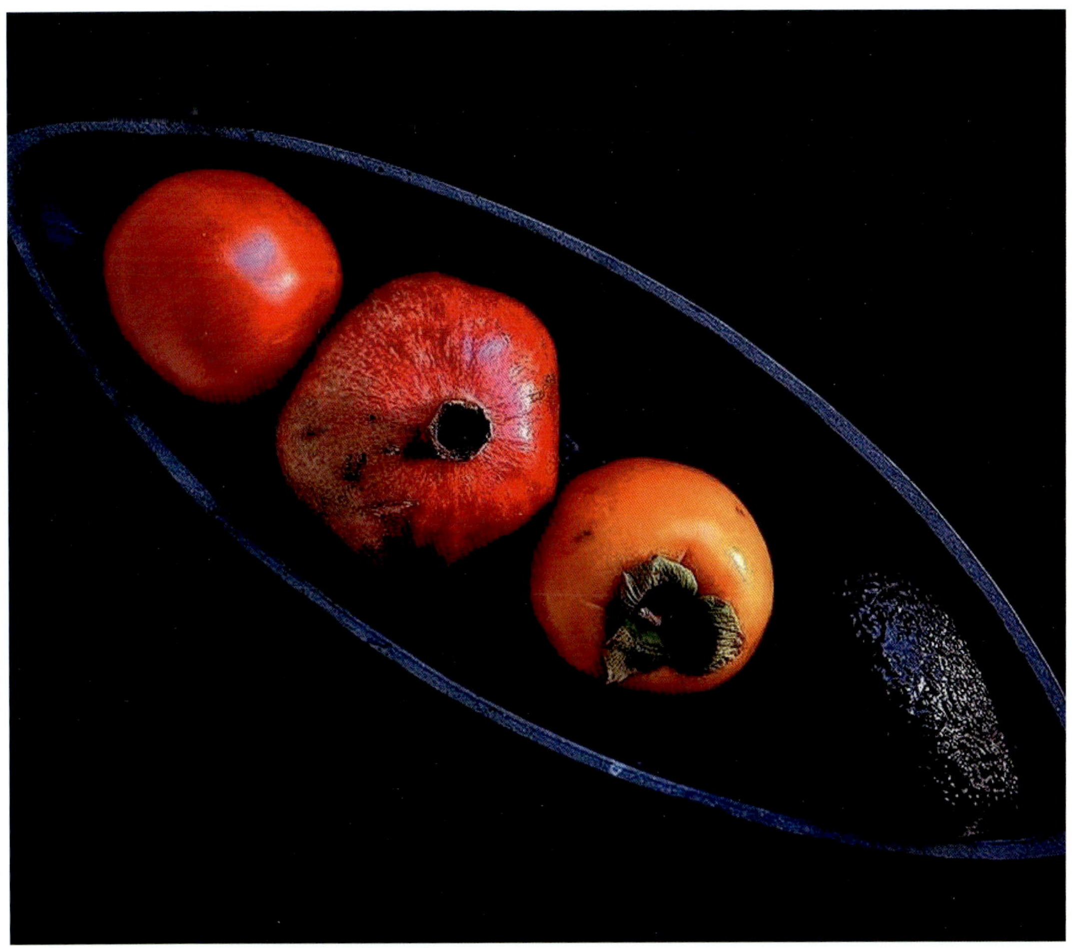

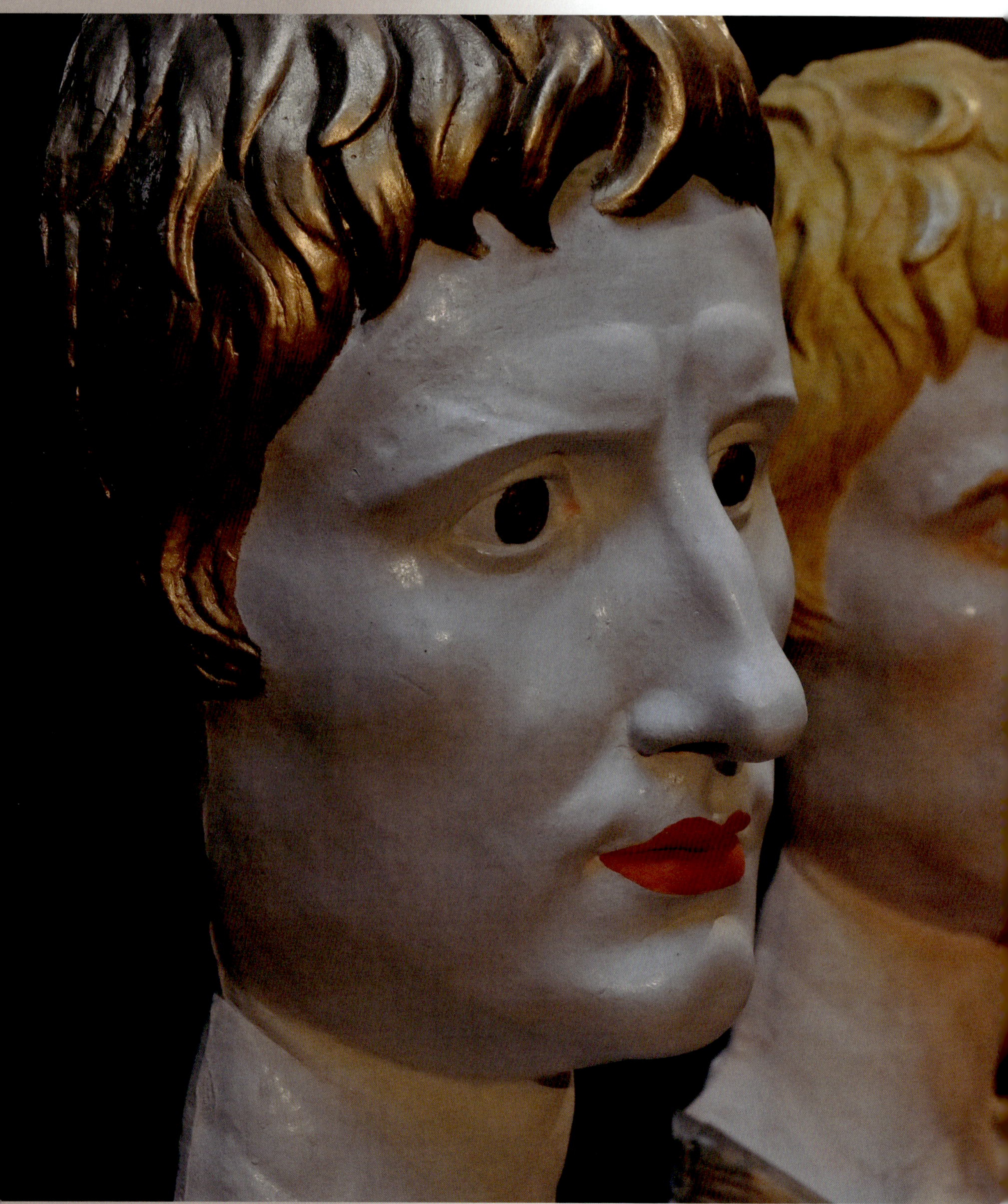

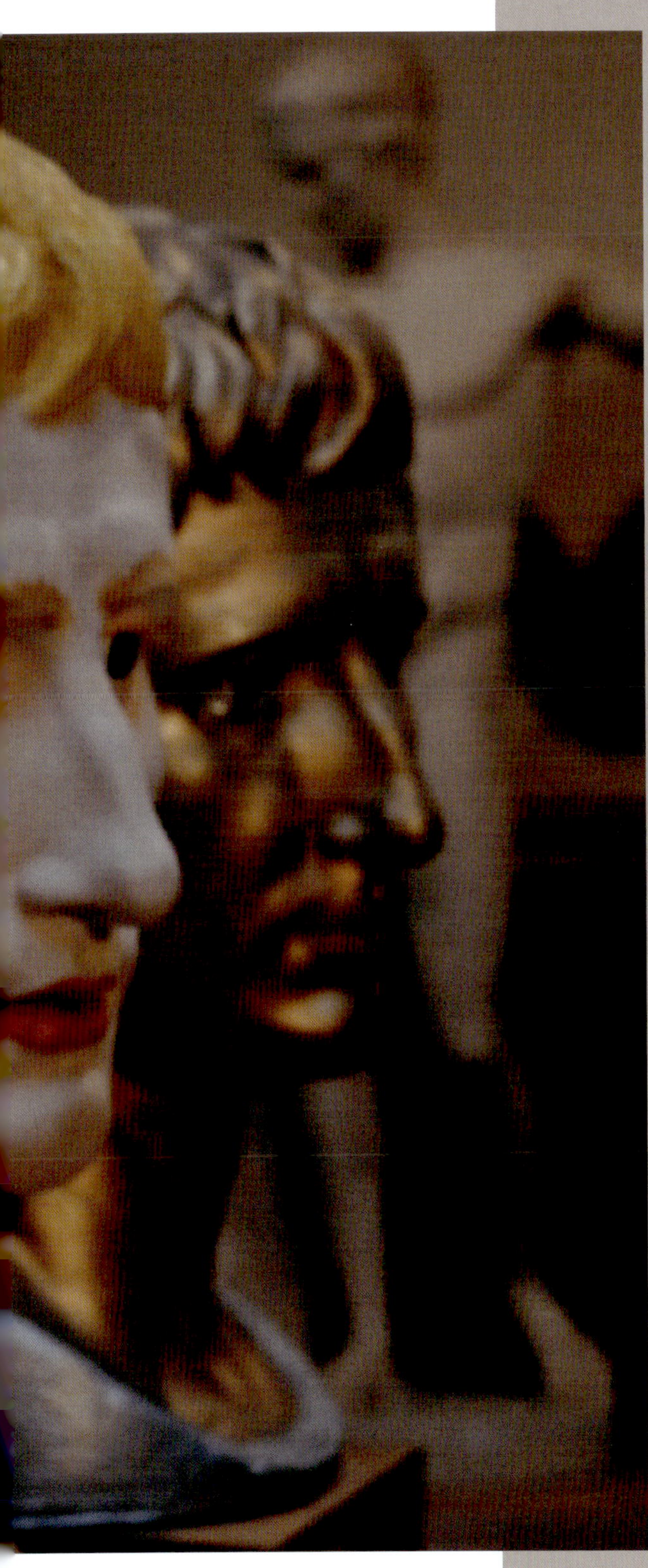

8

Fotografieren mit Blitz

Abb. 8.1 Im Münchener »Museum für Abgüsse Klassischer Bildwerke« | DX 16–50 | 50 mm | 1/200 s| f/8 | ISO 800

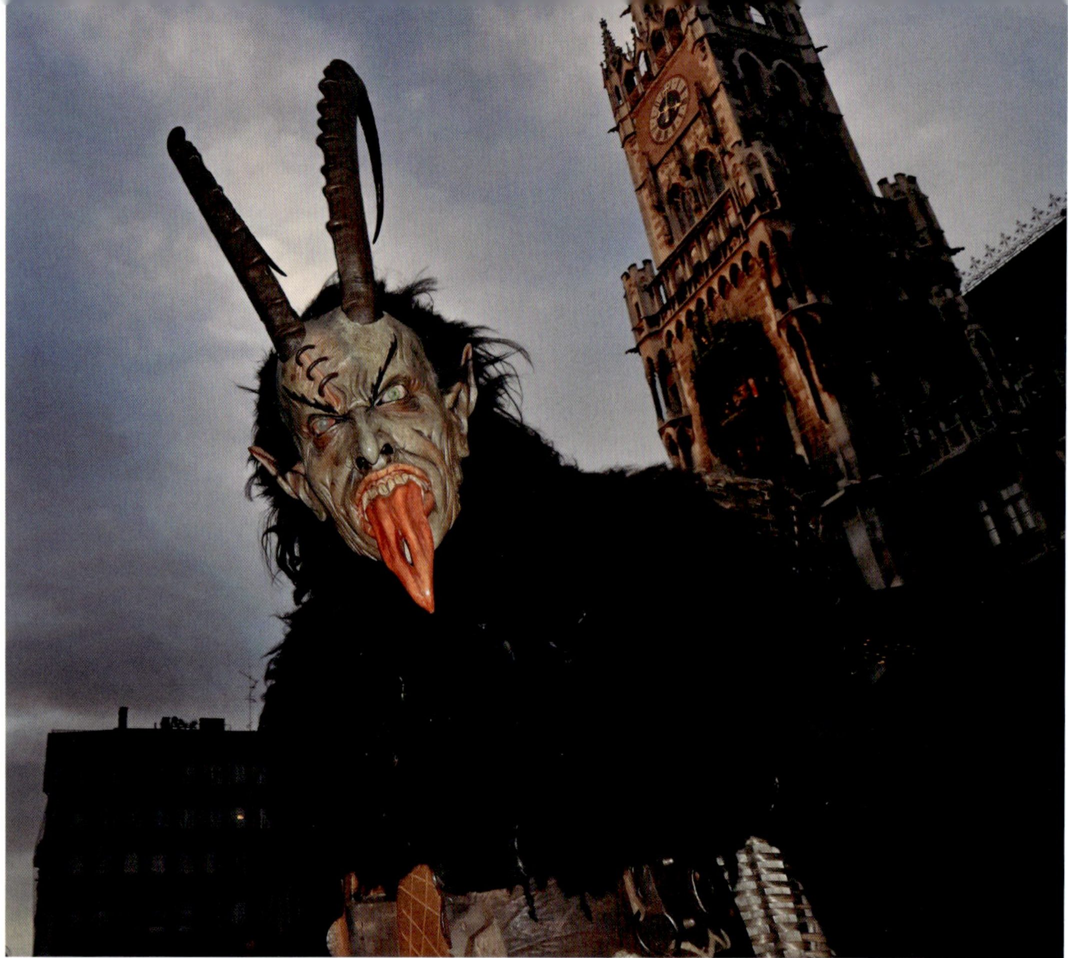

Abb. 8.2 Hier wurde der Blitz der Z50 als Aufhellblitz eingesetzt. Ohne den Blitz wäre die Maske der Gestalt viel zu dunkel geworden. Mit dem Blitz wird das Verhältnis von hellem Hintergrund und dem eigentlich zu dunklen Gesicht wieder ausgewogener. | DX 16–50 | 16 mm | 1/200 s | f/14 | ISO 1250

Die Z50 verfügt über einen eingebauten Blitz, der entweder automatisch aufklappt und blitzt (im *AUTO*-Modus oder im Szene-Programm *Nachtporträt*), oder den Sie von Hand über den Verriegelungsschalter auf der linken Seite des Suchergehäuses ausklappen und damit gleich einschalten (zum Ausschalten klappen Sie ihn wieder zu).

Wie alle eingebauten Blitze ist er etwas limitiert. Seine Reichweite beträgt im besten Fall gerade mal wenige Meter, je nachdem, welchen Blenden- und ISO-Wert Sie eingestellt haben. Aber wenn es darum geht, Gesichter aufzuhellen, leistet dieser Miniblitz ganz gute Dienste. Allerdings: Liegt das Motiv näher als 60 cm, löst der Blitz nicht aus.

Wenn Sie sich unsicher sind, wann Sie den Blitz zuschalten müssen, stellen Sie einfach um auf den Vollautomatik-Modus *AUTO* und lassen Sie die Kamera entscheiden. In allen anderen Programmen (P, A, S, M) haben Sie die Kontrolle über den Blitz, d.h. Sie schalten ihn von Hand zu.

8.1 Die Reichweite des eingebauten Blitzes

Die Reichweite – oder Leistung – des Blitzes wird durch seine Leitzahl angegeben. Diese errechnet sich wie folgt:

Leitzahl = Abstand (m) × Blendenwert

Je höher also die Leitzahl ist, desto größer ist die Reichweite des Blitzes. Ein Blitz mit einer Leitzahl von 40 kann bei Blende 8 ein Motiv in 5 Meter Entfernung ausreichend beleuchten (bei einem ISO-Wert von 100 – Leitzahlen sind immer auf diesen Wert gerechnet).

Der Blitz Ihrer Nikon Z50 hat eine Leitzahl von ca. 7,7. Die folgende Tabelle bietet eine grobe Orientierung zu seiner Reichweite bei verschiedene Blenden- und ISO-Werten:

Blende	f/3.5	f/4.8	f/6.3
Abstand (m) bei ISO 100	2,2	1,6	1,2
Abstand (m) bei ISO 400	4,4	3,2	2,4
Abstand (m) bei ISO 1600	8,8	6,4	4,8

Die Leitzahl Ihres Blitzes steigt also mit der Anhebung des ISO-Wertes an. Um die Reichweite zu verdoppeln, müssen Sie den ISO-Wert um zwei Stufen anheben (also vervierfachen), da die Blitzhelligkeit mit dem Quadrat des Blitzabstandes abnimmt. Anders gesagt: wenn der Blitz für eine ausreichende Belichtung Ihres Motivs sorgt, Sie dann aber die Entfernung zum Motiv verdoppeln, kommt dort nur noch ein Viertel der Blitzleistung an. Und das kompensieren Sie durch die Vervierfachung des ISO-Werts.

Die folgende Tabelle verdeutlicht diesen Zusammenhang. Die Zeile unter den ISO-Werten gibt an, um welchen Faktor sich die Reichweite des Blitzes erhöht, wenn Sie den jeweils höheren ISO-Wert einstellen.

ISO 100	ISO 200	ISO 400	ISO 800	ISO 1600
1×	1,4×	2×	2,8×	4×

8.2 Blitzlichtoptionen im Menü

Im Menü *FOTOAUFNAHME* → *Blitzmodus* können Sie den Blitz für verschiedene Aufnahmeszenarien konfigurieren. Hier eine Erläuterung der Optionen:

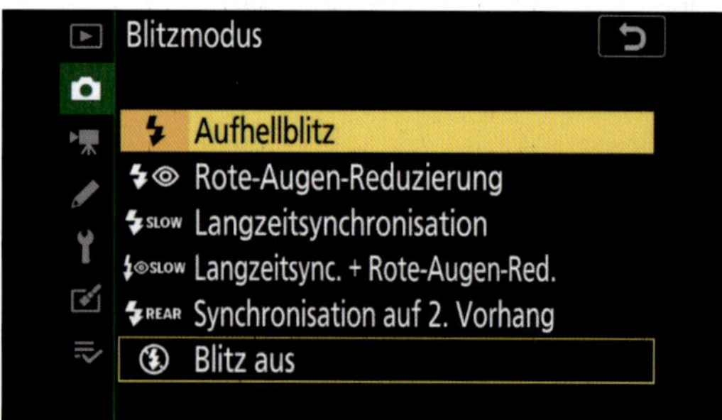

Abb. 8.3 »Aufhellblitz«: Dies ist die Standardeinstellung. Die Kamera belichtet mit 1/200 s.

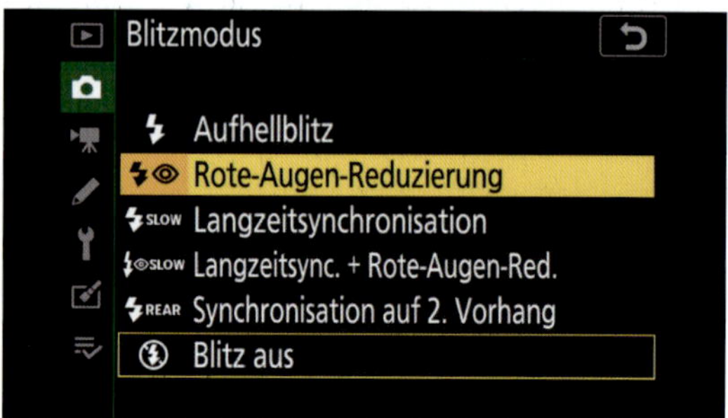

Abb. 8.4 »Rote-Augen-Reduzierung«: Diese Einstellung können Sie bei Porträtaufnahmen nutzen. Ein kleines Lämpchen neben dem Blitz leuchtet auf, bevor der Blitz ausgelöst wird. Manchmal hat man Glück und die roten Augen der Porträtierten verschwinden. Leider klappt das nicht immer – dann müssen Sie zur Nachbearbeitung greifen.

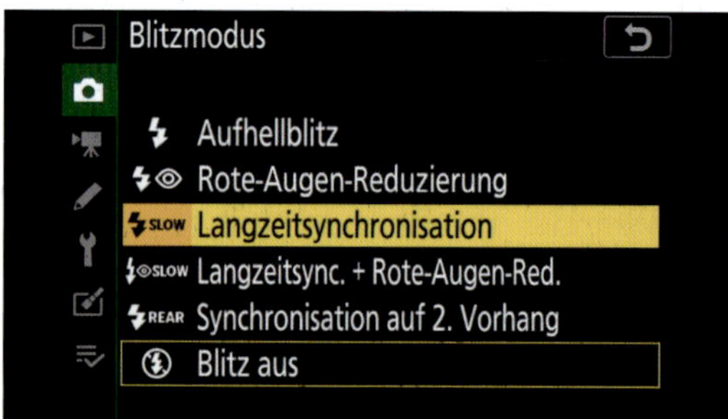

Abb. 8.5 »Langzeitsynchronisation«: In diesem Modus wird die Dauer der Blitzsynchronisationszeit von 1/200 Sekunde etwas verlängert. Auf diese Weise kommt der Hintergrund des Motivs etwas besser zur Geltung.

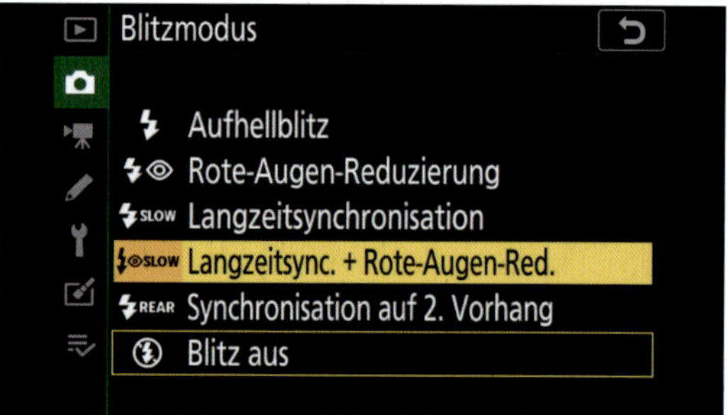

Abb. 8.6 »Langzeitsync.+Rote-Augen-Red.«: Auch diese Funktion arbeitet mit Langzeitsynchronisation, um mehr vom Hintergrund zu zeigen, versucht aber gleichzeitig auch, Rote Augen zu vermeiden (zur Problematik siehe oben Abb. 8.4).

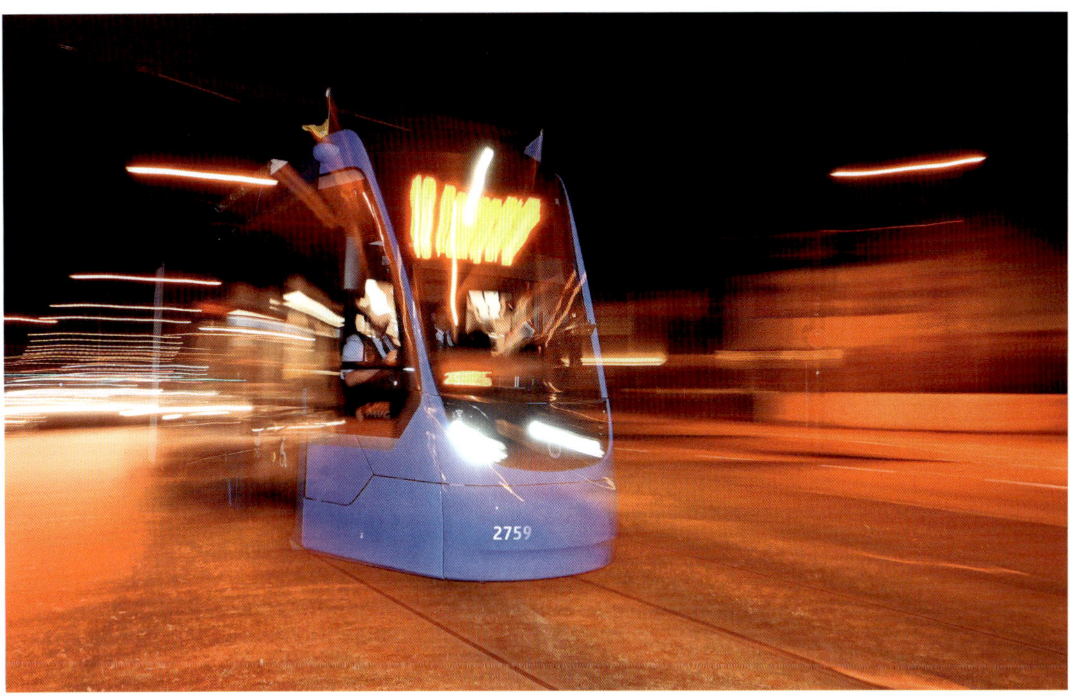

Abb. 8.7 | DX 16–50 | 16 mm | 0,3 s | f/4.5 | ISO 640, Synchronisation auf den zweiten Verschlussvorhang

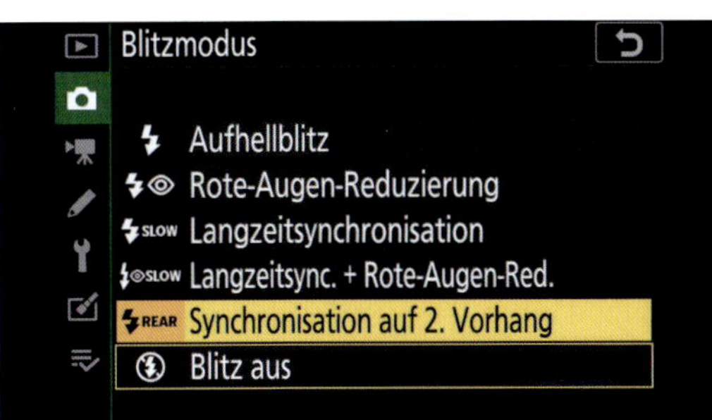

Abb. 8.8 »Synchronisation auf 2. Vorhang«: Der Blitz wird erst ausgelöst, wenn der Verschluss schon eine kurze Zeit geöffnet ist. Diese Funktion ist nur bei Motiven sinnvoll, die sich schnell bewegen. Denn sie bewirkt, dass das Motiv erst mit Umgebungslicht (entsprechend schwach) und dann nochmal mit Blitzlicht aufgenommen wird. Und da es sich in der Zwischenzeit bewegt hat, erscheint es zugleich als schwache, unscharfe Lichtspur und als durch den Blitz in der Bewegung eingefrorenes, scharf abgebildetes Motiv. Ein starker Effekt, der viel Dynamik vermitteln kann!

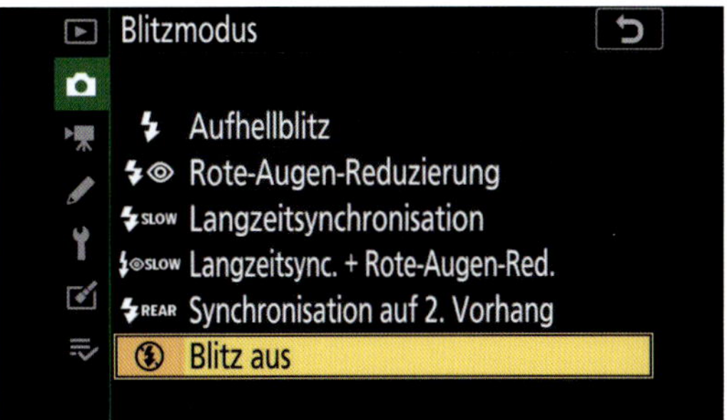

Abb. 8.9 »Blitz aus«: Über das Menü haben Sie natürlich auch die Möglichkeit, den Blitz komplett abzuschalten (wirkt sich eigentlich nur im AUTO-Modus aus, der den Blitz automatisch zuschaltet – in den Modi P, A, S und M schalten Sie den Blitz ja von Hand ein).

8.3 Belichtungskorrektur beim Blitzen

Mein Eindruck ist, dass der eingebaute Blitz tendenziell zu hell belichtet. Deshalb bin ich für die Möglichkeit dankbar, über die Belichtungskorrektur die Belichtung beim Blitzen anpassen zu können. Aber auch hier ist die Helligkeit Geschmackssache.

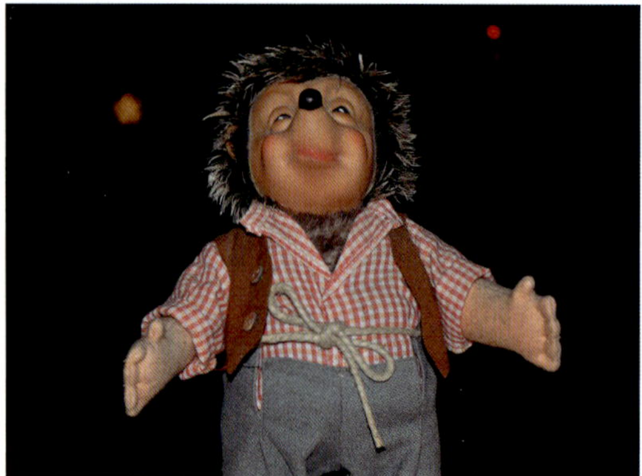

Abb. 8.10 Die Belichtung, wie sie der Blitz ansteuert, ist tendenziell zu hell. | DX 16–50 | 37 mm | 1/60 s | f/5.3 | ISO 640

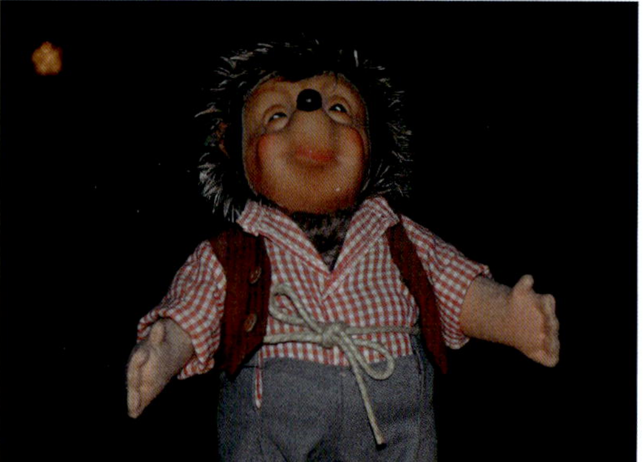

Abb. 8.11 Durch eine Belichtungskorrektur um einen Blendenwert nach unten wirkt das Motiv ausgewogener. | DX 16–50 | 37 mm | 1/60 s | f/5.3 |SO 640 | 1 Blende unterbelichtet

8.4 Externe Blitzgeräte

Wenn Sie öfter in dunklen Räumen fotografieren oder tiefer in die Fotografie mit Blitzlicht einsteigen wollen, dann empfehle ich Ihnen, in einen externen Blitz zu investieren. Einen externen Blitz setzen Sie in den Blitzschuh auf dem Kamerasucher. Er erweitert Ihre Möglichkeiten ganz erheblich und führt zu deutlich anspruchsvolleren Ergebnissen.

Ein Vorteil beim Einsatz eines Aufsteckblitzes ist sein dreh- und schwenkbarer Blitzkopf. Dadurch können Sie etwa gegen eine Wand oder Decke blitzen, die dann das Licht auf Ihr Motiv zurück reflektiert. Diese Technik nennt man »indirektes Blitzen« (»bouncing flash« im Englischen) und richtig angewendet sorgt sie für eine sehr natürliche Beleuchtung. Ein anderer Vorteil ist, dass Sie den Blitz auch abnehmen und so sehr kreative Beleuchtungsszenarien umsetzen können (die Verbindung zur Kamera läuft dann über Kabel oder Funk).

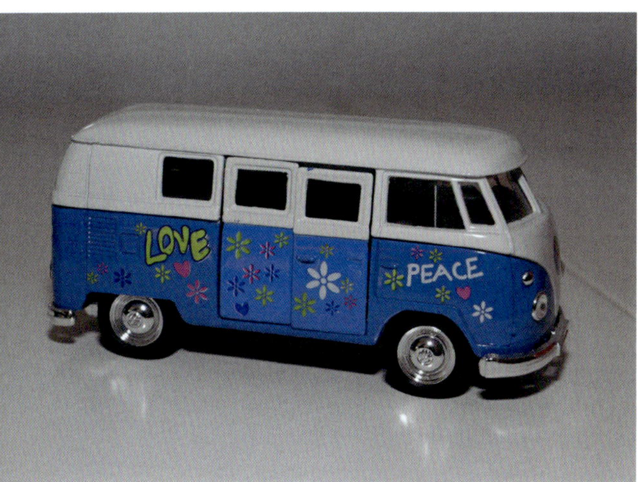

Abb. 8.12 Direktes Blitzen: Wenn der Kopf des Aufsteckblitzes direkt auf das Motiv gerichtet ist, sieht das Ergebnis typisch »geblitzt« aus: hartes Licht, also starke Hell-/Dunkel-Unterschiede zwischen Motiv und Hintergrund und starker Schattenwurf. Eine Belichtungskorrektur nach unten würde nicht helfen, zumal das Bild so richtig belichtet ist. | DX 16–50 | 50mm | 1/80 s | f/6.2 | ISO 280 | TTL

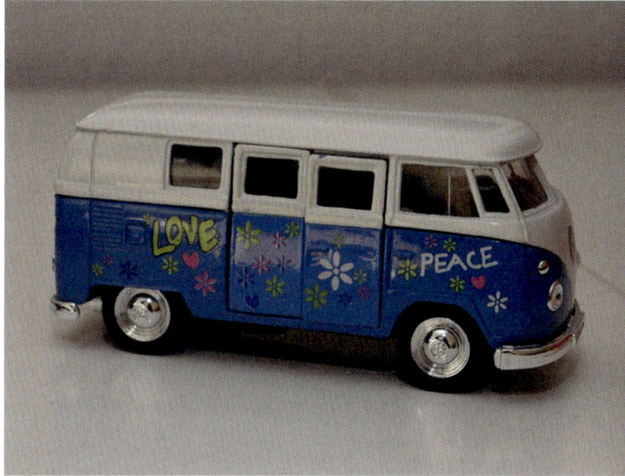

Abb. 8.13 Indirektes Blitzen: Richtet man den Kopf des Aufsteckblitzes gegen die (weiße) Decke, reflektiert diese das Licht zurück auf das Motiv. Das Blitzlicht wird gestreut und weicher, der Hintergrund wird mit beleuchtet, die Schatten fallen weniger hart und das Licht wirkt wärmer (es hat die Farbe der reflektierenden Decke). Die Anmutung ist so eher die von diffusem Tageslicht. Allerdings muss der ISO-Wert hierbei deutlich erhöht werden, damit trotz indirektem Blitzen genügend Blitzenergie beim Motiv ankommt – ungefähr um das Zweieinhalbfache. | DX 16–50 | 50mm | 1/80 s | f/6.2 | ISO 1000 | TTL

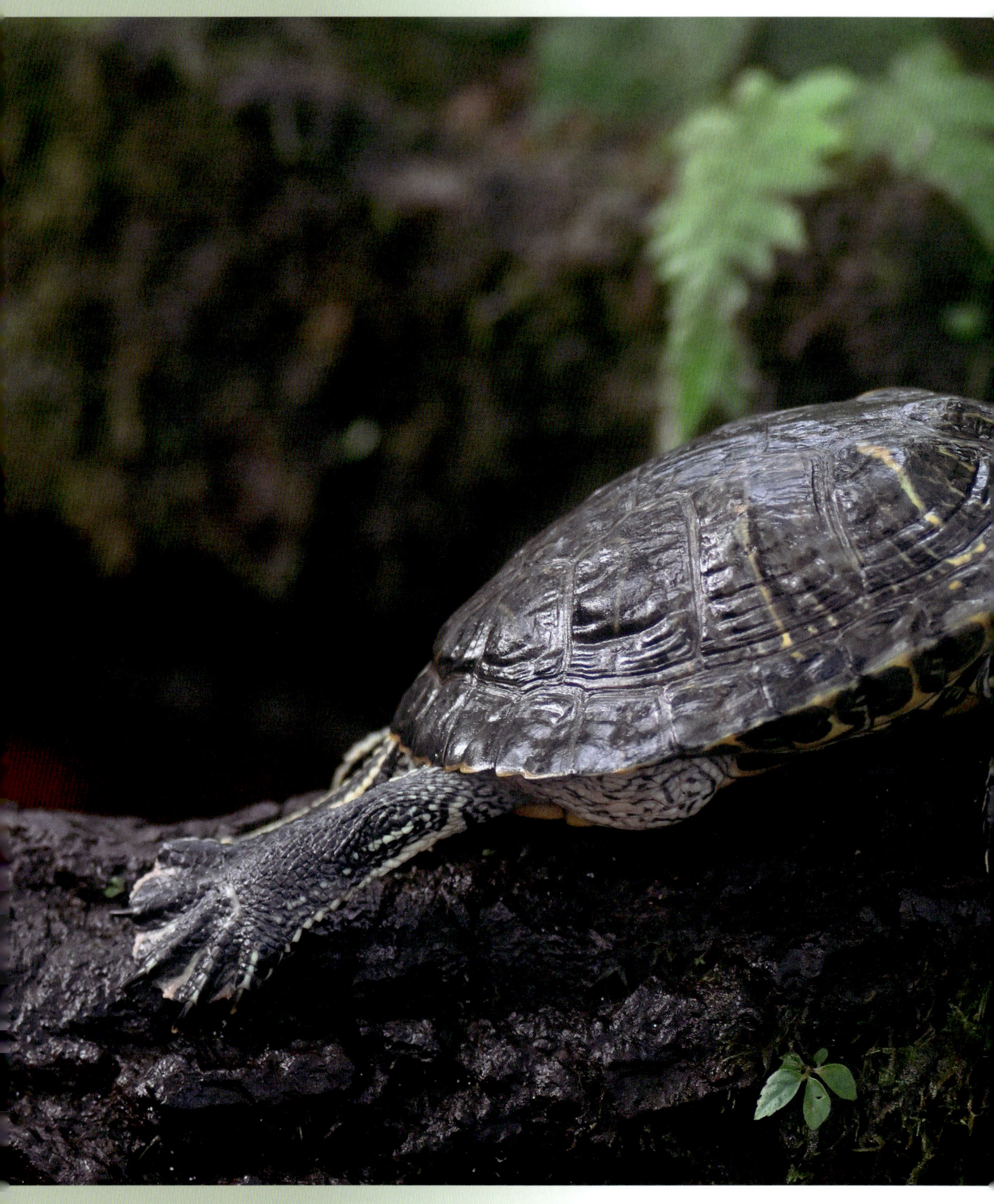

9

Ihre Bilder im Ausdruck

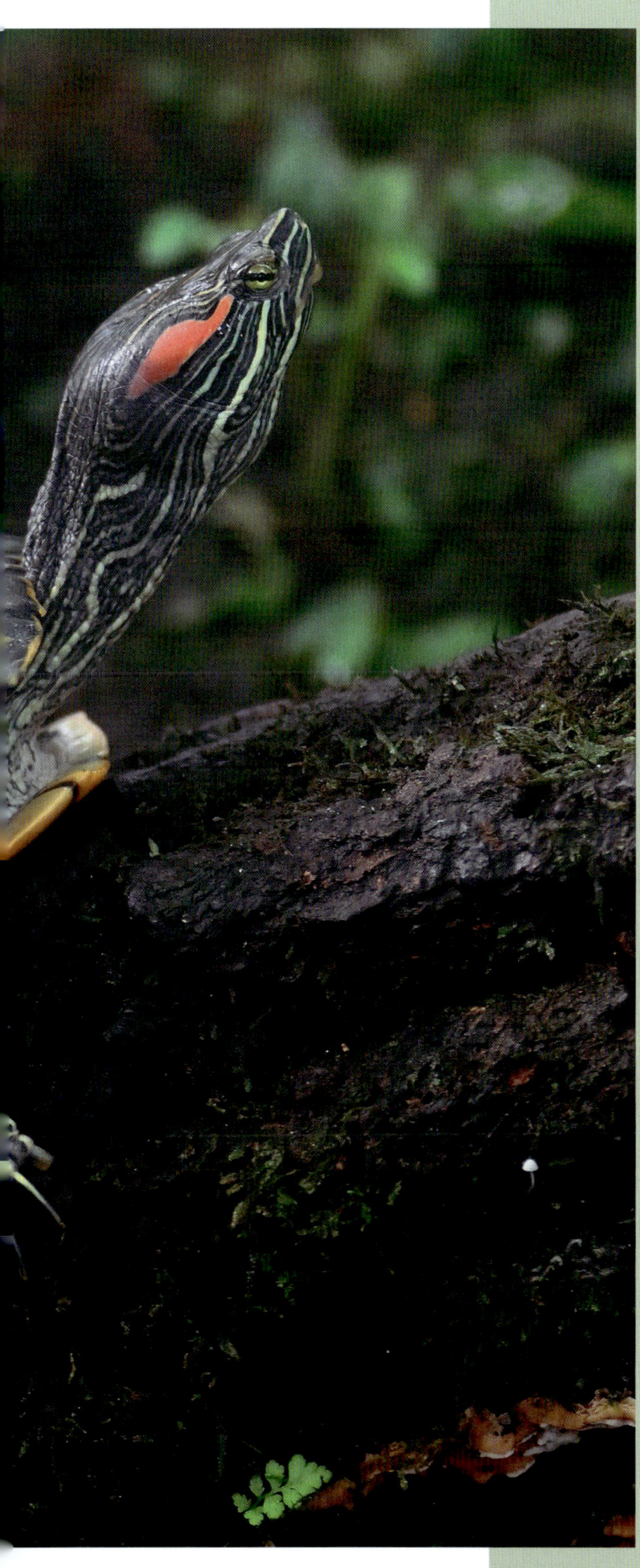

Abb. 9.1 Rotwangen-Schmuckschildkröte im Botanischen Garten | 105 mm | 1/160 s | f/3.2 | ISO 640

Es ist wichtig, dass Sie Ihre Bilder auch ausdrucken. Die Haptik eines Papierabzugs ist einfach unschlagbar und Bilder gewinnen ausgedruckt ungemein an Charme. Egal, ob Sie Ihre Fotos in einem Fotobuch drucken oder als Bild im Wohnzimmer aufhängen wollen – Sie sollten eine ungefähre Vorstellung davon haben, wie Sie mit Ihren Dateien umgehen müssen, damit Ihre ausgedruckten Bilder ein Hingucker werden.

Der Größe des Ausdrucks sind Grenzen gesetzt, je nachdem, wie viele Pixel Ihre Ausgangsdatei hat. Die Raw-Bilder Ihrer Z50 haben bei einem Standardausdruck mit 300 dpi Abmessungen von 47,1 × 31,4 cm – das ist größer als DIN A3+ und vermutlich für die meisten Zwecke ausreichend.

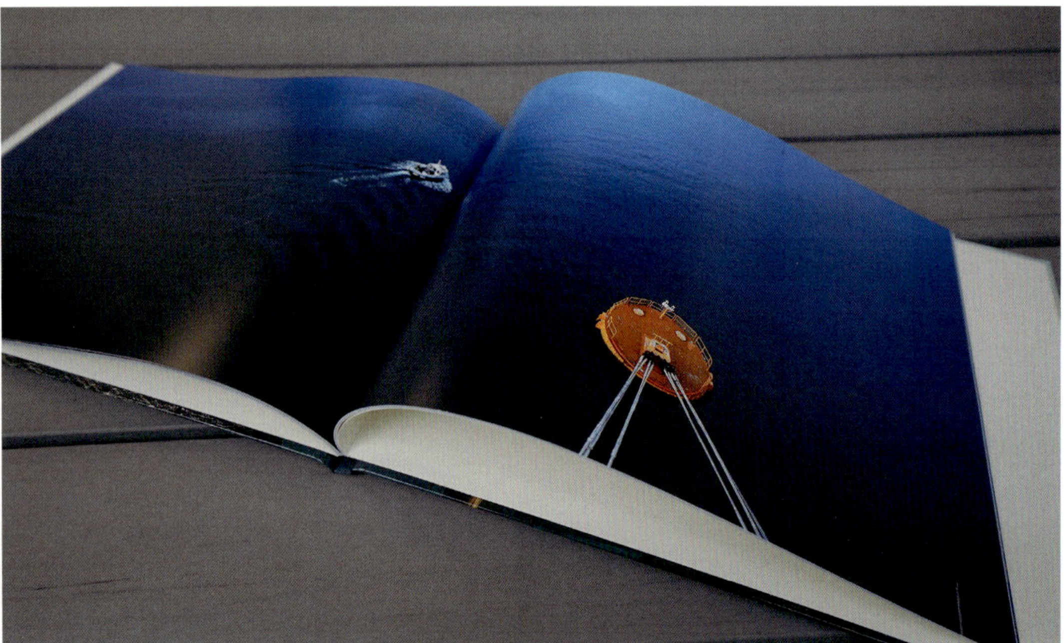

Abb. 9.2 Wenn Sie mit den Bildern der Z50 Fotobücher erstellen wollen, dann können Sie diese auch über eine Doppelseite groß drucken. Die Auflösung der Originaldateien reicht dazu vollkommen aus. Sollte die Auflösung bei dem ein oder anderen Foto nicht gut genug sein, etwa weil Sie die Bilder zuvor extrem beschnitten haben, dann warnt Sie in der Regel die Software des Fotobuchanbieters, dass die Bilder nicht größer gedruckt werden sollten.

Zwischen der Druckauflösung in dpi, der Pixelanzahl Ihrer Bilder sowie dem Druckformat existiert eine einfache Gleichung, mit der Sie berechnen können, wie groß der Druck maximal für Ihr Bild sein darf:

$$\text{Länge [cm]} = \frac{2{,}54 \times \text{Anzahl der Bildpunkte lange Seite [px]}}{\text{Druckauflösung [dpi]}}$$

Bei den 20,9 Megapixeln Ihrer Z 50 (mit 5568 Pixeln auf der langen Seite) und einer Druckauflösung von 300 dpi kommen Sie auf eine Länge von 47,14 cm (und eine Höhe von 31,43 cm).

Ob Sie ein Bild mit 300 dpi oder mit 150 dpi drucken, hängt davon ab, aus welcher Entfernung Sie es betrachten wollen. 300 dpi sind ein ausreichender Wert für Bilder, die man sich aus nächster Nähe anschaut (60–150 cm Entfernung). Wird der Betrachtungsabstand aber ein größerer sein, können auch 150 dpi reichen. Denn das Auge löst die Bildpunkte aus einer größeren Entfernung nicht mehr detailliert auf. Davon können Sie sich leicht selbst überzeugen, wenn Sie einmal näher an ein großes Werbeplakat herantreten. Der Vorteil: wenn Sie mit der Hälfte der Auflösung drucken, darf das Bild doppelt so groß werden.

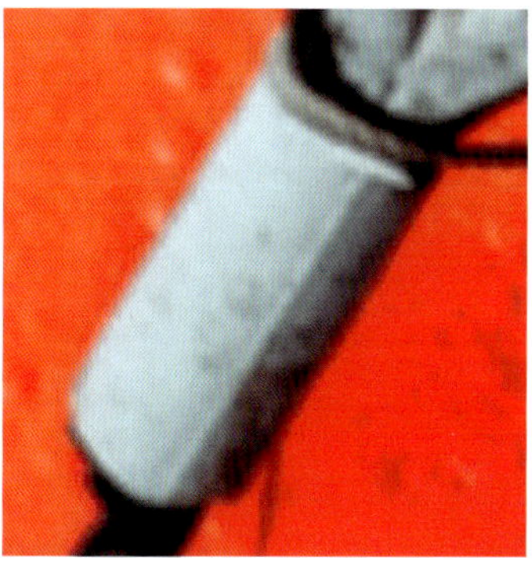

Abb. 9.3 Achtfache Vergrößerung eines Fotos mit 5568 × 3712 Pixel per inch (ppi), das mit 300 Dots per inch (dpi) gedruckt werden soll und damit eine Größe von 47,1 × 31,4 cm hätte.

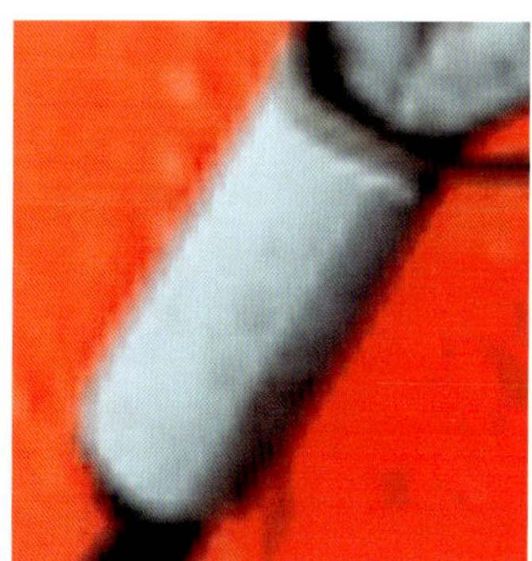

Abb. 9.4 Achtfache Vergrößerung des gleichen Fotos, nun aber für eine Druckauflösung von 150 dpi. Bei größerem Abstand zum Bild würde die geringere Auflösung kaum auffallen, das Bild könnte aber doppelt so groß ausgedruckt werden.

Bilder selbst auszudrucken ist sehr dankbar, erfordert aber neben der Investition in einen Fineart-Drucker, einen passenden Treiber (»Ripper«) sowie in hochwertiges Druckpapier eine gewisse Einarbeitungszeit. Für den Anfang (und auch für größere Formate) empfehle ich Ihnen daher Druckdienstleister wie SaalDigital oder White Wall. Auf deren Website laden Sie Ihre bearbeiteten Bilder als JPEGs im sRGB- oder sogar AdobeRGB-Farbraum hoch, wählen Ihr Wunschmedium (z. B. ein Fineart-Fotopapier) und erhalten nach wenigen Tagen qualitativ äußerst wertige Drucke.

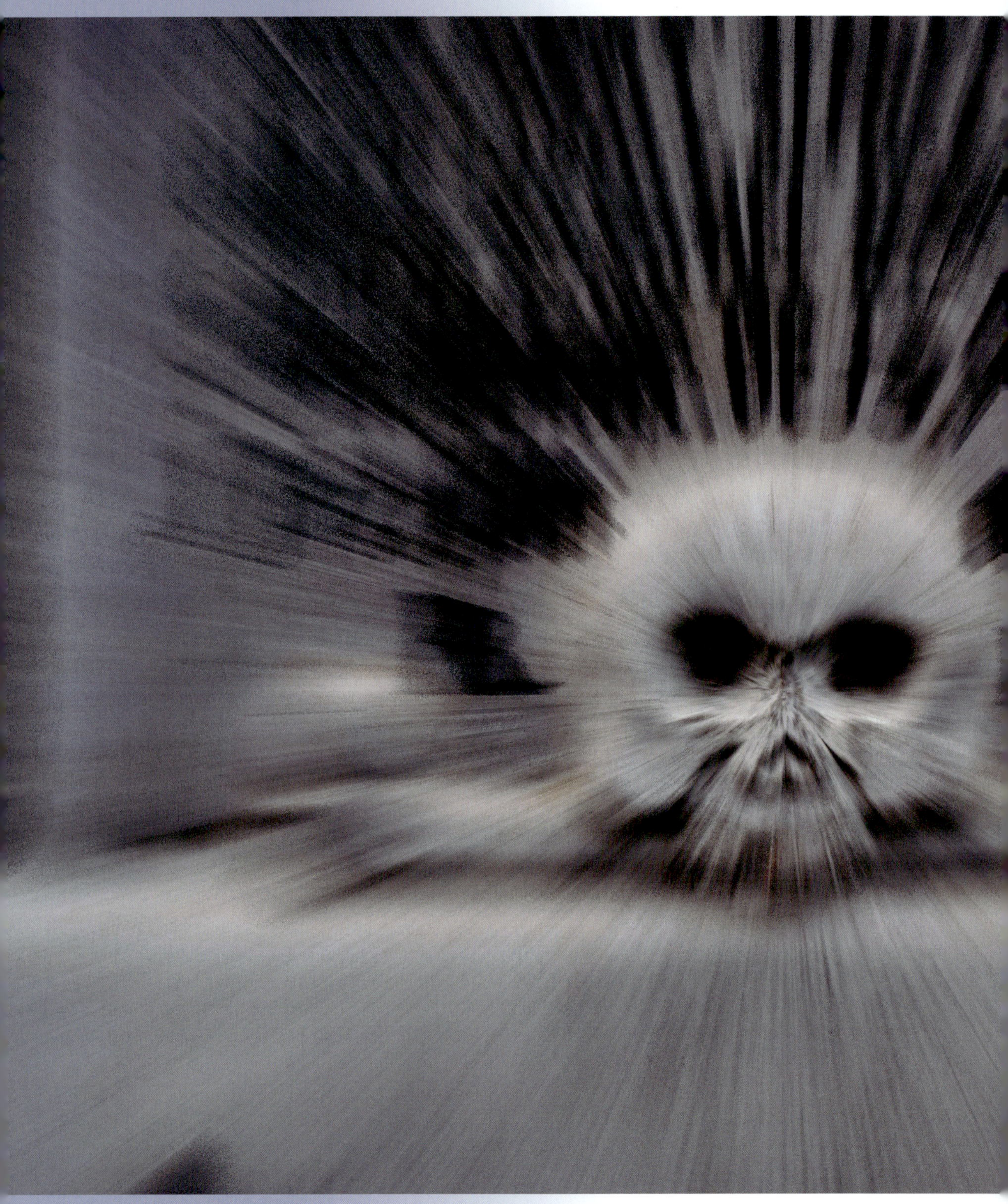

10

Videos drehen

Abb. 10.1 Totenschädel auf einer Grabplatte an der Münchener St. Peter-Kirche

Viele Fotografen vermeiden es, Videos zu drehen, und bevorzugen es, sich über Fotos auszudrücken. Denn Filmaufnahmen setzen in vielen Aspekten eine komplett andere Herangehensweise voraus als Einzelbilder.

Doch warum nicht einmal ein kleines Video drehen? Vielleicht wollen Sie Clips für die sozialen Medien erstellen oder einfach nur Ihre Liebsten filmen? Für beides eignet sich die Z50. Sie ist zwar als klassische Fotokamera konzipiert, kann aber durch ihre hohe Bildqualität durchaus auch für gelegentliche, einfache Videodrehs eingesetzt werden.

Dazu müssen Sie lediglich auf der Oberseite der Kamera den Foto/Film-Wähler vom Kamerasymbol auf das Videosymbol umstellen. Dann drehen Sie das Funktionswählrad auf *AUTO*. Die Filmaufnahme starten Sie nun mit der Taste für Filmaufzeichnungen, die gleich hinter dem Auslöseknopf für Bilder liegt. Im Monitor wird Ihnen ein roter Punkt angezeigt, der besagt, dass die Filmaufnahme läuft.

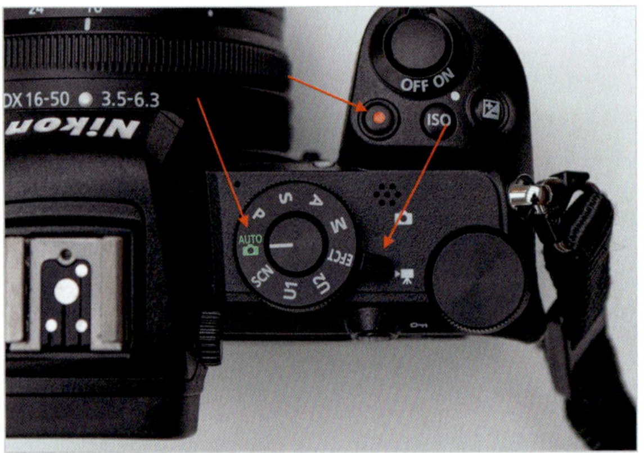

Abb. 10.2 *Zum Filmen schalten Sie den Foto/Film-Wähler vom Kamera- auf das Videosymbol um. Anschließend drehen Sie das Funktionswählrad auf »AUTO«. Dann drücken Sie die rote Aufnahmetaste: Los geht's mit der Videoaufnahme.*

Eine Stärke der Z50 bei Videodrehs ist der leise und sanfte Nachführ-Autofokus, der sehr präzise arbeitet. Sollten Sie dennoch die Schärfe nachjustieren müssen, können Sie jederzeit auf die die entsprechende Stelle auf dem Kameradisplay tippen.

Eingebaut ist natürlich auch ein kleines Stereomikrofon, das auf kurze Distanz erstaunlich guten Ton aufzeichnet. Die Kamera hat zudem einen 3,5-mm-Klinkenanschluss für ein externes Mikrofon, bietet aber leider keine Möglichkeit, einen Kopfhörer anzuschließen.

Wollen Sie schließlich die Aufnahme beenden, drücken Sie erneut die Taste für Filmaufzeichnungen. Nach der Aufnahme können Sie sich die Videos mit der Wiedergabe-Taste anschauen. Das funktioniert genauso wie das Starten einer Diaschau im Fotomodus.

Mit der Z50 können Sie relativ gut aus der Hand filmen, wenn Sie Objektive mit Bildstabilisatoren verwenden. Wenn Sie allerdings Ruhe in die Aufnahme bringen wollen, ist es ratsam, die Kamera auf ein Stativ zu stellen oder ein Gimbal einzusetzen, das ungewollte Bewegungen kompensiert und für ein ruhiges Bild sorgt.

Filmen Sie immer im Querformat – nicht im Hochformat, wie Sie das unter Umständen vom Smartphone her gewohnt sind. Aufnahmen im Hochformat sind auf dem Fernseher oder Bildschirm durch die breiten schwarzen Flächen am Rand und den schmalen Bildausschnitt nicht gut anzusehen. Außerdem lässt sich Hochformat-Material im Schnitt so gut wie nie mit Videos im Querformat kombinieren.

Versuchen Sie auch, Zoomen während der Aufnahme zu vermeiden. Wenn Sie zoomen müssen, dann sollten Sie am ehesten von einer Weitwinkel-Perspektive aus auf ein Objekt zoomen – und das auch nur, wenn die Kamera auf einem Stativ steht. Sonst wackelt die Kamera zu sehr, während Sie am Objektiv drehen.

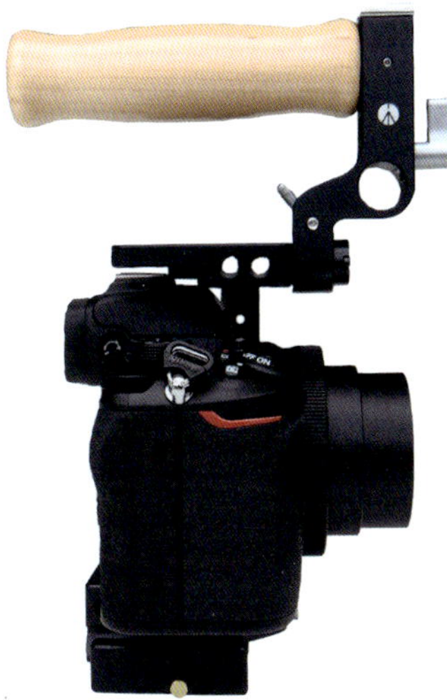

der Hand filmen wollen, gibt es dafür geeignetes Zubehör. Ein »Kamera-Cage« (hier von der Firma Manfrotto) erleichtert das Filmen. Beliebt sind auch »Gimbals«, die Verwacklungen kompensieren und so sehr ruhige Kamerabewegungen und -fahrten erlauben. (Bild: Nikon)

10.1 Bildqualität

Die Z50 erlaubt, Videos mit unterschiedlicher Bildqualität zu produzieren. Ein Video besteht aus einer langen Reihe von Einzelbildern. Grundsätzlich gilt: Je mehr Bilder pro Sekunde aufgenommen werden, desto besser ist die Qualität. Ihre Z50 schafft in einem Modus sogar bis zu 120 Bilder pro Sekunde. Eigentlich kann das Auge ab 24 Bildern pro Sekunde keine einzeln Bilder mehr unterscheiden. Doch mit 30 Bildern pro Sekunde sollten Sie schon arbeiten: Eine erhöhte Bildrate bringt schnelle Bewegungen besser zur Geltung, weil dann keine Schlieren zu sehen sind und der Schärfeeindruck steigt. Eine höhere Bildrate hat allerdings auch zur Folge, dass mehr Speicherplatz benötigt wird.

Sie sollten sich deshalb bereits vorher überlegen, für welchen Zweck Sie filmen wollen. Für Clips auf YouTube reicht eine Full-HD-Auflösung mit 30 Bildern pro Sekunde. Ebenso reicht diese Auflösung natürlich, wenn Sie auf Instagram oder Facebook veröffentlichen. Full-HD hat sich hier mit seinen 1920 × 1080 Pixeln zum Standard entwickelt. Die Datenmengen sind in diesem Format mit Speicherkarten ab 32 GB gut zu bewältigen (Speicherplatz für ca. 60 Minuten). Wenn Sie sich allerdings Ihre Videos zu Hause auf einem großen Bildschirm ansehen wollen, dann bietet Ihre Z50 die Möglichkeit, mit einer Qualität von 4K zu drehen.

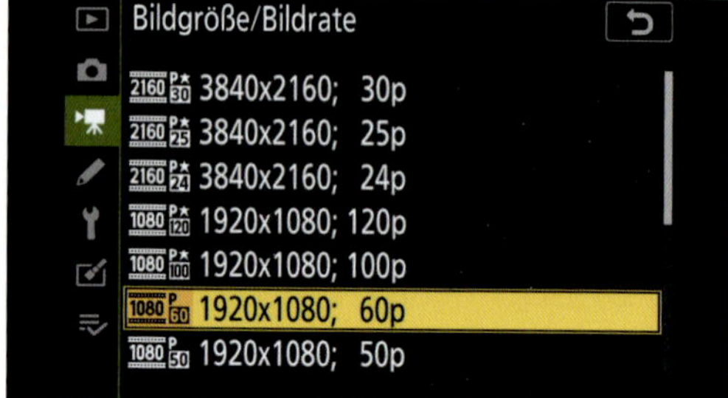

Abb. 10.4 Sie können mit unterschiedlichen Auflösungen und Bildraten arbeiten – je nachdem, für welchen Zweck Sie filmen. Die Optionen finden Sie unter »FILMAUFNAHME« → »Bildgröße/Bildrate«. Videos in 4K können Sie mit den ersten drei Optionen aufnehmen.

4K – eine neue Ära der Videoqualität

4K läutete eine neue Ära der Videoqualität ein. Die Abkürzung steht für »4000« und bezeichnet die ungefähre Anzahl der horizontalen Bildpunkte. Das bedeutet eine vierfach höhere Auflösung, als das gängige Format Full-HD bietet. Der Auflösungsstandard wurde vor allem für digitales Kino und Computergrafik entwickelt. 4K bietet einige Vorteile gegenüber herkömmlichen Formaten: Die Detailgenauigkeit des Bildes ist höher, die Schärfe besser und der Umgang mit bewegten Bildern ist einfacher. Zudem kann man aus diesem Format auch Ausschnitte für das weniger hochaufgelöste Full-HD-Format herausschneiden. Die Z50 filmt in 4K-Auflösung mit 24, 25 oder 30 Bildern pro Sekunde (»fps«, engl. »frames per second«), damit bleibt Ihnen auf einer 32-GB-Karte Speicherplatz für ca. 30 Minuten.

10.2 Zeitlupen

Eine ganz nette Spielerei sind Videos im Zeitlupenformat. So können Sie Videos von bewegten Objekten im Zeitlupentempo ablaufen lassen. Das Prinzip ist recht einfach: Die Kamera nimmt mit einem Vielfachen der normalen Bildrate einen Film auf und spielt ihn dann mit einer weitaus geringeren Bildrate pro Sekunde ab. Toll sieht das zum Beispiel aus, wenn man gegen einen Löwenzahn pustet oder einen ins Wasser fallenden Tropfen filmt.

Im Zeitlupenmenü haben Sie drei Optionen, bei denen Ihnen die Kamera zwischen 100 und 120 Bilder pro Sekunde aufnimmt und diese dann um das Vier- oder Fünffache langsamer abspielt. Nehmen Sie also zehn Sekunden Film auf, haben Sie bei einer Zeitlupe danach entweder 40 Sekunden Film oder 50 Sekunden, je nach Einstellung.

Bildrate	Aufgenommene Bilder pro Sekunde	Danach abgespielte Bilder pro Sekunde
1920 × 1080; 30p × 4 (Zeitlupe)	120	30
1920 × 1080; 25p × 4 (Zeitlupe)	100	25
1920 × 1080; 24p × 5 (Zeitlupe)	120	24

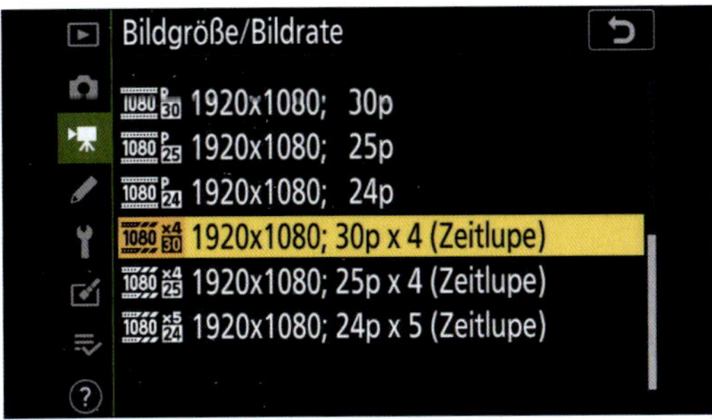

Abb. 10.5 Im Zeitlupenformat können Sie unter drei verschiedenen Auflösungen wählen.

10.3 Zeitraffer

Exakt das Gegenteil einer Zeitlupe ist ein Zeitrafferfilm. Das Prinzip dahinter: Die Kamera nimmt in bestimmten Intervallen, die Sie ihr vorgeben, Bilder auf und fügt sie danach zu einem Film zusammen. Auch dieser Effekt bietet tolle Möglichkeiten, etwa wenn Sie einen Abendhimmel mit Wolken über einen langen Zeitraum aufnehmen und ihn danach innerhalb weniger Minuten noch mal abspielen lassen. Viele YouTuber verwenden diese Option gern, wenn sie etwas vor der Kamera demonstrieren (Dinge aufbauen, Bilder malen etc.), was im normalen Ablauf länger dauert und damit viel langweiliger anzusehen wäre, als wenn man es einfach schnell abspielen lässt.

Zeitraffer ist keine Filmfunktion

Zeitraffer erstellen Sie nicht im Film-, sondern im Fotografie-Modus der Z50. Stellen Sie also zunächst den Foto/Film-Wähler auf das Kamerasymbol zurück und wählen Sie zum Einstieg P auf dem Funktionswählrad. Wenn Sie Zeitrafferaufnahmen nicht sofort starten wollen, achten Sie darauf, dass die Uhrzeit der Kamera korrekt eingestellt ist. Verwenden Sie zudem immer ein stabiles Stativ für solche Aufnahmen. Töne werden übrigens nicht aufgezeichnet.

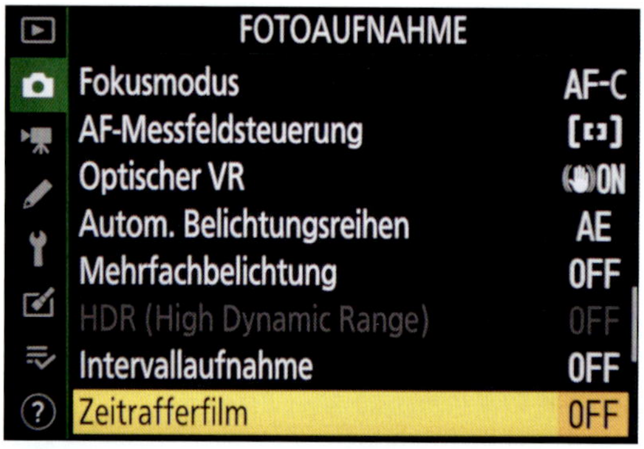

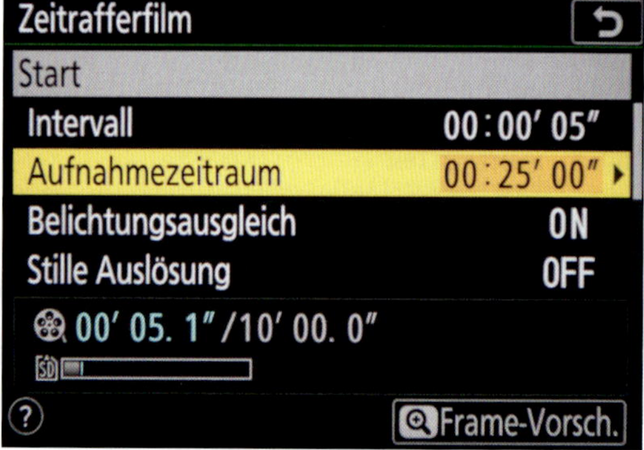

Abb. 10.6 Die »Intervall«-Option erreichen Sie im Menü unter »Fotoaufnahme → Zeitrafferfilm«. Danach werden Ihnen die Einstellmöglichkeiten angezeigt.

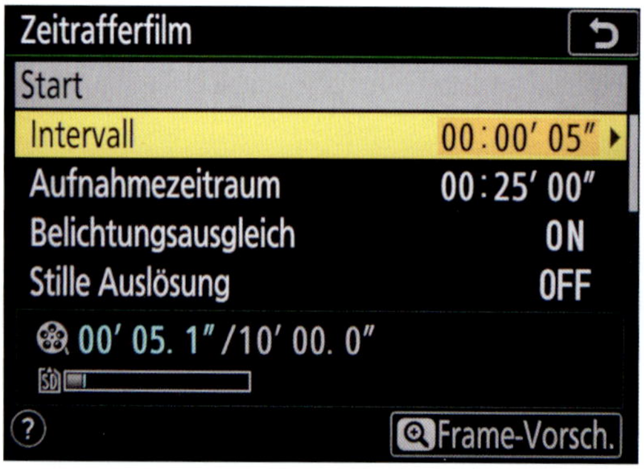

Abb. 10.7 Hier legen Sie fest, wie lang die Zeit (das »Intervall«) zwischen zwei Bildern sein soll.

Abb. 10.8 Hier bestimmen Sie, wie lang der »Aufnahmezeitraum« sein soll.

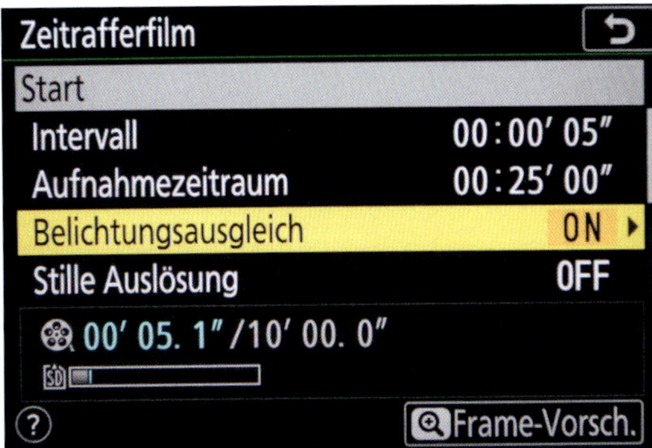

Abb. 10.9 Den »Belichtungsausgleich« sollten Sie einschalten, wenn sich die Lichtverhältnisse während der Intervallaufnahme voraussichtlich verändern werden, Sie aber eine gleichmäßige Belichtung Ihres Motivs wünschen.

Wenn Sie einen Sonnenuntergang filmen und die sich dadurch verändernden Lichtverhältnisse einfangen wollen, sollten Sie diese Option ausgeschaltet lassen.

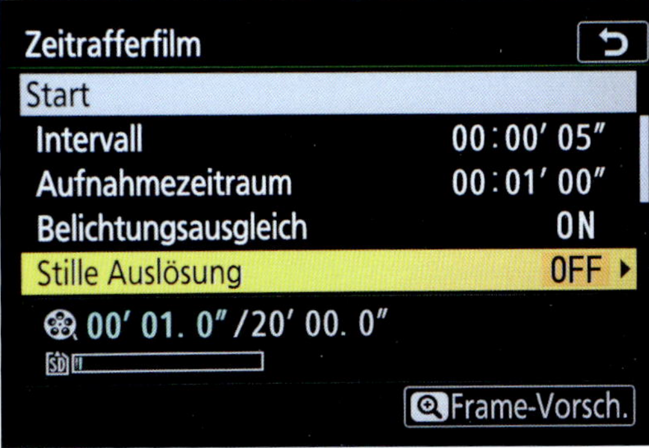

Abb. 10.10 Hier können Sie einstellen, ob Sie eine lautlose Auslösung der Kamera wünschen. Haben Sie »Stille Auslösung« ausgeschaltet, gewinnen Sie etwas mehr Gefühl dafür, wann die Kamera aufnimmt, da sie jedes gemachte Bild mit einem Ton quittiert.

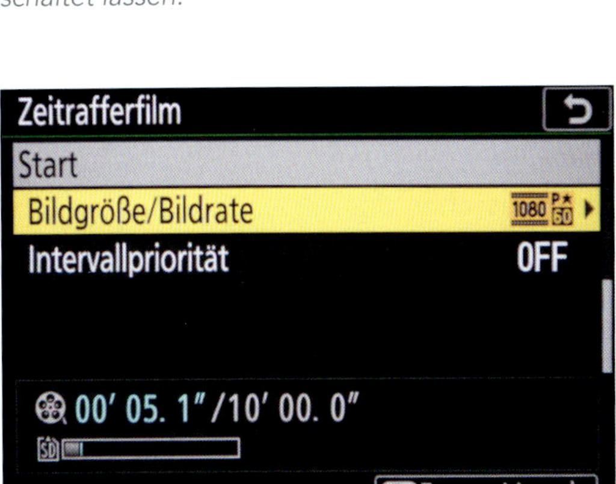

Abb. 10.11 Je nachdem, welche Bildrate Sie in dieser Option einstellen, erzeugen Sie eine unterschiedliche Wirkung des Zeitrafferfilms:

- *Machen Sie zum Beispiel über eine Minute pro Sekunde ein Bild und haben Sie eine »Bildrate« von 25 Bildern pro Sekunde eingestellt, dann erstellt Ihnen die Kamera nach der Aufnahme einen Film, der etwas mehr als zwei Sekunden dauert.*
- *Haben Sie dagegen 60 Bilder pro Sekunde eingestellt, dauert der Film gerade mal eine Sekunde.*

Ich empfehle eine Bildrate von 25 Bildern pro Sekunde. Die Auflösung müssen Sie abhängig davon anpassen, für welchen Zweck Sie das Video anfertigen: ob für das Internet (niedrig aufgelöst) oder für den Bildschirm (höher aufgelöst).

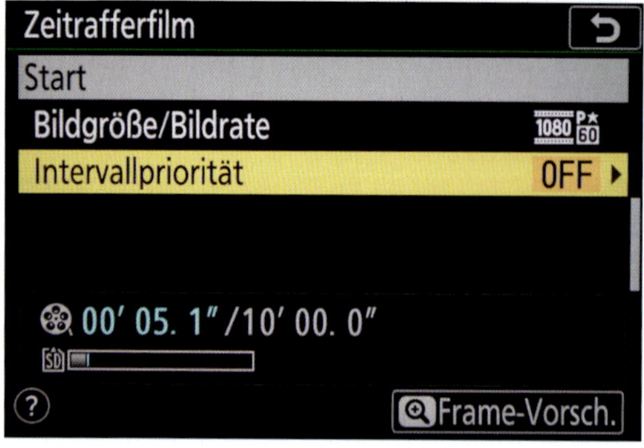

Abb. 10.12 Wählen Sie »Ein«, um die Priorität auf die Einhaltung des Intervalls zu legen, und wählen Sie »Aus«, um die Priorität auf die Belichtung oder den Autofokus zu legen.

Wenn z. B. die Kamera gerade nicht scharfgestellt hat, löst sie in der Regel nicht aus. Wenn Sie dem Intervall Priorität einräumen, löst sie trotzdem aus. Allerdings sollten Sie zu Beginn sicherstellen, dass der Autofokus richtig »sitzt« und nicht verrutscht. Stellen Sie, wenn nötig, einfach manuell scharf und lassen Sie die Kameraeinstellung während der Aufnahme so.

Sie starten die Intervallaufnahme, indem Sie wieder auf »Start« gehen und »OK« drücken. Die Aufnahme beginnt rund drei Sekunden später. Mit »OK« können Sie die Aufnahme jederzeit wieder beenden. Die Kamera erstellt nach dem Ende automatisch einen Film aus den Aufnahmen. Den können Sie sich über die Wiedergabe-Taste ansehen.

Wie Sie die Intervall-Optionen der Kamera am besten einstellen, um den von Ihnen gewünschten Effekt zu erzielen, müssen Sie durch ein paar Versuche herausfinden: Wie viele Bilder pro Zeiteinheit gemacht werden, entscheidet erheblich über das spätere Aussehen des Films.

10.4 Videoformate

Videoformate sind nichts anderes als Regeln, nach denen Filme in Form von digitalen Daten gespeichert werden. Videoformate legen zum Beispiel fest, welche Auflösung und Farbtiefe ein Videofilm hat. Zudem definieren sie das Seitenverhältnis und wie viele Bilder pro Sekunde maximal verwendet werden können. Die Z50 erlaubt Ihnen, in den Videoformaten »MOV« oder »MPEG« zu drehen.

»MOV« (Abkürzung für engl. »movie«) ist ein Videoformat, das von Apple entwickelt wurde, es läuft aber auch über den QuickTime-Player auf Windows-Rechnern. Ihre Videodateien auf Ihrem Rechner enden dann mit der Endung ».mov«. Die Qualität ist trotz Komprimierung fast unverändert. So bleibt die Auflösung hoch. MOV-Videodateien lassen sich schnell herunterladen, beanspruchen nur wenig Speicherplatz und behalten ihre Qualität.

»MPEG« steht für die »Moving Pictures Experts Group« und wird seiner Dateiendung ».mp4« nach auch als »MP4« abgekürzt. MP4 ist auf eine hohe HD-Bildqualität bei geringer Speicherkapazität ausgelegt. Besonders im Internet sind .mp4-Dateien verbreitet, aber auch beim HD-Fernsehen. Allerdings sind diese Dateien etwas rechenintensiver als die .mov-Dateien.

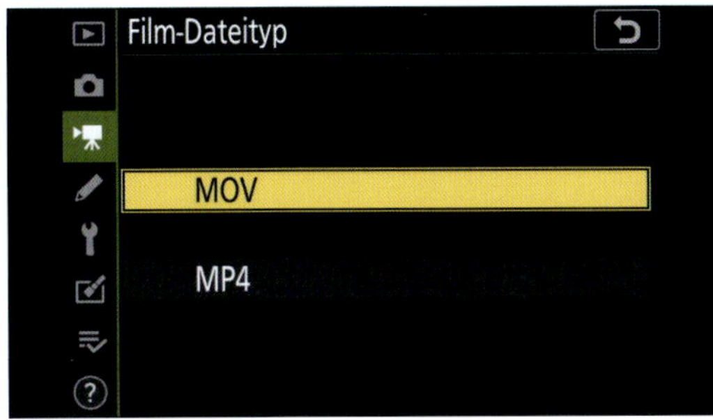

Abb. 10.13 Unter »FILMAUFNAHME« → »Film-Dateityp« können Sie das Videoformat auswählen.

In Bezug auf Qualität und Verarbeitung sind beide Formate gleich gut. MOV ist das Format von Apple, speziell für seine QuickTime-Software. Daher wird es auf Apple-Geräten etwas häufiger eingesetzt.

10.5 Einige interessante Video-Einstellungen

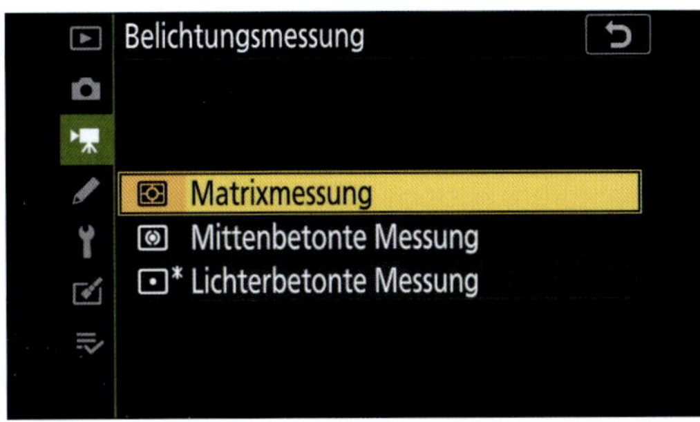

Abb. 10.14 Die Belichtungsmessung beim Filmen funktioniert ähnlich wie in der Fotografie. Mit »Mittenbetonte Messung« liegen Sie meist richtig. Bei Landschaften können Sie auch die »Matrixmessung« einsetzen, analog zur Fotografie. Bei Theateraufführungen mit vielen Spotlichtern sollten Sie es mit »Lichterbetonte Messung« probieren.

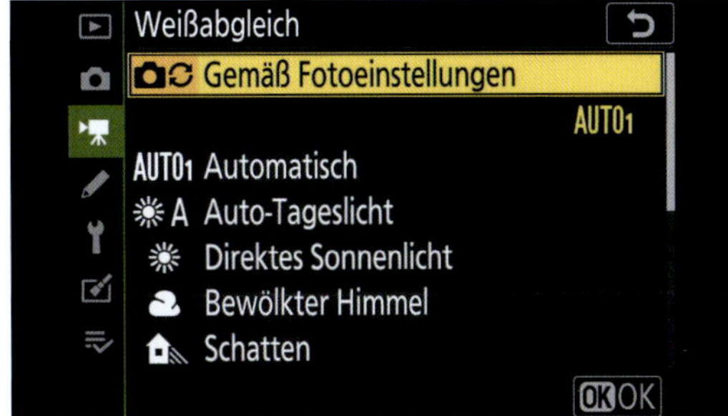

Abb. 10.15 Sie können sich beim Filmen gut auf den automatischen Weißabgleich verlassen. Ansonsten funktioniert auch diese Option wie beim Fotografieren.

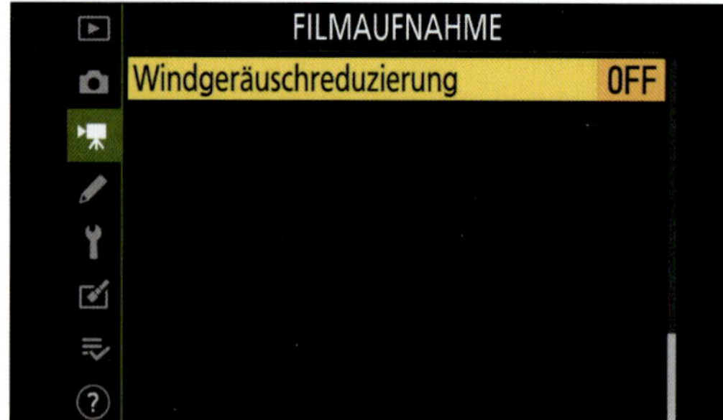

Abb. 10.16 Wenn es windig ist und Sie filmen wollen, schalten Sie die »Windgeräuschreduzierung« ein. Diese bewirkt leider auch, dass alle Töne etwas dumpfer wiedergegeben werden. Wenn Sie externe Mikrofone verwenden, müssen Sie dieses Feature gar nicht einsetzen, denn diese Geräte verfügen meist über eine entsprechende Funktion.

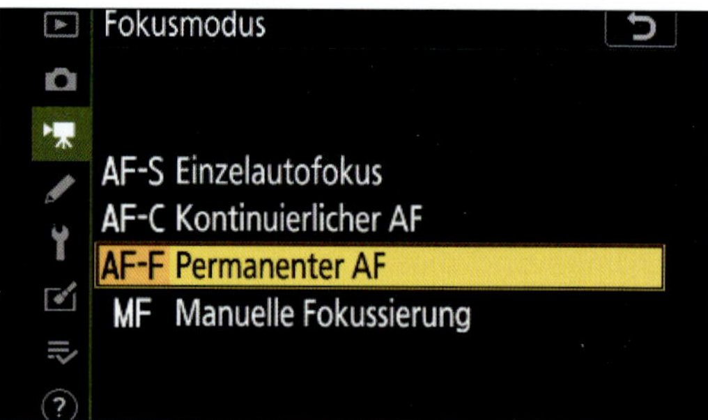

Abb. 10.17 Wie beim Fotografieren können Sie auch beim Filmen einen Fokusmodus wählen. Ich empfehle Ihnen, diese Einstellung auf »AF-F« zu setzen, da Sie sich beim Filmen in der Regel nicht um das Scharfstellen kümmern möchten. Die Z50 übernimmt das in diesem Modus sehr zuverlässig, auch bei bewegten Objekten.

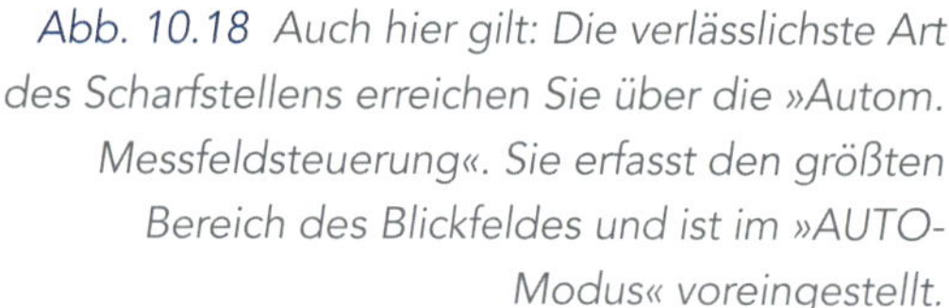

Abb. 10.18 Auch hier gilt: Die verlässlichste Art des Scharfstellens erreichen Sie über die »Autom. Messfeldsteuerung«. Sie erfasst den größten Bereich des Blickfeldes und ist im »AUTO-Modus« voreingestellt.

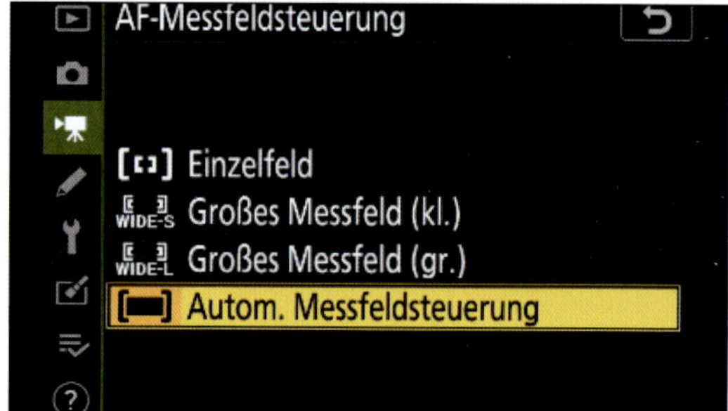

10.6 Videoschnitt

Wenn Sie schließlich alle Ihre Videos abgedreht haben, geht es daran, diese nachzubearbeiten und zu einem zusammenhängenden Film zu schneiden. Vielleicht haben Sie Szenen gedreht, die nicht in den finalen Film sollen oder Sie möchten einen Film durch einen später gefilmten Clip erweitern. Und vermutlich werden Sie zwischen den Clips Übergänge gestalten wollen und anderes mehr. Für den Anfang reichen dafür kostenlose Schnittprogramme. Nikon stellt zum Beispiel den Movie Editor *ViewNX-i* als Komponente seiner *Capture NX-D*-Suite zur Verfügung (die können Sie gratis bei Nikon herunterladen: *https://downloadcenter.nikonimglib.com/de/products/162/Capture_NX-D.html*). Wenn Sie allerdings höher einsteigen wollen, dann sind leistungsfähige Schnittprogramme wie *Magix* oder *Premiere* empfehlenswert.

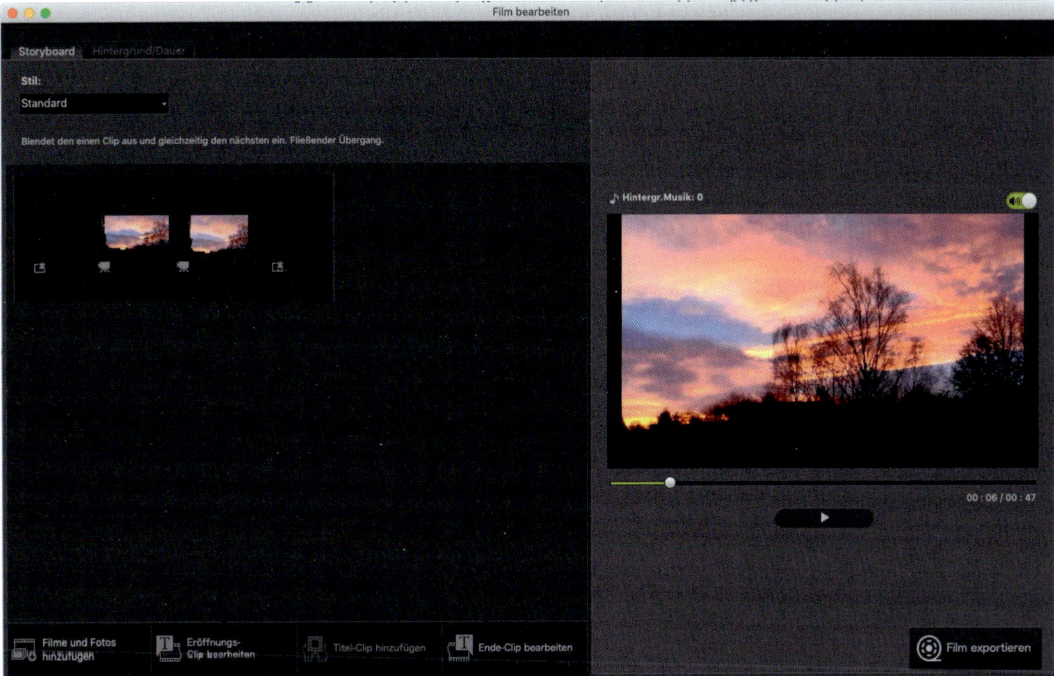

Abb. 10.19 Nikons Movie Editor »View NX-i« bietet sehr einfache Bearbeitungsmöglichkeiten, ist dafür aber auch intuitiv bedienbar.

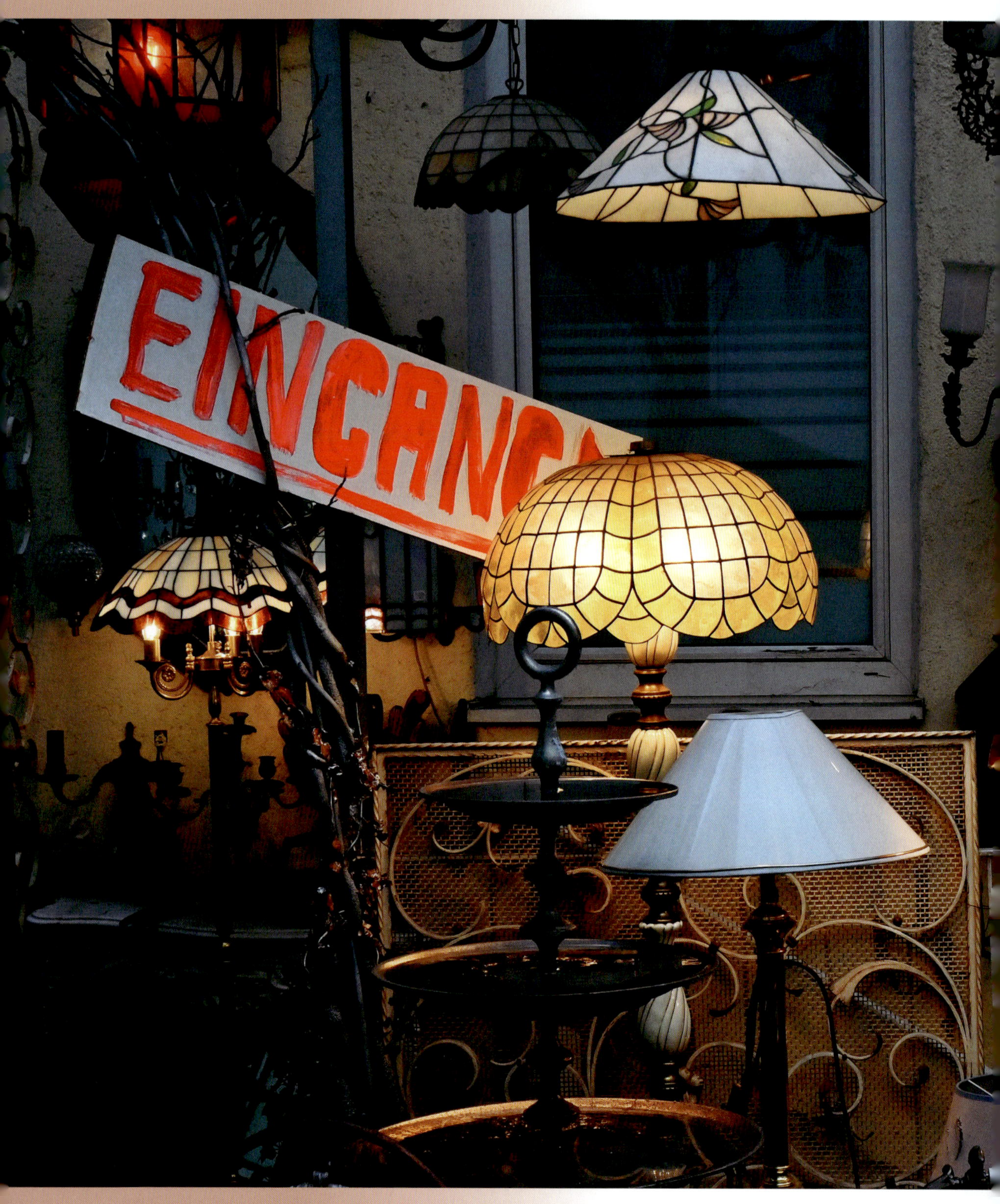
EINGAN

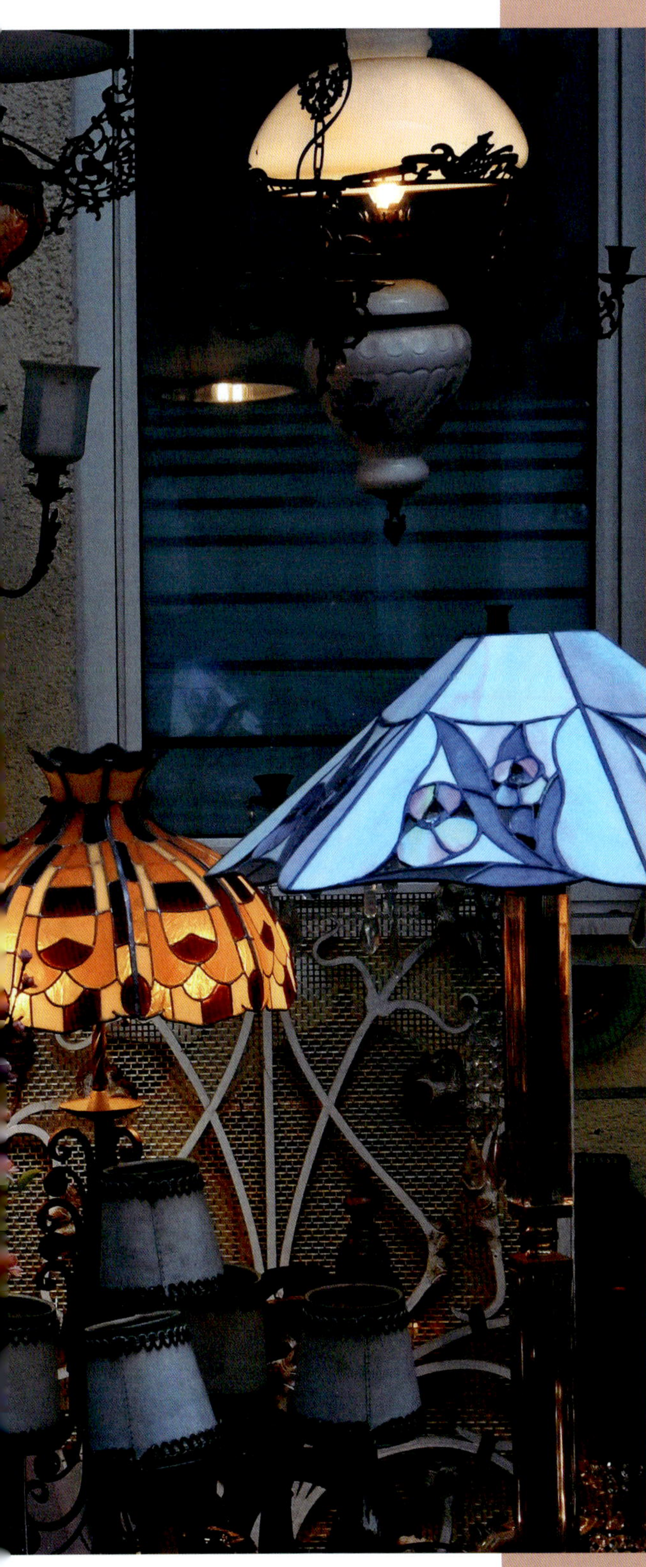

11

Zubehör

Abb. 11.1 Schwabinger Hinterhof-Trödel | DX 16–50 | 33 mm | 1/250 s | f/9 | ISO 640

Mit hochwertigem Zubehör erweitern Sie Ihre kreativen Möglichkeiten enorm. Es gibt eine Menge interessanter Optionen, um die Z50 mit zusätzlicher Technik auszustatten. Ob Sie sich für Makrofotografie begeistern und sich dafür Nahlinsen zulegen oder mit einem zusätzlichem Blitzlicht arbeiten wollen – im Folgenden finden Sie Vorschläge für zusätzliches Equipment.

11.1 Filter in der digitalen Fotografie

Benötigt man in der digitalen Fotografie noch zusätzliche Filter vor dem Objektiv? Viele Effekte, die man früher analog nur mit Filtern oder Vorsatzlinsen vor den Objektiven erzielen konnte, lassen sich heute leicht über die Effekt-Programme der Z50 erzeugen (siehe den Abschnitt 7.4 »Die Effekt-Programme« ab Seite 138).

Doch trotz dieser Möglichkeit sollten Sie sich überlegen, ob der ein oder andere optische Filter zusätzlich sinnvoll sein könnte. Auf Graufilter für Langzeitbelichtungen trifft das auf jeden Fall zu, vor allem in der Landschaftsfotografie (siehe den Abschnitt 6.5 »Landschaftsfotografie« ab Seite 110). Daneben ist ein Polfilter durchaus auch eine gute Option, um Ihre Bilder »aufzupeppen«. Er kommt vor allem bei strahlendem Wetter und blauem Himmel zum Einsatz. Jeweils im 90-Gradwinkel zur Sonne verringert er Reflexionen auf glänzenden Oberflächen (Wasser, Glas) und erhöht die Farbsättigung der Bilder. Die Stärke des Effekts regeln Sie, indem Sie den Filter vor dem Objektiv drehen. Der Polfilter schluckt allerdings auch ein bis zwei Blendenstufen an Licht.

Ein weiterer sinnvoller Filter ist ein UV-Filter. Er hat eigentlich keine direkte Wirkung auf das Bild. Ich verwende UV-Filter gerne auf den Objektiven, zum Schutz der teuren Linsen. Wenn diese verkratzen, wird es nämlich richtig teuer.

Achten Sie beim Kauf eines jeden Filters auf den Durchmesser der Frontlinse Ihres Objektivs. Für jedes Objektiv benötigen Sie einen eigenen Filter. Und sparen Sie nicht beim Preis – Sie werden die Abbildungsqualität Ihres Objektivs nicht durch einen schlecht verarbeiteten Filter mindern wollen.

11.2 Der FTZ-Adapter

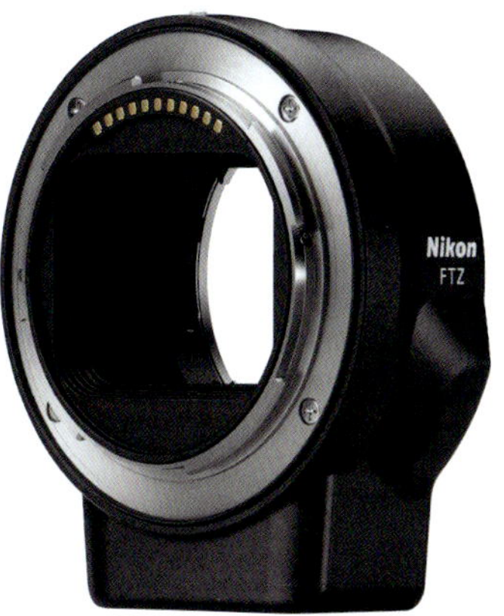

Abb. 11.2 Nikons FTZ-Adapter (Foto: Nikon)

Der Kauf von Nikons Bajonettadapter FTZ bietet sich an, wenn Sie schon vor der Z-Serie mit Nikon-Spiegelreflexkameras fotografiert haben und die zugehörigen Objektive nicht im Schrank verstauben lassen wollen.

Der FTZ-Adapter macht drei Dinge: er stellt den größeren Abstand zwischen Objektivbajonett und Sensorebene her, den Objektive für Spiegelreflexkameras brauchen, er setzt die Steuerungskontakte dieser Objektive auf die Bodys der Z-Serie um und er erlaubt natürlich die mechanische Koppelung von F-Bajonett-Objektiven an das Z-Bajonett. Außerdem verfügt er über ein Stativgewinde – gerade wenn Sie ihn mit etwas schwereren Objektiven einsetzen, sollten Sie dieses anstelle des Stativgewindes im Kamerabody nutzen.

Sie setzen den FTZ-Adapter wie ein Objektiv auf die Kamera (siehe den Abschnitt 2.2 »Das Objektiv« ab Seite 7) und montieren Ihr Objektiv dann auf die gleiche Weise auf sein vorderes Bajonett. Beim Abnehmen können Sie entweder gleich Objektiv und FTZ-Adapter oder nur das Objektiv vom FTZ-Adapter abnehmen (etwa, um ein anderes aufzusetzen). In diesem Falle müssen Sie die Entriegelung an seiner Seite erst zurückschieben und dann das Objektiv wie gehabt abnehmen.

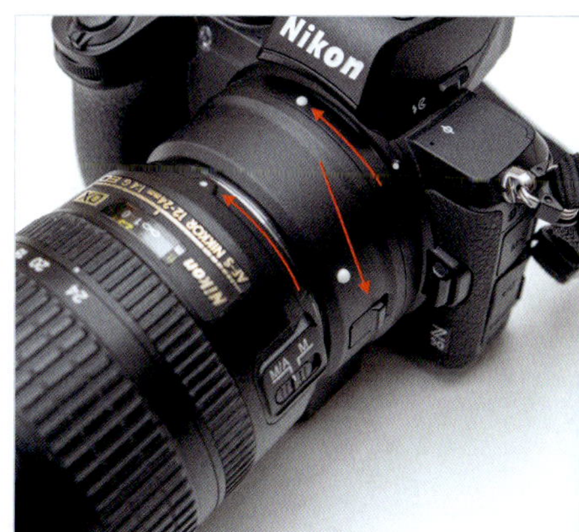

Abb. 11.3 Der FTZ-Adapter mit dem Nikkor DX 12–24/4. Sie setzen den Adapter und das Objektiv in Pfeilrichtung auf. Zum Abnehmen des Objektivs vom Adapter drücken Sie zunächst den Riegel am Adapter nach hinten und drehen dann das Objektiv in die entgegengesetzte Richtung (im Uhrzeigersinn).

Allerdings gibt es zahlreiche Einschränkungen in der Kompatibilität – zum Beispiel werden Sie bei einigen Objektiven keinen Autofokus verwenden können. Studieren Sie unbedingt die mit dem Adapter mitgelieferte Anleitung! Dort ist eine Liste enthalten, in der explizit aufgeführt wird, welche Nikkor-Objektive nicht angeschlossen werden können. Objektive von Fremdherstellern lassen sich ebenfalls nur eingeschränkt nutzen. Wenden Sie nie Gewalt an, wenn ein Objektiv nicht auf den Adapter passt!

Auf Nummer Sicher gehen Sie mit Nikon-Objektiven neueren Baujahrs (etwa aus der G-Serie), die über eine integrierte CPU verfügen. Wenn solch ein Objektiv an eine Kamera angesetzt wird, werden über seine Metallkontakte Objektivinformationen an die Kamera sowie Strom und Steuerungsbefehle von der Kamera an das Objektiv übertragen. Wenn alles korrekt läuft, dann funktioniert das System mit Autofokus und Blendenübertragung reibungslos. Ich habe zahlreiche ältere Objektive angeschlossen, bei denen der Autofokus nicht, die Blendenübertragung jedoch reibungslos funktioniert hat. So konnte ich mit dieser kleinen Einschränkung meine alten Objektive weiterverwenden.

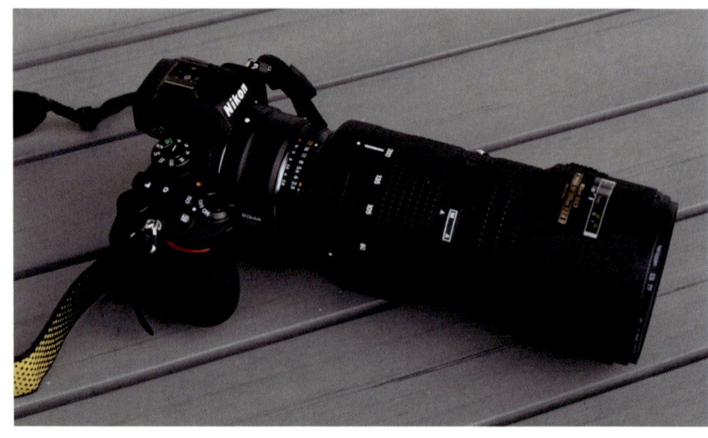

Abb. 11.4 Die Z50 in Kombination mit dem FTZ-Adapter und dem NIKKOR 80–200mm 1:2.8 D. In dieser Kombination kann man nur ohne Autofokus fotografieren, die Übertragung der Blendenwerte und die Blendensteuerung funktionieren aber einwandfrei. Die Bildqualität leidet nicht. Die Gewichtsverhältnisse verschieben sich bei dem schweren, lichtstarken Objektiv und der leichten Kamera deutlich nach vorne. Wenn das Objektiv selbst keine Montageschelle mit Stativanschluss mitbringt, sollten Sie den Stativanschluss des FTZ-Adapters verwenden (nicht den des Bodys).

Zahlreiche schwere F-Bajonett-Objektive können Sie zwar aufsetzen, jedoch werden Sie dann schnell merken, dass der Autofokus nicht funktioniert. Dann bleibt Ihnen immer noch die Möglichkeit, manuell über das Objektiv scharfzustellen.

Nach dem Gebrauch sollten Sie den FTZ-Adapter unbedingt wieder beidseitig mit den mitgelieferten Deckeln vor Staub schützen.

11.3 Externes Blitzgerät

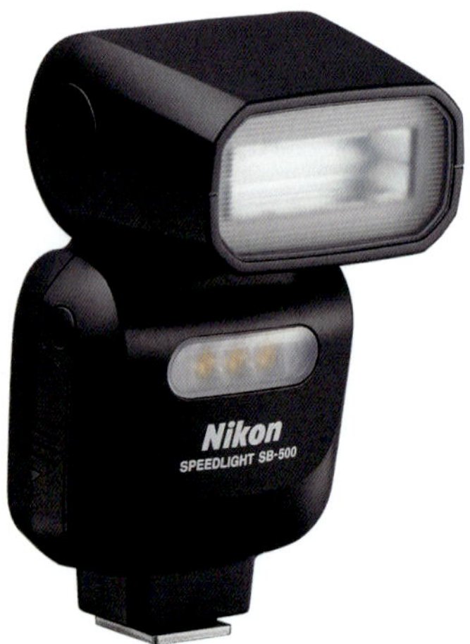

Abb. 11.5 Der SB-500. Es gibt inzwischen auch deutlich preisgünstigere Blitzgeräte etwa von Yongnuo. Doch der Vorteil eines Blitzgerätes vom Kamerahersteller ist die gute technische Abstimmung mit der Kamera.

Viele Hobbyfotografinnen und -fotografen haben Vorbehalte gegenüber dem Einsatz von Blitzgeräten. Schuld daran ist allerdings deren falscher Einsatz. Sicherlich muss man das Arbeiten mit einem Blitz erlernen. Aber Investition und Aufwand lohnen sich, denn Sie machen sich so ein Stück unabhängiger vom verfügbaren Licht.

Für den Einstieg in die Blitzlichtfotografie reicht Ihnen aber sicher erst einmal ein einzelner Blitz, den Sie auf den Blitzschuh Ihrer Kamera aufsetzen können. Nikon bietet dafür den SB-500 zum Preis von deutlich unter 200,– € an.

Der SB-500 hat eine Leitzahl von 24 (bei ISO 100). Der große Vorteil dieses Blitzes gegenüber dem eingebauten Blitz Ihrer Z50 ist die Möglichkeit, das Licht nicht nur frontal auf das Motiv lenken zu können, sondern auch in einem anderen Winkel: Der Blitzreflektor kann um bis zu 90° nach oben geneigt und horizontal um 180° gedreht werden. Oft bedarf es nämlich keines direkten Lichteinfalls, um ein Motiv ausgewogen auszuleuchten. Ganz im Gegenteil: Jede Fläche reflektiert Licht. Decken, Wände oder auch selbst gespannte

Joe McNally, Blitz-Profi und Nikon-Botschafter

Es gibt Profis, wie den amerikanischen Nikon-Fotografen Joe McNally, dessen Aufnahmen man oft nicht einmal ansieht, dass sie mit Blitzlicht aufgenommen wurden. McNally vernetzt oft mehr als fünf Blitzgeräte miteinander und lenkt das Licht wie kein zweiter gerade so, wie es ihm gefällt (unter *https://www.youtube.com/watch?v=vfTR3QtbDbU* finden Sie dazu einen kleinen Wettbewerb zwischen ihm und dpunkt-Autor Scott Kelby).

Joe McNallys Arbeiten finden Sie unter *https://portfolio.joemcnally.com/index*.

Leinentücher als Reflektoren zaubern ein weiches Licht, das zumeist ausreicht, um Ihr Motiv ins rechte Blitzlicht zu rücken. Ich blitze eine Person fast nie direkt an. Meist neige ich den Blitzkopf etwa 45° nach oben. Wie das Licht dann auf das Motiv fällt, hängt nun von der Beschaffenheit der Decke ab.

Es gibt noch ein paar weitere Vorteile des externen Blitzes: Im Nahbereich treten keine Abschattungen des Motivs durch ein längeres Objektiv auf. Auch rote Augen kommen seltener vor, da der Blitz nicht direkt auf der optischen Achse des Objektivs sitzt und sein Licht nicht absolut frontal auf die Personen vor der Kamera trifft. Und zu guter Letzt wird der Akku der Z50 nicht direkt durch den Blitz belastet.

Neben diesen Vorteilen bietet ein externer Blitz aber auch noch eine Menge zusätzlicher Möglichkeiten, um spannende Bilder zu produzieren. So kann man das Gerät als Masterblitz verwenden und damit dann weitere Blitzgeräte (»Slaves«) steuern. Man kann das Licht also aus den unterschiedlichsten Richtungen einfallen lassen. Oder versuchen Sie einmal, Stroboskopbilder anzufertigen. Mit einem externen Blitz eröffnen sich also völlig neue Möglichkeiten, kreativ zu werden. Und dank einer LED-Leuchte auf der Vorderseite können Sie den SB-500 auch als Videoleuchte beim Filmen einsetzen.

Tour 7: Morgens am See

Die letzte Tour in diesem Buch führt uns an einen kleinen See im Voralpenland. Vielleicht fotografieren Sie gern in der Natur? Dann sollten Sie auf jeden Fall zum Frühaufsteher werden. Morgens finden Sie die attraktivsten Lichtstimmungen und die Luft ist besonders klar. Wahrscheinlich haben Sie Lieblingsplätze, vielleicht auch einen kleinen See oder Weiher in der Umgebung. Dort sollten Sie auf jeden Fall öfter mit Ihrer Kamera vorbeischauen.

Gerade im Voralpenland, wie auf dieser Wintertour zum Dietlhofer See bei Weilheim, finden Sie kurz vor Sonnenaufgang (Apps wie *Sun Surveyor* oder *PhotoPIlls* sagen Ihnen genau, wann) faszinierende Lichtstimmungen. Menschen sind zu dieser Zeit in der Regel nicht unterwegs, allenfalls Hundebesitzer. Planen Sie Ihre Tour, schauen Sie sich im Internet an, wann die Sonne aufgeht und welches Wetter zu erwarten ist.

Landschaften im Dunst verlangen oft nach einer leichten Überbelichtung. Machen Sie Übersichtsaufnahmen, suchen Sie aber auch Details wie Schilf im Gegenlicht oder vor einer tiefblauen Wasseroberfläche. Viel Zeit haben Sie nach Sonnenaufgang in der Regel nicht: Der goldene Moment ist oft schnell vorbei, und das Licht wird härter und unattraktiv. Kehren Sie ruhig öfter zum gleichen Ort zurück, Lichtstimmungen ändern sich täglich und man findet immer wieder neue schöne Motive.

Beginnen Sie Ihre Tour mit Übersichtsaufnahmen. Dunst verlangt nach einer leichten Überbelichtung, Bilder im Gegenlicht sollten Sie auch meist leicht überbelichten. | DX 16–50 | 21 mm | 1/400 s | f/10 | ISO 640 | 1,7 Blenden überbelichtet

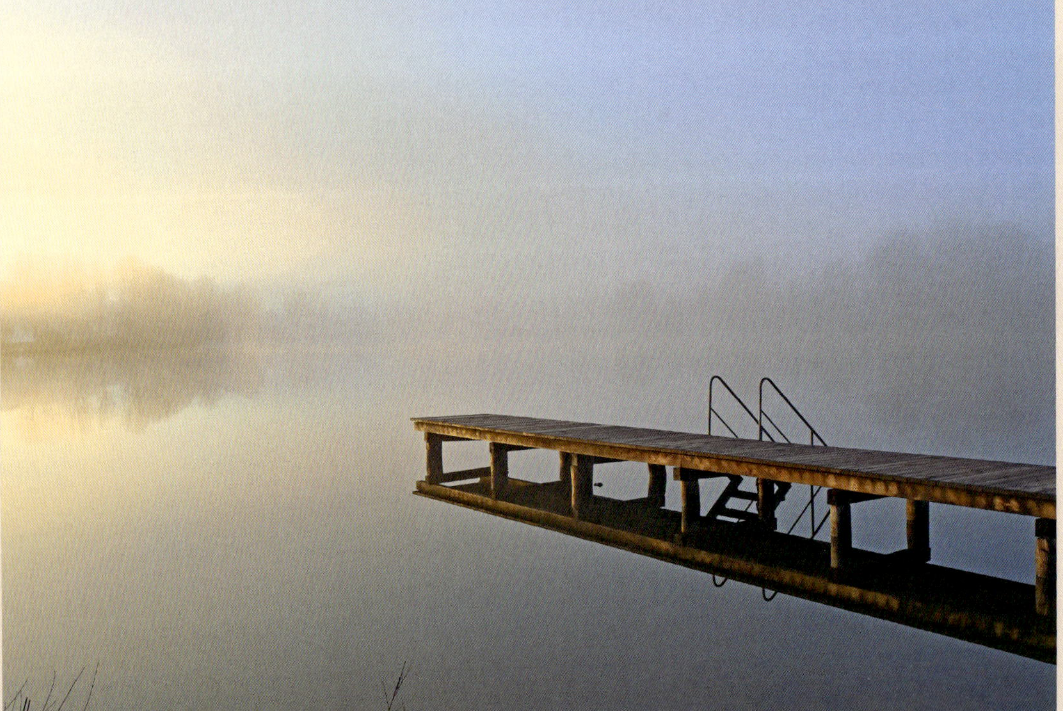

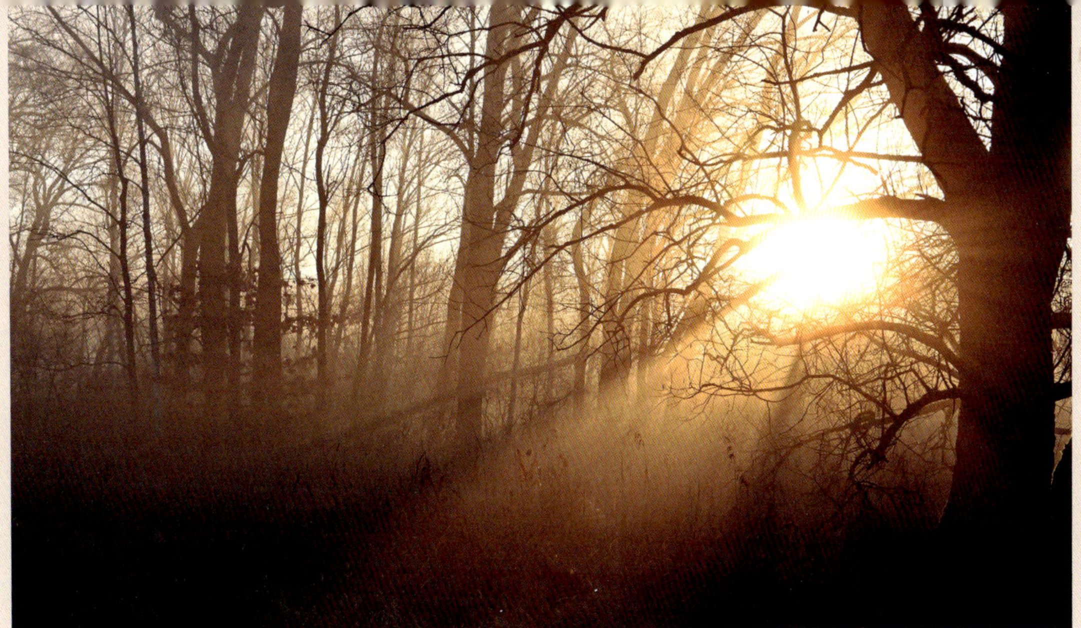

Im Herbst und Winter steigt häufig Nebel über Gewässern auf, was eine besonders geheimnisvolle Stimmung erzeugt. Bricht dann die Sonne durch den Dunst, bieten sich faszinierende Motive.
| DX 16–50 | 37 mm | 1/800 s | f/14 | ISO 640

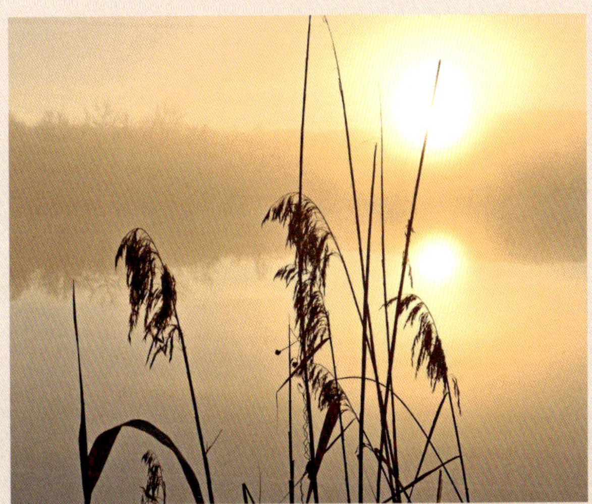

Schilf im Gegenlicht hebt sich silhouettenhaft ab.
| DX 16–50 | 37 mm | 1/800 s | f/14 | ISO 640

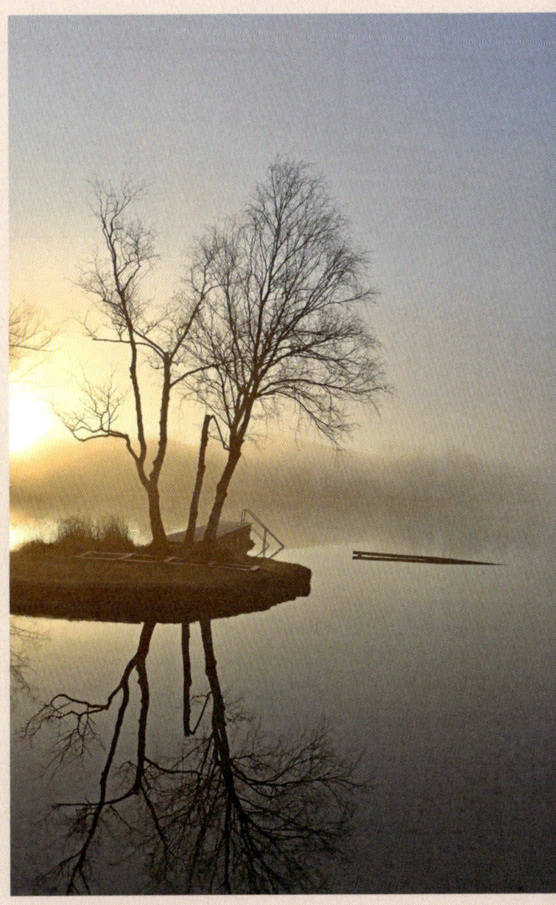

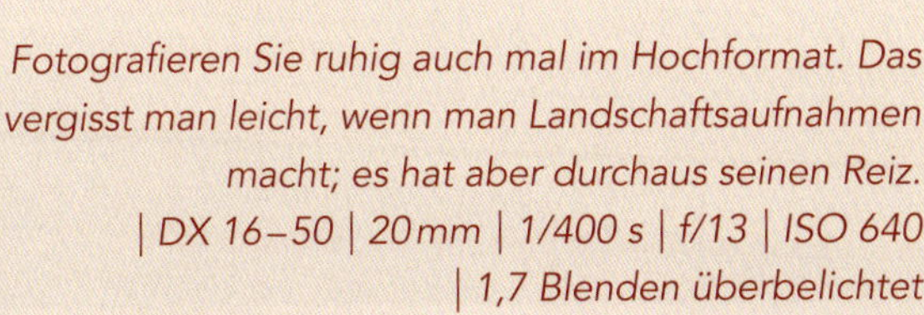

Fotografieren Sie ruhig auch mal im Hochformat. Das vergisst man leicht, wenn man Landschaftsaufnahmen macht; es hat aber durchaus seinen Reiz.
| DX 16–50 | 20 mm | 1/400 s | f/13 | ISO 640
| 1,7 Blenden überbelichtet

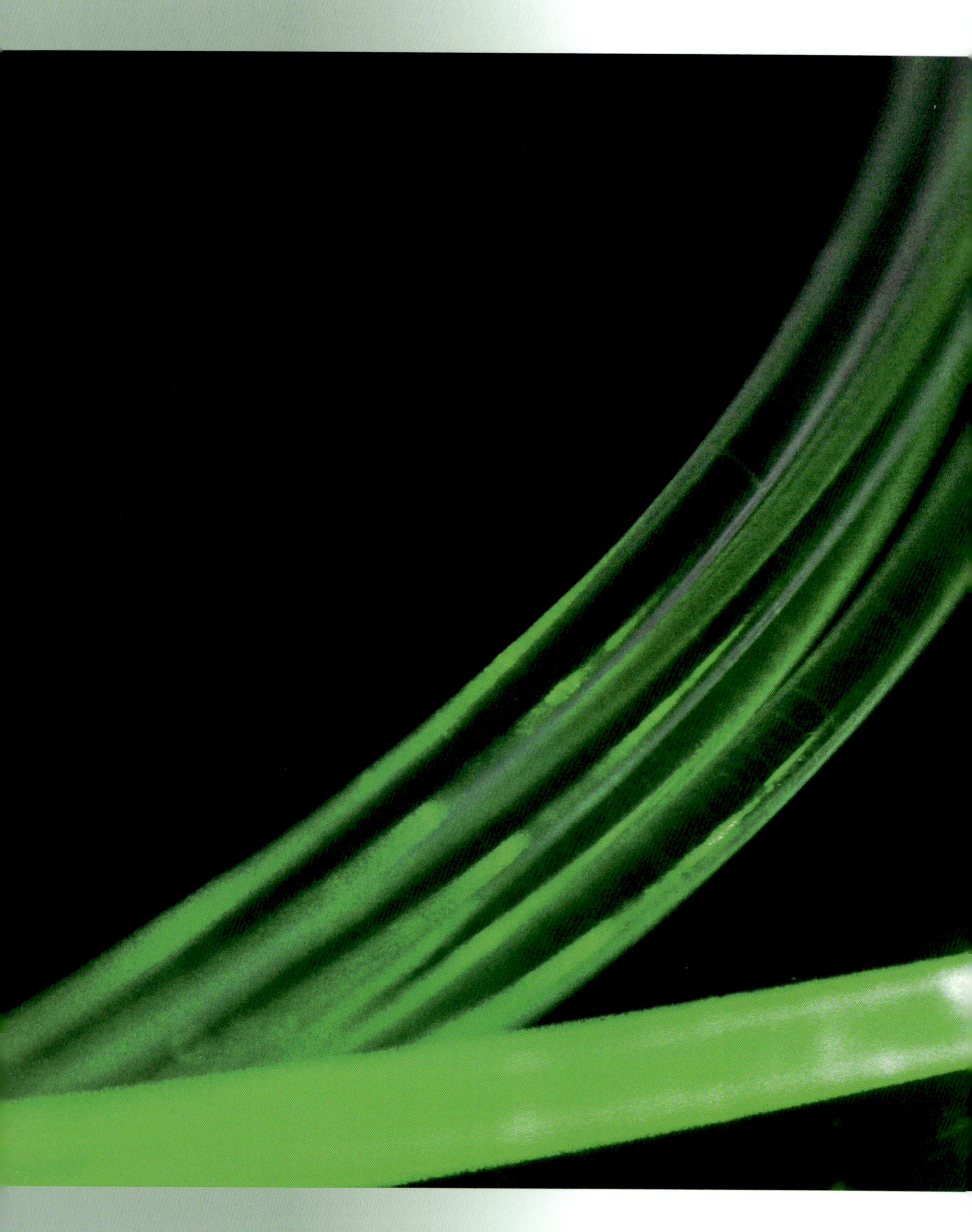

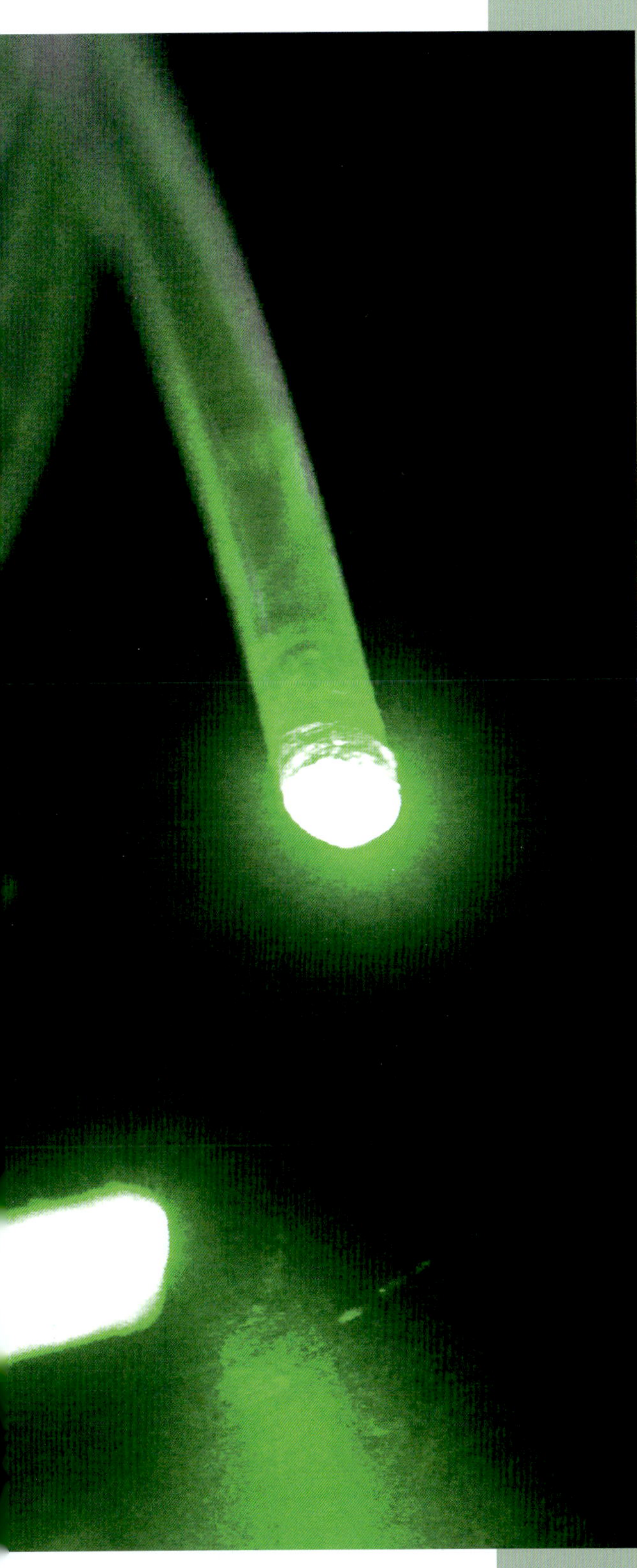

12 Vernetzung und Nachbearbeitung

Abb. 12.1 Lichtleiter im Labor | 110 mm | 1/40 s | f/5 | ISO 3200

Unsere Welt ist vernetzt. Innerhalb von Sekunden schicken wir Bilder um die ganze Welt. Das macht es uns einfach, mit Gleichgesinnten in Kontakt zu kommen, andere Kulturen kennenzulernen und mit Fotos viel Freude zu haben. Welcher Fotograf zeigt seine Werke nicht gern Gleichgesinnten zwecks Erfahrungsaustausch oder um (hoffentlich) konstruktive Kritik zu erhalten?

Die Ingenieure der Z50 haben die Kamera den digitalen Bedürfnissen unserer Zeit angepasst. Sie können Bilder von der Kamera direkt per WLAN auf Ihren Computer, Ihr Tablet oder Ihr Smartphone überspielen und sie danach online veröffentlichen.

Dieses Kapitel beschreibt die nötigen Schritte hierzu, wie Sie die Bilder nach der Aufnahme sinnvoll für die Veröffentlichung weiterbearbeiten und sie dann in die Welt hinaussenden.

12.1 Verbindung mit dem PC herstellen

Vor der Nachbearbeitung Ihrer Bilder auf dem PC oder Smartphone steht der Transfer der Dateien von der Kamera.

Per Kartenlesegerät

Am einfachsten und schnelllsten funktioniert das, wenn Sie sich ein Kartenlesegerät für SD-Karten besorgen und dieses per USB-Kabel an Ihren PC anschließen. Wenn Sie die SD-Karte aus der Kamera dort einstecken, wird sie als eigenes Laufwerk oder als eigener Ordner in Ihrer Dateiverwaltung bzw. auf Ihrem Desktop angezeigt. Ihre Bilder liegen im Ordner *100NZ_50* – von dort können Sie sie dann in den gewünschten Ordner ziehen.

Sie können die SD-Karte auch in der Kamera lassen und diese dann mit Ihrem PC verbinden. Dafür gibt es zwei Möglichkeiten: per USB-Kabel oder per WLAN.

Per USB-Kabel

Der Anschluss der Kamera für das mitgelieferte Micro-USB-Kabel findet sich hinter der unteren Gummiabdeckung auf der linken Seite der Kamera (vom Kameradisplay aus gesehen). Schließen Sie das Kabel an Kamera und PC an und schalten Sie die Kamera ein.

Unter Windows 10 erscheint die Kamera – nach zwei Abfragen – im Windows-Explorer. Wenn Sie auf das Kamerasymbol doppelklicken, öffnet sich der Verzeichnisbaum der Speicherkarte – Ihre Bilder liegen auch hier im Ordner *100NZ_50*.

Unter macOS wird die Kamera nicht automatisch angezeigt. Sie müssen erst das systemeigene Programm *Digitale Bilder* öffnen, um dort die Z50 sehen und sich per Klick auf das Kamerasymbol die Bilder anzeigen lassen zu können.

Per WLAN

Sie können die Kamera auch über WLAN mit dem Computer verbinden (allerdings ist der Datentransfer hierbei sehr langsam). Dafür müssen Sie zuerst Nikons *Wireless Transmitter Utility* auf Ihrem PC installieren (laden Sie es hier herunter: *https://downloadcenter.nikonimglib.com/en/download/sw/162.html*). Beim ersten Start der Software müssen Sie die Kamera per USB mit dem PC verbinden und durchlaufen ein paar Konfigurationsschritte. Unter anderem geben Sie an, dass Sie sich mit der Kamera über deren WLAN (»Wi-Fi«) verbinden möchten und definieren einen Ordner auf Ihrem PC, in den die Kamera später die Dateien hoch lädt (merken Sie sich diesen Ordner). Folgen Sie den Anweisungen der einzelnen Konfigurationsschritte und entfernen Sie nach Abschluss das USB-Kabel.

Sie können nun Ihre Kamera auf zweierlei Weise konfigurieren:

1. als *Accesspoint*, wobei Sie Ihren PC direkt über dessen WLAN mit dem WLAN der Kamera verbinden (der PC ist für die Dauer dieser Verbindung also nicht online)
2. im *Infrastruktur-Modus*, bei dem die Kamera Bestandteil Ihres WLANs wird, Ihr PC weiterhin mit diesem verbunden und damit auch online bleibt

Die zweite Variante ist die wesentlich elegantere – leider ist es mir nur nicht gelungen, die Kamera so einzubinden. Ich beschreibe hier also nur die erste Lösung – die direkte Verbindung zwischen Kamera-WLAN und PC.

Nach der Installation von Nikons *Wireless Transmitter Utility* konfigurieren Sie die Kamera für die kabellose Datenübertragung. Gehen Sie wie folgt vor:

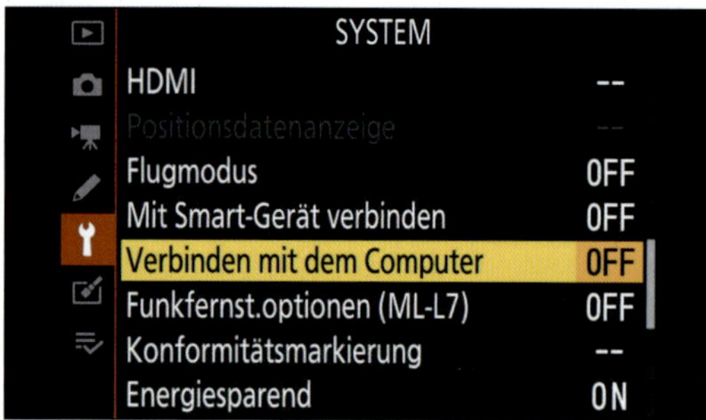

Abb. 12.2 Gehen Sie im Menü »SYSTEM« in das Untermenü »Verbinden mit dem Computer«.

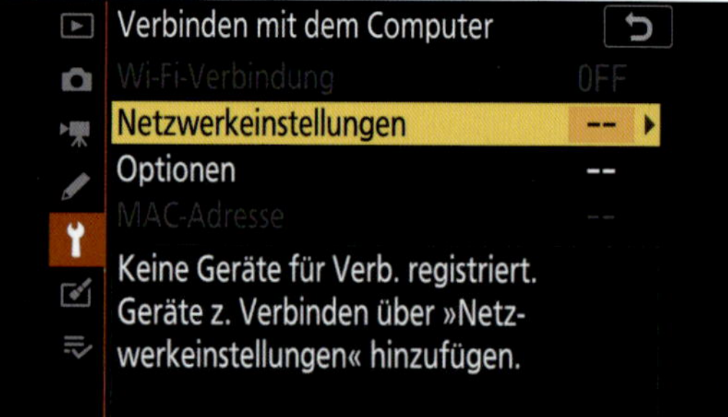

Abb. 12.3 Gehen Sie dort in die »Netzwerkeinstellungen« ...

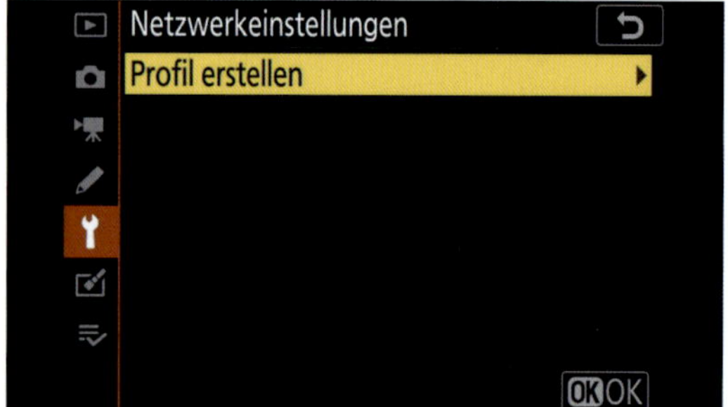

Abb. 12.4 ... und klicken Sie dort auf »Profil erstellen«, um ein Verbindungsprofil anzulegen. Pro PC wird ein Verbindungsprofil abgelegt, dank dessen sich die Kamera schnell verbinden kann.

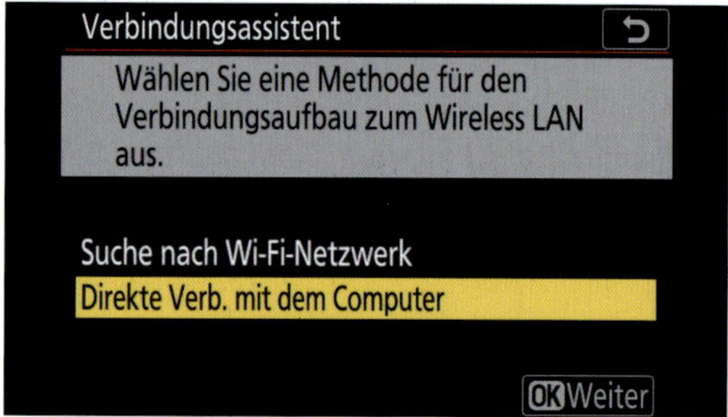

Abb. 12.5 Gehen Sie anschließend auf »Direkte Verb. mit dem Computer«.

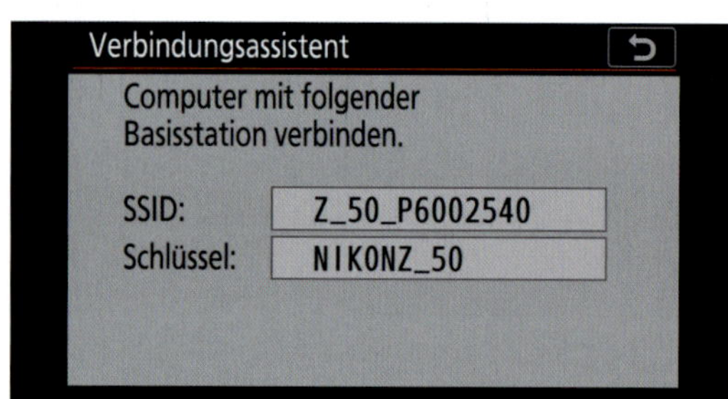

Abb. 12.6 Nun teilt Ihnen die Kamera eine SSID und einen Netzwerkschlüssel mit. Wählen Sie auf Ihrem PC dieses WLAN aus und geben Sie bei der Abfrage das gezeigte Passwort an.

Wenn Sie Ihren PC mit dem WLAN der Kamera verbunden haben, starten Sie wieder das *Wireless Transmitter Utility*. Nun werden Sie gefragt, mit welcher Kamera der Kopplungsvorgang erfolgen soll. Klicken Sie auf die angezeigte Z50 und dann auf *Weiter*. Der nächste und letzte Schritt ist das

Pairing von Kamera und PC – geben Sie im Eingabefeld auf dem PC die Ziffern ein, die Ihnen auf dem Kameradisplay angezeigt werden. Klicken Sie abschließend auf *Weiter* und tippen Sie im Kameradisplay unten auf *OK* – die Verbindung wird hergestellt.

Hat alles funktioniert, verbindet sich Ihr PC erfolgreich mit Ihrer Z50. Im Kameramenü *Verbinden mit dem Computer* sollte unten außerdem der WLAN-Name der Kamera grün unterlegt sein.

Ist das nicht der Fall, rufen Sie wieder das vorhin installierte *Wireless Transmitter Utility* auf, klicken auf die *Weiter*-Schaltfläche und klicken im Auswahlmenü auf *Integrierte Wi-Fi-Funktion der Kamera*. Klicken Sie auf *Weiter*, dann aktivieren Sie *Zielordner und Programm auswählen*. Klicken Sie auf *Weiter* und geben Sie dann den Ordner an, in den die Kamera Bilder hochladen soll (merken Sie sich diesen). Wählen Sie im Auswahlmenü darunter das Programm, das nach der Übertragung geöffnet werden soll – das ist sinnvollerweise Ihre Dateiverwaltung namens *Explorer* (Windows) oder *Finder* (macOS). Klicken Sie dann auf *Weiter*, aktivieren *Assistenten schließen* und beenden den Dialog dann mit einem letzten Klick auf die *Weiter*-Schaltfläche. Stellen Sie sicher, dass die oben gemachten Verbindungseinstellungen auf der Kamera noch aktiv sind und verbinden Sie Ihren PC gegebenenfalls neu mit dem Kamera-WLAN. Rufen Sie dann nochmal das *Wireless Transmitter Utility* auf wiederholen Sie die zu Beginn des vorletzten Absatzes beschriebenen Schritte bis zum Pairing.

Nun können Sie – endlich – Ihre Bilddateien auf den PC übertragen, indem Sie die Wiedergabe-Taste auf der Kamerarückseite drücken, mit dem Multifunktionswähler das zu übertragende Bild heraussuchen und dann über das »i«-Menü den Punkt *Zum Senden/Abwählen auswählen (PC)* anklicken. Danach wird die ausgewählte Bilddatei an Ihren PC geschickt und erscheint im vorhin im *Wireless Transmitter Utility* definierten Ordner (den Sie übrigens auch ändern können, indem Sie das Utility wie oben beschrieben nochmal aufrufen und durchklicken).

Vermutlich gibt es auf Ihrem PC einen Ordner, den das System für Bilder vorsieht. Kopieren Sie die Bilder entweder dorthin, oder importieren Sie sie vom aktuellen Ort aus in Ihre Bildbearbeitung.

12.2 Verbindung mit Smartphone oder Tablet herstellen

Im Zeitalter der sofort ins Internet hochgeladenen Bilder ist eine konventionelle Kamera gegenüber einem Smartphone eher eine Bremse in puncto Schnelligkeit. Um Ihre Aufnahmen möglichst zeitnah mit anderen zu teilen, können Sie Ihre Bilder drahtlos auf Ihr Smartphone oder Tablet übertragen. Nikon bietet dazu die App *SnapBridge* kostenlos im Google Play und im Apple App Store an. Wie der Name schon andeutet, schlägt diese App die Brücke zwischen der Z50 und Ihrem Smartphone oder Tablet – und zwar mit Hilfe von Bluetooth und WiFi (WLAN).

Die Nutzung der App bietet einige Vorteile:

- Die Bildübertragung ist unkompliziert – wenn die Z50 und *SnapBridge* einmal verbunden sind, werden neue Bilder automatisch von der Kamera in die App kopiert (allerdings nur 2 MB-JPEGs – was zum Teilen auf Social Media reicht und für den Notfall ein kleine Sicherungskopie bietet).
- Über den GPS-Empfänger Ihres Smartphones oder Tablets versorgt *SnapBridge* jedes neu gemachte Bild mit Geodaten, so dass Sie etwa später im *Karte*-Modul von Lightroom nachvollziehen können, wo genau Sie Ihre Bilder gemacht haben. Allerdings muss *SnapBridge* dafür aktiv sein – stellen Sie also sicher, dass die App auf dem Bildschirm Ihres Mobilgeräts angezeigt wird, anstatt im Hintergrund zu »schlafen« (aber: die App bleibt aktiv, auch wenn sich der Bildschirm des Mobilgeräts abschaltet).
- Sie können *SnapBridge* zum Fernauslösen der Kamera verwenden – und haben dabei volle Kontrolle über das Bild und die Einstellungen.

Nachfolgend zeige ich Ihnen, wie Sie die Kamera mit Ihrem Smartphone oder Tablet verbinden (der Vorgang wird als »Pairing« oder »Koppelung« bezeichnet) und die Bilder von der Kamera dorthin übertragen.

Hinweis

Verwenden Sie immer das nachfolgend beschriebene Pairing, nicht die – auch mögliche – reine WiFi-Verbindung, da diese nicht sonderlich stabil ist.

Denken Sie auch daran, dass die Nutzung von *SnapBridge* den Stromverbrauch von Kamera und Mobilgerät deutlich erhöht und dass Ihr Smartphone oder Tablet für die Dauer der WLAN-Verbindung mit der Kamera offline ist.

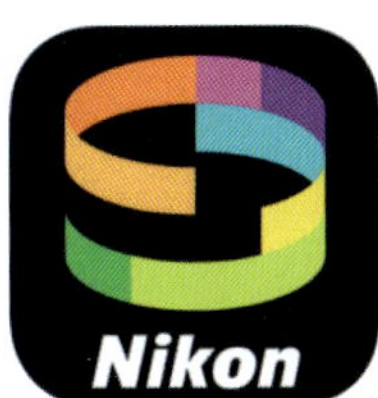

Abb. 12.7 Starten Sie auf Ihrem Smartphone oder Tablet die App »SnapBridge« und platzieren Sie Ihre Z50 in der Nähe.

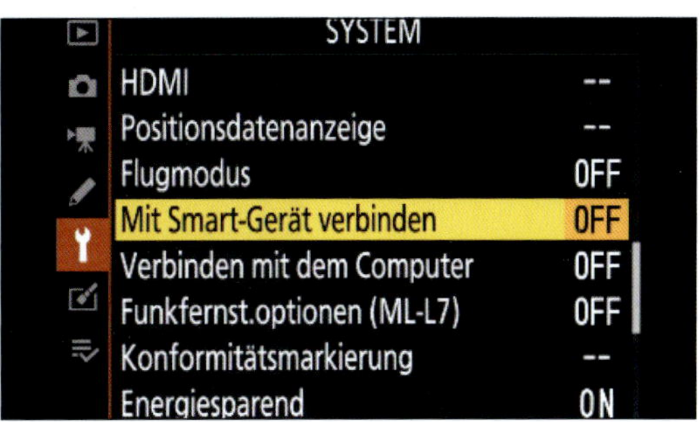

Abb. 12.8 Gehen Sie im »Einstellungen«-Menü der Z50 auf »Mit Smart-Gerät verbinden« (gemeint ist damit Ihr Smartphone oder Tablet, auf dem Sie »SnapBridge« installiert haben).

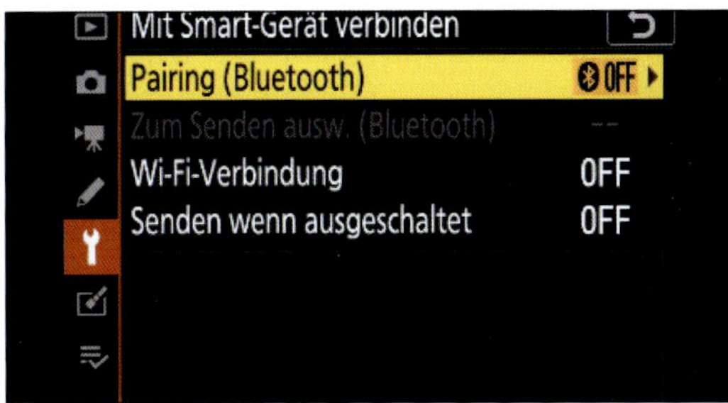

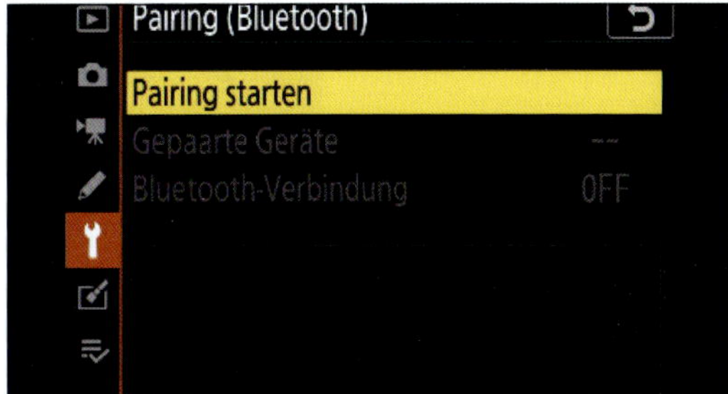

Abb. 12.9 Gehen Sie in der Z50 im Menü »Mit Smart-Gerät verbinden« auf den Punkt »Pairing (Bluetooth)« und aktivieren Sie darin »Pairing starten« (indem Sie mit dem Multifunktionswähler nach rechts klicken).

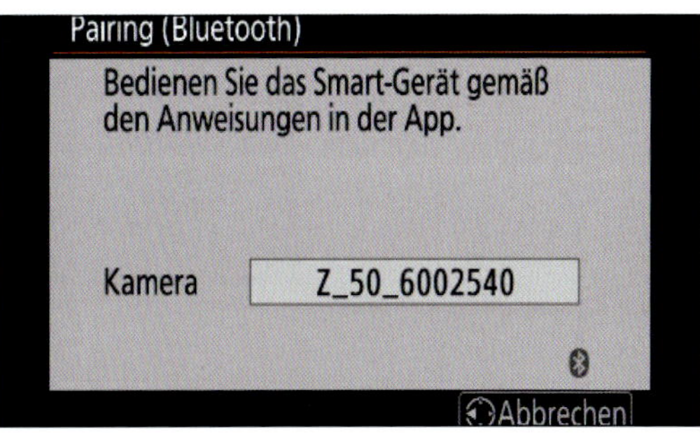

Abb. 12.10 Die Kamera zeigt Ihnen nun ihre Bluetooth-Kennung an (Ihre eigene Kennung wird von der in dieser Abbildung abweichen).

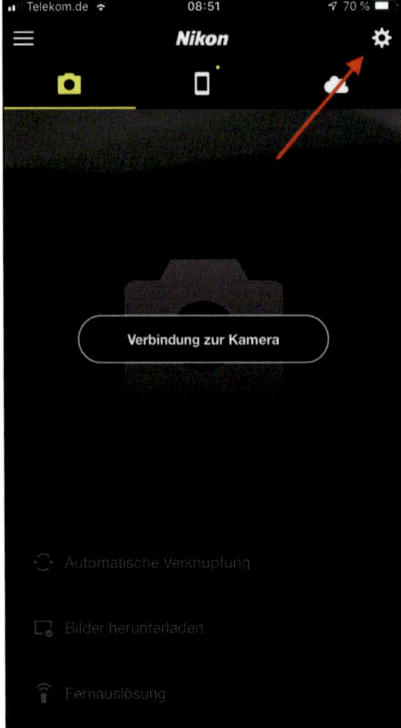

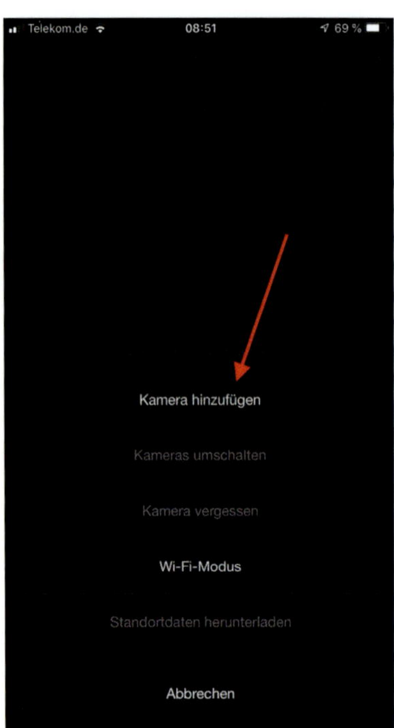

Abb. 12.11 Gehen Sie auf Ihrem Mobilgerät in »SnapBridge« im Zahnrad-Menü oben rechts auf »Kamera hinzufügen«.

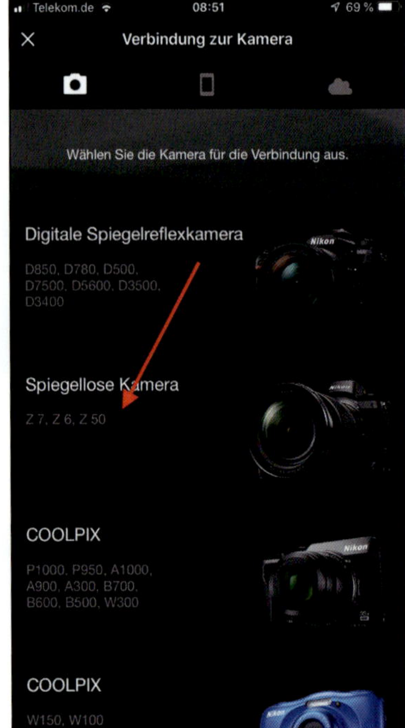

Abb. 12.12 In einer Liste zeigt »SnapBridge« Ihnen die Z50 an. Tippen Sie darauf.

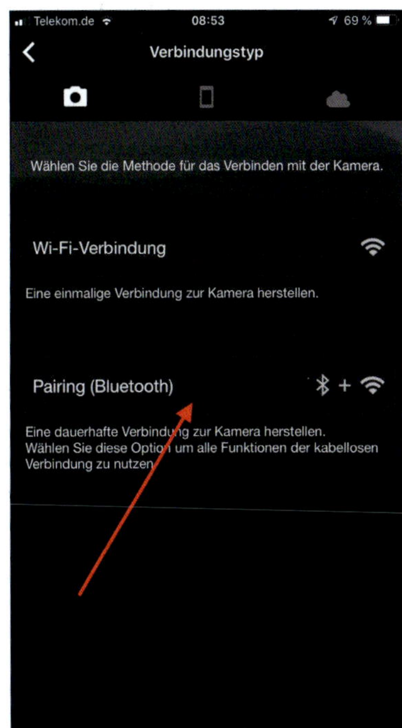

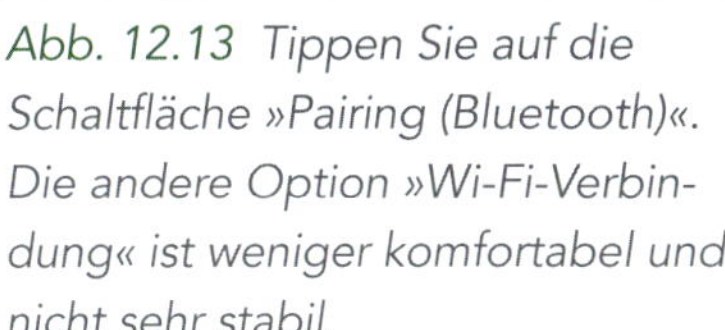

Abb. 12.13 Tippen Sie auf die Schaltfläche »Pairing (Bluetooth)«. Die andere Option »Wi-Fi-Verbindung« ist weniger komfortabel und nicht sehr stabil.

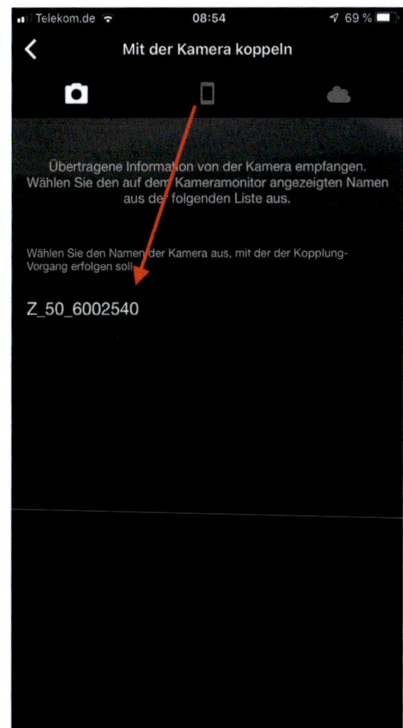

Abb. 12.14 SnapBridge zeigt Ihnen eine zweite Liste, in der Sie abermals den Eintrag mit der Kamera antippen.

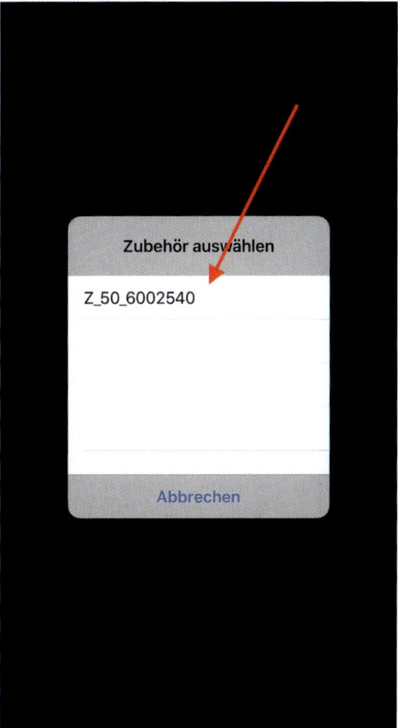

Abb. 12.15 Es folgt ein animierter gelber Kreis, gefolgt von einem »Zubehör auswählen«-Dialog, in dem Sie wieder den Eintrag mit der Kamera antippen.

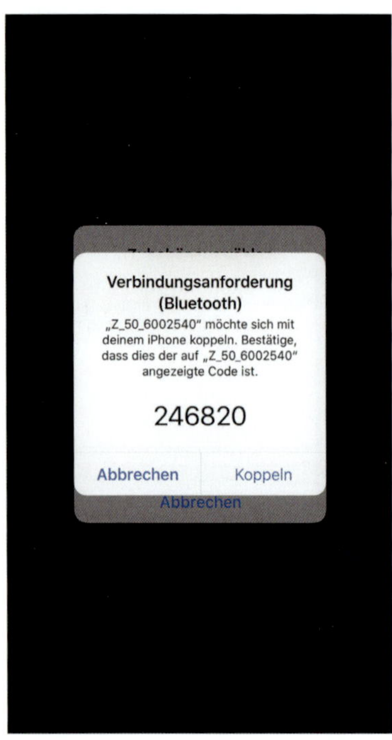

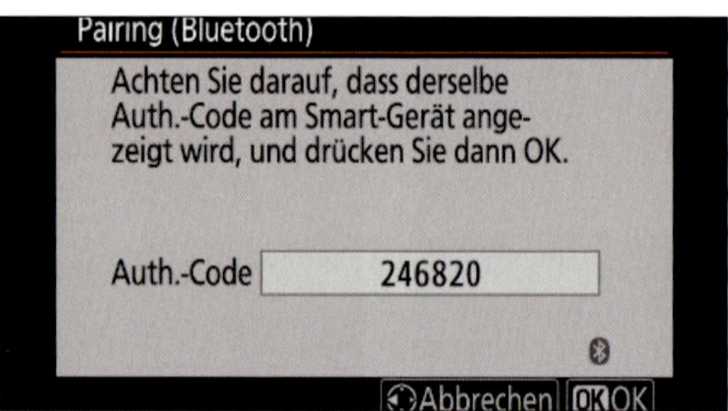

Abb. 12.16 Dann folgt der letzte Schritt des Koppelungsdialogs, in dem Sie die auf den beiden Displays angezeigten Zahlen vergleichen. Stimmen Sie überein, drücken Sie ***gleichzeitig*** *die »OK«-Taste der Kamera und die »Koppeln«-Schaltfäche in »SnapBridge«.*

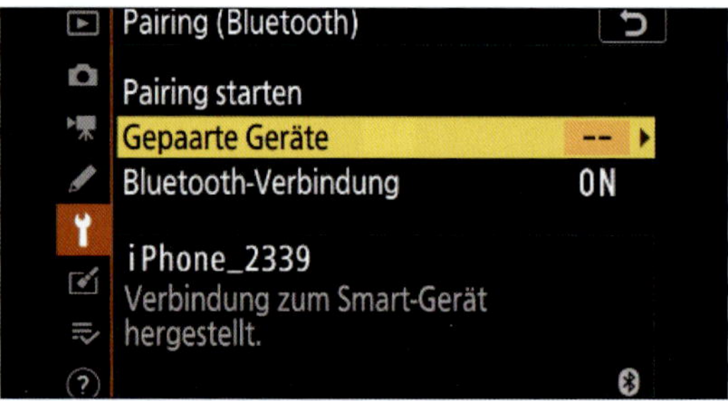

Abb. 12.17 Danach verbinden sich Z50 und »SnapBridge« – die Z50 ist nun auf Ihrem Mobilgerät registriert (siehe dort die »Bluetooth«-Einstellungen) und umgekehrt Ihr Mobilgerät in der Z50. Sollte die Koppelung scheitern, wiederholen Sie die Schritte und achten Sie darauf, dass Sie am Ende gleichzeitig die beiden »OK«-Tasten drücken.

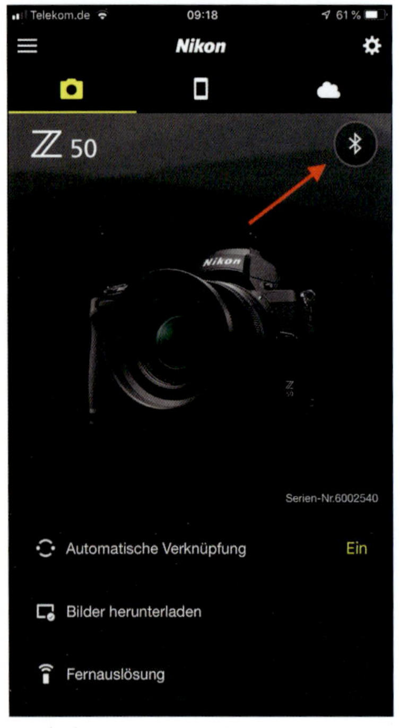

Abb. 12.18 Ob die Verbindung steht, erkennen Sie in »SnapBridge« auch am Bluetooth-Symbol rechts oberhalb der Kamera. Tippen Sie das Symbol gegebenenfalls an, um die Verbindung aufzubauen.

Wenn im SnapBridge-Menü »Automatische Verknüpfung« auf »Ein« steht und in der Kamera im Menü »SYSTEM« → »Mit Smartgerät verbinden« → »Pairing Bluetooth« Bluetooth eingeschaltet ist, braucht es immer nur ein paar Sekunden zum automatischen Wiederaufbau der Bluetooth-Verbindung.

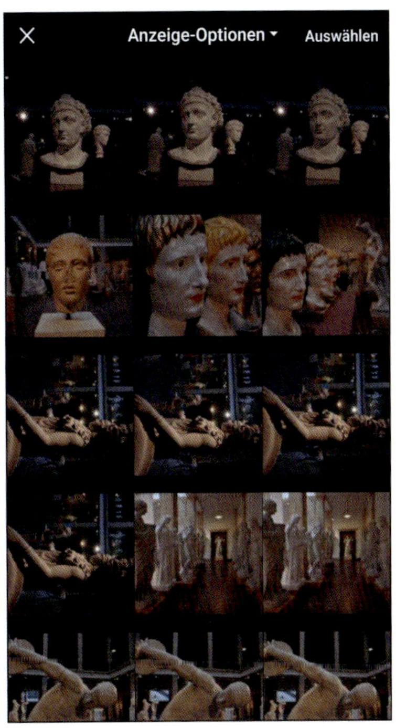

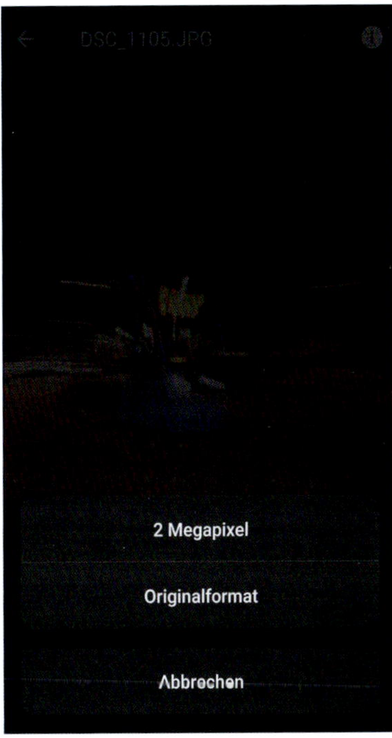

Abb. 12.20 Sie können bei jedem Bilddownload auch einzeln entscheiden, ob Sie das Bild als Raw (»Originalformat«) oder als »2 Megapixel« kleines JPEG auf Ihr Smartphone oder Tablet übertragen wollen.

Abb. 12.19 Klicken Sie dann in »Snapbridge« auf das Menü »Bilder herunterladen«. Sie werden nun aufgefordert, den Start des Kamera-WLANs zu bestätigen sowie »Snapbridge« den Zutritt zu diesem WLAN zu erlauben. Ab nun ist »Snapbridge« mit der Kamera verbunden und Sie können die angezeigten Bilder von der Kamera in Ihre Fotobibliothek herunterladen. Beachten Sie: Ob Sie hier 2 MB große JPEGs oder Raw-Dateien herunterladen, legen Sie in den »Anzeige-Optionen« am oberen Displayrand Ihres Smartphones oder Tablets fest. Die Verbindung ist allerdings sehr langsam – der Download einer Raw-Datei kann mehrere Minuten dauern.

Das Menü »Automatische Verknüpfung«

Im Menü *Automatische Verknüpfung* im Startbildschirm von SnapBridge finden Sie noch eine Reihe interessanter Funktionen.

- Automatische Verknüpfung
  Sollte auf »ON« stehen, damit die Bluetooth-Verbindung zur Kamera nach Ausschalten wieder automatisch aufgebaut wird.
- Automatischer Download
  Jedes neue Bild wird automatisch als 2-Megapixel-JPEG auf Ihrem Smartphone (oder Tablet) gespeichert. Zum schnellen Teilen, etwa auf Social Media, sicher eine schöne Option.

Ihre Kamera hat WLAN, also hat sie auch einen Flugmodus

Wenn Sie das Netzwerk Ihrer Kamera vorübergehend ausschalten wollten, aktivieren Sie im Menü *SYSTEM* den Unterpunkt *Flugmodus*.

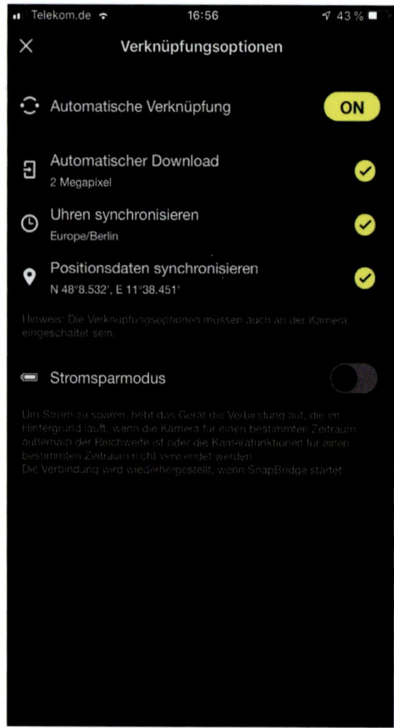

Abb. 12.21 *Das Menü »Automatische Verknüpfung« in »SnapBridge«*

- **Uhren synchronsieren**
  Da Ihr Smartphone oder Tablet die korrekte Zeit online bezieht, ist seine Uhrzeit möglicherweise genauer als die auf Ihrer Kamera eingestellte. Wenn Sie diese Funktion aktivieren, versucht SnapBridge, die eigene Uhrzeit an die Kamera weiterzugeben – das kann allerdings an Einstellungen in der Kamera scheitern.
- **Positionsdaten synchronisieren**
  Ist diese Funktion aktiv, greift SnapBridge auf die Ortungsdienste Ihres Smartphones oder Tablets zu und schreibt deren GPS-Daten in Ihre Bilddateien (Raw und JPEG).

12.3 Bildbearbeitung mit dem Smartphone

Nun haben Sie Ihre Bilder auf dem Smartphone, das ein kleiner, leistungsstarker Computer für Bildbearbeitung ist. Auf ihm können Sie Fotos bereits unterwegs bearbeiten, wenn Sie die entsprechende Software zur Verfügung haben. Zwei Apps – *Photoshop Express* und *Snapseed* – möchte ich Ihnen im Folgenden vorstellen. Mit ihnen können Sie von der Entwicklung Ihrer Raw-Dateien bis zur Instagram-Optimierung Ihrer JPEGs alles machen.

Photoshop Express

Photoshop Express ist der kleine Bruder von Photoshop, kostenlos als App erhältlich und der Klassiker unter den Bildbearbeitungsprogrammen für das Smartphone. Die App hat eine sehr klare Bedienführung. Sie können Ihre Fotos in Hinblick auf Kontrast, Belichtung und Tönung korrigieren.

Außerdem können Sie Bilder drehen, spiegeln, begradigen und auf ein gewünschtes Seitenverhältnis zuschneiden. Dazu bietet die App Vorlagen für Facebook-Cover, Twitter-Beiträge und Instagram-Posts. Rote Augen, Rauschen oder Flecken entfernen Sie mit den gleichnamigen Funktionen. Auf dem Smartphone geschieht das alles mit Schiebereglern. Die Änderungen werden Ihnen in Echtzeit angezeigt. Wenn Sie zum Original zurückkehren und den Vorher/Nachher-Zustand prüfen wollen, dann tippen Sie auf den Button *View Diff*. So haben Sie einen genauen Überblick über die erfolgte Bildbearbeitung.

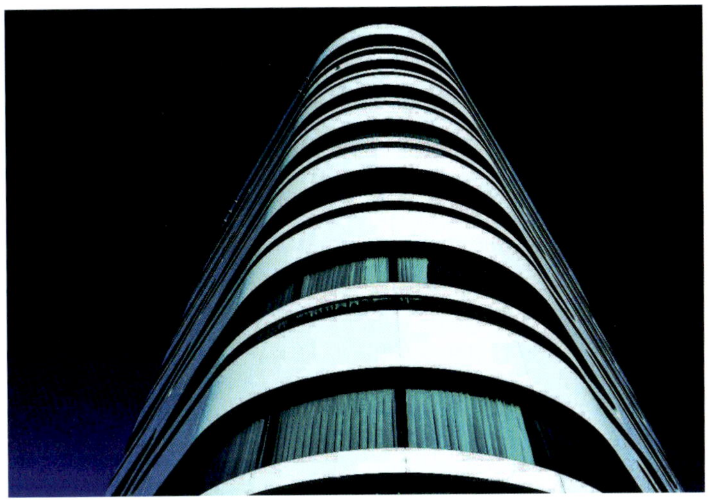

Abb. 12.22 Mit Photoshop-Express-Filtern bearbeitet, wirkt das Hochhaus surreal, entwickelt sich aber zum Hingucker. | ISO 640 | 1/320 s | 18 mm

Besonders attraktiv ist aber die große Auswahl an Filtern zum Spielen und um sich kreativ auszutoben. Hier sehen Sie einige Beispiele, was Sie mit ein- und demselben Bild alles anstellen können, indem Sie lediglich die extrem große Palette an Filtern des Programms benutzen:

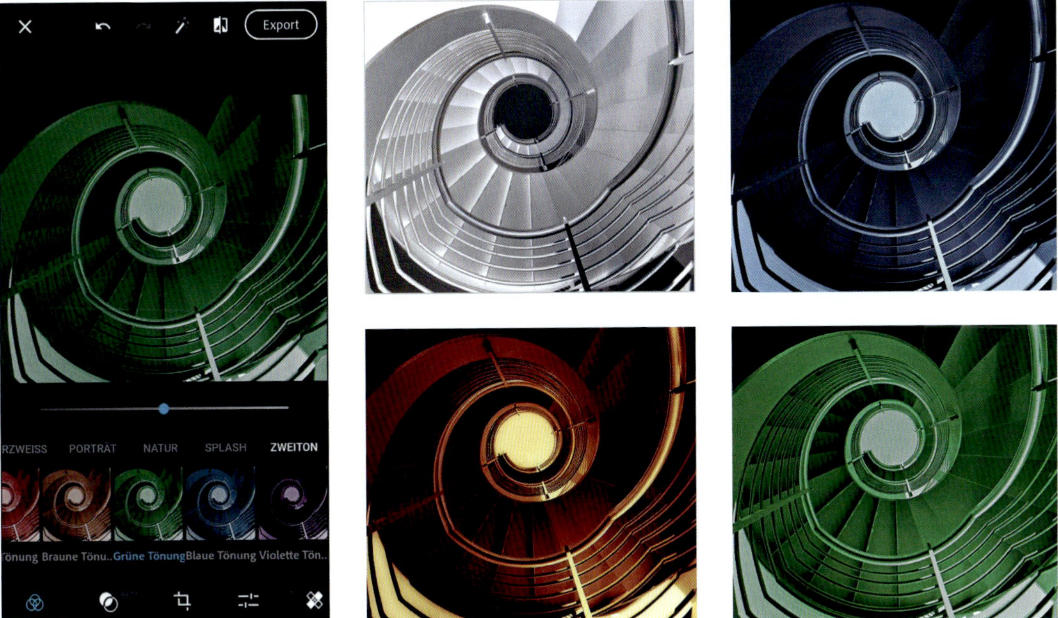

Abb. 12.23 Filtereffekte in der App Photoshop Express

Snapseed

Snapseed ist ebenfalls ein Klassiker unter den mobilen Bildbearbeitungsprogrammen. Die App gibt es sowohl kostenlos für Android als auch für iOS. Anhand dieser App möchte ich Ihnen ein Beispiel für eine Bildbearbeitung geben. Die hier aufgeführten Tipps sind nur ein kleiner Ausschnitt aus den zahllosen Möglichkeiten, die Ihnen unter Snapseed zur Verfügung stehen. Probieren Sie einfach die vielen Funktionen aus. Am Ende können Sie dann das Endprodukt als JPEG exportieren. Damit bleibt das Original auf Ihrem Smartphone erhalten – Sie können also nichts falsch machen.

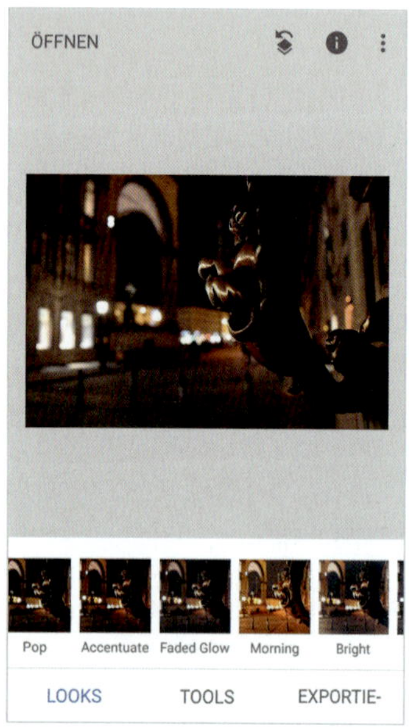

Abb. 12.24 Über die »Looks« haben Sie die Möglichkeit, Ihren Bildern ein völlig neues Aussehen zu geben.

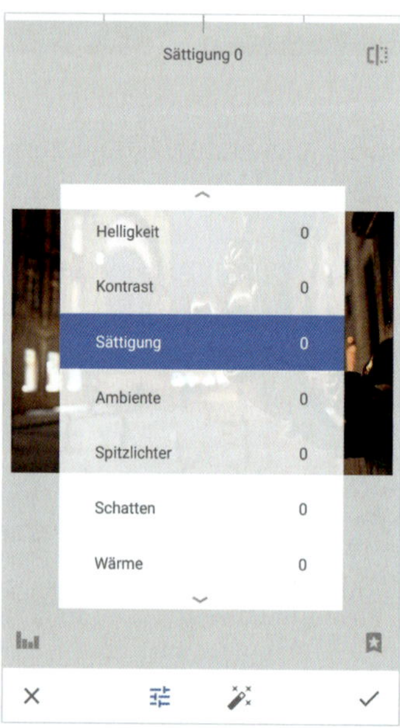

Abb. 12.25 Danach können Sie Ihre Bilder in puncto »Helligkeit« »Kontrast«, »Sättigung« und »Lichter« anpassen. Tippen Sie dazu auf »Tools« und »Feinabstimmung«.

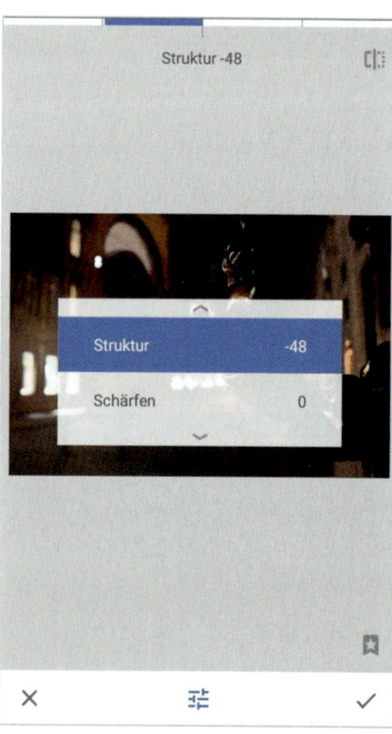

Abb. 12.26 Nachschärfen können Sie Ihre Bilder über »Tools« → »Details« und indem Sie dann nach rechts oder links wischen.

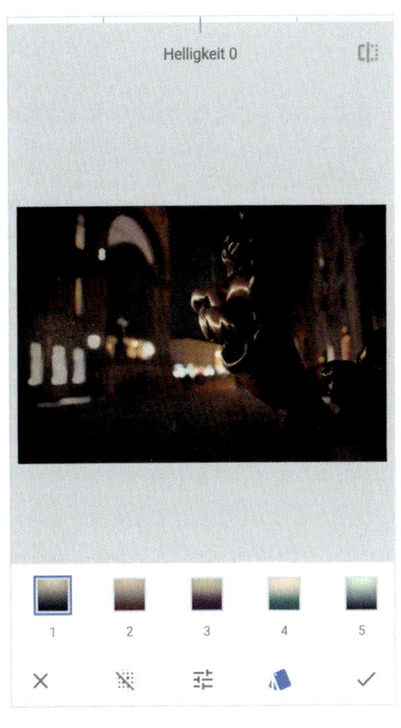

Abb. 12.27 Ein Vintage-Aussehen können Sie Ihren Bildern ebenfalls verpassen. Tippen Sie dazu auf »Tools« → »Vintage«.

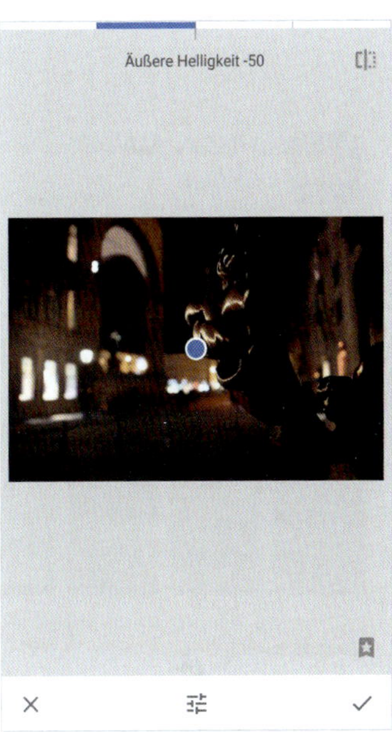

Abb. 12.28 Oft sieht eine Vignettierung auch nicht schlecht aus. Sie können die Ecken abdunkeln oder aufhellen, je nachdem, in welche Richtung Sie wischen. Dazu gehen Sie auf »Tools« → »Vignettierung«.

Facetune

Zu guter Letzt möchte ich Sie noch auf *Facetune* aufmerksam machen: Wenn Sie gern Selfies machen und Gesichter aufhübschen wollen, dann sind Sie bei *Facetune* richtig. Diese App ist zwar kostenlos, aber nicht werbefrei. Sie können mit einer ganzen Pallette an Beauty-Eingriffen Ihr oder anderer Antlitz verändern. Sie werden erstaunt sein, was man mit einem Gesicht alles anstellen, ja sogar, wie man es bis zur Unkenntlichkeit verändern kann. Zähne aufhellen, Augen vergrößern und Nasen schmaler machen – alles kein Problem (Sie können *Facetune* also auch für Karikaturen einsetzen).

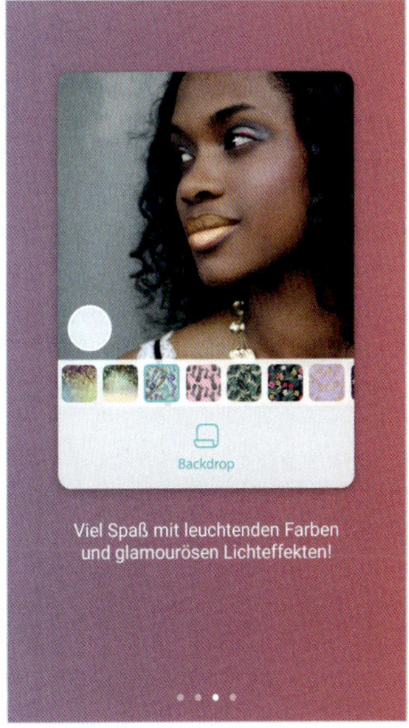

Abb. 12.29 Die App »Facetune« ist ein attraktives Bildbearbeitungsprogramm. Hier lernen Sie, wie schon kleine Veränderungen in Gesichtern einen völlig neuen Menschen entstehen lassen.

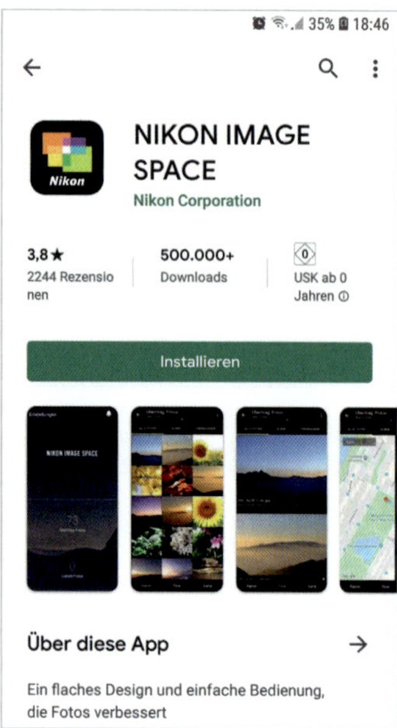

Abb. 12.30 Nikons Cloud-Bilderdienst ist eine Möglichkeit, unbegrenzt Bilder kostenlos zu speichern und sie unkompliziert mit anderen zu teilen.

12.4 Nikons Cloud-Bilderdienst

Nachdem Sie Bilder fotografiert und auf Ihr Handy übertragen haben, haben Sie die Möglichkeit, die Fotos sofort in die sozialen Medien oder auf Nikons Cloud-Bilderdienst *Nikon Image Space* hochzuladen.

Hier können Sie unbegrenzt Bilder parken (solange es die 2 Megapixel-Versionen sind, die Sie in *SnapBridge* alternativ zu den Originalen von Ihrer Kamera herunterladen können). Sie speichern Ihre Fotos, teilen sie mit anderen und können eine Menge weiterer Gimmicks erkunden, etwa die Möglichkeit, mit den Aufnahmedaten Ihrer Fotos Diagramme Ihres Aufnahmestils zu erstellen. Seien Sie sich allerdings bewusst, dass Sie damit sehr viele Informationen über sich, Ihre Ausrüstung oder auch – bei Speicherung der GPS-Daten – über die Lage Ihrer Motive preisgeben.

12.5 Gleichgesinnte online finden

Das Schöne am Internet ist, dass jeder seine Bilder präsentieren und unkompliziert mit Gleichgesinnten in Kontakt treten kann. Es gibt unzählige Foren und Portale für Foto-Enthusiasten.

Instagram

Das Bilderportal schlechthin ist derzeit wohl *Instagram*. Hier tummelt sich fast jeder, der ein Smartphone oder eine Kamera auch nur halten kann.

Doch trotz der extremen Bilderflut kann man sich hier klug vernetzen, indem man den richtigen Hashtags folgt. Fast jeder bekannte Fotograf ist hier zu finden, und Sie können unendlich viel Inspiration sammeln. Nikon hat im Dezember 2019 den Hashtag *#zcreators* ins Leben gerufen. Zu den europäischen *#zcreators* der ersten Stunde zählen die norwegische Tierfotografin Lina Kayser, der französische Reise- und Architekturfotograf Callicles und der italienische Landschaftsfotograf Alex Barcella. Außer diesem Hashtag lohnt es sich auch, auf Instagram *#nikon_mirrorless* und *#nikon_deutschland* zu folgen. Auf allen Accounts finden Sie tolle Anregungen und Bildbeispiele dafür, was mit den Kameras der Z-Serie alles möglich ist.

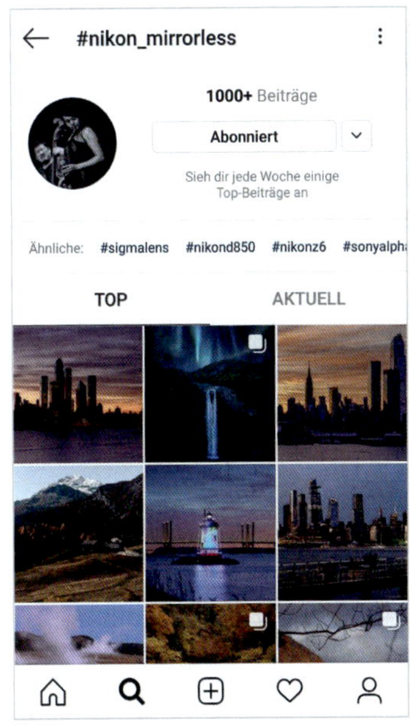

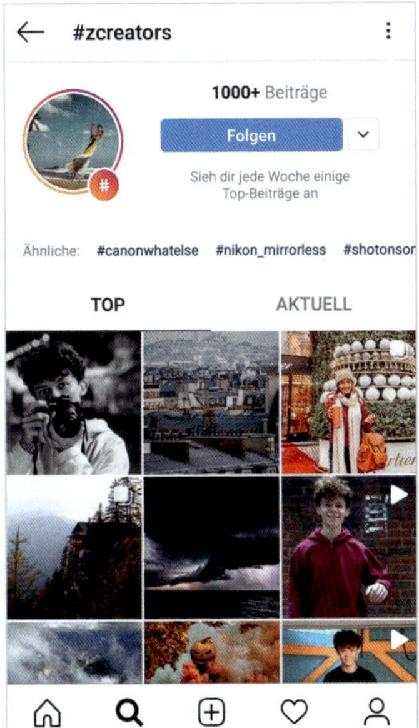

Abb. 12.31 Über die Hashtags »#zcreators« und »#nikon_mirrorless« haben Sie die Möglichkeit, sich mit Fotografen auszutauschen, die das Z-System von Nikon benutzen. Auch unter den Hashtags »#Z50«, »#z6« und »#z7« werden Sie fündig. Unter anderem finden Sie unter dem Hashtag »#Z50« auch einige Bilder aus diesem Buch.

mynikon

Nikon hat mit seiner Homepage *www.mynikon.de* ein attraktives Online-Forum für seine Fotografen geschaffen. Unter anderem kann man dort das redaktionell gut aufbereitete Nikon-Magazin lesen. Hier finden Sie eine Menge tolle Bilder, nicht nur von Profi-Nikon-Fotografen, sondern auch von ambitionierten Amateuren. Ebenso gibt es hier die Möglichkeit, deutschlandweit über Nikon-Vertragspartner Workshops oder Vorträge zum neuen Z-System und natürlich auch speziell für die Nikon Z50 zu belegen. Über die Nikon-School finden Sie kostenpflichtige Online-Kurse zu den verschiedensten Themen, etwa zur Landschafts- oder Porträtfotografie. Es gibt aber auch eine Menge kostenlose Tutorials, z. B. nützliche Tipps für die Architekturfotografie.

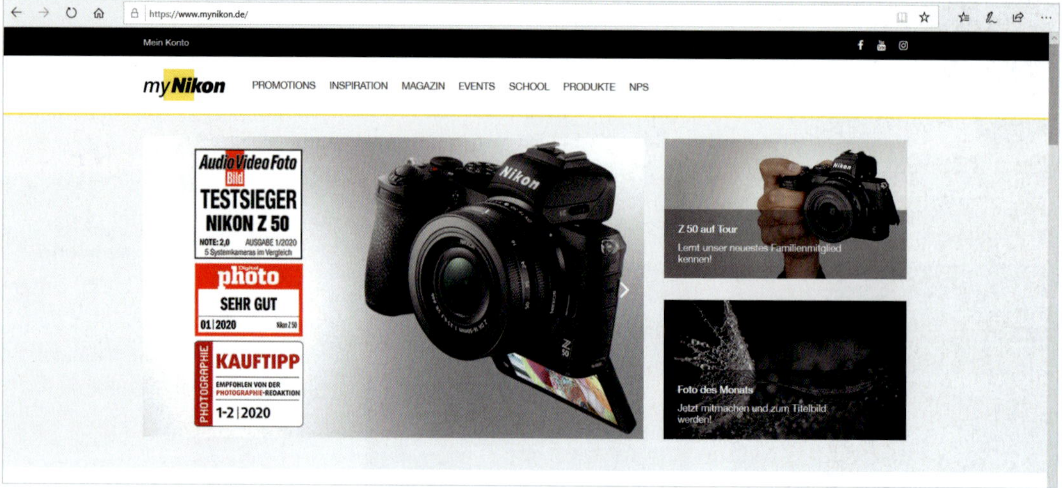

Abb. 12.32 Unter mynikon.de finden Sie eine Menge Anregungen zu allen erdenklichen Themen rund um die Fotografie sowie das Nikon-Magazin mit lesenswerten Beiträgen.

Fotocommunity

Wenn Sie sich mit einer großen Gemeinschaft von zum Teil sehr engagierten Amateurfotografen und Künstlern, sogar mit Profis, vernetzen wollen, dann empfehle ich Ihnen die Fotocommunity, die Sie im Internet unter *www.fotocommunity.de* finden. Hier tummeln sich mittlerweile rund 1,7 Millionen Mitglieder, die sich regelmäßig über ihre Fotos, Tipps und Tricks und die neuesten Trends in der Fotografie austauschen. Zudem gibt es regelmäßig Wettbewerbe zu den verschiedensten Themen.

In der Fotocommunity können Sie eine kostenlose Basismitgliedschaft erhalten, mit der Sie ein Bild pro Woche hochladen dürfen. Es gibt natürlich auch eine bezahlte Mitgliedschaft mit Zugang zu Tutorials und Online-Fotokursen. Das Niveau der Bilder ist teilweise sehr beeindruckend. Sollten Sie auf der Suche nach Modellen sein, werden Sie hier auch fündig.

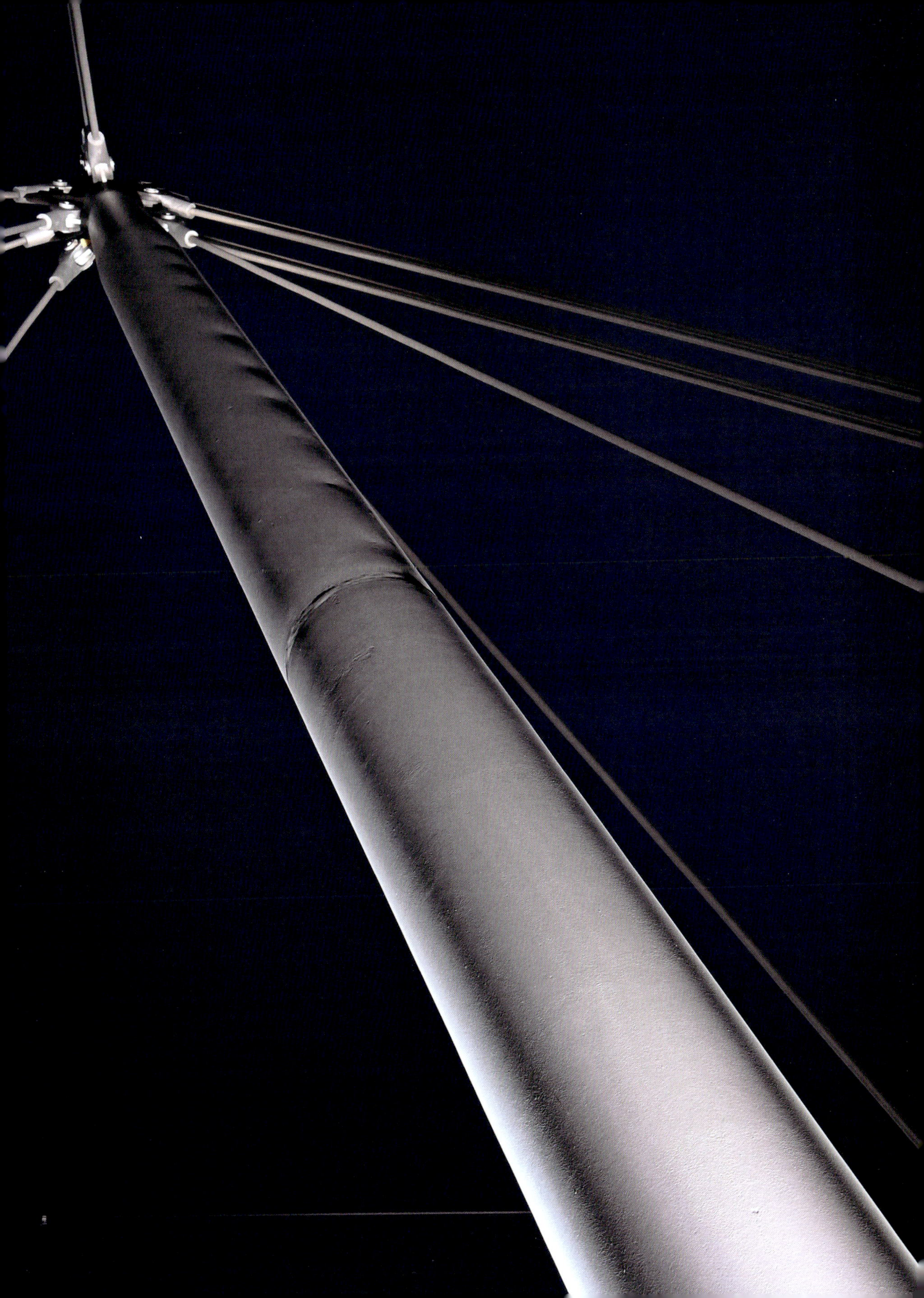

Literaturtipps

Adam, Christian; Blossfeldt, Karl. The Complete Published Work (Bibliotheca Universalis) (englisch), Taschen, 2017

Dombrow, Charlie. Urbex Fotografie, Franzis Verlag, 2015

Lior, Jamari. Kreative Modelfotografie, dPunkt Verlag, 2016

McCurry, Steve. Untold: The Stories Behind the Photographs, Phaidon, 2017

McCurry, Steve. Steve McCurry: The Iconic Photographs, Phaidon, 2012

McNally, Joey. Hot Shoe Diaries: Groß inszenieren mit kleinem Blitz, Pearson Photo, 2012

McNally, Joey. Der entscheidende Moment: Ein Weltklasse-Fotograf packt aus, Pearson Photo, 2008

Paterna, Stefano. Urbane Fotografie, Edition ProfiFoto, 2018

Danksagung

Ein solches Buch muss in relativ kurzer Zeit nach dem Erscheinen der Kamera fertiggestellt werden. Das geht nur in Teamarbeit und mit einem guten Co-Autor an der Seite des Autors. Deshalb möchte ich mich als Erstes bei Boris Karnikowski vom dpunkt.verlag für die kritische Begutachtung und kompetente Unterstützung bei der Entstehung des Buches bedanken.

Dem Botanischen Garten München danke ich für die unkomplizierte Unterstützung beim Besuch seiner Gewächshäuser.

Ebenso gilt mein besonderer Dank dem Museum für Abgüsse Klassischer Bildwerke München und dessen Leiterin Dr. Andrea Schmölder-Veit. In diesem tollen Museum fühle ich mich immer wieder sehr willkommen, wenn ich dort mit einer Kamera auftauche.

Sehr dankbar bin ich auch Susanna Fischerauer, die mir bei den Porträtaufnahmen als Modell mit ihrer positiven Ausstrahlung eine große Hilfe war.

Index

Symbole

I

J

K

L

M

N

O

P

Q

R

S

T

Z

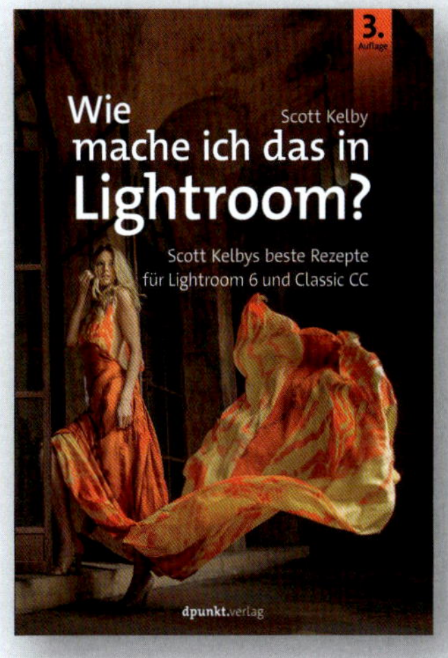

Scott Kelby

Wie mache ich das in Lightroom?

Scott Kelbys beste Rezepte für Lightroom 6 und Classic CC

2018
276 Seiten, Broschur
€ 22,90 (D)

ISBN:
Print 978-3-86490-563-6
PDF 978-3-96088-431-6
ePub 978-3-96088-432-3
mobi 978-3-96088-433-0

Wenn es auch für Sie nicht zu den Selbstverständlichkeiten des Lebens gehört, Lightroom aus dem Effeff zu beherrschen, Sie damit aber trotzdem Ihre Bilder optimal entwickeln und verwalten möchten – dann schauen Sie doch mal in dieses Buch.

Hier finden Sie Antworten auf alle wichtigen Fragen zu jedem Lightroom-Modul, vom Import über die Bearbeitung bis zum fertigen Bild, von den Grundlagen bis zu Vorgaben und HDR. Sie kommen an einer Stelle nicht weiter? Dann schlagen Sie einfach kurz hier nach. So verbringen Sie weniger Zeit mit dem Erlernen von Lightroom und mehr Zeit mit der Bearbeitung Ihrer Bilder. Lightroom erlernen Sie so trotzdem – ganz praktisch und fast nebenbei.

Ob Sie dieses Buch zum Nachschlagen nutzen, es durchstöbern oder in einem Rutsch durchlesen: Scott Kelby bringt Sie immer auf dem kürzesten Weg ans Ziel, mit so viel Information, wie Sie benötigen, und so verständlich und unterhaltsam, als würde Ihnen ein guter Bekannter Lightroom erklären.

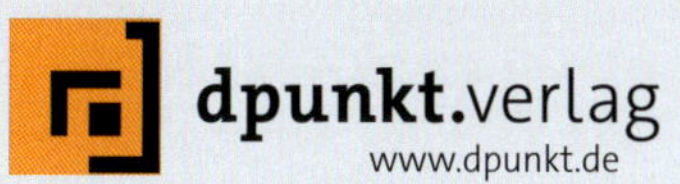

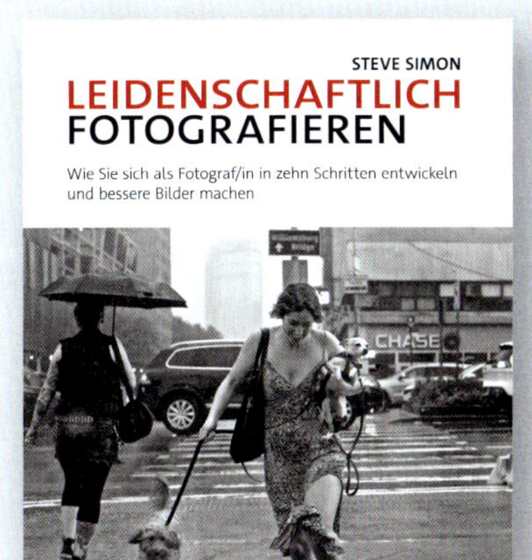

Steve Simon

Leidenschaftlich fotografieren

Wie Sie sich als Fotograf/in in zehn Schritten entwickeln und bessere Bilder machen

2019
256 Seiten, Festeinband
€ 32,90 (D)

ISBN:
Print 978-3-86490-619-0

Fotograf Steve Simon nimmt Sie in zehn Schritten mit, auf Ihren ganz eigenen Weg zu besseren Bildern. Sie lernen, Fotoprojekte zu konzipieren und umzusetzen, Komfortzonen und Ängste hinter sich zu lassen, Ziele für Ihre eigene fotografische Entwicklung zu setzen (und zu erreichen) und vor allem: viel zu fotografieren.

Unterwegs frischt Simon Ihr handwerkliches Wissen auf und macht Sie mit Arbeitsweisen und Strategien vertraut, die ihm bei seinem eigenen Werdegang wichtige Hilfen waren – vom Finden eines Themas und seiner Umsetzung über die Bewertung und stete Verbesserung der eigenen Arbeit bis hin zu Verwaltung, Sicherung und Präsentation der Bilder.

»Leidenschaftlich fotografieren« ist ein ungewöhnlich packendes Buch, reich an professionellem Wissen und persönlicher Erfahrung. Es wird Ihnen Leitfaden, Ratgeber und Inspiration sein auf Ihrem Weg zu ausdrucksstarken und überzeugenden Bildern.

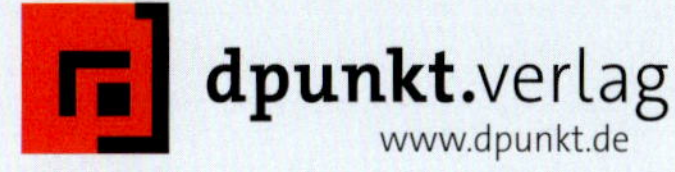

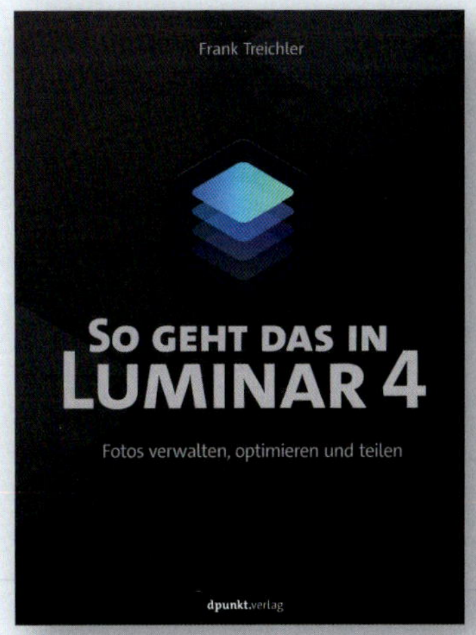

Frank Treichler

So geht das in Luminar 4

Fotos verwalten, optimieren und teilen

2020
420 Seiten, Festeinband
€ 34,90 (D)

ISBN:
Print 978-3-86490-680-0
PDF 978-3-96088-935-9
ePub 978-3-96088-936-6
mobi 978-3-96088-937-3

Luminar zeichnet sich vor allem durch seine einfache Bedienung und die Automatisierung zeitraubender Aufgaben mittels künstlicher Intelligenz aus. Seine AI-Filter vereinfachen insbesondere das Bearbeiten von Landschaftsfotos und Porträts. Grund genug, einen genaueren Blick auf das vielversprechende Programm zu werfen und seine Möglichkeiten kennen und verstehen zu lernen.

Vom Einrichten der Software und Anpassen auf Ihre Bedürfnisse über das Verwalten und Bearbeiten Ihrer Bilder bis hin zum Export der Ergebnisse – in diesem Buch finden Sie alles Wissenswerte leicht und gut verständlich erklärt. Rund 50 Workshops machen Sie mit der Handhabung des Programms vertraut und zeigen erprobte Vorgehensweisen des Autors. Das hierbei verwendete Bildmaterial steht zum Download bereit, sodass Sie alle Schritte selbst nachvollziehen können.

Enthält Rabattcode für Luminar und Aurora HDR.

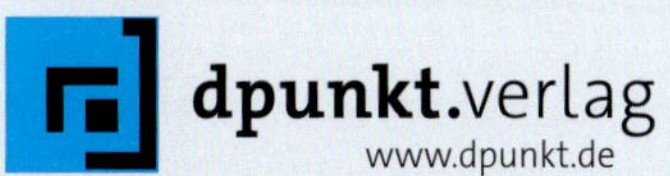

Schon Fan von uns?

Folgen Sie uns auf Facebook, Instagram oder Twitter. Entdecken Sie immer wieder neue, inspirierende und kreative Bücher!

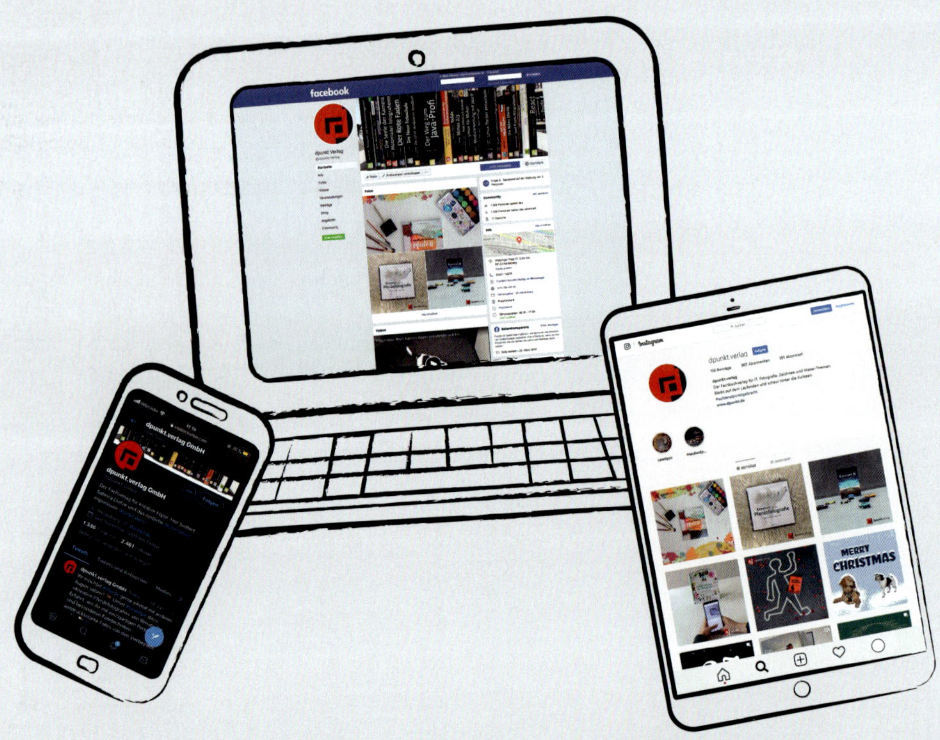

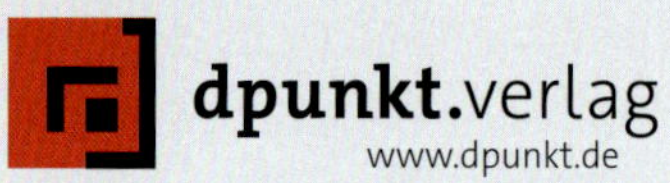